集人文社科之思　刊专业学术之声

集 刊 名：数字法学

主办单位：广州大学法学院

主　　编：周少华

执行主编：黄　卫

DIGITAL LAW JOURNAL　No.2

第2辑

集刊序列号：PIJ-2022-470

中国集刊网：www.jikan.com.cn/数字法学

集刊投约稿平台：www.iedol.cn

主编 周少华

执行主编 黄 卫

数字法学

LAW JOURNAL No.2

第**2**辑

社会科学文献出版社
SOCIAL SCIENCES ACADEMIC PRESS (CHINA)

卷首语

承蒙法学界同人不吝支持，《数字法学》前两辑的收稿、编辑工作格外顺利，且稿件质量令人满意。在某种程度上，这本身既表明了数字法学研究的勃兴，也给我们办好本集刊带来了极大的信心。《数字法学》第 2 辑共收录 15 篇文章，主要内容包括如下方面。

"数字法学基础理论"栏目收录 1 篇文章，是宋尧玺、朱晓颖的《数据治理的法理》。文章认为，"大智物云"时代，数据俨然已成为社会发展的重要基础资源，数据治理能力已成为推动国家发展的重要动力，应当受到法律的规制。国内外学术界关于数据治理的一般理论研究与实践探索已经取得较多成果，但关于数据治理的法理分析仍有欠缺。因此，需要结合相关文献、判例与立法资料，对现阶段数据治理存在的问题进行深入分析，在数据主权与数据共享、数据流通与数据安全、数据红利与数据保护、数据权力与公民权利、数据利用与人的尊严等概念的张力关系中探求数据治理的法理，为我国的数据治理提供基础理论支撑。

"数字治理法治化"栏目收录 4 篇文章。周坤琳的《数字经济公共规制中公共利益的追寻及其限度》一文对数字经济公共规制中公共利益问题进行了研究。文章认为，应摒弃口惠而实不至地借由公共利益进行规制的行为，避免法之恣意，界分公共利益的追寻及其限度，建立可信赖之预期，在尚未展开且风险未知的数字法治时空中为公共规制朝向普遍性、可预期性和明确性发展提供理由。闫晴、廖晓滨的《我国数字经济税收协同制度：缺陷、溯源及完善》一文则对数字经济税收协同制度的相关问题进行了探讨。文章认为，当前我国数字经济税收协同制度主要存在法律体系不健全、分配体系不完善、征管协同有障碍、司法机制不协调等问题，究其原因在于我国数字经济税收协同制度立法存在滞后性、主体积极性不高、协同基础薄弱。因此，我国应健全数字经济税收协同制度的法律体系，完善利益分配体系，减小税收征管协同的阻力，提升数字经济税收司法协同度，进而破解我国数字经济税收协同制度难题，促进数字经济健康发展。樊冰、蓝纯杰的《版权制度应对颠覆性创新的路径》一文认为，作为产品的颠覆性创新会在各个领域与法律发生互动，颠覆性创新所产生的技术容易对法律制度产生持续的动态影响，并突出法律制度改革的急迫性。为此，必须加强对技术成熟度的认识，稳妥确定法律规制守门人，仔细评估立法的后续影响。当前，版权制度在应对人工智能技术这一颠覆性创新技术的过程中，应当积极完善守门人相关规则，当前立法与后续立法并举，积极发挥司法应对的独特作用，以实现制度的相对稳定性。吴凡的《论大型即时通信平台的必要设施属性》一文认为，平台经济高速发展冲击传统反垄断制度，尤以大型即时通信平台最为显著。大型即时通信平台的组织特性带来有别于其他类型平台的竞争属性和竞争危害，继续秉持审慎包容的规制理念、采用事后认定的规制方式难以破解相关市场界定难题，无法改变市场过度集中状况，有必要另寻规制路径。因必要设施理论与规制大型即时通信平台在适用问题、行业属性和规制对象方面相契合，同时大型即时通信平台具有基础设施属性、符合必要设施构成要件，必要设施理论被视为一种可行的规制路径。然而，发端于工业经济时代的必要设施理论在传统上作为拒绝交易行为的规制理论，仍属于事后规制范畴。为回应时代需求，应重构必要设施理论，进行前置性适用，使作为事前监管手段的"必要设施标准"代替市场支配地位成为衡量市场力量的前端要件，同时以竞争损害特性为出发点界定必要设施并合理设置必要设施平台的开放及中立义务，力求真正实现对大型即时通信平台的有效规制。

"数字权利法律保护"栏目收录 4 篇文章。林北征的《论个人信息与隐私的概念区隔与司法判定——以二手车历史车况信息查询服务案为分析对象》一文对二手车历史车况信息查询服务中的个人信息与隐私保护问题进行了思考。文章认为,在相关纠纷个案处理过程中,不仅需要坚持法律规范的文义理解,更应观照个人信息本身的不确定性和不稳定性,在具体场景中,以发展的眼光规范判定个人信息,确保在个人信息得到充分保护的前提下促进数据有序流动,服务保障数据要素市场创新发展。韩振文、孙泽健的《数字化改革背景下个人信息保护公益诉讼研究》一文,对数字时代个人信息保护公益诉讼问题进行了研究。文章认为,个人信息除了具有人格属性和财产属性之外,还具备社会公共属性新内涵。个人信息属性新内涵符合检察机关公益诉讼的目的,个人信息保护职责属于检察机关监督范围,并且在个人信息保护方面具有特殊要求。当前检察机关在个人信息保护方面面临困境:案件来源单一,个人信息损害修复难;起诉条件的实体和程序规定不合理;行政机关职权定位不明确,检察建议效果形式化。检察机关作为法律监督机关,应当在公益诉讼领域厘清案件来源,适用惩罚性赔偿责任;规范提起公益诉讼的条件;明确行政机关职责权限,增强检察建议针对性。以此完善相关法律制度,提供个人信息保护的检察力量,助力数字化改革顺利推进。张融的《社交账号继承问题探讨》一文认为,随着互联网技术的快速发展,社交账号用户不断增多,由此社交账号继承问题不可避免。当前,我国立法并未明确规定社交账号的继承,因此,承认社交账号继承的学说与否认社交账号继承的学说成为解决社交账号继承纠纷的重要参考理论。然而,由于利益维护侧重点的不同,两种学说均存在先天的障碍,这严重影响两种学说在实践中的顺利实施,因为两种学说均将社交账号利益视为一个整体。因此,唯有将社交账号进行分离,才能破除两种学说中存在的障碍。在此之下,社交账号本身应可继承,而社交账号内容应不可继承。晋涛、姚晶晶的《论虚拟财产在刑法中的认定规则》一文认为,虚拟财产具有数据与财产双重属性,数据属性系物理属性,财产属性系本质属性。作为财产犯罪对象的虚拟财产应当予以限缩性解释,需具备管理可能性、移转可能性、财产价值与相对不可复制性，应依据上述四个特征对虚拟财产进行类型化区分。货币类虚拟财产与具有财产价值的物品类虚拟财产可以作为财物予以保护；账号类虚拟财产与不具有财产价值的物品类虚拟财产不应纳入"虚拟财产"的范畴。非法获取虚拟财产的行为类型通常以财产犯罪的行为方式表现出来，应根据行为人的手段以盗窃罪、诈骗罪等侵财犯罪论处。非法获取账号类虚拟财产与不具有财产价值的物品类虚拟财产应当以非法获取计算机信息系统数据罪论处，非法获取货币类虚拟财产与具有财产价值的物品类虚拟财产应当以侵财犯罪论处。对于非法获取虚拟财产的犯罪数额的认定，应当根据虚拟财产的价值，以被害人的财产损失为原则，结合行为人非法获取虚拟财产获利的金额，综合认定犯罪数额。

"数字技术法律规制"栏目收录 4 篇文章。段陆平的《人工智能辅助裁判正当性问题的多元解决路径》一文认为，虽然最高人民法院将人工智能在司法审判领域的应用界定为辅助地位，但在加强司法人工智能应用的过程中，依然需要注意人工智能辅助裁判可能存在实体不公仍存、程序正义不足、价值关怀欠缺与错判难以问责的问题。文章对人工智能辅助裁判可能带来的实体不公问题、程序正义不足问题、价值关怀欠缺问题以及可问责性难题，均提出了相应的解决方案，并认为，想要社会接受人工智能辅助裁判，还应继续研发、升级智慧司法技术装备，同时也要构建适配司法人工智能的专门伦理规范。段明、江雅静的《人工智能辅助审判的错案追责机制研究》一文认为，面对人工智能法律主体资格尚存争议、责任追究存在实践难题的双重困境，传统的法官问责制无法作为破解路径，构建人工智能辅助审判的错案追责机制已然成为现实需要。结合国内具体的技术应用场景进行错案标准的界定及其成因的类型化分析，明确错案责任追究的原则理念，针对侵权责任和司法责任展开法律适用与具体承担的论证，是构建错案追责机制的具体方法与路径。卢毅的《未成年人检察数字化平台的运作逻辑与优化进路——基于 J 市数字检察监督平台的实证研究》一文立基于未成年人检察数字化场域建设现状，从数字化的必要性、治理理念的优化和协同治理的挑战出发，呈现 J 市未成年人保护联动平台的行动路径，为未成年人检察数字化平台建设提供前沿的样本和模型。从数字化监督的环境重塑、文化弥合和技术表达三个层面出发，发展虚拟化数字生存场域构建当代检察环境，关注多样化数字检察形式跨越代际交流鸿沟，深化数字化技术逻辑延伸互联网时代思维。文章认为，通过提高数字生存环境与未成年人检察工作的融合度，塑造检察数字文化与未成年人检察工作人员的思维力，反思数字技术手段与未成年人法律监督的伦理性，构建未成年人检察数字化场域，从而推进其应用问题研究。谢澍、郭柯志的《网络犯罪技术侦查的有限扩张及其程序控制》一文对网络犯罪的技术侦查问题进行了探讨，文章认为，我国相关立法和司法解释对技术侦查的种类及其案件适用范围进行了严格限制，致使技术侦查措施的适用出现了异化趋势，侦查机关为了查明案件真相，违规适用技术侦查措施再进行"证据转化"的现象并不鲜见。面对数量日益增加的网络犯罪，我们需要在甄别技术侦查与侦查技术的基础上，适当扩大技术侦查的种类和适用范围，并对其强化程序控制。

"域外数字法学"栏目收录 2 篇文章。丁庭威的《美国针对科技巨头反垄断监管的新动向及中国应对》认为，美国作为世界三大反垄断司法辖区之一，其针对科技巨头的反垄断监管新动向对我国提出了新挑战并为我国进一步开展科技平台反垄断事务提供了经验与教训。拜登政府执政后，有关反垄断的立法与执法工作均剑指科技巨头，规制其歧视性的自我优待行为，保障数字市场的公平竞争，保护中小企业，其中很多内容值得我们借鉴。但美国一直以来所具有的驴象之争、司法对行政的阻滞、科技巨头的游说与旋转门、维护国家安全的战略考量以及地缘政治角逐与监管的冲突等方面都给其进一步深入开展针对科技巨头的反垄断监管工作带来挑战，而这些方面值得我们警醒。为此，在对经验与教训扬弃的基础上，我国应提高论证深度，降低利益损耗；加强国际交流，早做立法规划；阻断长臂管辖，争取数字权力；平衡各方利益，防止资本游说；突破研发制造，拓宽增长领域。长此以往，以期不断形成针对我国科技巨头的良性反垄断监管体系，进而为我国科技平台及数字经济的发展提供制度遵循。吉拉德·阿比里的《无地自容：数字平台如何抵御仇恨言论》一文认为，我们正生活在一场关于在线仇恨言论监管的战斗中，其利害关系再高不过。仇恨言论不仅伤害了其目标受害者，无论是个人还是团体，还以破坏民主制度健康的方式分化和分裂了社会。虽然人们普遍认为目前的网络言论状况是站不住脚的，但学者和政策制定者对改善这种状况的最佳方式存在很大分歧。在美国，宪法第一修正案的规范对审查制度有极强的抵抗力，因此对攻击性和仇恨性的言论非常有保护作用。然而，近年来，这种影响已逐渐被所谓欧洲言论规范所侵蚀，这些规范明显更倾向于直接监管言论，以试图防止社会和政治伤害。欧洲方法的缩影是德国的《网络执行法》（NetzDG），它要求平台在该国境内执行国内仇恨言论法。这种普遍的转变，尤其是NetzDG，受到了数字自由言论学者几乎一致的指责，他们认为这种措施可能会引导平台创造一个言论受阻的公共领域，而言论自由的价值也得不到维护。尽管有这些批评，但像 NetzDG 这样的法律可能对民主有益，因为它能够让在线公共领域与特定国家的公民社会和公共话语重新建立联系。新的信息守门人（平台）与民主国家的环境和需求之间的这种脱节，破坏了健康民主所需的社会条件。具体来说，由主要数字平台主导的跨国数字领域的崛起，破坏了传统媒体守门人调节公共辩论的能力。若没有这只指导之手，也没有任何法律监管，公共辩论很快就会变质，这一点从网上仇恨言论对民主社会越来越大的分裂性影响中可以看出。当久经考验的社会机制——如传统媒体——变得无效时，通过求助于 NetzDG 这样的法律言论监管来抵消仇恨言论的影响和稳定公共辩论是有意义的。至少在这个意义上，我们有一个受欧洲言论规范影响的互联网可能会更好。

从本辑所编发的文章中可以看出：一是数字法学几乎是一个可以贯通所有法学学科的研究领域，它打破了原来法学二级学科之间的那种学科壁垒；二是数字法学所关注的问题已经成为现实的法律问题，而不再是一种理论想象。我们相信，随着研究的不断深入，数字法学一定会成为法学理论创新最重要的引擎。

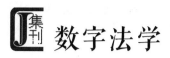

第2辑
2023年12月出版

·域外数字法学·

数据治理的法理

宋尧玺　朱晓颖[*]

【摘　　要】"大智物云"时代，数据俨然已成为社会发展的重要基础资源，数据治理能力已成为推动国家发展的重要动力，应当受到法律的规制。国内外学术界关于数据治理的一般理论研究与实践探索已经取得较多成果，但关于数据治理的法理分析仍有欠缺。因此，需要结合相关文献、判例与立法资料对现阶段数据治理存在的问题进行深入分析，在数据主权与数据共享、数据流通与数据安全、数据红利与数据保护、数据权力与公民权利、数据利用与人的尊严等概念的张力关系中探求数据治理的法理，为我国的数据治理提供基础理论支撑。

【关　键　词】数据；数据治理；法理；人的尊严

一　引言

中国互联网络信息中心（CNNIC）2023 年 3 月的第 51 次《中国互联网络发展状况统计报告》显示，截至 2022 年 12 月，中国网民规模已经达到 10.67 亿人，互联网普及率达 75.6%。[①] 在互联网用户规模不断增大的

---

[*]　宋尧玺，法学博士，广州大学法学院讲师、硕士生导师；朱晓颖，中山大学法学院 2021 级硕士研究生。

[①]　第 51 次《中国互联网络发展状况统计报告》，中国互联网络信息中心网站，https://www.cnnic.net.cn/n4/2023/0303/c88-10757.html，最后访问日期：2023 年 3 月 3 日。

基础上，云计算所提供的分布式存储与分布式计算功能使信息网络平台收集到的用户数据也呈现出爆炸式的增长态势。大数据的处理、分析和运用功能，人工智能的深度学习功能以及物联网数据交换与传递功能的共同作用，使静态的数据经过"运动"具有了经济价值，成为独立的"生产要素"①。2021 年，中国数据经济规模达到 45.5 万亿元，占 GDP 比重为39.8%。② 在数据价值得以挖掘的同时，数据"主权壁垒"、数据安全漏洞、数据红利分配不均、数据权力滥用与数据治理中对个人尊严的侵犯等问题也日渐凸显。单纯依靠行业自我规制不足以调整公民之间、国家之间、公民与国家之间，以及公民与企业之间、企业之间的"数据关系"。通过法律来规范数据主体的行为，更有利于形成公平正义的数据治理格局。区分于现有研究解决数据治理的具体规则设计和技术问题，本文立足于法律中的数据治理，指出我国数据治理的现存困境，并进一步通过分析数据主权与数据共享、数据流通与数据安全、数据红利与数据保护、数据权力与公民权利、数据利用与人的尊严等概念之间的张力探究现阶段法律中的数据治理应有的价值取向，为我国数据治理的立法实践与制度设计提供法理基础。

在理论研究上，"自 2002 年以来，国外关于'数据治理'的研究呈现稳步上升趋势"③，国外学者最初是在企业管理的范围内研究"数据治理"的问题④。随着数据产业的发展，学者对数据治理的理解由"对数据的管理"逐步向"组织'利用数据进行治理'"转变。⑤ 之后，对跨领域的数

---

① 《中共中央关于坚持和完善中国特色社会主义制度　推进国家治理体系和治理能力现代化若干重大问题的决定》，求是网，http://www.qstheory.cn/yaowen/2019-11/07/c_1125202003.htm，最后访问日期：2023 年 3 月 2 日。

② 《中国数字经济发展报告（2022 年）》，中国信通院官网，http://www.caict.ac.cn/kxyj/qwfb/bps/202207/P020220729609949023295.pdf，最后访问日期：2023 年 3 月 2 日。

③ 徐雅倩、王刚：《数据治理研究：进程与争鸣》，载《电子政务》2018 年第 8 期，第 39 页。

④ Begg C., Caira T., "Exploring the SME Quandary: Data Governance in Practise in the Small to Medium-Sized Enterprise Sector", *Electronic Journal Information Systems Evaluation*, Jan. 1, 2012, pp. 3-13.

⑤ 徐雅倩、王刚：《数据治理研究：进程与争鸣》，载《电子政务》2018 年第 8 期，第 38 页。

据治理价值的探讨、对数据治理的理论框架设计与实践探索成为学术界主要研究方向。① 国内学者早期主要围绕社会生活的特定领域展开对数据治理的探讨，如结合城市治理、高校数据管理、档案数据管控、企业数据开发利用与政府数据管理②等实际情况，研究数据治理在特定领域下的治理对象与手段。在近期的数据治理研究中，学者更倾向于解决跨领域的数据治理的共性问题。如在数据赋权的问题上，王融、程啸和魏远山等学者主张赋予数据主体不同程度的数据权利，③ 而梅夏英、张阳、金耀等学者则在针对数据治理中的权利归属问题进行探讨后，得出了反对数据赋权而支持以契约式规制或者现有侵权保护体系进行数据权益保护的主张④。此外，张康之、杨学成、许紫媛、周庆智等学者则直接以"数据治理"这一整体为研究对象，集中研讨数据治理的研究边界与数据治理的体系构建问题。⑤《个人信息保护法》与《数据安全法》的发布与实施，直接推动学者对个人数

---

① 张宁、袁勤俭：《数据治理研究述评》，载《情报杂志》2017年第5期，第133页。
② 参见陈万球、石惠絮《大数据时代城市治理：数据异化与数据治理》，载《湖南师范大学社会科学学报》2015年第5期，第126~130页；许晓东、王锦华、卞良等《高等教育的数据治理研究》，载《高等工程教育研究》2015年第5期，第25~30页；包冬梅、范颖捷、李鸣《高校图书馆数据治理及其框架》，载《图书情报工作》2015年第18期，第134~141页；王刚、汪杨、王钰等《基于证据分组合成的企业数据治理评价研究》，载《系统工程理论与实践》2016年第6期，第1505~1516页；艾琳、王刚《行政审批数据资源开放的实践思考——基于"一站式"政务服务的数据治理》，载《国家行政学院学报》2016年第2期，第63~67页。
③ 参见王融《关于大数据交易核心法律问题——数据所有权的探讨》，载《大数据》2015年第2期，第1~7页；程啸《论大数据时代的个人数据权利》，载《中国社会科学》2018年第3期，第102~122页；魏远山《我国数据权演进历程回顾与趋势展望》，载《图书馆论坛》2021年第1期，第119~131页。
④ 参见梅夏英《数据的法律属性及其民法定位》，载《中国社会科学》2016年第9期，第164~184页；张阳《数据的权利化困境与契约式规制》，载《科技与法律》2016年第6期，第1096~1119页；金耀《数据治理法律路径的反思与转进》，载《法律科学（西北政法大学学报）》2020年第2期，第79~89页。
⑤ 参见张康之《数据治理：认识与建构的向度》，载《电子政务》2018年第1期，第2~13页；杨学成、许紫媛《从数据治理到数据共治——以英国开放数据研究所为案例的质性研究》，载《管理评论》2020年第12期，第307~319页；周庆智《道术之辨：大数据治理的原则和边界——以基层社会秩序变革为中心》，载《学海》2019年第5期，第107~113页。

据治理与数据法律规制问题的研究。① 伴随着国家治理体系与治理能力的现代化建设，数据利用与国家治理间的相互关系亦成为学者研究的重点。② 但总体而言，国内学界对于将"数据治理"作为整体进行法理分析的研究尚属欠缺。

在立法实践上，数据治理在国内外有不同的发展历史与特点（见表 1、表 2）。

表 1　国外数据治理立法实践

发展阶段	国家（国家集团）		
	欧盟	美国	日本
萌芽时期	1981 年通过《个人数据自动化处理中的个人保护公约》（以下称"108 公约"）	1967 年通过《信息自由法》	1988 年通过《行政机关计算机处理的个人信息保护法案》
		1974 年通过《隐私法》	
		1976 年通过《阳光政府法》	
	1995 年通过《有关个人数据处理中的个人保护和所涉数据自由流通的第 95/46/EC 号指令》（以下简称"95 指令"）	1980 年通过《文书削减法》	1999 年通过《行政机关信息公开法》
		1996 年通过《健康保险流通和责任法》	
		1999 年通过《金融服务法现代化法案》	
		2000 年施行《儿童在线隐私保护法》	2003 年通过《个人信息保护法》*
		2002 年通过《电子政务法》	
发展时期	2012 年通过《个人数据处理中的个人保护公约》**	2015 年通过《网络安全信息共享法案（2015）》	2014 年通过《网络安全基本法》
		2015 年通过《电子通信隐私法修正案（2015）》	2016 年通过《推进官民数据利用基本法》

---

① 参见郭雳《数字化时代个人金融数据治理的"精巧"进路》，载《上海交通大学学报》（哲学社会科学版）2022 年第 5 期，第 15～27 页；刘权《论个人信息保护影响评估——以〈个人信息保护法〉第 55、56 条为中心》，载《上海交通大学学报》（哲学社会科学版）2022 年第 5 期，第 39～50 页；冯雨晴、谭雅文《央行征信系统数据质量管理问题探讨》，载《征信》2022 年第 10 期，第 35～38 页；李瑞华《高等教育机构数据风险的合规纾解》，载《中国高教研究》2022 年第 10 期，第 82～88 页。

② 参见党燕妮《政府数据协同治理：逻辑、困境与实现路径》，载《理论视野》2022 年第 9 期，第 66～70 页；刘密霞《数字化转型推进国家治理现代化研究——以数字中国建设为例》，载《行政管理改革》2022 年第 9 期，第 13～20 页。

发展阶段	国家（国家集团）		
	欧盟	美国	日本
发展时期	2016 年通过《欧美隐私盾协议》***	2016 年通过《联邦大数据研究与发展战略计划》	2017 年通过《开放数据基本指南》
	2018 年施行《通用数据保护条例》（GDPR）	2016 年通过《宽带和其他电信服务中用户隐私保护规则》	2017 年通过经修正的《个人信息保护法》（修订案于 2022 年 4 月 1 日正式实施）
	2018 年通过《非个人数据自由流动条例》	2017 年通过《物联网网络安全改进法案（2017）》	
		2018 年通过《开放政府数据法案》	2019 年通过《数字政府实施计划》
	2021 年发布《电子隐私条例（草案）》	2020 年施行《加州消费者隐私法案》	
	2022 年施行《数字市场法案》《数字服务法案》，制定《数据治理法（草案）》《数据法（草案）》	2022 年制定《美国数据隐私保护法》（American Data Privacy and Protection Act, ADPPA）	2022 年修订《关于限定提供数据的指针》****

* 同时期通过的还有《关于行政机关持有的个人信息保护法》《关于独立行政法人等持有的个人信息保护法》《信息公开及个人信息保护审查会成立法》《关于实施个人信息保护法的法制配套法》四部法律，这五部法律被称作"个人信息保护五联法"。

** 实际系对"108 公约"的修正。

*** 于 2020 年被欧洲法院认定无效。系欧洲法院继废止《欧美安全港框架协议》以来，第二次认定欧美间数据跨境流动协议无效。

**** 根据日本 2018 年《反不正当竞争法》制定，虽不具备法律约束力，但内容翔实、集中，具有重要参考价值。

资料来源：作者整理。

表 2 国内数据治理立法实践

生效时间	法律文件	内容
2000 年	《全国人民代表大会常务委员会关于维护互联网安全的决定》	用仅有的一款准用性规定申明侵犯公民通信自由和通信秘密，非法处理他人电子邮件或者其他数据资料的，追究相应刑事责任
2009 年	《刑法修正案（七）》	规定非法利用公民个人信息的两个罪名
2010 年	《侵权责任法》	首次以法律的形式确定隐私权的民事权益属性

续表

生效时间	法律文件	内容
2012 年	《全国人民代表大会常务委员会关于加强网络信息保护的决定》	规定网络服务提供者和国家有关部门对公民电子信息的使用原则以及相应的保密和保护义务，并首次明确公民的个人信息删除权
2014 年	《消费者权益保护法》	明确消费者享有个人信息受保护的权利，并规定经营者收集、使用该信息的同意机制与保密义务
2015 年	《刑法修正案（九）》	将非法利用公民个人信息的两个罪名合并为侵犯公民个人信息罪，并增设拒不履行信息网络安全管理义务罪，以加大对网络经营者履行网络安全管理责任的要求力度
2015 年	《反不正当竞争法》*	该法通过一般条款规制违反该法规定，扰乱市场竞争秩序，损害其他经营者或者消费者合法权益的大数据不正当竞争行为
2017 年	《网络安全法》	该法宣示性地提出国家对网络数据安全保护与利用行为的鼓励，并对网络经营者提出分级维护网络安全、防止数据泄露或篡改的具体要求，此外还专章规定"网络信息安全"，细化网络运营者的数据保护义务，形成较完善的网络个人信息保护制度并创造性地提出对个人信息与经匿名化处理的信息的区别对待
2017 年	《民法总则》	原则性地申明民法对个人信息和数据的保护规定
2021 年	《个人信息保护法》	明确个人信息与个人信息处理活动的定义，在管辖上规定必要的域外效力，明确个人信息处理的"最小公开"原则与合理正当目的以及以"告知—同意"为核心的一系列个人信息处理规则，专节规定敏感个人信息保护制度与国家机关个人信息处理规则，完善个人信息跨境提供规则，明确个人权利与处理者义务，确立违反该法的民事赔偿等法律责任
2021 年	《数据安全法》	一是首次以法律的形式确定数据为数字经济发展的关键要素，二是明确数据安全责任、监管与统筹协调主体，三是专章规定数据安全制度，四是确立数据分类保护制度，五是规定数据活动所需制度、技术等安全措施，六是首次明确数据交易中介机构的审慎义务，七是列明数据跨境流动的安全管理规定
2021 年	《民法典》	保留《民法总则》相关条款，并在人格权编设专章规定隐私权与个人信息保护，明确数据处理者及有关国家机关的保密和保护义务
2021 年	《刑法修正案（十一）》	新增关于非法采集人类遗传资源的犯罪规定

　　* 该法制定于 1993 年，最新一次修正在 2019 年，此处将其归于 2015 年是因为该法在 2015 年新浪微博诉脉脉案中首次适用于大数据不正当竞争行为。

　　资料整理：作者整理。

　　从历史进程看，欧美与日本数据治理的立法实践均始于个人隐私保护的需要。二战后，法治轨道内的人的尊严问题的地位提升使利用法律保护个人合法权益成为各国公民的共识。计算机的出现与互联网的普及使个人数据泄露等隐私问题日益突出，反映在立法领域，各国关于个人隐私保护的实践探索也逐渐增多。作为计算机与互联网技术发展源头的美国早在1974 年即制定了《隐私法》。1980 年，经济合作与发展组织（OECD）发布了《关于保护隐私和个人数据国际流通的指南》。之后，欧盟即通过了"108 公约"与"95 指令"，以加强对个人数据的保护。1988 年，日本也出台了相应的个人隐私保护法律。这一阶段的立法集中于解决个人数据的治理问题，笔者将其归纳为数据治理的萌芽时期。2012 年至今，随着经济全球化的深入推进，在大数据、人工智能、移动互联网、云计算、物联网等科学技术蓬勃兴起的同时，数据安全、个人隐私泄露等数据问题愈发严峻。萌芽时期的个人隐私保护立法不再满足实践发展的需要，欧盟、美国和日本相继对既有数据治理的立法成果进行修改，并针对网络安全与非个人数据的治理问题进行专门立法。笔者将这一阶段称为数据治理的发展时期。通过表 1 中立法文件的对比可以发现，欧盟数据治理的立法实践体现出先行性与全方位的立法特点；不同于欧盟的综合性立法模式，美国数据治理的法律实践则"采用了分行业式的分散立法模式"[①] 与较宽松的数据利用政策；而日本的数据治理实践始于个人信息保护领域，并致力于形成全面的数据治理格局。

　　中国数据治理的法律实践起步较晚并与美欧日发达国家存在一定差距。中国在 1996 年才引入国际互联网，并在 2000 年由全国人大常委会以决定的形式首次提出关于数据治理的一款准用性规定。此后，与数据治理相关的法律规定零散地分布于我国刑法、民法、侵权责任法等既有法律部门的文件中。随着科学技术创新与数据产业的蓬勃发展，2015 年，我国《促进大数据发展行动纲要》明确将大数据上升为国家战略资源，关于数据治理的

---

　　① 何渊主编《数据法学》，北京大学出版社，2020，第 61 页。

立法实践也随之大幅增加。2017 年实施的《网络安全法》是我国首部数据治理领域的单行立法，《数据安全法》与《个人信息保护法》的实施有助于形成较为完善的数据治理法律体系，以扭转我国数据治理立法实践在国际中的落后局面。

本文通过对比分析的方式，从纵横两个切面对"数据治理"的发展历程进行研究，总结其发展规律和趋势，并结合案例指出在新的时代背景下"数据治理"存在的主要问题，同时运用、借助国内外专业文献对数据治理相关概念的张力进行深入分析，探寻现阶段数据治理在法理上的理据和正当性。

二　数据治理的一般理论

（一）何谓数据治理

就表现形式而言，在商业领域，数据治理指商主体对产品生产、分配、交换和消费等生产全过程中所产生或者获得的管理数据、用户数据、日常经营数据等有价值的数据资源在技术上的管理与控制行为，旨在实现其提高数据的利用价值并规避相应的法律风险的目标；在政治领域，数据治理是国家对于各类数据资源的主权，具体表现为对数据资源权属的划分、对特定数据权利的保护、对数据权力的约束与对跨国数据流通行为的规范等管理与利用数据以进行社会治理的行为；在个人信息领域，数据治理集中表现为对侵害个人数据权利行为的规范及对个人数据权利的赋权与保障。

就具体定义而言，不同主体对数据治理有各自不同的定义。数据治理研究所（Data Governance Institute，DGI）在其《DGI 数据治理框架》（以下简称《DGI 框架》）中将数据治理定义为简单意义上"对数据相关事项进行决策和行使权力"[①]，以及复杂意义上"对信息相关过程进行决策的权利和责任系统，该系统按照已经取得共识的模型执行，模型描述的是谁在什

---

① 转引自沈岿《数据治理与软法》，载《财经法学》2020 年第 1 期，第 4 页。

么时候、什么情况下、使用什么方法对什么信息采取什么行动"①。英国科学院（British Academy）和英国皇家学会（Royal Society）在其发布的联合报告中指出，数据治理是旨在告知对数据管理、数据使用和数据衍生的技术的信任程度的一切事物；② 美国俄克拉何马州管理和企业服务办公室（Office of Management & Enterprise Services，OMES）在其《数据治理概要》中将数据治理界定为通过对政策、角色、职责和程序进行构建和实施来协作并持续地改进数据质量的组织过程和结构；③ DATAVERSITY（一家为商业和信息技术［IT］专业人士提供有关数据使用和管理的教育资源的机构）则指出，数据治理是有助于确保组织、管理和监控企业系统中数据的完整性和安全性的实践和流程。④ 国内有学者将数据治理定义为"对组织可用数据的完整性、安全性和可用性的全面管理"⑤，也有学者主张数据治理应包含"对数据的治理"和"依数据的治理"双重含义⑥。结合我国近年来数据立法的实践以及数据资源的市场要素化特征，应当看出数据已经成为社会发展必不可少的生产条件与技术工具，数据治理的内涵应当既包括"对数据的治理"，也包括"利用数据进行治理"。⑦

（二）法律中的数据治理

法律作为一种重要的社会规范，不同于道德与宗教，其具有强制性与国家意志性，是公权力得到限制和公民权利得到保护的重要途径。出于限制国家权力干预，以保障公民权利和自由的需要，仅有关系到社会平稳健

---

① 沈岿：《数据治理与软法》，载《财经法学》2020年第1期，第4～5页。
② 参见英国皇家学会网站，https://royalsociety.org/~/media/policy/projects/data-governance/data-management-governance.pdf，最后访问日期：2022年12月10日。
③ 沈岿：《数据治理与软法》，载《财经法学》2020年第1期，第5页。
④ 参见DATAVERSITY网站，https://www.dataversity.net/category/education/what-is/，最后访问日期：2022年12月15日。
⑤ 夏义堃：《试论数据开放环境下的政府数据治理：概念框架与主要问题》，载《图书情报知识》2018年第1期，第96页。
⑥ 张康之：《数据治理：认识与建构的向度》，载《电子政务》2018年第1期，第4页。
⑦ 沈岿：《数据治理与软法》，载《财经法学》2020年第1期，第6页。

康运行的那一部分事实才会成为法律规制的对象。在互联网、物联网、人工智能等科学技术飞速发展的今天，大规模的数据收集、存储与分析成为可能。政府、企业、社会团体和个人的日常生产、生活活动有了被记录（忆）的现实需要和可能。渐渐地，社会上大规模沉淀的数据成为经济发展中的重要生产要素，与数据相关的产生、收集、加工、存储、使用和提供等数据利用行为也就成为影响到社会发展的那一部分重要事实，成为法律的重要调整对象。

张康之认为，"数字可以构成认识和社会实践的工具"，而"数据则是一种资源，是可以开发和利用的资源"。[①] 正如部分学者所言，虽然"数据"概念早已有之，但"数据真正被社会关注、被规范和监管的时候，才真正被制度化为社会资源"[②]，也才成为当前法律语域下的数据治理对象。根据 GDPR 的规定，"'个人数据'是指任何指向一个已识别或可识别的自然人（'数据主体'）的信息"[③]。在此定义上，个人数据即指用于识别特定自然人的各项信息。我国的《个人信息保护法》第 4 条亦有类似的定义。而本文在法律语域下所讨论的"数据"相较于个人数据而言，属于上位的概念，是指私主体收集的未经处理或者已经匿名化处理的个人数据、非个人数据与公权力机构在管理和服务过程中产生和收集的各项个人数据、非个人数据的总和。

立足社会经济发展现状，结合数据治理的现有研究成果以及我国数据治理的立法实践，可以得出的结论是：法律中的数据治理是根据既有法律对各数据主体在数据收集、使用、存储、买卖、删除等数据全生命周期中享有权力或权利、履行职责或义务的行为进行规范，最终实现数据资源的有效利用，促进数据经济的健康发展的活动。其内涵既包括"对数据的治

---

① 张康之：《数据治理：认识与建构的向度》，载《电子政务》2018 年第 1 期，第 5 页。

② 梁正、吴培熠：《数据治理的研究现状及未来展望》，载《陕西师范大学学报》（哲学社会科学版）2021 年第 2 期，第 66 页。

③ 《通用数据保护条例》，中国政法大学互联网金融法律研究院译，中国存储网，https://www.chinastor.com/netsafe/12143M462017.html，最后访问日期：2022 年 12 月 15 日。

理",也包括"利用数据进行治理"的组织结构、程序和规则问题,但作为调整人的行为的社会规范的组成部分,其重心不仅在于数据本身,也在于数据主体的各种数据行为。

三 数据治理中的困境

在我国现行法律体系中,《个人信息保护法》与《数据安全法》这两部有关数据保护的主要法律已经颁布施行,二者与《民法典》《网络安全法》《反不正当竞争法》《刑法》等法律相结合形成的数据法体系,共同促进我国数据领域的有效治理。但在数据经济蓬勃发展的今天,我国的数据治理仍缺乏深入的法理分析,数据治理体系也尚属探索建设阶段,仍面临着数据"主权壁垒"、数据安全隐患、数据红利分配不均、数据权力滥用、数据利用忽视人的尊严等数据治理困境。

(一)数据"主权壁垒"阻碍数据跨境流通

2020 年 6 月 29 日,印度官方发文明确,为主权、领土安全、国防、国家安全和公共秩序,禁用包括 TikTok 在内的共 59 款来自中国的手机应用程序(App),[①] 该封禁行为实质上是当前主权国家间数据主权博弈现状的缩影。继印度之后,美国特朗普政府曾提出字节跳动公司在 90 天之内出售或剥离该公司在美国的 TikTok 业务的要求。美国当地时间 2021 年 6 月 9 日,美国总统拜登撤销了相关禁令,同时签署了另一项行政命令,要求对由外国掌控的 App 进行更广泛的安全审查。[②] 表面上,美国的封禁行为系为了保护公民隐私与国家数据安全,但隐藏在行为背后的真正意图则是在逆经济

[①] 李焕宇:《印度宣布将永久封禁 59 款中国 APP,包括 TikTok、百度、UC 浏览器等》,观察者网,https://www.guancha.cn/international/2021_01_26_579261.shtml,最后访问日期:2023 年 6 月 28 日。

[②] 参见南博一《外媒:拜登签署行政令撤销对 TikTok 及微信禁令》,澎湃新闻网,https://www.thepaper.cn/newsDetail_forward_13069631,最后访问日期:2022 年 12 月 15 日。

全球化潮流中构筑起数据交易流通中的主权壁垒。美国政府此举一方面意在排除、限制中国企业在其本国数据产业中的竞争，力图在中美博弈中为自己增加筹码；另一方面则致力于通过内设数据产业基础服务设施实现数据本地化存储，以维护本国数据主权。

除了数据本地化存储的干预，国际数据跨境流通还受"长臂管辖"① 及"国内法的域外效力"等数据主权壁垒的约束。最典型的莫过于欧盟的 GDPR 在个人数据治理领域对保护管辖原则的适用："即便数据控制者或处理者在欧盟境内没有设立实体机构，但其对数据主体的个人数据处理行为，即适用该法。"② 据此，Facebook 与谷歌等美国科技巨头在 GDPR 生效后不久均因侵害欧盟数据主体个人数据权利而被欧盟相应机构处以罚款。数字时代，长臂管辖有利于增强执法机构对本国国民个人数据权利的保护，但长臂管辖引发的巨额罚款与不同国家间标准不一的执法依据将不同程度打击跨国数据企业的发展，最终阻碍数据的跨境自由流通。

（二）数据流动中的数据安全隐患

根据国家互联网应急中心（CNCERT）发布的《2021 年上半年我国互联网网络安全监测数据分析报告》显示，仅 2021 年上半年，CNCERT 捕获计算机恶意程序样本数量约 2307 万个（其中境外恶意程序 49%来自美国，4.9%来自印度）。移动互联网恶意程序中排名前三的恶意行为分别属流氓行为类（47.9%）、资费消耗类（20%）和信息窃取类（19.2%）。③ 数据安全

---

① 原指美国各州根据"最低限度联系"原则，在非居民被告与法院的联系满足美国宪法正当程序条款所要求的最低联系时，对非居民被告行使特别管辖权或者一般管辖权的制度。21世纪以来，受"联邦证券法""爱国者法案"的推动，美国联邦政府司法部门越来越多地以长臂管辖为武器，对境外机构和个人提起诉讼和进行处罚。当前已有不少国家为自己的法院规定了长臂管辖权。

② 叶开儒：《数据跨境流动规制中的"长臂管辖"——对欧盟 GDPR 的原旨主义考察》，载《法学评论》2020 年第 1 期，第 107 页。

③ 参见《2021 年上半年我国互联网网络安全监测数据分析报告》，国家互联网应急中心网站，https://www.cert.org.cn/publish/main/upload/File/first-half%20%20year%20cyberseurity%20report%202021.pdf，最后访问日期：2022 年 12 月 15 日。

危机就在我们眼前。针对数据产业发展过程中可能出现的数据安全问题，我国《网络安全法》第三章要求网络运营者承担安全保障、事故补救与事故报告义务，并在第六章规定相应的处罚措施；《数据安全法》第19~25条规定，由国家构建数据交易管理制度、数据分类分级保护制度等制度及数据安全应急处置机制和数据安全风险评估、报告、信息共享、监测预警机制等机制；《刑法》第286条之一规定拒不履行信息网络安全管理义务罪，以强制网络运营者积极履行安全保护义务。但原则性地规定数据处理者的安全保障义务及事后补救和报告的义务，只能在数据安全事故发生后启动相应的救济机制而不能将隐患消灭于未起之时，不足以遏制危害数据安全的不合法行为。以银行业为例，除《网络安全法》等相关法律外，我国以《银行业监督管理法》第21条要求银行在审慎经营规则的约束下开展经营行为，并在《银行业金融机构数据治理指引》中细化银行业金融机构的数据安全防护行为。但据《中国个人金融信息保护执法白皮书（2020）》不完全统计，截至2020年10月25日，六大行、各金融机构及其工作人员因违反保护"个人金融信息"的规定而被开出行政处罚罚单共181张，罚款金额合计超过人民币1.8亿元，其中包括中国农业银行。① 而2021年1月，中国农业银行再次因泄露用户敏感信息、发生重要信息系统突发事件未报告、数据安全管理粗放导致有数据泄露风险等被银保监会罚款人民币420万元。事实证明，当前在数据安全领域的事后监管举措，不足以在数据信息日益成为重要生产要素而信息传递手段不断丰富的今天，构筑起完善的信息安全防护网。此外，违法成本过低也是信息泄露等数据安全事件屡禁不止的重要原因。因此，2022年7月，当滴滴因违法收集、过度收集信息等行为被罚款人民币80.26亿元时，② 巨额罚款给涉及数据处理的公民、法人与有

① 《央行：2020年涉"个人金融信息"处罚统计分析》，搜狐网，https://www.sohu.com/a/436958174_223323，最后访问日期：2022年12月15日。
② 《国家互联网信息办公室对滴滴全球股份有限公司依法作出网络安全审查相关行政处罚的决定》，国家互联网信息办公室网站，http://www.cac.gov.cn/2022-07/21/c_1660021534306352.htm，最后访问日期：2022年12月15日。

关组织敲响警钟，掀起一股企业数据合规的浪潮。

（三）数据红利分配不均加深数据鸿沟

数据作为当下经济社会发展的重要"资产"，自然成为资本追逐的对象。一方面，单纯依靠市场的自发发展与企业间的行业自律无法就数据资产的归属问题形成权威的一致认同；另一方面，资本的逐利性与数据主体对个人数据保护的无力性使个人在大数据时代的隐私与尊严受到极大挑战。因此，数据资产归属不清成为当下数据治理领域必须解决的重要问题。但我国现有立法未对这一问题进行正面回答。而在司法领域，不同裁判者在数据权利的归属上作出了截然不同的认定。新浪微博诉脉脉案实际上肯定了个人与企业分别对用户提供的数据资源享有相对独立的权利这一事实。[1]但在淘宝诉美景案中，网络用户被认定为原始数据的唯一所有人并享有绝对的权利。[2] 很明显，数据权属不清正对我国统一的司法秩序造成冲击，并且，因为立法对该问题的回避，这种现象在短时期内无法彻底消除。

确定数据权利的归属最终解决的，实质上是蕴藏于权利背后的数据利益的分配问题，即数据权利的归属决定着数据红利的分配。而针对数据权属不清的问题，学界提出了通过合同约定分配相关数据红利的治理方案，这也是当前我国数据治理实践中的主要方法。但是事实证明，数据权属的契约式规制将不断加深科技巨头与社会普通民众之间的数据鸿沟。作为 21世纪"神奇的金矿"[3]，数据作为重要的生产原材料，成为数据驱动型公司生产发展的重要倚靠。而在当前的数据交易中，网络用户（个人数据内容的实际来源者）在接受网络服务提供者的服务之前，必然被要求签订"用

---

[1] 参见新浪微博诉脉脉案，北京知识产权法院（2016）京 73 民终 588 号民事判决书。该案中，终审法院确定了第三方平台获取数据时的"用户授权"＋"平台授权"＋"用户授权"的三重授权原则。

[2] 参见淘宝诉美景案，浙江省杭州市中级人民法院（2017）浙 8601 民初 4034 号民事判决书。该案中，法官在判决中认定网络运营者对网络用户提供的原始网络数据仅依双方间的约定享有有限的使用权而非独立的权利，并且该使用权受网络用户的控制。

[3] 梁正、吴培熠：《数据治理的研究现状及未来展望》，载《陕西师范大学学报》（哲学社会科学版）2021 年第 2 期，第 67 页。

户协议"等一系列的格式合同。对于数据纠纷的处理,如果采取契约式规制手段,则意味着处于弱势地位的网络用户只能在数据强权者已经制定的规则下主张权利、承担义务。即使是在数据企业之间,基于产业规模与话语权,大企业也得以利用合同在与小企业的数据交易中要求更多的利润,并通过不正当竞争的手段排除小企业对已生成数据的使用,最终形成对数据价值的垄断。在数据纠纷的契约式规制模式下,最终的获益者大概率会是既得利益者,该模式会造成强者越强、弱者越弱的数据垄断局面,从而形成不可逾越的数据鸿沟,使社会上的贫富差距进一步加大。对数据利益分配的不公正最终将对现代民主法治社会赖以生存的平等与公正价值造成巨大冲击,应当认识到"工业时代基于领域细分逻辑形成的生产与再分配规则,明显已不能适应数字时代经济活动的具体实践"①。

(四) 数据权力对公民权利的侵犯

2015 年,《促进大数据发展行动纲要》(国发〔2015〕50 号)提出要"大力推动政府部门数据共享",这迈开了我国数字政府建设的步伐。国家在管理数据和利用数据进行治理的过程中为促进数据安全与保护,制定并实施了《网络安全法》《个人信息保护法》《数据安全法》《网络安全审查办法》《数据出境安全评估办法》等法律法规,针对互联网平台企业等的数据处理活动形成了较有力的规范。在此类法律法规中,政府多被赋予个人数据保护者的角色。但是上述法律法规忽视了在政府利用数据进行治理的过程中,数据俨然成为重要的治理工具,进而成为公权力的代理人,并可能或者已经对公民、法人以及其他组织的权利义务产生实际影响。具体而言,《个人信息保护法》第 34~35 条针对国家机关处理个人信息的行为作出特别规定,在对国家机关数据治理活动予以法定权限与法定程序限制的同时,又针对国家机关履行法定职责赋予其免除"告知—同意"义务的职权。此时,政府部门一旦以数据公平客观的表象实现其权力的扩张乃至滥用,

---

① 刘典:《数字时代对法治的新挑战》,载《南风窗》2021 年第 6 期,第 19 页。

将形成对公民权利的严重侵害。

2020 年国务院联防联控机制发布实施的《关于依法科学精准做好新冠肺炎疫情防控工作的通知》（联防联控机制发〔2020〕28 号）通过红、黄、绿等三色"健康码"赋予居民不同的通行权限。地方在此基础上形成了各自的健康码体系。应当认识到的是，健康码为国家在社会层面实现精准防控提供了有力的支持。在"动态清零"的政策下，在"人民至上""生命至上"的防疫宗旨下，为了维护必要的社会公共利益，健康码具有其适用的正当性基础。但是当健康码所需信息收集、利用的工作不再以疫情防控为目的，或者当其所涉数据处理行为已经明显违反数据处理领域特有的"最小范围使用"与"最小影响"等原则以及行政领域"比例原则"与"最小损害原则"时，健康码的适用便可能会演变成公权力对人身自由与人的尊严的侵害。

事实以其坦诚的一面向我们证实：当数据成为治理工具时，必须警惕其会否成为权力的延伸，沾染上权力扩张的本性，在国家权力与公民权利的边界线上不断蚕食后者。

（五）数据利用忽视人的尊严

当下，手机等移动通信设备不断普及，网络经营者通过各种 App 提供购物、咨询、导航、教育、移动支付等服务，极大地便利了人们的生活。为了参与到这一便捷的生活方式中，人们不得不通过手机等移动通信设备自觉或不自觉地向网络经营者提供姓名、性别、联系电话、通信地址、身份证号码等个人信息数据。数据的提供、获取、加工、流通成为社会运行的基本脉络，几乎没有人能够脱离其中。作为被利用到极致的"一串数据"，人的尊严受到极大挑战，具体表现如下。

一是受到来自算法的威胁。在算法"输入的数据和输出的答案之间，存在着我们无法洞悉的'隐层'，它被称为'黑盒'（black box）"①。黑盒

---

① 许可、朱悦：《算法解释权：科技与法律的双重视角》，载《苏州大学学报》（哲学社会科学版）2020 年第 2 期，第 64 页。

的存在使原始数据提供者无法知悉企业、政府部门等有关机构作出的决策是依何数据、以何方式、作何参考而得出的。因此，被收集数据的一方，在提供了这个社会生产所需要的数据原料后，还受到算法失灵、算法歧视、算法欺诈、算法垄断等的威胁。这是在信息化、数据化的社会中强权者对弱势一方毫不客气的单边压榨。我们要对企业数据权力的中心化和垄断问题保有足够的警惕。

二是数据过度利用矮化人的存在，减损人的尊严。数字时代，行政机关为了便于治理，公司企业为了获得数据生产原料，二者或携手或单独，最大限度地"搜刮"着个人身上能产生的近乎所有信息。医院登记诊疗记录，健康码记录行程轨迹，外卖平台收集饮食习惯，购物软件汇总消费信息、个人身份及出行信息……在生物科学、信息技术、人工智能不断发展的今天，人被不断地简化为数据以进行治理，"数据人"已经逐渐成为我们新的社会身份。当物理空间的人被提取为一个又一个的数据，反过来理解，即原本作为独立个体的人已全然变成一串数据存在于数字化的世界中。此时，人本身就成为一种资源、一种商品，被分类收集、共享、售卖，对人的治理转化成对人口的治理。在一心追求数据利用的同时，个人被矮化为冷冰冰的数据，成为生产的工具，而不再是社会进步发展的目的，人的尊严遭到极大程度的贬损。

四　数据治理的法理分析

为摆脱数据治理的上述困境，力求为数据立法实践提供更为科学有效的理论基础，下文针对数据主权与数据共享、数据流动与数据安全、数据红利与数据保护、数据权力与公民权利、数据利用与人的尊严之间的张力进行深入分析，运用价值平衡等方法，明确现阶段数据治理的重要价值导向与相应的正当性基础。

（一）数据主权与数据共享的张力

数据主权是主权国家对产生于本国的数据所享有的最高控制权。数据共享是指数据跨境流通中的一种开放状态。如上文所述，数据主权壁垒会阻碍数据跨境流通与共享，即数据主权与数据共享的关系在国际数据治理中明显表现出一种背道而驰的张力。这体现在二者的性质特点中，即数据主权作为一国在数据领域的最高控制权，是一国政府对产生并形成于本国的数据所享有的对内最高、对外独立的权力，天生带有不平等和排他的性质，限制其他国家的个人、企业或者政府机构对本国数据的"染指"，具有"封闭"的基因。而作为数据主权的相对概念，数据共享是主权国家的数据在数据跨境流通中的一种开放状态，表明一国对来自不同国家的经济主体都能够一视同仁地对待，提供相同的收集、使用、交易等数据处理规则。从这一层面来讲，数据共享具有非排他性和平等性。在数据跨境流通领域，"开放"是实现数据共享的前提。但是随着数字经济的发展，一方面，"传统主权的排他性、封闭性被数据跨境流通的私主体化、多元化趋势所冲击"[1]；另一方面，"传统主权的地域性、国别性被数据跨境流通的超地域化、全球化趋势所冲击"[2]，数据领域中的主权概念有了"私主体化"和"超地域化"的特点，其"封闭"的特性逐渐弱化并向有助于数据流通的方向发展，数据主权与数据共享之间的相互排斥的力量也因此得以减弱，二者具有了寻求共存的可能。

从利益权衡的角度出发，数据主权与数据共享之间的张力所代表的是本国数据利益与他国数据利益之间的抗衡。维护本国利益既是主权国家的天然权利又是其法定义务。我国《网络安全法》第 1 条也规定了"网络空间主权"的原则，这表明了我国维护数据主权的首要立场。但为了获取经济全球化背景下的数据跨境流通红利，数据共享也成为我国数据立法必须确立的基本原则。2015 年，我国在《促进大数据发展行动纲要》中即明确将加快政府数据开放共享作为大数据发展的主要任务，并提出了开放公共

---

① 匡梅：《跨境数据法律规制的主权壁垒与对策》，载《华中科技大学学报》（社会科学版）2021 年第 2 期，第 98 页。

② 匡梅：《跨境数据法律规制的主权壁垒与对策》，载《华中科技大学学报》（社会科学版）2021 年第 2 期，第 98 页。

数据资源、建设大数据基础设施、推进政府精准治理等具体举措。2022 年《数据出境安全评估办法》中，与保障跨境数据流通安全的立法宗旨并行的另一重要立法目的即是"跨境数据自由流动"。随着我国数据产业的蓬勃发展，在数据跨境流通领域，我国数据企业"走出去"的需求将更加强烈。为此，在数据治理领域，我国应当在具有"私主体化"和"超地域化"特点的数据主权新概念下，以维护国家主权为前提，构建更有利于数据共享的治理格局。

（二）数据流动与数据安全的张力

数据流动是指经由转让、交易等特定行为而使数据在不同主体间发生转移的活动。结合我国当前国内国际双循环相互促进的新发展格局，我国的数据流动也相应分为数据境内流动与数据跨境流动两大阵地。根据《数据安全法》第 3 条第 3 款，数据安全，是指"通过采取必要措施，确保数据处于有效保护和合法利用的状态，以及具备保障持续安全状态的能力"。有学者将其概括为"数据'静'的安全（数据完整性、可用性、保密性）"和"数据'动'的安全（重要数据可控和非重要数据可信）"。[①]

数据因流动而产生价值，即孤立静止的数据因在不同主体间流动，而单独或与其他数据共同产生一定的分析、运用功能，这方使数据的价值得以实现。但正如前文所述，与数据流动伴生而来的越来越严峻的数据安全隐患已经成为阻碍数据产业健康发展的重要因素。应当看到，没有数据流动，数据安全问题就无从谈起；失去数据安全，数据流动会面临数据泄露等风险。数据流动与数据安全的张力，实为两者背后自由与安全价值之间的权衡。对安全价值的强调，最终也是为了使权利主体在更稳定的环境下享有权利和自由。法律中的自由是个体或者组织在法律规定的范围内行使权利的有限度的自由，表现在数据流通领域，则为个体或者组织在遵循必

---

① 许可：《自由与安全：数据跨境流动的中国方案》，载《环球法律评论》2021 年第 1 期，第 22 页。

要的数据安全规定的前提下享有的数据交易流通的自由。

对此，我国《数据安全法》确立数据安全、自由流动的原则，在数据治理的立法实践中提出自由与安全并重的解决方案。《数据出境安全评估办法》继承这一原则，并在数据出境问题上提出"安全评估坚持事前评估和持续监督相结合、风险自评估与安全评估相结合"的要求，以确保数据跨境流通的安全性。但是，有两点需要注意。一方面，我国在《促进大数据发展行动纲要》中即作出开放公共数据的承诺，并且我国企业与美国企业共同成为全球主要数字经济领域的领导者或跟随者。① 不论是基于履行加大开放力度这一承诺的需要，还是为争取并保持中国在国际数据产业中的领先地位，中国的数据治理都必须注重数据自由原则，并将其视为数据流动领域的基本原则。另一方面，为了防止数据严格管控对数据跨境流通造成实质性阻拦，数据治理中的数据安全原则仅能在国家安全与个人信息泄露等重要领域中适用。至此，数据流动领域"'数据自由流动'作为基础原则"②，"'数据安全流动'作为限制性原则"③ 的制度性规定得以明确。

（三）数据红利与数据保护的张力

数据红利是指数据产业发展过程中所形成的利益，这种利益不仅是经济意义上的利得，也包括政治意义上的地位与法律意义上的权力或权利。例如，巨型平台基于其公共服务与市场价值创造功能而享有数据监管权力，该权力大到使"美国前总统特朗普在尚未卸任之时，遭遇脸书、谷歌等数

---

① 联合国《2017 年世界投资报告》梳理了网络平台、电子商务、数字内容、IT、电信设施等主要数字经济领域的发展状况，发现全球的领导者或跟随者基本上是中美两国的企业。2018 年 11 月，有"互联网女皇"之称的华尔街证券分析师玛丽米克发布的《2018 年互联网趋势》报告指出，根据全球各大互联网公司的估值衡量，全球 20 大互联网科技公司中，美国占了 12 家，另外 8 家则来自中国。

② 许可：《自由与安全：数据跨境流动的中国方案》，载《环球法律评论》2021 年第 1 期，第 22 页。

③ 许可：《自由与安全：数据跨境流动的中国方案》，载《环球法律评论》2021 年第 1 期，第 22 页。

字巨头的联手封杀……8000 万用户弹指之间灰飞烟灭"①。数据保护则是指在数据利用过程中，对数据主体数据权利的保护。数据红利的分配方案决定着数据保护的范围和程度，反之，数据保护方案的变更则会调整数据红利的分配。作为数据利益划分的重要方式，二者对于数据治理领域公平正义价值的实现具有决定性意义。

正如唐皇凤所言："在数字利维坦的背景下，网络资源的控制程度成为社会群体分层的新指标……数字鸿沟中的精英阶层赚得盆满钵满，而中下层社会群体则被日益边缘化，进而成为数字信息技术的奴隶，大幅加剧社会极化的程度，甚至成为社会群体相互隔离和对抗的直接诱因……可能进一步激化现实生活中广泛存在的……社会矛盾，使群体隔离逐步演化为社会对抗。"② 为了防止或减少数据鸿沟引发的社会对抗，合理分配数据红利并加强对个人数据权利的保护成为建构公平正义的数据治理格局的必然要求。

如前文所述，数据纠纷的契约式规制将形成数据垄断，不利于公平正义的数据红利分配格局的形成。当前，数据"内部化成本的降低及其收益的提升为数据财产权化提供了坚实的经济学基础"③，而数据表现为"一项类似于物权的财产权立足于其客体的经济性、可特定性和可转让性之上"④，这又实现了法律上的财产权化。数据赋权或可在一定程度上使个人与数据行业中的小微企业获得法定的话语权，以改变契约化规制中的"恃强凌弱"现象，实现数据治理中的分配正义。一方面，通过数据权利化的路径，分别赋予数据主体、数据处理者、数据控制者和数据主权者相应的数据权利（力），即一种有限的权利（力），以形成权利（力）上的相互抗衡，最终在社会上更公平地分配数据要素产生的经济红利；另一方面，2017 年我国

---

① 刘典：《数字时代对法治的新挑战》，载《南风窗》2021 年第 6 期，第 19 页。
② 唐皇凤：《数字利维坦的内在风险与数据治理》，载《探索与争鸣》2018 年第 5 期，第 44 页。
③ 许可：《数据权属：经济学与法学的双重视角》，载《电子知识产权》2018 年第 11 期，第 24 页。
④ 许可：《自由与安全：数据跨境流动的中国方案》，载《环球法律评论》2021 年第 1 期，第 25 页。

《民法总则》第 127 条首次将数据作为独立民事权益写入法律规范，为数据立法留下空间，为形成不同于既有物权、知识产权、人格权和债权的数据权利的体系奠定了法律基础。赋权化的数据保护路径或可促进数据红利的合理分配，最终实现数据治理领域的公平正义。

（四）数据权力与公民权利的张力

既有研究已经认识到"数据在生产与创造、记录与传递、处理与使用的数据化过程中产生了对人的支配与控制的权力，即数据权力"[①]。在不断强调数字化转型推进国家和社会治理现代化的背景下，政府在管理数据与利用数据进行治理的过程中形成的数据权力，在无形中对公民权利造成诸多干预与限制。

因权力天然具有扩张的本能，权利主体不得不警惕其运行的合法性与正当性。权力与权利之间的抗衡在数字化社会之前早已存在，但数字技术的运用使公权力向公民权利的延伸与对其的侵犯更具隐蔽性与规模化。公权力通过在日常政务活动中进行的广泛的数据收集与利用形成对公民个人的人身自由、通信自由与通信秘密、私人生活安宁、私密活动和私密空间等领域的广泛介入，并达成"数字化的公民沦为被数字权力规训与惩罚的对象"[②]的治理效果。这与限制公共权力、保障公民权利的宪法精神内核明显背离。作为大数据时代行政权力外化的重要途径，政府行使数据权力的行为必须受到严格规制。

法治轨道上推进国家治理体系和治理能力现代化可以通过具有国家强制力的法的规制消弭数据权力与公民权利间的冲突以维持二者间的平衡。《数据安全法》与《个人信息保护法》一定程度上成为解决私主体数据处理问题的有效手段，但在防止公权力对公民权利的侵犯方面仍缺乏针对性规

[①] 林伟、周耀铭：《国内外数据治理研究述评》，载《数字图书馆论坛》2022 年第 6 期，第 67 页。

[②] 周维栋：《元宇宙时代代的数字公民身份：认同困境、实践逻辑与理论证成》，载《电子政务》2022 年第 10 期，第 69 页。

范。有学者已经认识到，"只有通过打造真正意义上的数字公民，才能够使数字技术摆脱治理工具箱的定位"①，即通过明确主体在数字社会中的公民身份实现其在物理现实中所享有的公民权利。在紧急状态下，对人脸识别与健康码等涉及敏感个人信息的技术创新明确公共利益的导向原则，在保障数据主体知情权、删除权等数据权利的同时，允许公民以权利主体这一身份就相关违法数据处理行为提出申诉与控告。除了对公权力进行必要的约束之外，ChatGPT 的出现和发展则促使对企业平台权力进行法律规制，以防止权力的中心化。

（五）数据利用与人的尊严的张力

数据利用是指对静态的数据加以收集、加工、存储、使用和提供等发挥数据价值的重要活动，效率是其追求的重要价值导向。但是正如上文所述，数据过度利用对人的尊严造成了多种威胁，而人的尊严这一概念如今已经普遍化为法律领域的基本价值底线。我国数据治理的立法实践，也不能突破这一底线。在数据利用的过程中，要避免因一味追求效率而忽视对人的尊严的考量。一是运用"算法规制的场景化原理"②，区分不同情形，分别运用"算法公开、个人数据赋权与反算法歧视"③ 等方式对算法行为进行规制，消除或者减少算法强权对弱势群体的算法歧视、算法垄断与算法欺诈并反向督促算法进行自我完善，避免算法失灵。二是在数据治理中找准人的定位。通过数据赋权使公民拥有对个人数据利用的知情权、同意权、删除权等重要权利，也即使个人拥有进入或者退出个人数据利用程序的自由。人不是被动地卷入数据经济发展进程中的，而是通过行使数据权利自行决定参加与否。在这样的前提下，人不再是数据生产的工具，人的自由与尊严在数据经济社会的发展过程中也可得到维护。三是个人信息收集的

---

① 周维栋：《元宇宙时代代的数字公民身份：认同困境、实践逻辑与理论证成》，载《电子政务》2022 年第 10 期，第 64 页。
② 丁晓东：《论算法的法律规制》，载《中国社会科学》2020 年第 12 期，第 150 页。
③ 丁晓东：《论算法的法律规制》，载《中国社会科学》2020 年第 12 期，第 140 页。

"必要"原则与"不得过度收集"个人信息的法律规范应当从纸面走向实践。"数字人格"① 在数字经济飞速发展的今天应当被承认，并且通过国家强制力保证实现。

欧盟数据立法在尊重和保护人的尊严这一点上为世界各国数据立法树立了可借鉴的范例。GDPR 从尊重和保护个人权利的角度出发，一方面赋予数据主体个人数据获取权、数据访问权、纠正权、被遗忘权、反对权、拒绝权等具体明确的权利；另一方面则在区分数据处理者与控制者的前提下，明确两者在个人数据保护中的具体义务，其中包括设立专门的数据保护局并赋予数据保护人员独立地位。在涉及健康、生物特征等极具敏感性的特殊种类个人数据保护方面，GDPR 还规定这些数据处理以禁止为原则、以允许为例外，并明确列出各项特殊允许的情形。欧盟通过法律形成严格的个人数据治理体系，极大地保障了个人的数据权利，确保了大数据时代对个人尊严的维护，也为我国数据治理提供了较为详细的立法参考。

五　结语

数据要素市场化进一步推进了数据产业的蓬勃发展与数据行为的逐步普及，完善数据立法成为当下数据治理领域的要求。我们通过对数据治理的法理分析，能够廓清数据治理中数据主权、数据共享、数据流动、数据安全、数据红利、数据保护、数据权力、公民权利、数据利用与人的尊严等概念之间的张力，明确我国现行数据立法的不足与缺陷，这有助于引导数据立法的价值取舍。我国数据立法在《网络安全法》《数据安全法》《个人信息保护法》等现有法律的基础上，针对数据红利分配不均与司法裁判对数据权利归属认定混乱的局面，也应当及时作出立法回应，为我国数据产业的健康发展奠定法律上的权利基础。

---

① 　许可：《重大公共卫生事件的数据治理》，载《暨南学报》（哲学社会科学版）2021 年第 1 期，第 82 页。

数字经济公共规制中公共利益的追寻及其限度

周坤琳[*]

【摘　要】公共利益是公共规制的合法性基础与内在道德性所在。在对数字经济进行公共规制的活动中，不论是数字经济活动的监管行为还是数据要素市场建构，公共利益均是进行监管、数据分类分级甚至利益重新配置的重要考量。但在数字经济研究的不穷争论中，人们误以为熟悉的公共利益概念的界定却困境重重，似乎公共利益已然成为难以捉摸却压倒一切的力量，致使公共规制的理由逐渐坍塌，引致公共利益信任危机。鉴于此，应摒弃口惠而实不至地借由公共利益进行规制的行为，避免法之恣意，界分公共利益的追寻及其限度，确立可信赖之预期，在尚未展开且风险未知的数字法治时空中为公共规制朝普遍性、可预期性和明确性发展提供理由。

【关 键 词】数字经济；公共规制；公共利益追寻；公共利益限制

在公共利益的研究中，一直存在难以言说的批评困境。但同时，对公共利益研究流于表面的批判，似乎也无助于破除公共利益的混沌局面。法学语境中的公共规制，即依法控制和制约，其含义之一即政府部门依法律规定之权限制定规范性文件，含义之二在于依法对行为进行规制、管制和

---

*　周坤琳，中南财经政法大学法学院博士研究生。

控制。① 公共规制目的在于借公共规制手段防止垄断和解决集体行动难题以增进经济效益，也在于以符合公共精神之方式对资源作再分配，以削弱或消灭社会隶属，改变源自各种动机或认知缺陷的偏好，以实现集体抱负，防止未来世代出现不可挽回的损失。② 经济法语境下的公共规制是政府对市场自发运行导致的资源配置低效状态加以纠正的活动，包括对微观市场的干预和对宏观经济的调控两方面。③ 不论论者作何论述，法学话语中的公共规制都包含公共规制之主体以公共规制之手段对市场和经济进行调控和干预之意蕴。在数字经济中，鉴于数字经济发展的迅速与不确定性，连同法律的不完备性与滞后性，公共规制已然成为对数字经济进行指引和干预的重要手段。从数据要素市场的建构到数字经济市场行为的规范，再到市场秩序、数据安全、技术创新等环境的营造，公共规制以有形之手指引、调整、分配市场宏观发展和微观行为。尽管公共利益在数字经济公共规制中被频繁提及，对其具体内容却无统一意见。公共利益并非"用来遮盖无知的遮羞布，让我们免于探究那些困难的问题"，而是需要具体的识别标准和程序，以追求其规范化、体系化，为避免题域的扩散与失真，本文只关注公共利益在数字经济公共规制中的运用与界定。

一 问题的提出：冠以公共利益之名却难定公共利益之实

（一）以公共利益之名奠基数字经济研究

时下对数字经济进行公共规制研究正如火如荼，但无论作何研究，相关研究或多或少均涉及对公共利益的判定。

首先，数据分类分级蕴含着数据安全保护的进路，无论是《数据安全

---

① 宋亚辉：《社会性规制的路径选择——行政规制、司法控制抑或合作规制》，法律出版社，2017，第 1 页。

② 〔美〕凯斯·R. 桑斯坦：《权利革命之后：重塑规制国》，钟瑞华译，中国人民大学出版社，2008，第 53~67 页。

③ 靳文辉：《空间正义实现的公共规制》，载《中国社会科学》2021 年第 9 期。

法》《网络安全法》等规范性法律文件或《工业数据分类分级指南（试行）》等相关标准，还是学术界中对数据分类分级的研究，对数据的分类分级均以是否涉及公共利益或涉及公共利益的程度为标准，譬如对数据重要性和敏感度的区分涉及数据泄露后对公共利益的损害情况，相关文件或研究据此进行规则设计。但现有规范等文件均止步于对分类分级提出要求，并未提出应该如何判定相关标准中的公共利益。

其次，数据权属争议涉及对公共利益的研究。一方面，对个人数据之人格权益、衍生数据之财产性权益和公共数据之公共利益的判定，是识别和界分数据权属的基础，法律在对数据权属和利益进行协调衡平时，维护公共利益始终须作为基础，方可实现社会其他主体的利益；另一方面，对数据权属或权益进行激励需要对公共福祉进行考量，鉴于数据的公共性，数据权属争议的关键点在于权属设定是否促进数据传播和利用以及是否给消费者带来更高的福利进而增进社会公共福祉。

再次，公共利益成为合理使用他人个人信息或数据的事由。个人信息为人格要素之一，个人数据作为财产性利益，被纳入合理使用的对象中，而且对个人信息和个人数据的合理使用受公共利益限制，譬如，可以"为公共利益"实施新闻报道、舆论监督等行为，又如，个人敏感信息处理的兜底性合法基础以"公共利益"为标准。反过来说，若公共规制主体基于公共利益之名，则其可以超越主体对个人信息或数据的合理权益和控制力范围，而免于承担责任。

复次，对数字经济进行竞争与垄断的惩戒与规制需对公共利益进行考量。现有数字经济不正当竞争案件多依据《反不正当竞争法》一般条款中关于公共利益的立法趣旨对不正当竞争行为加以判定。简言之，若竞争行为影响"公平竞争""市场经济健康秩序""诚实信用""商业道德"等公共利益，则其丧失保护竞争性权益的基础。但对一般性条款的规定，学界一直争论不休且尚无定论，司法或市场监管难以把握其适用的准确性和稳定预期性。

最后，对公共利益的判定是建构数据要素市场的重要基础。对何种数据需要进行共享、开放，以何种形式进行共享、开放，需要以是否涉及公共利益及其程度进行判定。譬如，对公共数据的开放共享划分为无条件、附条件和禁止（非）开放共享三种类型，不同开放共享方式深刻影响着开放共享的义务和各对象在内涵上的差异，而对不同类型的划分最为重要的是对是否涉及公共利益进行衡量。

（二）对数字经济中的"公共利益"缺乏深切关注和体系研究

与此同时，相较于基于公共利益对数字经济进行的各类研究和体系建构而言，对何为数字经济中的"公共利益"缺乏深切关注和体系研究。具言如下。

首先，借由公共利益界定基本概念，却缺乏对公共利益的描述。数字经济中诸概念的建构均有别于传统法学视域下基本概念的建构。譬如，对关键数据的定义以关系重大公共利益为判定标准，对关键数据处理的负外部性的界定以数据处理行为可能给其他主体合法权益或公共利益、国家利益带来不利影响和损害为标准。又如，对公共数据、公共数据资源池的概念界定以其产生过程中对公共财政的依赖性和本身承载的公共利益为基础。反观主张该类基础性概念的规范性文件与学术研究，对此类概念中的公共利益的描述付之阙如。

其次，借由公共利益对其他利益进行权衡与限制，却欠缺说理性。在既有的公共规制行为中，政府或其监管部门常将对公共利益的损害置于数据利用行为违规性判断的关键位置，并将其作为判定不同数字经济利益形态及其保护强度的考量。但一个具体数字经济问题的真实利益常常遮蔽于相对复杂的数据利用、数字竞争等环境中，利益相关者众多，这就需要对借公共利益之名的公共规制违规行为进行充分说理。譬如，对反垄断领域的规制行为欠缺说理性，反垄断法作为市场规制法，"维护消费者和社会公共利益"是其重要价值，具体规制规则的构建也以保护社会公共利益为目标，甚至有学者基于维护社会公共利益的特点提出对垄断纠纷应进行仲裁。[①] 在现有反垄断执法中，监管部门往往对事实部分作出翔实的解释，但因涉及危害公共利益并限制市场主体创新，利益部分的说理性较差。此外，对涉及数字经济竞争政策与产业政策的部分亦然。

最后，借由公共利益在不同场景实施规制，却缺乏系统的识别机制。公共规制实施主体对公共利益的理解的优劣决定了公共规制目标能否实现，这种理解也是确定不同的违规问题的类型并加以规制的前理解。公共利益的识别是公共规制实施主体对公共利益进行判断、确定的过程。反观现状，数字经济不同场域中规制行为的实施主体即使对公共利益的识别有所考量，往往也只关注识别后的静态结果，换言之，监管机构在判断是否需要进行公共规制时仅关注某种利益是否构成公共利益，而公共利益本身似乎是一个不证自明的概念，缺乏识别机制。数字经济公共规制中对公共利益的识别本身就是对数字经济发展中的公共利益的"解释"。譬如，数字时代不同场域中的行为往往承载着复数价值，在疫情防控常态化的当下，疫情数字治理需要协同市场、社会主体和政府以实现治理目标，不同主体和利益均统一于公共利益之下，但在疫情数字治理服务中，识别公共利益并刺穿个人隐私权、个人数据权益保护，尚未形成识别体系与标准。

二 数字经济公共规制中的共同困境：
"公共利益需要"的信任危机

综观学界对公共利益的研究分歧，主要体现为：一为"公共"，关涉公共利益主体范围的大小；二为"利益"，关涉公共利益的内涵及统一。具言之，一方面，民主是公共利益原则得以存续的重要程序性保障，是有利于避免公共利益重蹈政治集体主义覆辙和弥补个人主义方法论的公共利益概

---

① 童肖安图：《社会公共利益视角下垄断纠纷可仲裁性研究》，载《华东政法大学学报》2021 年第 3 期。

念缺陷的重要价值，[①] 而公共利益中民主基础的缩减直接影响对"公共"范围、内容和形式的理解与认知；另一方面，任何约束自利行为的制度设计都是以承认利益的客观存在为前提的，利益向度下数字利益主体分化叠加的利益识别机制欠缺形成了利益冲突的现实图景。

（一）公共向度：数据垄断与茧房削减了公共利益的民主基础

实现谁的利益、谁的民主？"公共利益"一词本身就带有民主气象之意蕴，但打着"为公共利益"行动旗号可能充斥着虚假的合法性氛围。[②] 基于中国的实践现实，实现公共利益最大化主要基于政党—国家—社会—公民良性互动的中国式协商民主。在数字经济时代背景下，数据垄断与数据茧房的存在削减了公共利益的民主基础，一方面，数据垄断削弱了经济主体平等获取经济机会和享有数字红利的经济民主；另一方面，数据茧房借由信息传递潜移默化地控制社会主体，形成数字弱势群体和单向度的人，最终侵蚀民主基础。

1. 经济民主的削弱：数字利益与经济机会的鸿沟

经济民主即作为社会成员的经济主体有权选择自己达成经济目标之手段。[③] 经济民主构成市场主体经济机会均等和经济平等的基础，其蕴含着尊重经济自由，尊重公众平等参与、多数决定、保护少数的机制，在市场共同体内实现财富、机会、权力（利）均衡。

第一，数字利益集中流向某一群体或阶层，部分主体的经济民主难以实现。当社会利益资源集中流向利益结构中的某一群体或某一阶层，且该利益结构中的各阶层人员流动相对较慢时，某一群体或某一阶层的主体会垄断利益资源而导致利益流动失去平衡。在数字经济中，数字利益集中流向某一类市场经济主体的特征更为显著，譬如，大型商务平台垄断用户数

---

① 张恩典：《公共利益的界定难题与法律重塑》，载《天府新论》2016 年第 1 期。
② 〔英〕迈克·费恩塔克：《规制中的公共利益》，戴昕译，中国人民大学出版社，2014，第 33 页。
③ 〔美〕科恩：《论民主》，聂崇信、朱秀贤译，商务印书馆，1988，第 11 页。

据，基于数据垄断产生的数据抓取、滥用数据市场支配地位、数据驱动型市场并购、算法共谋等问题逐渐凸显，处于相对劣势的其他数字经济主体因欠缺经济机会和实质平等的经济基础而难以获得经济民主。

第二，强势主体运用数据剥削社会中的弱势群体，从而加剧收入差距，引发数据不平等和分配两极化问题，最终在社会中形成紧张的利益分配关系。数字经济中的强势主体依托自身在市场上的力量优势或相对优势地位，以大数据歧视、数据黑箱和算法黑箱等方式实现新的数据圈地和数据资产积累，新型数字经济形态急遽加速、代际排斥急遽恶化，市场共同体抑或社会共同体难以实现利益分配合理化。

第三，数字利益表达不平等。利益的独立呈现和表达尤为重要，唯有依托合适的利益主体或利益代表主体，某种利益才可以被纳入正式程序之中。[①] 当前数字经济发展过程中，利益分化更为隐蔽也更为剧烈，要实现对数字经济中各类主体的利益保护，诸如对数字弱势群体利益的保护、数字经济中分配正义的实现和数字经济长远发展利益的考量，均需构建数字利益的平等表达机制，但当下整体利益统一性的惯性思维、地方保护主义和部门利益的扩张压缩了主体的利益表达渠道。

2. 政治民主的侵蚀：数字茧房中弱势且单向度的人

（1）数字时代中的权力与弱势群体

数字时代背景下，数据即权力（data is power）。基于传统权力理论，权力可以是集体的、个体的，还可以是具有广泛性的、深入性的，也可以是具有威权性的、弥散性的，而数字化权力意志可以最大限度实现这种结合，甚至超过传统权力理论中广泛性和深入性的限度，于社会公众而言，这种对权力限度的突破是建立在对其身体、情绪、行为的持续不断的观察分析基础上的。[②] 有鉴于数字权力的运作方式和作用机制的变化，原本在获取数字红利中处于弱势的群体，逐渐在数字社会改革过程中成为急需权益保障

[①]　王世杰：《私人主张超个人利益的公权利及其边界》，载《法学家》2021 年第 6 期。

[②]　周尚君：《数字社会对权力机制的重新构造》，载《华东政法大学学报》2021 年第 5 期。

的数字弱势群体。

其一，数字权力以更为温和和隐蔽的方式克减数字弱势群体的权益。数据与权力难解难分，数字权力指向的目的和结果往往手段更为温和，运作方式更为隐蔽，数字技术在给社会带来无处不在的便利时，其背后隐藏着数字权力控制和支配的轨迹，甚至将其影响力延展至政治领域。在数据权力的规约下，数字弱势群体处处受到隐性限制而逐渐丧失主体性，失去全面自由发展的权益，数字资本异化为社会主体。

其二，数字权力对数字弱势群体权益的克减容易引发数字社会的实质不公。受制于信息本身的稀缺性及公众在获取、掌握和运用信息时的客观差异，数字红利无法惠及每一名社会成员已然成为事实。但数字权力对数字弱势群体权益的克减逐渐演变为数字社会中的实质不公，诸如隐私权、知情权、个人信息权和数据权以及其他社会发展权利均有所减损。[1]

（2）数据茧房形塑着单向度的数字主体

裹挟在数据中的数字用户，因数据茧房的存在而民主表达匮乏。数字用户看似享有自由选择权，与平台之间维持着互惠的公平关系，但事实上，数字时代的数据承载着信息，甚至大多精神产品也逐渐以数字化的形式呈现出来。具言之：首先，产品生产主体平台依靠数据完成网络议程设置与赋权，信息是多数社会主体认知社会的基本方式和基本途径，数据控制者可以以隐蔽暗示的方式对权力作用对象进行秘密控制，选择性地限制权力对象的信息供应；其次，数据承载的信息作为精神产品，能影响数据主体的观点与思想，如信息输出和表达的过程中作为一种精神产品的影像内容不同于其他产品，具有观点输出、引发思考等精神价值。

综言之，具有精神价值的数据产品的产生及其方式是影响话语输出的第一步，而使数据主体接受数据产品又完成了权力影响的第二步，最终数据茧房使数据主体成为"单向度的人"："技术的逻各斯被转变成依然存在

---

[1] 宋保振：《"数字弱势群体"权利及其法治化保障》，载《法律科学（西北政法大学学报）》2020 年第 6 期。

的奴役状态的逻各斯，技术的解放力量——事物工具化——转而成为解放的桎梏：人的工具化。"①

（二）利益向度：数字利益交涉与识别机制混沌引发信任危机

公共利益的识别过程是一个价值判断和利益衡量过程。与价值位阶原则相似，需对数字经济社会中各主体利益的多寡、远近、优次等作出利益分析，进而对其是否属于公共利益作出判定。在数字社会中，一方面，数字社会主体的分化形成了不同的利益主体以及差异化的利益需求，当针对不同利益需求难以进行有效沟通协调时，公共利益危机产生；另一方面，数字利益本身承载着多元利益和价值理念，利益类型的复杂性对公共利益识别方式提出新挑战，在公共规制领域中利益识别程序机制的欠缺加剧了公共利益信任危机。

1. 数字利益主体的分化

（1）公共利益产生并终需作用于主体

"公共利益"这一概念的出现及法律化均与社会主体的分化直接相关，这也是公共利益机制直接或间接作用的主体。数字社会面对多元异质、变化迅速的数字事实，这必然伴随着多元主体利益分化局面。具言之：首先，公共利益的确认源于人类生存与社会发展的需要，而社会又是由无数个体组成的；其次，保障公共利益为相互接受的基本条件是个体间达致共识的基础点和重合线，② 也即公共利益的作用机制在于一方主体作用于另一方主体；最后，利益是主体对客体的享有，公共利益的享有主体是社会中的不确定多数个体。③

（2）数字经济中利益主体的分化

数字经济中的利益主体即享有数字或数据有用性与有益性的主体。因

---

① 〔美〕赫伯特·马尔库塞：《单向度的人——发达工业社会意识形态研究》，刘继译，上海译文出版社，2014，第135页。
② 郑俊田、本洪波：《公共利益研究论纲——社会公正的本体考察》，载《理论探讨》2005年第6期。
③ 胡鸿高：《论公共利益的法律界定——从要素解释的路径》，载《中国法学》2008年第4期。

各主体享有的权益或利益的不同，自然分化出不同的主体：其一，自然人享有兼具人格性属性与财产性属性的自然人数据，享有隐私不受干扰和自由支配个人数据的权益；其二，企业通过计算机深度思考和机器学习等技术对海量原始数据进行脱敏处理、加工利用后获得二元数据，企业对其控制的数据享有占有使用等权益，甚至对符合条件的权益可以进行质押；其三，提供公共服务或进行公共监管的公共部门或国有企事业单位形成公共数据，该类数据承载着公共利益，具有较强的公共性和社会属性。当然，利益主体的分化并非当然意味着利益本身是泾渭分明的，相反，利益主体分化过程中，数字利益本身却融为一体，个人私益或企业利益可能朝向公共利益领域弥散，而公共利益中也蕴含着私益，也正是因此，以公共利益为由的公共规制在规制过程中需要明确的理论说理和充分的理由支撑。

2. 数字经济利益识别机制的缺失

（1）数字经济中利益识别原则的争论

利益识别标准即评价有关利益、主张或预期的标准。利益识别原则的确定是对数字经济进行规制的基础，对数字经济领域进行规制涉及私法与公法之间的竞合，简言之，私法根据功利主义原则强调利益的最大化原则，公法则以公益性、均衡性、整体全局性为旨归，强调对实质正义和公共利益的追寻。依此，私法对利益的识别强调等同，公法对利益的判断则具有排序的意蕴。但有趣的是，在数字经济领域中，对利益的识别与衡平兼具公私领域中对利益的强调侧面，具言之，单纯的利益等同抑或利益排序均在识别数字经济利益的过程中捉襟见肘，但这并非当然意味着"对付制度的缺陷就是创造更多的规则和制度"，利益识别在数据经济理论和实践层面的深化与扩张，终须考量公法与私法中对利益的权重与衡平，在瞬时转换、场景多元的数字经济中提供利益识别与权衡的有效正当的解释。

（2）数字经济中利益类型化机制的缺失

数字利益类型化机制的缺失使公共利益与其他利益的界分缺乏判断基准。首先，作为数字经济要素的数据，其类型化已有一定的研究，特别是在政策层面上我国高度重视数据要素确权问题，但数据要素权属界定本身仍存在理论困境和实践难题，包括利益客体、内容、主体与客体的关系在界定上的困境，这也使得数字利益类型化含糊不清。其次，数字利益类型化研究存在权益泛化渲染和实践保护虚化的冲突。一方面，受权利泛化思潮的影响，特别是在数字经济领域中，对新型权益设定权利或进行立法保护的讨论颇为热烈，却难以达致共识，这也增加了利益争端的风险；另一方面，实践中对个人、企业、政府等主体的利益保护程度参差不齐，规制者对不同数字经济主体的贡献度的判定和需求差异的满足也迥乎不同。最后，法学中对应受保护的利益识别一般分为立法识别和司法识别，但时下多借由公共规制手段对数字经济领域进行规制，立法和司法识别机制在数字经济领域尚不完备，司法中多运用一般性条款解决关于数字经济的纠纷，公共规制中的利益识别机制则更为欠缺。

三 公共利益的追寻及其限度：数字经济
公共规制的信任重构

公共利益运用理由的坍塌促使重构数字经济公共规制中的公共利益信任。信任可以被定义为：对一个人或系统之可依赖性所持有的信心，在一系列给定的后果或事件中，这种信息表达了对诚实的信念，或者对抽象原则（技术性知识）之正确性的信念。[1] 信任与风险交织在一起，风险不仅关乎个人的行动，还有一些同时影响许多个体的"风险环境"，而安全实际上是建立在信任与可接受的风险之间的平衡。[2] 数字经济发展本身的原生风险与治理失效带来的次生风险强化了实践中数字经济发展对公共规制的需求的焦灼，故应厘清数字经济背景下公共利益的实践难题，探析依托于"公共利益"展开的公共规制本身存在的信任危机，在肯认公共利益之于数字经济的发展价值的基础上，寻求进行规制的限度与边界，以求得数字经济

---

[1] 〔英〕安东尼·吉登斯：《现代性的后果》（修订版），田禾译，译林出版社，2022，第30页。
[2] 〔英〕安东尼·吉登斯：《现代性的后果》（修订版），田禾译，译林出版社，2022，第31页。

中公共规制得以展开的生命力。

（一）数字经济规制中公共利益的肯认：现实依归与价值赓续

1. 数字经济治理中规制规则缺位的必然选择

在数字经济迅速发展与良健发展秩序的背景下，数字经济治理中规制规则的缺位使公共规制求诸公共利益原则。一般而言，不论法律实质内容的正确性如何，为维护法之安定性，对数字经济领域问题的治理均应依据现有的实定法展开，只有当现行行为规范缺失核心与基质时才求诸原则。在数字经济背景下，数字经济在经济模式、组织方式、市场力量传导与扩张等方面均异于传统经济，其反竞争性也更为隐秘，这对规制能力与规制过程提出更高的要求。与此同时，数字经济治理体系尚待完善，欠缺处理数字经济中各种利益冲突的规制规则，处理利益冲突的其他法律规则或原则难以缓和利益冲突，现行行为规范多以监管政策等软法的形式存在，此时公共利益原则得以在公共规制领域发挥作用。

2. 数字经济规制中群己利益权界与反射利益保护的价值指引

（1）数字经济中群己利益辨析与权界的价值指引

对于公共利益原则的深化认知和准确把握对规制过程中权界群己利益不无启发意义。任何个体必然从属于某个群体或种类即属，个体依赖于群体的现实、秩序以及规则。① 个体利益与其他利益的关系亦然，对个体权益与包括公共利益在内的其他类型利益的权界需要依赖对公共利益本身的界定。具言如下。

首先，任何类型的利益都有承载利益的主体，对公共利益主体的追问明晰了公共规制中个体利益的主体，由此使其他利益主体的合理性基础得以反向证成。

其次，客观上数字经济社会的迅猛发展催生了各项数字利益，其中同质化数字利益逐渐由分散走向类型化并与传统利益并列，利益冲突日趋复

---

① 沈顺福：《反思与群己之辨》，载《学术界》2022 年第 1 期。

杂，依托于公共利益的价值评判尺度有利于公共利益与个体利益的协调。

最后，在数字经济背景下，不论是对个体利益还是对公共利益的确定都是在权衡比较中进行的，数字经济的共享性、普惠性也逐渐使具有专享性的个体利益和具有分享性的公共利益更加融合，对个体利益与公共利益进行关系协调的过程也是对传统"公共利益相对优位"与"私人利益绝对保护"的时代思辨过程。

（2）数字经济公共规制中反射利益保护的价值指引

公共利益的维系有利于数字经济中反射利益的保护。反射利益即当事人享有的事实上而非法定的利益，其并非特定相对人设定的利益，而是"法律基于保护公共利益或者不特定多数人利益的目的，要求行政机关作为或不作为，个人因此在事实上所享受到的利益"①。也有学者将其定义为行政法中为公共利益而规定国家或私人行为时，国民反射效果而在事实上所得的利益，② 这种利益可以是实在的好处，也可以是事实上的期待好处。反射利益的产生一定程度上源于利益超出法律或者法律行为预先设想的范围，③ 具体到复杂的数字经济事实中，并非每种数字经济利益都能得到直接保护，对于尚未充分类型化和体现为法律权益的其他利益而言，公共利益的实现是以反射的方式保护其他数字主体的利益。

其一，公共利益的追求有利于反射性保护数字弱势群体④以增进其福祉。数字经济语境下的公共利益的追寻有利于保障数字弱势群体的"数字人权"⑤，公共利益的追求本身就具有对公民身份平等性的要求和呼吁，这也有利于防止数字行业在发展过程中过度追求数据收集或行业效率而忽视

---

① 章剑生：《现代行政法总论》，法律出版社，2014，第88页。
② 〔日〕田中二郎：《新版行政法》（上），弘文堂，1974，第84页。
③ 王本存：《论行政法上的反射利益》，载《重庆大学学报》（社会科学版）2017年第1期。
④ 数字弱势群体即在数字经济背景下因经济、技术、数字资源获取和利用能力较弱而产生的，且仅靠自身力量难以改变其在数字社会发展进程中的弱势地位、需要借助外部力量（国家支持或政府扶助）改变其弱势地位的群体。
⑤ 本文所指的数字人权主要是法治视域下数字主体所具有的新型权益束，包含积极和消极双重价值，本文主要选取数字人权的积极面向，也即政府应有所保障和干预以推动数字人权的实现和发展。

对数字弱势群体的权益保障，对数字弱势群体隐私权、数据权益、知情权、言论自由以及其他社会发展权利均有所裨益。

其二，公共利益的追求有利于反射性保护弱质市场主体，以促进竞争。我国是典型的立法中心主义国家，当风险和利益交错复杂的数字经济市场缺失具体规则时，公共规制的试错成本较大，但数字市场秩序仍需维系。数据圈地背景下"赢者通吃"的局面隐蔽地提高了新企业的门槛，"扼杀性收购"或"数据驱动型并购"竞争策略下搭建行业数据壁垒等现象屡禁不止。公共利益原则有利于弥合数字经济市场期盼良性竞争秩序的焦灼与规制主体平衡治理和精准治理的能力之间的冲突，为权衡规制的合理性提供原则性指引，而数字市场环境的改善最终使弱质市场主体得以受益。

（二）数字经济中公共利益的追寻：公共规制供给的价值圭臬与工具属性

对公共利益的追寻在立法信息不充分的背景下能为公共规制的探索积累经验、反馈信息。法学领域对公共规制的研究，多以制度中心主义为分析策略进行规制制度的建构，以立法中心主义搭建规制框架。但在瞬时多变的数字经济中，市场行为和社会利益冲突愈加复杂，现代市场的复杂性使政府规制有突出的"决策于未知"①色彩，时下公共规制的制度建构与治理工具缺乏回应性。在数字经济领域的实践中依托公共利益原则进行规制的现象时有发生，对公共利益的追寻一方面为数字经济中的公共规制注入了价值性要素，另一方面在方法论意义上为公共规制提供了实践指向。

1. 数字经济公共规制应以实现公共利益为理由与目标

公共规制发挥功用基于对市场机制效能的肯认并依托于维护公共利益的理由，通过利益平衡、利益激励、机会提供等方式，实现对资本运行的规范和约束。②公共利益原则是公共规制得以实现公共资源配置、落实集体诉求和改变社会隶属关系的依托。具体到数字经济领域的公共规制中，公

---

① 靳文辉：《试验型规制制度的理论解释与规范适用》，载《现代法学》2021 年第 3 期。
② 靳文辉：《空间正义实现的公共规制》，载《中国社会科学》2021 年第 9 期。

共利益原则在价值层面上的价值判准作用主要体现如下。

其一，公共利益是对数字经济进行公共规制的理由支撑。给予理由的事实并非能直接、完整地提供应然的事实解释，但它是某个理由得以成立的事实。[①] 在公共规制领域，诸如数字经济市场秩序混乱、数字经济需要调控等事实并非公共规制得以实施的直接理由，但因这些事实的客观存在，据此进行公共规制并执行该类政策将会带来公共利益得以保障的好处。换言之，数字经济事实的存在并非当然推导出公共规制内在道德的正当性，正如数字市场失灵并不能当然推导出"需要公共规制"的结论，但经济社会实践仍是沟通主客观之桥梁，也是"是"和"应当"得以统合的现实基础，在数字经济发展实践中，"休谟难题"必然得以解决：对公共规制所调控数字经济事实而言，公共利益是公共规制合法性证成的内在道德性判准。

其二，公共利益是对数字经济进行公共规制的最终目标。公共规制在充分肯认市场机制的前提下，对数字资本中的逐利天性、公共资源配置不合理和经济结构失序等问题进行解决。公共利益不直接对具体的数字经济事实行为进行指引或规制，但透过具体的公共规制对事务进行处理能带来整体或实质意义上的好处或价值，只不过在公共规制中，此时的行为主体包括规制者等对市场进行介入和干预，其目标在于借由公共规制的方式改变数字经济发展中市场主体的成本构成和利益归属。不论公共规制作用的场域如何界定，其追寻的价值目标都始终不变，即数字经济发展中公共利益的维系与实现，这也是公共规制的最终归属。

2. 公共利益内嵌于数字经济公共规制的实体目标与实践进路

若未对公共利益规制的实体目标进行明确清晰的阐释，则难以识别哪些是成功规制的构成要素，最终借公共利益之名捍卫制度的正当性也会遭受质疑。[②] 由是，仅主张公共利益的存在从来不构成充分的理由，需要结合具体情景分析。具体到数字经济公共规制中，公共利益内嵌于数字经济公

---

① 谢世民主编《理由转向：规范性之哲学研究》，台大出版中心，2015，第 106 页。
② 〔英〕罗伯特·鲍德温、马丁·凯夫、马丁·洛奇编《牛津规制手册》，宋华琳等译，上海三联书店，2017，第 49 页。

共规制的实体目标与实践进路中。

其一，数字经济公共规制之实体目标在于：数字市场竞争秩序的维系、数字经济创新环境的保障和消费者福利的增进。对公共利益的追寻根植于数字经济公共规制的实体目标之中，是公共规制实体目标隐而不彰的价值追求。譬如，数字经济市场竞争秩序的维系在于防止数字经济竞争过度或竞争不足，数字经济创新环境的优化在于高保护水平、激励机制等制度环境的营造，消费者福利的增进在于产品质量、隐私保护及自由选择权的实现，而实体目标推进中对竞争程度、制度建构、福利实现的判断均置于公共利益价值实现项下，并要对偏离公共利益目标的规制行为进行纠偏。

其二，数字经济公共规制的实践进路在于：对数字经济中多元利益的膨胀本能进行保障、平衡、分割与协调。数字经济公共规制势必伴随着不同价值的选择问题，即不同公共规制制度的法益目标不同，不同公共政策在其制定和实施过程中价值选择不同，侧重保护的利益不同，公共规制的实践也正是在此过程中不断动态修正、完善规制手段。而公共利益的实践价值在于以实质公正、结果公正为基准判断实体规则的实践效果，并对规制行为的恣意和擅断进行约束。

（三）数字经济中公共利益追寻的限度：话语框架与政策体系

前文探求了数字经济公共规制中公共利益的内源价值，求证了公共规制中追寻公共利益价值目标的应然性。而探究如何对在公共规制中实现公共利益的价值追求与功能效果进行保障，则是对前述问题可行性与可及性的必要论证。换言之，需要正确认识公共规制过程中公共利益原则功用的边界与限度，避免使公共利益原则的适用效果落空，防止公共利益在实践中异化为限缩个体或行业权益的工具。鉴于此，应对数字经济中的公共规制过程进行重新理解：规制不是规制主体简单地向另一主体施加要求的过程，而是要求各主体相互依存，治理结果并非先决的而是参与者在学习后接受的，治理的目的在于实现公共利益。① 由是，对公共和利益侧面予以多少关注，决定了公共规制所承载的"实现公共利益"的承诺在多大程度上实现。具体到数字经济中，民主面向上需要消解数字经济利益主体的在场困境，利益面向上公共政策体系的建构需要切合实体规制判断体系。

1. 民主向度的重新阐释：数字利益主体在场困境的消解

传统规则制定程序和协商式规则制定程序成本相差甚微，但协商式规则制定程序能更好获取信息、推动学习、构建信任。② 协商民主是我国民主政治实践的重要经验，能够实现利益相关方的偏好表达、共识达致和回应性决策等目标。上已述及，数字鸿沟的客观存在削减了公共利益的民主基础，数据茧房与数据产品正重构数字社会话语权力，"数据权力"对社会成员话语已然形成了实质性压制。由是，应在遵循一般协商民主特征的基础上，审视数字社会背景下协商民主的特殊意义结构，依托民主基础即时性、丰富性与平等性的实现夯实公共利益中的民主面向。拓展个体与组织数字民主空间的关键在于消解主体的在场困境：一方面，政治沟通和政治交往方式随着数字技术而改变，在释放民主活力的同时也限缩了数字弱势群体的表达；另一方面，数字空间中理性与非理性表达相互交织影响着主体在场的质量与效果。鉴于此，应从以下两方面消解数字利益群体的民主在场困境。

（1）数字社会中技术阻隔与边缘效应的消解

消解数字社会所带来的阻隔和边缘效应重塑话语体系，调整公共规制中协商民主的实践空间，这需要从以下两点着手。

其一，考量数字利益群体的主体构成、利益结构与观念形态的多元，而非简单地依托数字技术的便利性和可获得性进行民主协商。具言之，政府在提供公共服务的过程中依托数字化技术并以此为各类公共决策的主要

---

① 〔英〕科林·斯科特：《规制、治理与法律：前沿问题研究》，安永康译，清华大学出版社，2018，第209页。

② 〔美〕朱迪·弗里曼：《合作治理与新行政法》，毕洪海、陈标冲译，商务印书馆，2010，"译者注"。

依据，在此过程中，不仅应关照远离数字技术的弱势人群，畅通其话语通道，更应重视边缘群体的数字红利与利益，通过对弱势者主观意愿和经济社会等客观限制条件的分析弥补弱势群体在政策制定过程中的话语资源与能力方面的劣势。

其二，突破数字鸿沟形成的现有数字群体空间，围绕数字经济规制中公共政策的制定等公共治理事务联结各个行为主体，在推行数字治理的同时优化线下服务，保留、融合座谈会等传统民主协商方式，避免出现意见盲区。沿此进路，在每一具体事项下突破公共决策中单一的数据评价规则，避免将数据分析作为决策的唯一依据，提高对数字弱势群体的接受和包容程度。

（2）区隔在场主体的理性与非理性表达

对公共政策中政策对象的表达进行理性与非理性的区隔是保障政策效果的关键。协商民主的最基本的含义就是所有政策对象、公共事务的行为者能够直接参与政治生活，在数字社会背景下，协商民主关涉数字经济公共政策的制定，其政策共同体是决策者、行动者、政策对象的共同体，在各方利益诉求中求得共识的基础是利益表达的真实有效。无可非议，公共政策制定中协商民主的事实起点在于：政策对象在对话和沟通中将微观层面的利益诉求、未经加工的个体偏好、纯粹基于个人经验的感受在协商过程的讨论、交流中表达出来。但更为重要的一步在于区隔原始利益表达的理性化程度并进行适当类型化，引导个体超越单纯个人中心的利益诉求而倾向于通过相互尊重、妥协和节制实现共同的价值，形成数字经济公共政策制定的理性思考资源。

2. 公共政策体系建构：数字经济中公共利益的描述性分类

依托于公共利益描述性分类搭建数字经济公共政策框架是形塑信任的重要保障。本质上，法律适用行为本身具有有意或无意的不确定性，在不确定情形中待适用的法是可以容纳多种适用可能的框架，维系在这个框架内、以任何可能的意义对这一框架进行填补的每个行为都是合法的。① 毋庸

---

① 〔奥〕汉斯·凯尔森：《纯粹法学说》，雷磊译，法律出版社，2021，第 426 页。

置疑，依托公共利益原则构筑的公共政策作为一种待适用的数字经济运行秩序，在所有确定或不确定的规制场景中都只能构成一个框架，在这个框架内有多种适用的可能。鉴于此，一方面，要总结已有数字经济立法经验，分析公共规制所依托的公共政策制定的立法目的并类型化立法条款中的公共利益；另一方面，要结合理性智识与其他限权型规定防止公共政策失真，反向确认公共利益类型，从而填补被确认的公共利益框架。解释是一种精神过程，是从高位阶向低位阶延伸的法律适用过程，[①] 本文将公共利益类型化的过程也是公共利益精神、立法经验和具体规制场景的描述性解释过程。

3. 数字经济公共政策体系中公共利益类型化路径

数字经济背景下公共利益的价值载体日益成为一种复杂性叙述，对其进行描述性分类是公共利益得以清晰表述和适用的重要手段。在数字经济规制领域，经济行为形式化差异大且可抽象化程度低，从同质需求、价值追求到评判标准、制度设计的转变，是公共利益从理性主义的抽象思辨到现实主义的社会实践的升华，而其中最为重要的一步在于对数字经济中的公共利益进行描述性分类。

首先，公共利益是抽象的，但它在投射到对数字经济领域的公共规制中时是具体的。质言之，当公共利益投射到数字经济领域的现实载体时，或者说公共利益进入数字经济领域的某个具体的利益关系后，抑或在某个公共规制行为发生的语境中，公共利益的存在和表现形式都是具体的。此时，工具层面的公共利益在实践中是可进一步进行技术分类的。

其次，数字经济公共政策本质上是对不同数字主体利益进行调配的手段，故从利益层面进行类型化是把握其本质的关键步骤。现代民主政府实现最大化公共利益的责任往往以公共政策的形式表现出来，能够在多大程度上将公共利益价值转换为公共规制中可清晰表述和适用的标准取决于对其所蕴含的公共利益如何进行分类。

---

① 〔奥〕汉斯·凯尔森：《纯粹法学说》，雷磊译，法律出版社，2021，第 423 页。

最后，必须承认的是，对数字经济公共规制中公共利益的界分无须达致至善状态，而是要结合数字经济治理经验把握形象化的公共利益类型。合适的公共利益划分类型的解决方案是在无数数字经济主体的行动中生成的，而不是规制者事先人为确定的。由是，规制者的作用在于为公共利益类型化的稳定与生成创造条件，这个条件就是让数字经济主体的行动有充分的空间，最终逐渐明确数字经济中的公共利益类型。

4. 数字经济中公共利益的描述性分类：公共政策实现的视角

公共规制者基于公共利益原则制定的公共政策需落实到数字经济场域，才能实现其政策目标。诚然，对公共规制者而言，鉴于相互重叠和多样利益竞争的个体与群体的存在，其很难准确、清晰或前后一致地对其所服务的利益加以识别，[①] 但仍需明确数字经济中依托公共利益进行规制背后的深层理据与具体内容，防止非公共利益处于易受侵害的境地。基于对现有数字经济立法现状的考察，关涉公共利益的条款主要通过立法目的、权利限制等加以规定，据此可将其分为立法目的型公共利益条款和权利限制型公共利益条款，但依据立法理念进行的公共利益分类因难以对具体公共利益类型进行界定而不能摆脱其不确定困境。[②] 鉴于此，本文结合数字经济中公共利益的具体内容与已有数字经济立法经验对其进行类型化的重构，以期实现数字经济公共政策制定的良善目标。

（1）公共政策目的型利益：公共利益的当然类型

公共政策目的型利益是各地方制定规范性文件的正当化依据，是公共政策范围的正向确立。公共政策目的型利益一般直接在法律法规和其他规范性文件的立法目的型公共利益条款中阐释（见表 1），现有立法目的型公共利益条款对公共利益的规定可总结为：整体上归结为国家安全与主权、发展利益、社会公共利益、个人和组织的合法权益；具体分为省域数字经

---

① 〔英〕迈克·费恩塔克：《规制中的公共利益》，戴昕译，中国人民大学出版社，2014，第 230 页。

② 张玉洁：《法律文本中"公共利益"的法规范分析——以类型理论为视角》，载《大连理工大学学报》（社会科学版）2014 年第 4 期。

济发展利益，行业数字经济利益、数据安全，个人信息安全与利益。当然，尽管关于数字经济发展的各项业态，诸如电子商务、金融科技、即时通信，已经出台法律规定，但整体而言，关涉数字经济发展的规范性文件存在以下缺弊：首先，立法价值单一，特别是地方规范性文件，以促进产业发展为主；其次，立法过程粗疏，立法急于对产业进行规制且以事后救火型立法为主；最后，从立法内容上看，与现有数字经济发展实践比较，相关法律调整范围过窄。是故，公共利益确定过程中也存在着价值表现形式单一、范围过窄的现象。

表 1　部分立法目的型公共利益条款

法律/行政法规/部门规章等规范性文件	规定条款	公共利益类型
《中华人民共和国数据安全法》	第 1 条	数据安全，数据开发利用，个人、组织合法权益，国家主权、安全和发展利益
《中华人民共和国网络安全法》	第 1 条	网络安全，网络空间主权，国家安全，社会公共利益，公民、法人和其他组织合法权益，经济社会信息化健康
《中华人民共和国个人信息保护法》	第 1 条	个人信息权益
《中华人民共和国反不正当竞争法》	第 1、2 条	数字经济发展、数字技术与实体经济融合、建设数字经济强省
《"十四五"数字经济发展规划》	第 1 条	公共数据管理，公共数据应用创新，自然人、法人和非法人组织合法权益，省域治理体系和治理能力
《浙江省公共数据条例》	第 1 条	应对新形势新挑战，把握数字化发展新机遇，拓展经济发展新空间，推动我国数字经济健康发展
《广东省数字经济促进条例》	第 1 条	自愿、平等、公平、诚信、商业道德、社会主义市场经济秩序、公平竞争、经营者和消费者的合法权益

（2）权利限制型公共利益的分类：反向防止公共政策失真

"公共利益"在公共规制中常用作限制和对抗其他权利（益）的存在。对数字经济公共规制中权利限制型公共利益进行类型化是防止公共政策背离其目的的重要保障。诚然，公权力需在法律中获得充足的行使空间才能保障公共利益得到有效实践。但若允许公共利益无限制地超越或压制个人利益，那么就是默认公共规制主体可以以合法的方式强迫个体为社会牺牲，且普通意义上的民主和法治已然难以纠正该倾向，反过来说，个体承受的苦痛换取超过其苦痛的其他社会成员的快乐被视为合理，甚至民主和法治是加剧该种倾向的制度。是故，应对权利限制型公共利益进行分类以防止无端限权。

首先，宪制与法律意义上规定的权利限制型公共利益类型。宪法主要对可限制权利的公共利益进行了如下规定：其一，为了公共利益的需要可依法律限制私有财产；其二，因国家安全和查清犯罪的需要可对公民通信自由和通信秘密进行限制；其三，公民行使自由和权利时应以不损害国家、社会、集体利益和其他公民合法的自由和权利为前提，这也是其他下位法限权的正当性基础；其四，立法法中将有上位法依据作为下位法进行权利限制的正当性基础。本文不对国家安全、社会利益和公共利益之间的差别进行深入探讨，在数字经济公共规制语境下将国家安全、社会利益等纳入可以限权的公共利益范畴中。

其次，下位法对权利限制型公共利益的具化。各下位法可根据宪法与立法法的规定，在具体场域中进行细分，其中关涉数字经济利益的主要可归纳为以下几种：其一，数字经济整体层面，依国家安全发展出网络安全、数据安全等公共利益类型；其二，数字经济行业层面，依社会主义市场经济秩序、诚实信用、商业道德原则拓展出网络交易秩序、数据竞争秩序等方面的公共利益类型；其三，突发公共卫生事件、紧急情况（状态）中的公共利益类型。

上述公共利益形态也经常用作克减与限缩其他利益的正当性理由：以公共卫生事件、紧急情况（状态）中的公共利益限缩个人信息的知情同意等权益，以竞争秩序、商业道德对平台经济的竞争行为进行规制和裁判，诸如此类。但应谨慎对待的是，上述为公共利益实现目标具有目的正当性不代表程序、手段甚至结果的正当与公正。在数字经济背景下上述公共利益可能不断衍生出很多其他公共利益形态，加之我国数字经济治理尚未成熟，公共政策的制定往往存在失真倾向，譬如，依据反不正当竞争法立法目的型公共利益条款进行裁判时出现同案不同判的现象。据此，还应在勾勒出类型框架的基础上，返回上文提及的民主面向，重构话语体系与利益表达机制，对限制其他权利（益）的公共利益类型不断审视与反思，防止公共政策制定的失真。

四　代结语：刺破"高贵的谎言"

苏格拉底与格劳孔在讨论如何培育理想城邦中的统治者和护卫者时，提出正义城邦的建构要奠基于一个"高贵的谎言"（gennaion pseudo / noble lie），这也构成了柏拉图对政治行为道德性与有效性博弈的集中论述，他指出出于对公共利益维系的考虑，必要时可剥夺公众知情权。① 平心而论，公共利益作为数字经济公共规制的内在道德性基础是毋庸置疑的，但实践中公共规制者通常以将公共利益作为兜底的路径使作为规制理由的公共利益逐渐坍塌。如何刺破"高贵的谎言"，并建构真实的利益衡平机制，是数字经济公共规制中不得不解决的难题。

"如今没有什么人还会假装认为某种单薄的程序性民主自身能保障实体性权利实现"②，对法治的谈论应当建立在合法性权利能够行使所依赖的价值体系上。诚然，数字经济中公共利益的类型只能被描述而不可能被详尽清晰地界定，加之数字经济本身就场景多元，似乎公共利益的概念难以理解、有失严谨甚至没有必要区分。本文在肯认公共利益之于数字经济的发展价值的基础上，从公共与利益面向剖析了公共规制中作为理由的公共利益坍塌的缘由，并借由消解数字利益主体在场困境与实现数字经济公共政

---

① 张安冬：《"高贵的谎言"——基于〈政治家篇〉和〈法律篇〉的补注》，载《政治思想史》2020 年第 2 期。

② N. Lewis, "Markets, Regulation and Citizenship: A Constitutional Analysis", in R. Brownsword (ed.), *Lavand the Public Interest* (*Proceedings on the 192 AL-SP Conference*), Franz Steiner, 1993, p. 112.

策的手段，依托已有立法经验和数字经济具体内容，寻求公共利益概念确定化的破局关键。当然，若对于作为具体公共规制措施之理由的"公共利益"着实难以完全论证其正当性，则应遵循"有疑问时，以肯定公民自由之方式为之"的法谚，对其他"非公共利益"予以保护。

我国数字经济税收协同制度：
缺陷、溯源及完善[*]

闫　晴　廖晓滨^{**}

【摘　　要】数字经济税收协同制度作为应对数字经济冲击的产物之一，能够有效破解数字经济所面临的税收难题，为数字经济发展提供更有力的帮助，却也存在诸多问题。当前我国数字经济税收协同制度主要存在法律体系不健全、分配体系不完善、征管协同有障碍、司法机制不协调等问题，究其原因在于我国数字经济税收协同制度立法的滞后性、主体积极性不高、协同基础薄弱。因此，我国应健全数字经济税收协同制度的法律体系，完善利益分配体系，减小税收征管协同的阻力，提升数字经济税收司法协同度，进而破解我国数字经济税收协同制度的难题，促进数字经济健康发展。

【关 键 词】数字经济；税收协同；利益分配

一　问题缘起：我国数字经济税收协同制度难题凸显

数字经济是一种区别于传统经济的新经济形态，在传统经济的基础之上将新的生产力与新的生产关系相结合，为经济发展提供更有力的帮助。数字经济的发展提高了资源利用效率，加快了经济体制改革，实现了经济

---

* 2022 年度国家社会科学基金项目"人口负增长风险下我国家庭生育税收促进法律机制研究"（项目编号：22CFX030）。

** 闫晴，合肥工业大学文法学院副教授、硕士生导师；廖晓滨，合肥工业大学文法学院硕士研究生。

发展方式的革新，带来了更多的发展机遇。2021 年，我国数字经济的体量为 5.2 万亿美元，位居全球第二，达到世界领先水平。[①] 为引导和促进数字经济发展，我国多次在重要文件中强调数字经济的重要性，并出台了一系列政策文件以促进数字经济的健康发展。国家先后制定《国家信息化发展战略纲要》《数字乡村发展战略纲要》《中华人民共和国国民经济和社会发展第十四个五年规划和 2035 年远景目标纲要》等文件，这些文件有力地推进了数字产业化进程和产业数字化建设，加快了建设数字中国步伐，推动了数字经济蓬勃发展。

我国数字经济发展形势较好，但是数字经济税收领域仍存在诸多问题，对此需要优化我国数字经济税收协同制度予以解决。就目前而言，我国数字经济税收协同制度尚存一定问题，包括但不限于法律体系不健全、税收利益分配机制不完善、协同机制效率不高。这些问题导致我国数字经济税收协同制度难以发挥出应有的作用，数字经济的税收环境难以得到有效优化，数字经济的发展面临较大阻碍。2022 年国家发改委在《关于数字经济发展情况的报告》中指出，要加强协同来完善数字经济治理体系，推动数字经济规范健康持续发展。上述文件为解决数字经济税收难题提供了有效的指导，也为优化我国数字经济发展环境提供了方向。因此本文在展示我国数字经济税收协同制度问题的前提下分析其成因，进而有针对性地提出完善建议，从而优化我国数字经济税收协同制度，促进数字经济健康发展。

二　缺陷分析：我国数字经济税收协同制度的问题解构

（一）我国数字经济税收协同法律体系不健全

1. 我国数字经济税收协同制度体系化不足

制度的体系化要求相关制度具有一定的整体性，进而才能够发挥出更

---

① 刘俊敏、郭杨：《我国数据跨境流动规制的相关问题研究——以中国（上海）自由贸易试验区临港新片区为例》，载《河北法学》2021 年第 7 期。

好的作用。① 就现阶段而言，我国针对数字经济税收问题，主要法律依据仍是《税收征收管理法》。在地方层面，浙江、北京、广东、河北、江苏等地陆续出台了"数字经济促进条例"，旨在完善数字经济治理。② 综观《税收征收管理法》等法律规范，其大多仅规定普适的税收征收规则，并没有充分考虑数字经济的特殊性并结合数字经济税收特点予以回应。随着地方性规范文件陆续出台，我国数字经济税收协同制度愈发分散和繁杂。当前我国存在高度碎片化的地方税收优惠政策，这导致实际税负在各地区间极不平等。③ 囿于数字经济税收利益较为可观，碎片化的税收优惠政策扭曲了正常的市场竞争机制，不利于制度的体系化形成。数字经济税收协同制度体系化不足导致其解决我国数字经济税收协同问题的指导性不够，甚至反而会给数字经济税收协同增添新问题。

2. 我国数字经济税收协同制度与现有法律制度的衔接不充分

第一，我国数字经济税收协同制度与民法制度的衔接不充分。数字经济时代，数据的财产性利益愈发突出，这对我国数字经济税收协同制度和民法体系提出了更高的要求。④ 数字经济的税收征管除了要考量税务部门的税收治理利益外，还必须同时观照纳税主体的信息权益和第三方私主体的财产权益。⑤ 虽然我国《民法典》对于数据保护有所规定，但是相关规定仅是原则性地对数据权属以及保护问题予以说明，并没有从法学理论上对数字资产作出明确规定。而我国数字经济税收协同制度中，数字经济税收的基本概念尚存在较大争议，没有得到进一步的明晰。比如在数据信息交易方面，现有民事财产法的规范体系并不足以满足数据信息交易的现实需求。⑥ 这导致我国数字经济税收协同制度与我国民法制度的衔接不充分，使

① 林来梵：《谈法律思维模式》，载《东南学术》2016 年第 3 期。
② 席月民：《我国需要制定统一的〈数字经济促进法〉》，载《法学杂志》2022 年第 5 期。
③ 曹胜亮：《我国地方税收优惠政策的检视与法律治理——以竞争中立原则为指引》，载《法商研究》2020 年第 5 期。
④ 冯晓青：《数据财产化及其法律规制的理论阐释与构建》，载《政法论坛》2021 年第 4 期。
⑤ 沈斌：《数字经济时代涉税数据行为的法律规制》，载《法商研究》2023 年第 2 期。
⑥ 彭诚信、史晓宇：《论个人信息财产价值外化路径的重构》，载《当代法学》2023 年第 2 期。

我国数字经济税收协同的实践过程中，相关主体尤其是私主体在实体法上的权利比较模糊，这不利于对该部分主体的权利保护。

第二，我国数字经济税收协同制度与行政法制度的衔接不充分。数字经济税收协同的发展离不开各级政府的参与配合，但是我国数字经济税收协同制度与现有的行政法制度衔接不充分，尚不足以应对数字经济蓬勃发展的态势，更不足以满足我国数字经济税收协同制度的实际需要。[①] 在现有的行政法律中，部分内容存在立法冲突和立法空白的情形，使行政法律适用面临一定的困境。[②] 以我国《行政复议法》为例，行政复议的关键前提是确定有管辖权的复议机关，进而为后续行政诉讼的开展确定管辖法院。数字经济本身具有分散性和虚拟性的特点，我国数字经济税收协同制度往往涉及多个区域的行政主体。在应对数字经济的税收问题时，往往需要跨区域的行政主体共同作出行政行为。在这种涉及多行政主体的参与制度中，即便纳税主体需要申请行政复议，也难以有效衔接到《行政复议法》关于复议机关的相关规定。这不利于纳税主体的合法权益保障，与我国数字经济税收协同制度和法治政府建设的目标相违背。

（二）我国数字经济税收协同制度利益分配体系不完善

1. 我国数字经济税收协同制度成本分摊机制不明确

第一，我国数字经济税收协同缺少完备的成本量化制度。数字经济的显著特点之一在于其生产要素较为分散，并且不同要素在最终产品或者服务的价值实现过程中所发挥的作用不一，这使数字经济企业能够摆脱传统企业一体化形式的束缚。[③] 这导致国家相关部门对每个要素的税收量的确定存在较大难度。然而决定数字经济最终税收具体数额的因素正是产品或者服务的完成量。针对数字经济税收，若要形成政府协同机制，那么就意味

---

① 高秦伟：《数字政府背景下行政法治的发展及其课题》，载《东方法学》2022 年第 2 期。

② 湛中乐：《提质增速：推动行政程序法典的制定》，载《行政法学研究》2023 年第 2 期。

③ Pinto D. , "Options to Address the Direct Tax Challenges Raised by the Digital Economy—A Critical Analysis", *Canadian Tax Journal*, No. 2, 2017, p. 291.

着参与的政府主体均需要为该机制支出相对应的成本。但目前对于如何更准确、更合理地制定一套成本量化制度，我国还未给出明确的方案。在难以确定成本实际数额的前提下，各方对于成本分摊难以达成一致，协同机制的有效作用难以充分发挥。

第二，我国数字经济税收协同的成本分摊机制权责不清。权责清晰是推进政府间财政关系法治化的关键。[①] 解决地区之间发展不平衡、不充分问题的思路不少，财政转移支付制度便是其中之一。[②] 我国数字经济税收协同过程中需要面临的问题之一是，如何减少地区间的差异进而更好发挥协同机制的效果。然而截至目前，我国并未出台针对横向跨区域的财政转移支付文件。在缺乏上位规定的情况下，我国数字经济税收协同的成本分摊机制亦没有得到有效确立。由于成本分摊的权责规定不清、惩戒机制不够完善，地方政府间在开展具体的数字经济税收协同活动时难以提高行政效率，产生的相关纠纷和冲突亦难以得到有效解决，我国数字经济税收协同制度的法律效果难以得到有效保障。

2. 我国数字经济税收协同制度利益分享机制不均衡

第一，我国数字经济税收协同的利益分享方式单一。目前政府间的利益分配方式是以货币形式为主的财政转移支付，我国采用的是纵向财政转移支付制度。但是数字经济税收环境优化带来的利益是多方面的，既体现在可观的经济和税收利益上，又表现为能够显著提高财政汲取能力。[③] 这些利益不仅有货币形式，还有产业带动、技术创新等无形资产的利益形式。就数字经济税收环境优化带来的货币利益而言，已有的财政转移支付方式能够发挥较大作用，但是适用其他无形资产的利益分享制度则存在较大难度。这使数字经济相对发达地区占据了发展的主导权，而相对落后地区获

---

① 涂缦缦：《制定我国〈政府间财政关系法〉的重点与难点》，载《政治与法律》2019年第8期。

② 廖明月：《新时代我国横向财政转移支付制度的构建》，载《当代经济》2018年第17期。

③ 杨志安、胡博：《数字经济能否提升地方财政汲取能力——兼论财政纵向失衡的调节作用》，载《现代经济探讨》2022年第11期。

得的经济红利比较有限，地区间发展的不均衡不断加剧。① 利益分享方式单一难以保障数字经济税收协同过程中的分配公平，导致协同机制难以在数字经济税收中发挥应有的作用。

第二，我国数字经济税收协同的利益分享标准不合理。构建合理的利益分配机制，能够充分激发各主体的参与积极性。② 鉴于我国数字经济税收协同范围广、内容多、难度大，与过往的区域协同实践有所不同，不能简单地套用已有的利益分享标准。我国数字经济税收协同过程中的利益分享标准需要在保证公平的情况下，考虑不同主体、不同地区的客观需求，尤其是在东部发达地区与西部欠发达地区之间的利益分享。利益分享标准如果制定得不够完善，会带来利益分配不均的隐患，进而导致不同地区间的发展差距进一步拉大，这与我国数字经济税收协同制度的初衷背道而驰。然而我国数字经济税收协同的利益分享标准尚不成熟，不足以满足实际需要，数字经济税收协同制度的效果难以得到保障。

（三）我国数字经济税收征管协同有障碍

1. 我国数字经济税收征管协同信息共享不充分

第一，我国数字经济税收协同的信息共享渠道不足。数字经济背景下，经济发展模式呈现多元化方式和多平台交易的特点，税务部门内部信息交互水平有限，难以对涉税事项进行全面把控。③ 这就需要税务部门增强内部信息的交互。然而数字经济分布广泛，涉及多个区域，各区域之间的联系渠道并未得到充足保障。由于地理位置、历史背景等，不同区域之间的协同基础不一。这种不平衡的交流现状对其他主体的加入有一定的排斥效应，也不利于调动各主体之间的信息互通积极性。这导致大部分数字经济的税

---

① 罗敬蔚：《数字经济税收征管的若干问题思考》，载《价格理论与实践》2022 年第 4 期。

② 耿希：《少数民族民间音乐知识产权利益分配机制的构建进路》，载《法律适用》2020 年第 24 期。

③ 陈志勇、王希瑞、刘畅：《数字经济下税收治理的演化趋势与模式再造》，载《税务研究》2022 年第 7 期。

收征管信息依旧有地域限制，难以实现更充分的信息流动和共享，使政府协同机制的信息共享面临更严重的困难。

第二，我国数字经济税收协同的信息共享流程烦琐。行政法治化是行政体制改革的本质要求与路径选择，该目标的实现离不开法定程序的保障和优化。① 我国数字经济税收协同的征管程序亦是如此。程序的好坏影响着我国数字经济税收协同的效率高低。虽然数字经济的发展让各地之间的联系更加密切，但是相应的程序并未及时进行调整，即使调整也面临较大的难题，因为这些程序大多是严谨的法定程序，或者是各地方政府的地方性制度规定，具有较强的稳定性。而数字经济借助互联网，能够在短时间内实现经济往来和数据信息的交互，这大大增强了信息的流动性。② 因此，数字经济的涉税信息在各地方政府间的流转所需的程序没有得到相应的简化。流程的烦琐反而增加了信息共享的成本，延长了信息共享的时间，导致我国数字经济税收协同的信息共享不够及时和充分，不利于我国数字经济税收问题的解决。

2. 我国数字经济税收征管协同地区裁量差异大

数字经济背景下，税务工作面临更多新挑战。③ 我国实行税收法定主义，但是税收法律制度比较宏观与宽泛，实际税收征管过程离不开对相关制度的能动的裁量解释。要实现纳税人利益和国家税收利益的均衡，就需要在税收征管工作中进行合理的税收裁量。④ 而明确的范围是避免裁量解释过于差异化的关键举措。对于数字经济税收征管而言，目前的税收规定并未对具体的内容给出全国性、指导性标准。这导致各地方政府在实际工作开展过程中，对相关制度规定的把握存在较大偏差，比如对地方数字产业的过度保护。此类税收裁量差异使我国在开展数字经济税收协同工作时面

① 刘权：《优化数字经济营商环境的行政法治化之道》，载《社会科学辑刊》2023 年第 2 期。
② 李鑫钊：《数字经济背景下加强税收征管的建议》，载《税务研究》2023 年第 1 期。
③ 朱润喜、冯东、赵福顺：《数字经济背景下税务稽查工作面临的挑战与应对》，载《税务研究》2022 年第 1 期。
④ 李登喜、李大庆：《契约化：税务行政裁量的思维转型》，载《税务研究》2021 年第 1 期。

临较大的阻碍，甚至为数字经济的健康发展埋下难以估量的隐患。

（四）我国数字经济税收协同司法机制不协调

1. 我国数字经济税收协同司法制度存在缺陷

第一，我国现有数字经济税收协同的司法适用机制与实践之间存在脱节。数字经济特点鲜明，组成数字经济的各要素与传统生产要素有所区别，尤其是涉税主体、数据要素和收入所得的法律定性仍存在较多争议。在涉税主体方面，数字经济活动往往存在多个产业纳税主体，这使税务部门准确识别应纳税对象存在较大难度。[1] 在数据要素方面，目前各方对于数字经济的数据定性不一。我国《民法典》虽对数据有所规定，但现有规定并不足以囊括数据经济时代中数据的发展特点，[2] 针对数据权利的分类问题，学术界亦未形成定论。[3] 在数字经济的收入所得方面，由于数字经济的模式多元化，纳税人所获收入的来源和性质在实践中的认定成为一个巨大的挑战。[4] 各产业相互融合，收入所得的定性和分类存在困难，进而衍生出更多问题，如平台企业滥用私权力的司法审查问题[5]、数字时代数据抓取的不正当竞争行为对司法实践的冲击问题[6]。就现有的政府协同司法适用机制而言，其与数字经济税收之间存在明显的脱节，机制的完善程度未能跟上数字经济税收的发展速度，其难以解决数字经济税收呈现的新问题，这进一步提升了政府协同过程中司法适用的难度。

第二，我国数字经济税收协同的司法管辖存在争议。数字经济背景下，

---

① 李香菊、谢永清：《推动我国数字经济发展的税收政策研究》，载《江西社会科学》2022年第10期。

② 刘宇：《〈民法典〉视野下的大数据交易：过程控制、性质认定与法律适用》，载《甘肃政法大学学报》2022年第3期。

③ 周维栋：《个人数据权利的宪法体系化展开》，载《法学》2023年第1期。

④ 李竺霖、李宛姝：《数字经济下完善我国个人所得税征管机制的研究》，载《当代经济》2022年第3期。

⑤ 戴昕：《平台责任与社会信任》，载《法律科学（西北政法大学学报）》2023年第2期。

⑥ 孙晋、冯涛：《数字时代数据抓取类不正当竞争纠纷的司法裁判检视》，载《法律适用》2022年第6期。

税收属地原则遭到一定的挑战，税收制度的有效性有所降低，税收制度的功能有所弱化。[①] 这一定程度上是因为数字经济具有较强的流动性和分散性。数字经济的交易通常跨越多个行政区域，而互联网技术的应用使数字经济的各要素更为分散。在这种情况下，一旦某种数字经济存在违反法律规定的情形，确定管辖就成为关键。但是过于分散的要素使数字经济纠纷的管辖确定存在一定难度。同时，各地方政府之间囿于地方利益考量，存在争夺管辖权的情形。例如，对于涉案利益多的情况，各地可能争夺管辖权；对于涉案利益小的，又可能出现"踢皮球"的情形。因此，在缺乏明确管辖规定的情况下，我国数字经济税收司法协同难以有效开展。

2. 我国数字经济税收协同司法协作组织不健全

第一，我国数字经济税收协同的司法协作组织设置不完善。数字经济的发展速度较快，与之相关的制度不够成熟和完备。司法协作组织设置不完善就是表现之一。我国数字经济税收协同过程中，各地方政府对司法协同的协作组织设置得不够完善，这体现在数量不足以满足实际需求、职权的分配不够合理、权力的行使保障不充分等方面。这使我国在开展数字经济税收协同过程中难以通过有效的司法协作组织及时解决数字经济税收环境优化中存在的司法协同问题。与此同时，司法协作组织设置不完善给地方政府开展跨区域合作与沟通增添了阻碍，使地方政府需要耗费更多的人力物力予以应对。

第二，我国数字经济税收协同的司法队伍专业性不足。目前税收领域的人才缺口较大，各行各业都急需财税专业的人才，数字经济税收协同司法队伍亦是如此。[②] 数字经济的涉税事项具有一定的隐蔽性和模糊性，这给

① 肖育才、杨磊：《数字经济时代与工业经济时代税制的比较分析》，载《税务研究》2022年第 2 期。

② Arbeláez-Rendón Mauricio, Giraldo Diana P., Lotero Laura, "Influence of Digital Divide in the Entrepreneurial Motor of a Digital Economy: A System Dynamics Approach", *Journal of Open Innovation: Technology, Market, and Complexity*, Vol. 9, No. 2, 2023.

基层税务部门带来更严峻的挑战和困难。① 税务部门对数字经济的税收特征把握得不够全面和深入，相应的征管能力尚未满足实际需要。② 数字经济税收特点鲜明，与传统经济形态不尽相同，如果税务部门对于数字经济税收特点不能准确把握和认定、理解不合理，税收实践中容易产生更严重的问题。目前各地税务部门的税收人才整体数量不足，工作量较大，专业性有待进一步增强，这导致专业性问题难以得到有效解决。而且，不同区域之间的人才水平不一，东部地区相对水平较高，中西部地区则相对落后，政府协同工作的开展面临较大的人才压力，我国数字经济税收司法协作组织的相关工作难以有效开展。

三　追根溯源：我国数字经济税收协同制度问题的成因剖析

（一）我国数字经济税收协同制度的立法滞后性

1. 我国数字经济税收协同制度立法滞后性的固有桎梏

法律具有较强的相对稳定性，其调整的历时性特征决定了法律调整时效具有不可避免的滞后性。③ 具体到我国而言，这主要体现在我国数字经济税收协同制度的立法程序具有滞后性上。按照我国全国人大常委会的立法程序，一部法律的制定需要三次上会审议，现有记录中最快的立法周期是 2 年，通常一部法律需要 3~5 年才能获得通过。④ 我国立法严格的程序规定与数字经济快速的发展形成了鲜明对比。数字经济依托于互联网技术，其更新换代的速度远超普通事物的发展速度。⑤ 面对发展速度如此之快的数字经

---

① 王敏、彭敏娇：《数字经济发展对税收征纳主体行为的影响及政策建议》，载《经济纵横》2020 年第 8 期。
② 国家税务总局税收科学研究所课题组：《数字经济对我国税制和征管的影响及相关政策建议》，载《国际税收》2022 年第 3 期。
③ 庞正：《法治秩序的社会之维》，载《法律科学（西北政法大学学报）》2016 年第 1 期。
④ 吴志攀：《"互联网+"的兴起与法律的滞后性》，载《国家行政学院学报》2015 年第 3 期。
⑤ Memiş Halim, "Payment Facilitators' Effects on the Digital Economy", *Journal of Digital Banking*, Vol. 7, No. 4, 2023.

济，我国数字经济税收协同制度难以突破立法滞后性的固有桎梏，难以跟上数字经济发展的脚步，这导致许多制度问题未能得到及时解决。这进一步加剧了我国数字经济税收协同制度的问题和矛盾，不利于我国数字经济的健康发展。

2. 我国数字经济税收协同制度立法评估制度的缺失

立法评估并非单纯为了评估而评估，而是通过评价法律文件发现其中的问题和不足，为法律的完善和修改做准备。[1] 对于法治状态的定量评价，其最大的优势是可以为法治建设提供方向和技术指引。[2] 数字经济时代，不论是数字经济本身的相关法律要素，还是现有法律制度中与之相关联的规定，都需要在实践过程中重新评估。由于我国数字经济的发展时间较短，制度完善程度不够，立法评估的重要性进一步凸显。但是，我国现有的数字经济税收协同制度并没有合适的立法评估制度。立法评估制度的缺失使我国数字经济税收协同行为难以有效量化，相关制度问题难以得到有效解决，甚至会提升我国数字经济税收协同制度完善的难度。

（二）我国数字经济税收协同的主体积极性有待进一步提升

1. 地方政府对于数字经济税收协同的积极性不高

税收协同所面临的关键性问题是税收利益的分享。在国家税收机构改革后，国税部门与地税部门合并，税收逐步向中央集中。[3] 税收不断向中央集中，但是地方的支出没有减少，仍呈现上升趋势，这就导致地方的财政压力持续加大。而数字经济的发展迅猛，经济总量大，税收利益可观，有望成为更多税收的源泉。[4] 开展数字经济税收协同，就意味着各地方之间需

---

① 郑少华、齐萌：《生态文明社会调节机制：立法评估与制度重塑》，载《法律科学（西北政法大学学报）》2012年第1期。

② 周祖成、杨惠琪：《法治如何定量——我国法治评估量化方法评析》，载《法学研究》2016年第3期。

③ 陈超：《国税地税合并的制度逻辑及其对中央和地方关系的影响》，载《中国行政管理》2019年第8期。

④ Mpofu Favourate Y. , "Taxation of the Digital Economy and Direct Digital Service Taxes：Opportunities，Challenges，and Implications for African Countries"，*Economies*，No. 9，2022，p. 219.

要相互分享数字经济的税收利益。① 税收利益的分享意味着地方政府需要适度让出自身的利益。囿于当前的财政收入紧张局面，各地方政府不愿轻易让出自身的税收利益。这导致税收利益的分享工作难以有效开展，进一步加剧了我国数字经济税收协同制度存在的问题。

2. 纳税主体予以配合的积极性偏低

部分纳税主体的依法纳税意识淡薄，没能看到数字经济背后的经济风险，② 其消费生产行为亦带有显著的数字经济时代的特点。③ 我国数字经济体量大，越来越多的主体涌入其中，争取获得更多利益。目前数字经济在适用我国税收制度方面存在模糊之处，纳税主体利用现行制度的漏洞实施逃税、避税行为成为可能。④ 同时，纳税主体对我国数字经济税收环境优化的政府协同制度了解不够充分，对自身的权利义务关系不够熟悉，对税收征管、税收管辖等制度了解不足。因此在开展政府协同工作的过程中，纳税人配合的积极性不高。

（三）我国数字经济税收协同基础薄弱

1. 我国数字经济税收协同技术基础薄弱

我国数字经济税收协同效果的好坏与数字化水平的高低有紧密联系。数字经济具有跨行业、跨地域的鲜明特点。传统的税收征管模式存在一定的滞后性，也存在征管资源分散、资源重复配置的情形。数字化成为应对数字经济税收问题的重要方式之一。在税收领域中，全国性的电子政务系统不够成熟，数据信息管理平台仍在积极探索的阶段，数字化政府协同平

---

① 张斌：《数字经济对税收的影响：挑战与机遇》，载《国际税收》2016 年第 6 期。

② Boting Jiang, "The Necessity and Implementation of Measures to Protect Consumer Rights and Interests Under the Background of Digital Economy", *Information Systems and Economics*, No. 5, 2022, pp. 15-19.

③ Kalashnikova T., Panchuk A., Bezuhla L., Vladyka Y., Kalaschnikov A., "Global Trends in the Behavior of Consumers of Retail Enterprises in the Digital Economy", *IOP Conference Series: Earth and Environmental Science*, Vol. 1150, No. 1, 2023.

④ 王雍君：《数字经济对税制与税收划分的影响：一个分析框架——兼论税收改革的核心命题》，载《税务研究》2020 年第 11 期。

台尚未建成。自 1994 年开始，我国启动了金税工程，目前正处于金税四期阶段。与此同时，自 2015 年以来，我国税务部门经历了三次体制改革，旨在促进多主体的合作，提高数字化建设水平和税收治理效率。然而即使经历了金税工程和体制改革，我国税收领域的数字化发展时间较短，数字化技术水平仍旧略显薄弱，各项配套制度设施也不够齐全，不足以满足数字经济税收协同的发展需要。

2. 我国数字经济税收协同实践基础薄弱

第一，我国数字经济发展所积累的经验有限。新事物需要在实践中不断总结经验和教训，才能够纠正错误、向前发展。数字经济作为一种新型经济形态，在我国的发展时间较短，前期实践所积累的经验不足。[1] 尽管发展时间不长，但是数字经济所引发的诸多问题和挑战较为显著，数字经济税收问题便是其中之一。数字经济所引发的诸多问题亟待国家回应。然而由于数字经济发展时间较短、发展速度较快，地区之间存在一定程度上的数字鸿沟，[2] 这使得我国经验不够充分，未能做好充分的应对准备。我国数字经济税收协同建立在数字经济发展的基础之上。在数字经济发展经验较少的情况下，我国数字经济税收协同制度亦难以得到进一步的完善。

第二，我国数字经济税收协同的经验不足。我国现有的政府协同主要在部分区域，例如长三角地区、京津冀地区等内进行。这些地区在政治、经济、地理、文化等方面较为相近，协同的有利条件相对较多。但也正因如此，在这些地区总结的经验不一定具有普适性，其他地区并非都具备与之相类似的条件。我国针对数字经济税收协同所涉及的区域更广，面临的困难更多，情况更加复杂。在如此大范围的政府协同背景之下，我国的实践经验略显不足。

① 张守文：《数字经济发展的经济法理论因应》，载《政法论坛》2023 年第 2 期。
② Bruno Giuseppe, Diglio Antonio, Piccolo Carmela, Pipicelli Eduardo, "A Reduced Composite Indicator for Digital Divide Measurement at the Regional Level: An Application to the Digital Economy and Society Index (DESI)", *Technological Forecasting & Social Change*, 2023, p.190.

四 未来展望：我国数字经济税收协同制度的完善路径

（一）健全我国数字经济税收协同法律体系

1. 促进我国数字经济税收协同制度的体系化

整体性是形成体系化的重要前提，能够有效推动制度内部的逻辑贯通，增强制度的可行性。美国发布了《市场公平法案》《关于云交易和涉及数字内容交易的分类》等规章草案，进一步明确了与数字经济相关的税收问题，为数字经济税收协同奠定了必要的制度基础。[①] 在我国，国家作为宏观层面的立法主体，应进一步研究我国数字经济税收协同制度，加快建立制度立法的框架，给出具体的立法指引，划定明确的立法边界，引导地方政府在制度体系内不断完善相应制度。无论是税收制度方面，还是协同制度方面，都呈现显著的由上至下的特点。基于此种特点，国家需要进一步统筹规划，立足于我国数字经济税收实际情况，结合我国税收部门等政府部门的工作需要，对我国数字经济税收协同制度框架予以进一步的完善。对于我国数字经济税收协同已存在的问题，要及时回应，对于部分现阶段较难处理的问题，需要在制度中预留一定的立法空间，便于后续的完善。与此同时，作为直接管理部门，国家税务总局、财政部、国家发改委等机构应结合我国数字经济税收实际，根据数字经济税收问题出台具有针对性和可操作性的制度措施文件，减少我国数字经济税收协同过程中可能存在的争议性问题。除此之外，我国还应当进一步加大和增加对数字经济税收协同制度的审查力度和频次，对制度中的模糊性概念予以明确，对不合适的制度规定予以及时调整。借助主动的审查工作可以及时发现法律制度中存在的模糊性概念以及不相适应的法律规定，由上至下增强制度的系统性和整体性。

---

① 李恒、吴维库、朱倩：《美国电子商务税收政策及博弈行为对我国的启示》，载《税务研究》2014 年第 2 期。

2. 优化我国数字经济税收协同制度与现有法律制度的衔接

第一，优化我国数字经济税收协同制度与民法制度的衔接。针对数据等数字经济时代产生的新要素，我国《民法典》已进行了初步规范。在完善我国数字经济税收协同制度的同时，我国既要考虑到数字经济自身的特点，从制度上给予数字经济相关要素更加明确的定义和定性，又要注重其与《民法典》相关规范的协调。同时，作为新兴事物的数字经济税收中各主体的权利义务关系应得到更多重视。国家要充分注重数字经济税收协同涉及的权利义务关系，在我国民法体系下，对数字经济税收要素中尚存在较大理论争议的内容予以进一步完善和衔接处理，减少我国数字经济税收协同制度中相关法律问题的发生。

第二，优化我国数字经济税收协同制度与行政法制度的衔接。我国数字经济税收协同制度的完善与行政法息息相关，协同制度的实践效果很大程度上取决于各地方政府行政权力的配合。地方政府在开展协同工作过程中，应遵循已有行政法的框架体系，尽可能避免出现与我国现有行政法律规定相冲突的情形。在制度设计时，国家不仅要着眼于数字经济税收和政府协同的实际需要，还要充分考虑其他利益相关主体的权益保障。对于跨区域执法所产生的程序冲突问题，国家可以出台合适的文件，借助法律解释手段对冲突进行化解。通过优化与行政法律体系的衔接，一定程度上可保证数字经济税收问题解决和处理的工作效率，优化跨区域政府职权的行使方式。

（二）完善我国数字经济税收协同的利益分配体系

1. 完善我国数字经济税收协同的成本分摊机制

第一，加快推进我国数字经济税收协同的成本量化机制建设。成本的确定是开展政府协同利益分配的重要组成部分之一。完善的成本量化机制能够帮助地方政府明确成本，为协同利益分配奠定基础。政府协同工作开展的过程中主要涉及人力、物力、财力和机会成本等，涉及的内容较多。因此，各地方政府需要对协同的内容进行有针对性的划分，在各协同模块内进一步细化，创新成本量化方式，厘清政府协同的各项成本组成。同时，为保证成本投入的公开与透明，国家可设立成本交互机制，设定成本公开的规范程序，形成成本公开的制度体系。

第二，厘清我国数字经济税收协同的成本分摊权责。成本分摊权责的厘清为地方政府开展协同提供了必要的指引。例如，美国在《南部区域发展政策协定》《州际固体垃圾处理协定》《中西部客运铁路协定》《五大湖—圣劳伦斯河流域水资源协定》[①] 等文件中对各参与主体的权责进行了明确的规定，从而有效促进了地区间协同的发展。国家在制定政府协同相关制度时，应列明各主体的权责范围和归属，对各协同主体事前成本承担的规则加以明确和完善，对未能履行自身职责的主体设定应承担的法律责任，从而有效督促地方政府切实履行自身的职责。而各地方政府可在国家的制度框架范围内，结合实际制定更细致的制度规定，为成本的分摊提供现实、可行的规定。除此之外，地方政府亦可设立专门负责协同事宜的机构，便于后续产生问题时能够进行更加明确的责任追究。

2. 完善我国数字经济税收协同的利益分享机制

第一，丰富我国数字经济税收协同的利益分享方式。要实现兼顾各地区利益诉求的目标，政府协同制度就需要合理分配数字经济利益。囿于数字经济税收环境优化带来的利益多样化，地方政府的利益分享方式可以采取多元化的形式。除了纵向财政支付制度之外，国家可以探索横向财政支付制度，增强财政支付制度的灵活性。除了靠自身的探索，域外经验同样值得关注和借鉴。国家可在借鉴域外经验的过程中探索通过投资均衡布局、产业均衡发展等方式，实现跨区域的利益分享和协调发展。例如，美国建立专门的区域援助制度来保障政府税收协同过程中的利益分配平衡。美国在州际协定中，详细规定了有关政策产生的利益如何分配给两个甚至多个州，其中经济相对落后的州往往可以获得更多的利益保护。同时，美国还设立了州际税收委员会、税务管理者联合会等协调机构来处理州际税收分

---

① 吕志奎：《州际协议：美国的区域协作性公共管理机制》，载《学术研究》2009 年第 5 期。

配问题。① 具体而言，我国在开展数字经济税收协同工作的同时不仅应着眼于货币利益的分享，更要强调通过产业扶持、政策倾斜等方式完成利益的分享，只有这样才能有效保障公平性。

第二，明确我国数字经济税收协同的利益分享标准。合理的利益分享标准是实现政府协同的必备要素。在制定利益分享标准时，国家应充分考量我国区域间发展不平衡的特点，不能实行简单的一刀切政策，应当体现统一性兼具差异性，做到共性和个性相统一。首先，在宏观层面，我国应对利益分享标准给出合理的区间范围，为地方政府设定利益分享的合理底线；其次，在不同区域之间的具体协同方面，地方政府可根据自身实际情况，在国家确定的标准范围内，进行适度的调整。通过整体协调与地方区分的模式完善利益分享标准，可以充分调动各地方的参与积极性。

（三）减小我国数字经济税收征管协同的阻力

1. 推进我国数字经济税收协同的涉税信息共享

第一，扩展我国数字经济税收协同涉税信息共享的渠道。信息共享渠道的扩展是实现信息共享的关键。各地方政府应加强对数字经济税收的重视，紧跟数字经济发展的时代潮流。地区之间应不断加强数字经济税收的协同，构建成熟的合作机制，探索多元的交流方式，在充分交流中实现信息的互通。例如，日本专门成立数字厅，数字厅充当国家和地方政府之间的合作交流平台。该平台使地方政府工作人员能够与数字厅工作人员直接对话，促进地方与中央的信息合作，优化相关服务体系。② 在数字经济税收方面，各地方税务机关需要进一步增强跨区域的交流，扩展联建联创的交流渠道，引入先进信息技术，搭建互联互通的信息共享平台。地方政府只有对数字经济税收过程中的问题进行充分交流，对数字经济相关涉税信息

---

① 周咏雪：《协调区域间税收分配的国际经验借鉴与启示》，载《税收经济研究》2012 年第 2 期。

② 田正：《日本数字经济发展动因与趋势分析》，载《东北亚学刊》2022 年第 2 期。

进行充分共享，才能切实丰富信息共享的渠道，降低信息共享的成本，提高跨区域数字经济税收信息共享的效率。

第二，简化我国数字经济税收协同信息共享的流程。简化的信息共享流程能够有效提升信息共享的效率。英国专门成立税务海关总署，对纳税人的涉税信息标准化和格式化的同时，为纳税人建立起相对应的数字税务账户，用信息化技术对纳税人的涉税信息进行充分收集和分析。① 针对数字经济的特殊情况，我国亦可借鉴英国的方式，成立专门负责信息处理的部门，根据实际工作需要合理设置其执法权限和种类，简化工作程序和流程。各地方政府还应结合数字经济税收的需要，构建有利于数字经济相关涉税信息共享的沟通机制。政府部门应为数字经济相关涉税信息的共享提供必要的制度支持，增强协同的主动性，从而减少信息共享过程中面临的阻碍和烦琐的程序。

2. 缩小我国数字经济税收协同的税收裁量差异

合理的税收裁量范围是实现政府协同的必要保障。税收法定原则是法治国家的通行做法，是税收法治的一般规律。② 数字经济时代，税收法定的原则仍旧需要一以贯之，不能动摇。随着经济现代化的不断推进，税收利益不断增加，此时税权配置和征管程序更应依法而行，否则会导致税收治理的效果有所下降。③ 为了避免各地方政府税收裁量之间的差异过大，阻碍政府协同工作的开展，各地方政府应积极主动根据自身实际情况收集本行政区域内数字经济税收的相关数据和资料，汇总整理并上报中央层面。国家根据各地方汇总的数据出台合理的数字经济税收裁量办法，确定合理、明确的裁量范围，以供地方政府参考。与此同时，国家需要进一步明确对地方政府违反税收裁量相关规定的追责与惩处，督促地方政府在协同过程

---

① "Inheritance Tax Receipts Reach £5.3 Billion in the Months from April to December 2022, £700 Million Higher that the Same Period a Year Earlier, According to New Figures from HMRC", *M2 Presswire*, 2023.

② 张守文：《"改革决定"与经济法共识》，载《法学评论》2014 年第 2 期。

③ 胡翔：《数字经济背景下落实税收法定原则的价值、难点与对策》，载《税务研究》2022 年第 4 期。

中严格遵循税收裁量范围，避免由于利益冲突而形成恶性竞争。

（四）提升我国数字经济税收司法协同度

1. 完善我国数字经济税收协同的司法协作制度

第一，提升现有政府协同司法协作机制与税收实践的契合度。首先，我国要明确数字经济中相关构成要素的法定性质，包括涉税主体、数据要素的性质等方面。通过明确司法适用的大前提，使协同制度跟上数字经济税收的现实发展，使政府开展司法协同工作时有法可依。其次，地方政府应在实践中探索多元化的解决方式。政府可以加强对数字经济产业的划分或者进一步落实法律制度的实施和适用，用尽可能少的立法和司法成本化解制度与实践之间的冲突。例如，美国采用州际协定、多州法律诉讼和统一的州法律等方式有效应对协同过程中可能产生的地方政府间的纠纷。① 最后，在协同过程中，各地方政府应当提高对司法适用机制的重视程度，适当增加财力、人力的投入，保障我国数字经济税收中政府协同的司法适用机制具备实际应用的基本条件。

第二，进一步明确我国数字经济税收的司法管辖权的归属。管辖权的归属问题是确定司法协作的基本前提，也是依法治国背景下司法改革的重要内容。② 针对数字经济税收领域的纠纷，国家需要构建合理的纠纷处理机制，确立好管辖权的归属，为地方政府提供明确的指引。数字经济涉及的地域较为广泛。国家可根据数字经济纠纷的行为发生地、损害结果发生地等有关联的地点，通过制度设定明确行使管辖权的相关主体，进一步减少因管辖权冲突而产生的管辖纠纷。为避免各地方政府对数字经济纠纷争夺管辖权或者互相"踢皮球"，国家还应加强对数字经济管辖权的诉权保护，严肃处理地方滥用管辖权或者消极处理的情况。

---

① Ann O'M. Bowman, "Horizontal Federalism: Exploring Interstate Interactions", *Journal of Public Administration Research and Theory: J-PART*, No.4, 2004, pp.535-546.

② 李少平：《全面推进依法治国背景下的司法改革》，载《法律适用》2015 年第 1 期。

2. 健全我国数字经济税收协同的司法协作组织体系

第一，完善我国数字经济税收协同的司法协作组织设置。完善的司法协作组织设置对于协同机制有着重要作用。在国家层面，我国应不断完善数字经济税收中政府司法协作组织的设置制度，为地方政府提供明确的指导与可参照的标准。与此同时，地方政府在实际工作中可以主动创新，根据自身实际工作需要，与其他地方政府共同探索司法协作组织的设置方式。目前我国在区域性的司法协同方面具有一定的经验，例如，京津冀地区的司法一体化协同运行，不断强调三地各级法院之间加强司法协同，进而为区域协调发展提供有力保障。① 地方政府之间可以充分借鉴已有经验，结合数字经济税收特点以及政府协同的需要，合理开展司法协作，创新司法协作的方式。各地方政府可以根据需要扩大司法协作组织的规模，合理分配职权，充分保障司法协作组织的权力，推动司法协作组织设置的进一步完善。

第二，增强我国数字经济税收司法队伍专业性。专业的数字经济税收司法队伍是落实我国数字经济税收协同制度的保障。近年来兴起的数字法学，不仅是科技和法学的深度融合，更是跨文理学科的新研究范式和新法治实践的全面整合，能够为国家培养面向未来的数字法治人才。② 鉴于数字经济税收工作的特点和难点，国家应提高对专业人才队伍建设的重视度，对数字经济税收工作所需要的复杂性和专业性有更为清晰的认识，开设更多类似数字法学的专业性教育课程，培养更多专业性人才。各地方政府可加大对人才队伍建设的指导力度与投入，完善人才培养机制，打造成熟、完备的人才培养模式，提供多元的能力锻炼平台。税务部门应加快促进相关工作人员了解和熟悉数字经济税收政府协同工作，设置必要的培训课程，让工作人员尽快掌握规范、详尽的工作流程和内容。③ 地方政府可制定科学

① 梁平：《京津冀司法协同治理的模式转型》，载《河北法学》2019 年第 11 期。
② 胡铭：《数字法学：定位、范畴与方法——兼论面向数智未来的法学教育》，载《政法论坛》2022 年第 3 期。
③ Daroshka Vitali, Fedorova Marina, Aleksandrov Igor, Rasskazova Olga, Parshukov Aleksey, Isakov Alexander, "The Russian Financial System in the Context of Possible Cyber Attacks", *E 3S Web of Conferences*, 2023, p.371.

的人才激励政策，通过人才激励政策鼓励更多优秀的专业人士加入我国数字经济税收协同的队伍中，保障我国数字经济税收协同的人才队伍有充足和稳定的供给。

五　结语

协同机制能够有效应对数字经济税收引发的管辖权冲突等问题，进而优化数字经济税收环境，推动数字经济健康发展。但是由于我国数字经济税收协同制度的立法滞后性、相关主体的积极性不高、协同基础薄弱等，我国数字经济税收协同制度存在一系列问题。为更好地解决这些问题，优化数字经济发展的环境，我国需要健全数字经济税收协同制度的体系，完善利益分配体系，减小税收征管协同阻力，提升数字经济税收司法协同度。唯有如此，才能进一步提升政府协同效益，推动数字经济持续、健康、迅速发展。

版权制度应对颠覆性创新的路径

樊　冰　蓝纯杰*

【摘　　要】相较于渐进式创新，颠覆性创新会对既有法律制度构成更大挑战。版权制度创立至今一直面临颠覆性创新的挑战，可从历史角度归纳其应对经验，进而思考当前应对之策。作为产品的颠覆性创新会在各个领域与法律发生互动，颠覆性创新所产生的技术容易对法律制度产生持续的动态影响，并突出法律制度改革的急迫性。历史上，版权制度在面临静电印刷术、无线电技术以及计算机技术等颠覆性创新技术时，选择在技术成熟时期、颠覆时期以及早期发展时期介入规制，产生了不同的制度影响。以史为鉴，必须加强对技术成熟度的认识，稳妥确定法律规制守门人，仔细评估立法的后续影响。当前，版权制度在应对人工智能技术这一颠覆性创新技术的过程中，应当积极完善守门人相关规则，当前立法与后续立法并举，积极发挥司法应对的独特作用，以实现制度的相对稳定性。

【关 键 词】版权法；颠覆性创新；人工智能

引　言

近年来，人工智能与大数据等新技术的发展似乎呈现加速趋势。版权制度如何应对这些新技术，纳入了学界研究视野中，讨论最多的，莫过于

---

*　樊冰，法学硕士，上海市宝山区人民检察院检察官；蓝纯杰，法学博士，上海政法学院讲师。

人工智能法律保护问题。例如，刘艳红教授曾就人工智能领域的法学研究进行批判，认为"人工智能并未对法律基础理论、法学基本教义提出挑战，受到挑战的只是如何将传统知识适用于新的场景"。① 刘宪权教授对此回应道："人工智能时代是一个已经到来的伟大时代……我们当然不能坚守'以不变应万变'的原则，以漠然视之、无动于衷的态度对待之。"② 学者之间观点碰撞，凸显了法律制度应对新技术的复杂性与艰巨性。

版权制度创立至今一直面临新技术挑战。版权的制度功能在于权利人能够依靠其控制他人对作品的特定利用行为，一旦作品传播途径扩展，社会公众对于作品的利用能力加强，版权人与社会公众之间的利益冲突必然趋于紧张，版权制度就不得不进行一些改进。从1709年《安妮法》颁布至今，版权制度已经先后经历了静电印刷术、无线电技术以及计算机技术等各类颠覆性创新技术的锤炼。以史为鉴，可以明得失，回顾版权制度既往历程，能够帮助我们更好地思考当下和未来。本文以历史为切入点，总结颠覆性创新技术法律规制的经验教训，进而探讨版权制度应对人工智能技术的路径。

一　颠覆性创新对法律制度的影响

创新可分为渐进式创新与颠覆性创新，渐进式创新是在现有产品或方法的基础上作出很小的改进，颠覆性创新是在广泛应用的基础上为市场引入全新的生产过程并为消费者提供全新的创新性产品③。根据《创新者的窘境：当新技术导致大公司的挫败》一书的作者——克莱顿·克里斯坦森的观点，颠覆性创新可以被定义为一种创造新市场或改变公司据以竞争的业绩指标的技术，一项颠覆性创新技术至少有以下三个特征中的两个：一是

---

① 刘艳红：《人工智能法学研究的反智化批判》，载《东方法学》2019年第5期。
② 刘宪权：《对人工智能法学研究"伪批判"的回应》，载《法学》2020年第1期。
③ 〔英〕克里斯汀·格林哈尔希、马克·罗格：《创新、知识产权与经济增长》，刘劭君、李维光译，知识产权出版社，2017，第4页。

顺从传统客户重视的指标而降低性能，二是产品的价格较低，三是非主流消费者的可及性更强。① 相比渐进式创新，颠覆性创新更能够推动新市场、新创新和新客户进入此前停滞的产业领域。苹果公司平均每年推出的新款 iPhone 是渐进式创新的典型例子。印刷术、蒸汽机、电灯、无线电、照相机、摄像机以及计算机等产品和技术颠覆了既往的商业模式、市场、供应链和技术流程，是颠覆性创新的典型例子。相比于渐进式创新，颠覆性创新会对法律制度造成更大的冲击。渐进式创新建立在既有技术之上，以主要客户群能够理解的方式进行性能改善，努力实现既有客户所重视的传统标准，有成熟的法律规则予以应对，而颠覆性创新则不然。对于法律制度而言，需要考量颠覆性创新的三方面因素，即颠覆性创新引发的法律保护难题、其动态影响以及其可能带来的挑战。

（一）颠覆性创新引发的法律保护难题

颠覆性创新在名词意义上可以指特定产品。一些产品改变和创造了市场，改变了价值和标准，与法律发生了互动，电话就是这样一个创新，但电话在发明出来后并没有立即获得成功。像许多颠覆性创新一样，电话经历了一个其实用性受到质疑的时期。电话以多种方式与法律发生了互动。首先，电话被认为是财产，包括实体电话和提供电话服务的特许权。当贝尔提出专利申请时，电话就被商品化了，随后不久出现了专利权的诉讼：1888 年的"电话案"中，立法机构发现自己不得不针对电话采取行动。其次，立法对电话建立的规范。英国 1891 年颁布的《伦敦架空电线法》中的最初处理方式是将电话纳入电报范畴进行管理。美国各州也有类似规定，直到 1934 年联邦才颁布《通信法》对电话进行联邦监管。再次，关于隐私保护。电报员被要求对信息内容进行保密的义务在 1883 年 Attorney General 诉 The Edison Telephone Company of London Ltd. 一案中被扩展适用于电话接

---

① Clayton M. Christensen, *The Innovator's Dilemma: When New Technologies Cause Great Firms to Fail*, High Bridge Audio, Harvard Business School Press, 2007, preface.

线员。最后，关于竞争秩序。虽然一开始该领域鼓励竞争，但美国后来的立场改变为支持"自然垄断"。①

在法律程序中出现颠覆性创新时，法院碰到的问题是，是否可以确定地将其视为一种与既有技术不同的技术，例如，电话发出的信号能否被视为电报。根据英国 1869 年《电报法》第 3 条，"电报"一词应指通过电报传送或打算传送的任何信息或其他通信，以及任何通过电信号传输信息或其他通信的设备。因此，电话可以在当时的电报立法下进行管理。鉴于电报的定义非常宽泛，法院在 Attorney General 诉 The Edison Telephone Company of London Ltd. 一案中认为，将电话归类为电报是合适的，尽管这两种技术之间存在着一些差异。

如何对颠覆性创新进行分类，是法院面临的困难问题。在 2014 年的 American Broadcasting Companies 等诉 Aereo 一案中，斯卡利亚大法官在美国联邦最高法院判决的反对意见中，对使用"相似物"作为法律决定基础的趋势进行了分析。其指出："Aereo 公司侵犯了网络公司的'公开表演'其节目的'专属权利'……这一主张一开始就是失败的，因为该公司根本就没有进行'表演'。法院通过无视被广泛接受的网络服务提供者责任规则，并采用一个即兴的标准（'看起来像有线电视'）来达到相反的结论，这将在未来几年内造成混乱。"② 颠覆性创新的合法性如果受到挑战，特别是其威胁传统商业模式时，其在法庭上的命运，可能意味着整个创新的成败。

（二）颠覆性创新对法律制度可能具有的动态影响

很多时候，与技术相关的颠覆不是来自技术本身，而是来自市场上围绕这些技术的环境，这对法律制度和法律改革会产生动态影响。在少数情况下，社会目标或技术带来的益处可以刺激相关立法行动，以允许建设基础设施，提供新的权利，或以其他方式改变技术的发展轨迹。如果不更新

---

① A. D. Thierer, "Unnatural Monopoly: Critical Moments in the Development of the Bell System Monopoly", *Cato Journal*, Vol. 14, No. 2, 1994, pp. 267–285.

② *American Broadcasting Companies et al. v. Aereo*, 573, U. S. 431 (2014).

法律，不为如何解释或处理技术提供指导，则意味着法院将采取对各种技术的命运进行逐案决定的方式。当通过抽象——一般概念及其逻辑体系不足以掌握某种生活迹象或意义脉络的多样表现形态时，大家首先会想到的补助思考形式是"类型"。① 在试图将法律适用于各种技术时，法院和立法者往往试图在技术之间建立等同关系，但这可能并不合适。②

在应对颠覆性创新时，立法需要特别注意其在当前以及今后会产生的影响。对于一些颠覆性创新，理解该创新的影响和可能性是关键。以同样的方式对待所有看起来相同的技术，很可能会失败，然而，法律一直倾向于在处理技术时不对它们加以区分。不承认当前或预期未来创新影响的情况下起草的法律可能很快变得不合时宜，即使是那些考虑到未来创新影响的法律，最终也可能无法充分应对技术变革的现实。例如，美国版权局2020年《关于版权注册的报告》指出："《数字千年版权法案》是具有前瞻性的立法，但它没有预测到用户产生自己内容的能力、现代互联网的上传和下载速度，以及将产生的大量新网站，原本打算通过简单的通知和删除程序来防止网上侵权行为，结果却给权利人带来了一场持续的打地鼠游戏。"

（三）颠覆性创新对法律制度可能产生的挑战

法律制度需要确定性，这与颠覆性创新所带来的变化截然相反。法律必须是明确的，其后果是可以预见的，并有足够的信息公开，以便各方都能理解和遵守。③ 这通过为所有人创造一个公平的竞争环境来保障法律程序的公正性。如果没有明确的法律和足够的信息来解释这些法律，当事人就不可能知道某个行动、行为或合同是否违法，这会导致不公平的竞争环境。原则上，这些要求在国家层面也是存在的，立法者寻求制定和建立法律规

---

① 〔德〕卡尔·拉伦茨：《法学方法论》，陈爱娥译，商务印书馆，2003，第337页。

② S. Cory Clements, "Perception and Persuasion in Legal Argumentation: Using Informal Fallacies and Cognitive Biases to Win the War of Words", *Social Science Electronic Publishing*, No. 2, 2013, pp. 319-331.

③ D. Chalmers, G. Davies, G. Monti, *European Union Law: Text and Materials*, Cambridge University Press, 2006, p. 454.

范和框架，为公民个人提供确定性。

法律制定者面临的挑战是，我们如何能不仅为未来的技术制定法律，而且驾驭未来技术可能预示的颠覆性浪潮。法律背后的假设发生变化之时，是否仍能充分平衡所有的利益，就是一个需要重点考量的问题。例如，假设专利制度建立的部分前提是制造成本高，因此侵权成本高，而 3D 打印机使复制物体相对便宜，随着家用 3D 打印机的出现，成本已经大大降低；如果专利法背后这个假设发生变化，那么法律是否仍能充分平衡利益就值得怀疑了。①

二　版权制度应对颠覆性创新的历史经验

不同的颠覆性创新可能对法律构成了不同的影响。一些产品可以纳入既有的相似物规制制度中，一些颠覆性创新则一直处在动态变化中，不同的创新对既有法律制度构成不同挑战。何时对颠覆性创新进行规制，是一个复杂的问题，从版权制度应对静电印刷术、无线电技术以及计算机技术的历史来看，在颠覆性创新的生命周期的不同阶段进行立法介入，会产生不同的结果。

（一）在成熟时期立法——版权制度应对静电印刷术的经验

印刷技术历史久远，技术更新一直进行。北宋毕昇发明活字印刷术之后，该技术传到世界各地，后续各国陆续出现了木制、石印、凹印等形式的印刷机。直到 19 世纪末 20 世纪初静电印刷和感光化学等技术发展成熟，手工制版工艺才慢慢被淘汰。1938 年，切斯特·卡尔森（Chester Carlson）决心为大众创造一台办公室复印机，这台复印机后来改名为施乐（Xerox）。

---

① Deven R. Desai, and Gerard N. Magliocca, "Patents, Meet Napster: 3D Printing and the Digitization of Things", *Geo. L. J.*, Vol. 102, 2014, p. 1691; Indiana University Robert H. McKinney School of Law Research Paper No. 2013 - 37, Thomas Jefferson School of Law Research Paper No. 2338067, available at SSRN: https://ssrn.com/abstract = 2338067.

哈罗德公司（Haloid Company）1947 年加入了这一计划。1949 年，哈罗德公司发布了 A 型机，但并未取得真正的市场成功。1959 年，第一台方便的办公复印机——施乐 914（Xerox 914）被引入市场，这是第一台完全实现卡尔森设想的机器，获得了市场认可。据 1975 年的统计，基于相关技术的复印数量为每年 500 亿份左右。[①]

静电印刷术的颠覆性体现在如下方面。第一，不需要母版。此前的各类文件复制技术都需要一个"母版"，不论是摄影底片还是排版，放大或缩小复制时都很困难也很容易失真。第二，更易操作。施乐 914 是第一台使用普通纸张的桌面复印机，与之前复印机相比更容易操作也更便捷。第三，可及性强。对于施乐 914，普通的公司员工也有能力使用，不需要训练有素的工作人员。第四，推动出版便利化。由于复印成本下降和效率提升，出版不再是一个需要大规模投资的事业。

英国和美国的立法机构在审议静电印刷术相关议题时都很谨慎。采取立法措施应对该技术时，对于复制已经积累了足够的社会规范。复制权是最基本同时也是最早获得承认的一项权利。[②] 早在 19 世纪，政治家们就认为机械化复制有助于减少公务员队伍中的复印人员数量。[③] 英国 1911 年《版权法》第 2 条第 1 款第 i 项为"私人学习、研究、批评、评论或报纸摘要"提供了公平交易的例外。英国 1956 年《版权法》同样认可以私人使用为目的的复制，法案保留了学习和研究的公平交易例外。与私人复制高度相关的是图书馆复印问题，图书馆在版权法规制复印技术的过程中，扮演了守门人角色。复印技术的革新使社会公众能够在图书馆进行更多的复制行为，这无疑引起了权利人反对，也必然涉及社会公众利益。1975 年的 Williams &

---

① Weinberg L., "The Photocopying Revolution and the Copyright Crisis", *Public Interest*, 1975, p. 4543.

② 〔澳〕山姆·里基森、〔美〕简·金斯伯格：《国际版权与邻接权——伯尔尼公约及公约以外的新发展》（上卷），郭寿康等译，中国人民大学出版社，2016，第 544 页。

③ B. L. Craig, H. Macneil, "Records Making, Office Machines, and Workers in Historical Contexts: Five Photographs of Offices in the British Civil Service c. 1919 and 1947", *Journal of the Society of Archivists*, Vol. 32, No. 2, 2011, pp. 205-207.

Wilkins Company 诉 United States 一案中，美国法院将出于研究目的的影印和合理使用与公共利益密不可分地联系在一起。可见，立法对静电印刷术的谨慎态度，使社会公众的权益并未受到更多限制。

（二）在颠覆时期立法——版权制度应对无线电技术的经验

无线电技术无疑是一个颠覆性创新技术。它的创新伴随着无线电报、无线电话和无线电广播的产生，它们相继被誉为"革命性"技术。① 赫兹对无线电波的科学发现，最初只是设想点对点通信。早期无线电技术用于军事，第一次世界大战后逐渐民用化。20 世纪初的广播电台在目的上与早期技术有很大不同，无线电广播的目的是娱乐、传递信息和教育，无线电技术的商业应用无疑丰富了人们的生活，极大地促进了知识的传播。

收音机可及性的实现构成了无线电技术的转折。1919 年，美国废除了对业余爱好者使用无线电的禁令。1921 年，第一家美国广播电台获得许可证。1921 年 9 月，鲍威尔·克罗斯利（Powell Crosley）的采用真空管道、附带耳机和天线的收音机——"Harko"以 7 美元的价格出售，第二年发布的不需要耳机的升级版机型，也立即获得市场成功。克罗斯利很快意识到，没有广播材料可听，社会公众就没有购买收音机的理由。于是，他在 1921 年夏天成为一名业余广播员，于 1922 年初成为一名商业广播员。此后，美国广播产业开始兴起，但由于向广播电台发放许可证的条件宽松，后来产生了一定混乱。

无线电技术纳入版权规制中是以一种迂回的方式完成的。在早期，美国和英国立法者并未因为无线电广播带来的影响进行专门版权立法，而是通过规范新的广播业，将无线电广播纳入行业规范来解决许多问题。英国 1869 年《电报法》和 1904 年《无线电报法》对电波进行了控制。广播电台被认为只是无线电报的延伸，由邮政总局负责。1922 年，经批准，英国马

---

① R. Adner, D. A. Levinthal, "Emergence of Emerging Technologies", *California Management Review*, Vol. 45, No. 1, 2002, pp. 50-51.

可尼公司开始试验性地进行广播，极少数获得许可证的电台是那些归属于英国广播公司（BBC）的电台。英国向广播电台发放许可证相对保守，对带宽和信号强度进行了大幅限制，将广播公司的广播行为和广播节目都置于邮政总局监管之下。版权和广播的问题于 1922 年 8 月在下议院提出，广播构成"公开表演"的问题不大，英国 1911 年《版权法》第 35 条第 1 款第 c 项对此作出规定，"表演"是指作品的任何声音表现和作品中任何戏剧性动作的任何视觉表现，包括通过任何机械工具进行的这种表现。然而，在版权被侵犯的情况下，谁会被起诉这一基本问题产生了争议，并没有在议会中立即得到答案。这个问题后来因 BBC 的建立而搁置，随着广播垄断权牢牢掌握在一个决心遵守版权规则的半国家机构守门人手中，改革版权法的必要性变得很小。

美国一开始对广播公司并没有进行足够控制，广播行为很快遭到版权人的反对，政府后来也进行了监管。在早期的判决中，法院的态度存在一定差异。在 1923 年 M. Witmark & Sons 诉 L. Bamberger & Co. 一案中，法院认为旨在进行广播的演播室表演构成营利性公共表演。在 1924 年的 Remick & Co. 诉 American Automobile Accessories Co. 一案中，法院认为："若要构成我们认为国会有意使用该词的意义上的公开表演，绝对有必要有一群……为了听到娱乐场所发生的事情而聚集起来的观众。"这个裁判第二年被联邦第六巡回上诉法院推翻，无线电广播被认为构成公共表演。法院通过这些裁判为无线电广播设置了版权保护守门人。政府监管方面，时任美国商务部部长的胡佛在 1922 年至 1925 年与相关业务爱好者、政府部门以及行业代表进行了四次会议，最终关于无线电的监管政策和结构在 1927 年《无线电法》中得到了巩固，内容包括节目制作、许可、更新和其他方面。

（三）在早期发展时期立法——版权制度应对计算机技术的经验

计算机技术带来的颠覆性影响无须多言。第一次工业革命使人类进入"机械化时代"，第二次工业革命使人类进入"电气化时代"，而第三次工业革命使人类进入"信息化时代"。信息化时代的到来得益于计算机技术的发展，其中产生颠覆性变化的因素是个人计算机（PC）的发明。第一代计算机采用晶体管，以宾夕法尼亚大学 1946 年研制的 ENIAC 和 1950 年采用二进制的"冯·诺依曼结构"计算机 EDVAC 为代表。第二代计算机采用电子管，以 IBM 公司 1954 年制造的 TRADIC 和 1958 年制造的 IBM 1401 为代表。第一台微型计算机是 MITS 公司于 1975 年制造的 ALTAIR 8800。1977 年，苹果公司制造了第一台个人计算机——苹果Ⅱ。IBM 公司的第一台个人计算机于 1981 年进入市场。

计算机技术对版权制度的挑战在于计算机程序如何得到保护。在版权立法开始纳入计算机程序时，人们对其并不了解，很多人即便如今也不理解程序、软件、硬件。早年，有很多学者撰文，认为出版商和作者会担心计算机对版权法产生一些不利影响。《伯尔尼公约》和《世界版权公约》都没有在其保护范围内指定计算机程序，但这两个条约对作品的一般定义意味着计算机程序能够得到保护。

个人计算机技术的发展对版权制度的影响主要在于计算机程序的编写。编程需要大量逻辑、参数、概念构建与设计，要求将逻辑转化为计算机能够执行的指令。由于这一特性，代码重复使用与网络合作共享必然被嵌入编程行为中。到 20 世纪 70 年代中期，软件工业界的趋势是在模块化的基础上编写程序，每个模块都可以在不同的程序中使用，以执行标准的例程。但这种重复使用的状况直接违背了版权的精神。

在美国 1976 年《版权法》颁布时，个人计算机几乎没有进入市场，立法采取了保守姿态。在围绕 1976 年法案的辩论中，美国国会认为："有些人担心，计算机程序的版权保护应该扩展到程序员所采用的方法或过程，而不仅仅是'写'出他的想法。第 102 条第 b 款的目的，除其他外，是明确程序员所采用的表达方式是计算机程序中的可版权元素，而程序中所体现的实际过程或方法不在版权法的保护范围之内。"[1] 1979 年，人们期待已久的美国国会图书馆最终报告主张修改版权法，接受计算机程序的版权。

---

① H. R. Rep. No. 94-1476, 94th Cong., 2d Sess. 116（1976）57.

但报告中没有提到编程的行业规范、重复使用的必要性以及个人复制代码的能力。

随着商业价值的凸显，计算机行业开始寻求市场支配地位，向立法机构游说以加强保护，与此同时，业务爱好者与编程社区进行了反抗。1980~1984 年是个人计算机技术的颠覆性爆发时期，此时的个人计算机，例如，IBM 公司制造的第一台个人计算机带有键盘，可以连接家庭电视、玩游戏、处理文本，在应用方法上比以前的个人计算机更有能力。与此同时，对数据处理的需求增加，软件需求大量增加也意味着代码再利用的情况增多。虽然代码再利用有助于软件产品的标准化，软件包可以最大限度减少编码量，避免重复工作，但这与知识产权制度发生冲突。程序作为产品，是一个法律概念，而不来自业余爱好者或早期编程社区的规范。法律与社会规范的割裂最终导致了"自由软件"运动。

美国 1980 年"计算机软件版权法"曾有意限制专有权人的权利，并允许在不侵犯版权的情况下对程序进行改编存档和使用，但该法后来未正式颁布。[1] 美国 1980 年《版权法》新增的第 117 条阐明了对计算机程序专有权的限制，第 101 条中加入了"计算机程序"的定义，并为程序的基本修改和存档引入了例外规则。但美国《版权法》的修订都遵循行业利益，关注是否以及如何进行复制，而没有考虑代码本身是如何编写的，也没有考虑更广泛的编程社区规范。

程序员们找到了使重复使用代码的社区规范合法化并解决持续冲突的方法，即授权。他们在 1988 年开发了通用公共许可证（GPL 或者 Copyleft），即一种允许重复使用代码的"复制自由"许可证。[2] 虽然版权要求"保留所有权利"，但知识共享许可的基础只是"保留一些权利"。Copyleft 理念也有发展，接受版权法但在许可证中加入了开放软件自由，接受编程社区发展出的社会规范并将其与版权的概念相融合，这也是一个解决方案。然而，由

---

[1] H. R. 6934 — 96th Congress: Computer Software Copyright Act of 1980.

[2] 〔美〕迈克尔·A. 艾因霍恩：《媒体、技术和版权：经济与法律的融合》，赵启杉译，北京大学出版社，2012，第 170 页。

于立法缺乏对编程社区规范的了解，编程社区规范和版权法一直处于对立状态。

与个人计算机技术相关的另一个问题是，不同于静电印刷术和无线电技术，在对计算机技术进行版权规制时缺乏守门人的帮助。个人计算机的可及性，导致其在民众中高度普及，使所有后来的相关创新成为可能。鉴于实质性的改进和不断变化的性能参数，围绕个人计算机的规范会随着时间的推移而改变。但基于"码农"和版权至上主义者的持续对立，我们可以看到法律未能对这种颠覆性创新所带来的变化作出完美的回应。

三　版权制度应对人工智能的现实路径

通过上述考察可以发现，在颠覆性创新成熟时期、颠覆时期以及早期发展时期进行立法，会产生不同的效果。立法机关的立法准备、相关领域的社会规范、守门人的确定以及司法的规制等在其中都会发挥部分作用。与历史上的其他技术创新相比，当前的技术创新展现出不同特点，如生成速度更快、创新周期大大缩短，全球化为新技术的快速扩散创造了新机遇。[1] 当前，全球正处于以大数据、人工智能、物联网等技术为主导的第四次工业革命历史进程中，人工智能技术正在给版权制度带来一些新挑战，需要我们积极应对。

（一）人工智能的颠覆性创新属性及其所带来的新挑战

后发国家如果真要以发达国家为"赶超"目标和样板，就不得不考量自身是否具有以同样条件"复制"其发展历程的可能。[2] 同理，面对颠覆性创新技术寻找历史路径之时，既要考量其共性特征，也要考量其个性特征。

从共性上来看，人工智能无疑也是一项颠覆性创新技术。人工智能研

---

① 〔肯尼亚〕卡莱斯·朱马：《创新进化史》，孙红贵、杨泓译，广东人民出版社，2019，第 3~4 页。

② 温铁军等：《八次危机：中国的真实经验 1949—2009》，东方出版社，2013，第 10 页。

究开始于 20 世纪 50 年代，并在 20 世纪 60 年代发展为现实。① 1961 年，程序能够以大师级的水平玩跳棋。② 到了 20 世纪 90 年代，人工智能原理被嵌入各种场景中，无论是智能代理、智能浏览还是搜索引擎，都能搜索、恢复甚至分析大量数据。用户的可及性也大大增强。早期的人工智能需要编程知识，但现在我们有"对话式人工智能"，如苹果手机的"Siri"以及"小爱音箱"。这使得新的人工智能比它们在 20 世纪中期的"不成气候"样态更容易为普通民众所接受。对人工智能的预期，包括在智力和实践方面替代人类的努力以及提供更便宜的劳动力，都以不同方式部分实现了。

人工智能已经对与在线内容有关的创意产业产生了重大影响，企业和权利人一直在悄悄地利用人工智能尝试解决互联网所带来的问题。"在研究新技术对法律制度提出的新问题时，应先确认该新问题真实存在，有科学证据作为支撑。"③ 权利人在上传版权作品方面的问题已经通过应用能够搜索和识别正在使用中的作品的人工智能得到了部分解决，其中最引人注目的是 YouTube 公司的 Content ID（内容识别系统）技术。该技术可以识别和主动删除可能构成版权侵权的作品。④ 作为权利人的工具，它可以极大地帮助识别作品的使用是否侵权，但也存在争议。在识别侵权内容的过程中有可能出现不公正的情况。人工智能缺乏细化和识别可能的合理使用的能力，无法判断某些情形是否构成正常的合理使用，只能判断相应片段是否有超过一定长度的版权作品，因此，它更加偏向于对权利人而非社会公众的保护。

就特性而言，从人工智能的技术特征出发，可以归纳其给版权制度带来的两大主要挑战。一是对版权主体制度的挑战，即人工智能能否被视为

---

① H. A. Simon, "Artificial Intelligence: An Empirical Science-Sciencedirect", *Artificial Intelligence*, Vol. 77, No. 1, 1995, pp. 95-127.

② P. Mccorduck, *Machines Who Think: A Personal Inquiry into the History and Prospects of Artificial Intelligence*, AK Peters Ltd., 2004, p. 179.

③ 王迁：《如何研究新技术对法律制度提出的问题？——以研究人工智能对知识产权制度的影响为例》，《东方法学》2019 年第 5 期。

④ Tim Wu, "Will Artificial Intelligence Eat the Law? The Rise of Hybrid Social-Ordering Systems", *COLUM. L. REV.*, Vol. 119, 2019.

作者。人工智能使传统的法律责任制度变得复杂。在人工智能能够产生自己的协议，创造自己的规则，并且能够证明自己作出的选择的情况下，必须确定谁是可以承担责任的法律实体。二是人工智能生成内容能否被视为作品。以客观上是否具有独创性为标准，经过海量数据的投喂、能够战胜李世石的人工智能，自然能够创作出具有独创性的作品，此种生成内容也可能表达思想情感、展现艺术美感、传播动听旋律，使人们产生精神上的共鸣。

（二）版权制度应对人工智能技术的路径

基于版权制度应对颠覆性创新的诸多历史经验，考虑人工智能技术所具有的个性特征，在应对人工智能技术这一颠覆性创新技术的挑战时，版权制度必须在确定守门人、选择立法节点以及发挥司法作用方面更加着力。

1. 确立并完善守门人规则

在应对颠覆性创新方面，行业守门人是最成功的被监管群体，同时也是对用户进行监管的最佳群体。从前文可知，应对静电印刷术，图书馆扮演了守门人角色，应对无线电技术，广播电台、电视台扮演了这一角色，尽管受到批评，《数字千年版权法案》为网络平台所设立的避风港规则，也是一个相对成功的例子。既往智慧告诉我们，应针对守门人进行更多完善监管规则的努力，确定监管规则生效的时点，确定权利人更容易寻求补救的时间。守门人让权利人的权利有了更大确定性，为人工智能确定守门人可以解决一些困难。当前，一些观点认为，人工智能著作权应归属于使用者，[①] 但就实践操作而言，使用者人数众多，权利管理分散。有观点认为，对人工智能生成内容根据表现形式赋权会破坏著作权制度的激励价值。[②] 也有观点认为，按照委托创作原则，承认机器作者身份，人工智能生成内容

---

① 杨利华：《人工智能生成物著作权问题探究》，载《现代法学》2021 年第 4 期。

② 陈虎：《论人工智能生成内容的不可版权性——以表现形式为中心》，载《重庆大学学报》（社会科学版）2022 年 7 月网络出版。

著作权应当归属于开发设计者。① 这是一种可为可取的方式，即使允许人工智能成为作者，仍然应当创建守门人规则，让其对人工智能的行为负责。因此，创建合理的守门人规则是更为现实的一个规制路径。

从守门人的选择范围来看，创造人工智能的程序员、运行人工智能所在的服务器的公司都是备选项。通过法律指定或者行业规范建议，总有一条可能路径可以为人工智能找到一个守门人。基于人工智能目前的工作方式，守门人可以是人工智能服务获取者和提供者。从市场来看，一些公司部署以人工智能为主导的算法并支持人工智能的对话设备，一些公司提供对人工智能主导的数据库的访问，如面部识别。目前，人工智能背后的创造者对市场来说并不重要，如果我们现在采取行动，指定人工智能的创造者承担法律责任，这可以确保在发生问题时有确定的可求助的主体，也可激励行业监督以使很多问题不会发生。

守门人规则的确立可能对人工智能相关行业发展非常有效，它不仅提供了谁对人工智能行为负责的确定性，还激励了人工智能的创造和监测。人工智能服务的提供者不可能是中立的平台。从技术上来说，人工智能必须被赋予参数，被"输入"海量数据来进行学习。而数据的选择，可能导致人工智能成为种族主义者、仇外者或者性别歧视者等。底层命令和输入数据会产生问题，更不用说人工智能的决策不透明性所带来的问题。消除这些问题产生的可能性并使人工智能编程遵守法律和道德准则，并不那么简单。守门人的确定对创新来说并不是一个巨大的负担，许多创新都将责任附加到它们的创造者身上。这也不妨碍人工智能的新应用，因为这是其颠覆性的可能结果之一。仅仅通过确定守门人，就可以避免以人工智能为中心的具体立法产生一些不可预见的后果。

2. 早期立法与后续立法并举

人工智能已经呈现为我们觉得自己了解的事物。我们掌握了搜索引擎的工作原理，也掌握了对话式人工智能的概念，人工智能可以打开或关闭

---

① 徐小奔：《论算法创作物的可版权性与著作权归属》，载《东方法学》2021 年第 3 期。

灯，为我们提供天气报告，为我们拨打电话，但我们并不能真正地肯定自己了解幕后所发生的一切。无论是对于我们被允许查看的内容还是数据收集，人工智能的影响都是无形的。从 App（手机应用程序）向我们推送的各类新闻、广告等网页中都可以看出，算法容易生成一种隐性的支配权和控制权，改变我们的生产和生活方式，诱发伦理危机，因而需要进行法律规制。① 大数据杀熟涉嫌垄断，已经进入了法律规制的视野中。② 因此，可以预见，人工智能的影响在今后可能更大。

然而，人工智能的可能性仍然是巨大的，相关市场并没有完全饱和。截至目前，我们还没有在市场上看到有知觉的人工智能。然而，随着机器学习和神经网络的发展，人工智能采取超出其原始编程的行动的可能性是真实的。即使人工智能没有采取行动，它也可能比我们所看到的能做得更多。人工智能在许多方面是不透明的，我们无法看到它的决定是如何作出的，我们也不知道它们是如何被训练的。为了让它们做更多事情，许多人收集了大量的数据，供其创造者或其他人使用。用这些数据做什么和人工智能本身做什么一样重要。尽管有无处不在的搜索引擎和人工智能家庭助手的数百万用户，但对于人工智能，市场显然有新的增长方式。人工智能的新应用和新用户是可能的，这些将如何促进围绕人工智能的法律规范发展还有待确定。

利用当前立法确定和监管人工智能守门人，是一个理想路径。没有成熟的市场或技术，就会迫使我们考虑现在是不是将人工智能作为一个行业或在一个高水平上进行监管的时候。创建一个监管框架，才有可能以有益的方式引导人工智能的使用，控制不需要的应用。随着人工智能技术的发展，现在的立法可能是有益的，但也应做好改变的准备。如果没有明确的未来愿景，现在颁布的立法，需要权衡对创新的可能影响。同时，我们也

---

① 郑智航：《人工智能算法的伦理危机与法律规制》，载《法律科学（西北政法大学学报）》2021 年第 1 期。

② 施耀恬、翟巍：《平台经济领域"大数据杀熟"行为的反垄断规制路径》，载《竞争政策研究》2022 年第 1 期。

需要接受，随着人工智能技术的变化和成熟，立法可能会超越今天的问题，找到更好的法律解决方案。

采用后续立法进行补充的路径，是对人工智能市场和技术成熟度缺乏了解的直接结果。应对个人计算机技术的经验教训告诉我们，立法者需要聆听各方的诉求，否则法律会与相关行业存在的社会规范脱节。法律可能会对人工智能技术的未来发展以及实施产生重大影响，在技术发展早期，颠覆性创新的社会规范很难预测，并可能对以后产生重要影响。因此，选择在当前节点解决人工智能规制问题的立法者需要考虑到，随着时间的推移，他们的解决方案可能不适于继续使用。作为监管指南的立法，可能比直接针对当前形式的人工智能立法更有益。

3. 立法应对与司法应对相结合

在某种程度上，法律和技术之间的差距能够被司法判决所填补。人工智能出于各种原因正在消费版权作品，在某些情况下这可能是为了创造新的作品，但也可能是为了数字化和识别。2015 年美国"谷歌图书馆案"（*Authors Guild*, *Inc.* v. *Google*, *Inc.*）清楚地表明，在缺少立法的情况下，权利人仍有可能寻求解决问题的办法。虽然权利人最终可能不会赢得这类案件，但目前对合理使用的法律理解允许这种使用，如果不是这样，就会有其他补救的办法。正如有学者指出，从我国著作权立法情况来看，对合理使用制度应当采用更为灵活的、有弹性的立法模式。[①]

版权法必须确保权利人与社会公众之间的利益平衡。基于历史因素，权利人或许对新技术有恐惧，每一次传播技术的革新都会导致作品被更多地利用，版权受到侵害的可能性增加。由于很难设想人工智能技术这一颠覆性创新技术会在哪里取得进展，所以也很难设想如何获得权利许可费。但这并不意味着权利人的权利受到过度的冲击，新的商业模式始终应该被探索，甚至应该被鼓励，以实现促进文学艺术作品的创作和传播这一版权法立法宗旨。中国是最大的发展中国家，有责任总结自己的经验，解决自

---

① 林秀芹：《人工智能时代著作权合理使用制度的重塑》，载《法学研究》2021 年第 6 期。

己的问题。立法者需要警惕的是，为权利人提供过多的保护可能会扼杀创新或阻止合法使用。

　　面对人工智能技术这一颠覆性创新技术，法院在一定程度上可以补充立法者的工作，扮演重要角色，这在应对人工智能技术对版权制度的挑战时同样适用。在版权法应对人工智能技术的过程中，法院可以扮演一部分的立法角色。一方面，立法者不能设想全面的立法，完美的立法本身是不现实的，法院可以确定这一点，并在现有法律中找到解决方案；另一方面，在进行足够的司法实践积累之后，立法者可以借助成熟司法经验改革现有的法律，使之与后来的司法实践相匹配。

四　结语

　　版权制度一直受到颠覆性创新的挑战，颠覆性创新既是版权制度诞生的基础，也是其后续不断进行完善的社会条件。面对颠覆性创新，立法者必须理解构成创新的技术和产品本身、技术的动态影响以及技术对制度所造成的挑战。版权制度在对颠覆性创新作出具体应对时，需要认识到相应技术与既往相似技术的不同、技术的成熟度，结合当前立法和后续立法，确定合适的版权保护守门人。每一项颠覆性创新似乎都使个人更容易获得版权作品，从而丰富现有文化。如何平衡版权人与社会公众的文化利益，是一个持续困扰现代社会的问题。随着互联网、社交媒体和现代计算机的发展，版权人对作品的控制越来越难以实现，版权制度必须做好充足的准备，以应对当前以及未来的颠覆性创新技术。

论大型即时通信平台的必要设施属性

吴　凡[*]

【摘　　要】平台经济高速发展冲击传统反垄断制度，这尤以大型即时通信平台最为显著。大型即时通信平台的组织特性带来有别于其他类型平台的竞争属性和竞争危害，继续秉持审慎包容的规制理念、采用事后认定的规制方式难以破解相关市场界定难题，无法改变市场过度集中状况，有必要另寻规制路径。因必要设施理论与规制大型即时通信平台在适用问题、行业属性和规制对象方面相契合，同时大型即时通信平台具有基础设施属性、符合必要设施构成要件，必要设施理论被视为一种可行的规制路径。然而，发端于工业经济时代的必要设施理论在传统上作为拒绝交易行为的规制理论，仍属于事后规制范畴。为回应时代需求，应重构必要设施理论，进行前置性适用，使作为事前监管手段的"必要设施标准"代替市场支配地位成为衡量市场力量的前端要件，同时以竞争损害特性为出发点界定必要设施并合理设置必要设施平台的开放及中立义务，力求真正实现对大型即时通信平台的有效规制。

【关　键　词】平台经济；必要设施理论；"必要设施标准"；"守门人"制度；反垄断规制

---

　　*　吴凡，西南政法大学经济法学院博士研究生。

一　问题的提出

平台作为源起于数字经济的新型组织形式，已然成为社会主流。[①] 数字经济尤其是平台经济的日益兴盛，给社会带来投资激励和创新动力的同时，也造成了一定的竞争威胁。监管机构对阿里巴巴"二选一"的行政处罚[②]、对美团"二选一"的立案调查[③]以及对虎牙和斗鱼合并的依法禁止[④]，均印证了政府对于平台经济的"强监管"态度，这也是互联网平台由新兴至成熟过程中的必然产物。学界谈及平台反垄断规制的相关问题几乎都是笼统地把各类型平台作为一个整体予以讨论，但不同功能定位的平台具有的自然属性有区别，导致其竞争属性和竞争危害不尽相同，应采取的规制措施也应有所差异。其中，大型即时通信平台凭借难以复制的社交数据以及全面强大的生态系统而诱发的竞争威胁尤为突出，需要从监管层面予以特别关注。

2021 年 2 月，抖音以腾讯限制用户分享抖音短视频为由起诉腾讯滥用市场支配地位，要求法院判定腾讯立即停止通过微信和 QQ 限制用户分享抖音内容，并赔偿经济损失。[⑤] 该案显现出我国互联网企业对市场竞争的新要求，同时也反映出作为即时通信平台巨头的腾讯对于市场竞争秩序的影响力。数字经济的马太效应增强了下游经营者对作为数字巨头的大型即时通

---

①　参见杨东、李子硕《监管技术巨头：技术力量作为市场支配地位认定因素之再审视》，载《学术月刊》2021 年第 8 期。

②　《市场监管总局依法对阿里巴巴集团控股有限公司在中国境内网络零售平台服务市场实施"二选一"垄断行为作出行政处罚》，国家市场监督管理总局官网，https://www.samr.gov.cn/xw/zj/art/2023/art_4966dda92ab34c398615f5878c10c8f1.html，最后访问日期：2023 年 10 月 18 日。

③　《市场监管总局依法对美团在中国境内网络餐饮外卖平台服务市场实施"二选一"垄断行为作出行政处罚》，国家市场监督管理总局官网，https://www.samr.gov.cn/xw/zj/art/2023/art_31910760066b4f69aa119a20dee250ad.html，最后访问日期：2023 年 10 月 18 日。

④　《市场监管总局关于禁止虎牙公司与斗鱼国际控股有限公司合并案反垄断审查决定的公告》，国家市场监督管理总局反垄断执法二司官网，https://www.samr.gov.cn/fldes/tzgg/ftj/art/2023/art_47b307e668484e83a598add8793dcdca.html，最后访问日期：2023 年 10 月 18 日。

⑤　《北京知识产权法院受理抖音诉腾讯垄断纠纷案》，观察者网，https://www.guancha.cn/ChanJing/2021_02_07_580689.shtml，最后访问日期：2023 年 10 月 18 日。

信平台的依附性，市场结构呈现出"赢者通吃"，审慎包容的规制理念易导致执法不足的"假阴性"错误，已无法解决当前的规制难题，故亟须转变监管理念以纠正规制不力。现行反垄断规制框架下，对大型即时通信平台实施的封禁等滥用市场支配地位的行为只能采取事后认定的规制方式，事后的被动执法无法弥补大型平台已造成的竞争损害，因此有必要探寻大型即时通信平台的新规制路径。根据 2022 年修订的《禁止滥用市场支配地位行为暂行规定》第 16 条，① 该类型平台可能构成必要设施。该条后为 2023 年《禁止滥用市场支配地位行为规定》第 16 条所吸收。故本文结合大型即时通信平台的特殊属性，引入必要设施的判断标准，审视必要设施理论在即时通信领域适用的合理性，以期对大型即时通信平台的反垄断规制理念和方式的革新有所裨益。

二 大型即时通信平台的特殊性及规制困境

"在平台经济学的视域下，平台被认为是一种交易空间或场所，该空间通过促成双方（或多方）用户之间的交易来吸引交易各方使用该空间，以此追求效益最大化。"② 平台成功（以及盈利）的关键就在于让多方用户加入平台交互。而即时通信软件是通过即时通信技术来实现在线聊天、交流的工具，③ 随着科技发展，即时通信功能在社交场景中愈发受到重视，这使即时通信平台通过扩充功能体系、吸引多方用户使用、促进各方交易而发展。该类型平台与其他平台在自然属性方面和竞争属性方面均有明显不同，

---

① 《禁止滥用市场支配地位行为暂行规定》（2022 年修订）第 16 条第 1 款规定："禁止具有市场支配地位的经营者没有正当理由，通过下列方式拒绝与交易相对人进行交易：（一）实质性削减与交易相对人的现有交易数量；（二）拖延、中断与交易相对人的现有交易；（三）拒绝与交易相对人进行新的交易；（四）设置限制性条件，使交易相对人难以与其进行交易；（五）拒绝交易相对人在生产经营活动中，以合理条件使用其必需设施。"

② 宁立志、喻张鹏：《平台"封禁"行为合法性探析——兼论必需设施原则的适用》，载《哈尔滨工业大学学报》（社会科学版）2021 年第 5 期。

③ 典型有：微信、QQ、BigAnt、有度即时通、如流（原百度 Hi）、Skype、Gtalk、新浪 UC、MSN、钉钉、企业微信、360 织语、飞书等。

正是这些特殊性导致了现行反垄断分析框架下对大型即时通信平台的规制困境。鉴于此，有必要明晰该类型平台的特殊之处以及现实规制困境。

（一）大型即时通信平台的特殊性及竞争危害

1. 封闭聚合性强化了市场壁垒

在平台分类时，通常易将即时通信平台与社交平台相混淆。实际上，社交平台和即时通信平台是包含与被包含的关系：即时通信平台是社交平台中的一种类型。社交平台一般具有即时通信功能，但仍以其他多样化的社交功能为主；而即时通信平台肩负的主要职责还是实现点对点的实时沟通。相较于其他更具开放性的社交平台，即时通信平台较为封闭。①

除了即时通信功能带来的封闭性，大型即时通信平台拥有的大量社交数据进一步加深了其封闭程度。据调查，国内用户量最大的一款应用程序便是即时通信领域的巨头平台——微信。② 以微信为代表的大型即时通信平台以庞大的用户群为基础掌握了大量的用户信息及社交数据，在搜索、视频、购物、金融支付甚至输入法等方向扩张业务版图的同时也悄然给网民打造出人手一张、无可替代的"数字身份证"，连接十多亿用户的生活场景，由此生成的数据流量具有极强的基础设施功能并被大型即时通信平台经营者通过法律和技术加以保护，这一便于要素流动的基础设施已然成为以平台模式运营、能够影响市场运转的数字基础设施。③ 这样的发展使得其市场力量愈发强大，平台封闭性也愈发强烈。

---

① 典型的即时通信平台如微信，其功能仅限于已添加好友之间的实时通信，较为封闭。典型的开放型社交平台如微博，其有私聊的即时通信功能，也有公开评论所有其他用户言论的功能。

② "QuestMobile 发布了（截至 2022 年 6 月）国内用户量最高的 20 款 App 的排名，通过排名来看前五名分别是微信、淘宝、支付宝、抖音和高德地图。尤其是微信 MAU（月活）人数高达 10 亿……"《中国人用的最多的 20 款 App 排名：绝大多数人手机里都有》，腾讯网，https://new.qq.com/rain/a/20220803A0AL7H00.html，最后访问日期：2022 年 9 月 23 日。

③ 参见胡凌《数字平台反垄断的行为逻辑与认知维度》，载《思想战线》2022 年第 1 期。

此外，作为聚合平台，① 微信依托腾讯这一后台力量与过去的即时通信巨头平台——QQ 实现数据互通共享，强强联合获得强大数据基础，实现流量的补贴和转移；并在 QQ 的运营中吸取经验从而精准定位，实现了移动互联网"短平快"的用户体验，将同样作为即时通信类应用程序且比微信早推出一年的米聊挤出即时通信市场。② 除了米聊，微信还多次以"涉嫌违反法律法规及相关政策规定"为由屏蔽下游产业和与其有竞争关系的第三方的信息，致使大量想要参与竞争的主体铩羽而归。从竞争损害角度而言，掌握大量社交数据的聚合型大型即时通信平台利用自身优势，强化系统封闭性，防止潜在竞争者进入市场，排挤竞争对手，减少在位竞争者数量，产生排除、限制竞争效果。

2. 双重网络效应塑造了垄断性市场结构

网络外部性或网络效应指网络的收益会随着用户人数的增加而增加。③虽然网络效应是数字平台共通的特征，但大型即时通信平台的网络效应对竞争的影响最为显著。即时通信平台的双重网络效应是指除了即时通信平台用户带来的初阶网络效应，还有用户社交关系带来的进阶网络效应。即时通信网络中的用户关系本质上是一张社交关系网，是即时通信平台的核心价值所在，其主要经营策略就是用社交关系留住用户。大型即时通信平台主要通过三个方面实现用户锁定。一是用户使用频次高。如前文所述，即时通信在社交场景的应用日益增多，用户的使用频次也随之增加。当"短平快"的用户体验成功吸引一批用户后，平台实现了初步的用户锁定。二是用户黏性强。当社交关系中的其他主体大都在使用同一个即时通信平

---

① "聚合平台具有获取其他平台资源的能力，或者是整体平台涉及多方面服务产品，可实现流量补贴与转移。单一平台则相反，其缺乏获取外部资源的能力，整体平台业务单一，无法实现流量补贴与转移。"参见王先林、曹汇《平台经济领域反垄断的三个关键问题》，载《探索与争鸣》2021 年第 9 期。

② 2021 年 1 月 19 日，米聊官方账号在多平台公开宣布米聊将于 2021 年 2 月 19 日关闭服务器。《小米米聊宣布停止服务：关闭服务器 感谢每一位用户》，TOM 网，https://tech.tom.com/202101/1202808517.html，最后访问日期：2022 年 10 月 28 日。

③ 参见孙晋、钟瑛嫦《互联网平台型产业相关产品市场界定新解》，载《现代法学》2015 年第 6 期。

台时,用户就只能随之使用。双重网络效应使用户对平台产生一定的依赖性,用户一般不会轻易转而使用其他相似产品,平台从而形成对用户的锁定效应。三是平台转移成本高且转移后使用效果会受到明显影响。即时通信用户的好友数量增加意味着用户的网络社交范围扩大,同时也代表若用户放弃该平台或转向其他同类平台会付出极高的转换成本。

尽管数据聚合产生的正外部性及网络效应能够为用户创造价值,但也能给数字平台带来市场势力和相对于第三方厂商的垄断优势,引发平台与厂商、用户之间的信息不对称,导致市场失灵。从竞争损害角度而言,数据聚合的这种自我强化机制,成为企业进入市场的一个强大障碍。[1] 此外,大型即时通信平台会扼杀创新动力:凭借平台网络效应、规模经济所带来的强用户黏性和高用户转换成本的特殊优势,在加深消费者对大型平台企业依赖程度的同时,限制竞争对手的谈判议价能力,进而使得平台企业自身丧失创新动力。大型即时通信平台的反竞争行为也增加了竞争对手的失败风险,降低了竞争对手通过自我创新、提供新产品或者技术改进来推翻大型平台企业的积极性。在网络效应显著的即时通信市场中,一旦形成"先发者"市场态势,即使市场可以自由进入,新的竞争者也很难改变网络效应和用户锁定效应形成的市场结构。

3. 纵向一体化的生态系统固化了市场力量

随着日常生活应用场景中即时通信需求的增加,即时通信平台越来越成为最主要的社交平台,[2] 功能也日益丰富。此时的即时通信平台不再是一个单纯的聊天工具,其逐渐适应用户需求,进行业务种类扩张,发展成为综合化信息平台。当下的平台竞争表现为以平台为核心的商业生态系统之间的对抗,构建平台生态系统主要采取增设与平台核心功能具有互补性的

---

[1] 参见刘戒骄《数字平台反垄断监管:前沿问题、理论难点及策略》,载《财经问题研究》2022 年第 7 期。

[2] 腾讯 2021 年 11 月 15 日公布的财报显示,截至 2021 年第三季度末,微信和 WeChat 的总月活跃账户数已经达到 12.6 亿。参见《微信用户数达到 12.6 亿,是 QQ 的两倍多》,腾讯网,https://new.qq.com/rain/a/20211115A05B7W00,最后访问日期:2022 年 9 月 23 日。

产品或服务的方式，通过开发自营业务补齐"功能圈"，力求在市场竞争中达到"1+1>2"的效果，提升平台竞争力。依照互补品与平台核心功能之间的关系，平台生态可被区分为横向生态、纵向生态和多元生态三种类型。[①]有学者提出，"纵向一体化是平台生态建构的主要方式"[②]。纵向一体化是指企业以自营方式获取可借助市场交易得到的其他产品，包括以自营方式进入新市场、纵向并购以及与上下游企业签订长期合同等。[③]

　　以我国腾讯系两大即时通信平台——微信和 QQ 的纵向一体化趋势为例，在平台兴起的早期阶段，二者主要以其基础服务功能为核心与其他经营者展开竞争，仅作为一种即时通信工具而存在。随着平台经济日益兴盛，平台组织在平台经济运作过程中逐步将其核心功能之外的相邻业务整合并入已有系统，实现业务范围的扩张，除基础的即时通信功能，还集合了动态发布、短视频推介、公众号推送、直播、搜索等功能。其中，微信公众号已形成涵盖广告推广、电商、内容付费、打赏等内容的清晰的商业模式，并围绕公众号产业链集聚了大量第三方运营企业，在广告的链接能力和转化效率上也有突出表现；微信小程序促进多场景关联交易规模的迅速扩大，扩大社交电商规模，在成交总额（GMV）方面已经可与作为纯粹电商平台的拼多多相媲美。[④] 由此可见，微信通过自建或者投资的方式打破了即时通信领域的界限，进化为一个"包罗万象"的纵向一体化网络平台并构建了较为完善的平台生态，形成了以微信为核心的庞大局域网，达到了"事必

---

① 参见李震、王新新《互联网商务平台生态系统构建对顾客选择模式影响研究》，载《上海财经大学学报》2016 年第 4 期。

② 马辉：《互联网平台纵向一体化的反垄断规制研究——基于需求侧视角的分析》，载《南大法学》2022 年第 2 期。

③ 〔美〕赫伯特·霍温坎普：《联邦反托拉斯政策：竞争法律及其实践》（第 3 版），许光耀等译，法律出版社，2009，第 411 页。

④ "腾讯过往财报显示，2019 年微信小程序的交易额超过 8000 亿元，这意味着微信小程序 2020 年的交易额或达到 1.6 万亿元。这一数字已经堪比主流的电商平台。可作为对比的是，拼多多 2020 年第三季度财报显示，在截至 2020 年 9 月底的 12 个月内，拼多多平台交易额为 1.46 万亿元。"《微信小程序去年交易额翻番 超越拼多多》，新浪财经网，https://finance.sina.com.cn/jjxw/2021-01-19/doc-ikftssan8214813.shtml，最后访问日期：2022 年 9 月 23 日。

躲亲"并且不对外部开放的目的。

从竞争损害角度而言，大型即时通信平台可能将其在即时通信市场存在的市场支配力量延伸到其他市场，从而构成《反垄断法》第 17 条第 1 款第 3 项、第 4 项和第 5 项所禁止的拒绝交易、限定交易和搭售行为，扰乱下游市场竞争秩序。除了其核心功能处于即时通信市场，其他的消费服务、娱乐服务和社交服务等则构成即时通信市场的下游市场附加服务：即时通信服务在上游市场开发宣传推广的渠道，经上游市场推广后，其他附加服务在下游市场等待被选为交易对象。从需求替代和供给替代角度进行分析，可以认定大型即时通信平台内经营的即时通信服务以外的服务与其他类别平台内经营的同类型服务具有较为紧密的替代关系。此时，若下游市场的某第三方被大型即时通信平台实施封禁或拒绝接入等，则其无法参与相关市场竞争，下游市场竞争者逐渐减少映射出市场进入壁垒高筑的景象。

（二）大型即时通信平台适用反垄断规制思路的现实困境

1. 事后规制认定困难：相关市场界定不明

我国现行反垄断规制框架对大型即时通信平台可能涉及的上述滥用市场支配地位行为的认定常采取事后规制方式：首先界定相关市场，其次认定经营者具有市场支配地位，再次确认经营者实施了滥用市场支配地位行为，最后考量是否产生反竞争效果。上述规制思路对于传统垄断行为而言尚可实现公平与效率的平衡，符合以后芝加哥学派为代表的行为主义立场。然而，发端于工业经济的反垄断规制框架可能难以应对数字经济挑战，即使大型即时通信平台带来的竞争损害显而易见，但双边（或多边）市场之下相关市场界定不清进而导致市场支配地位认定不明，使得对大型即时通信平台的反垄断规制效果未及预期。加之平台经济相较于传统经济"具有网络效应、赢者通吃、多边市场、大数据匹配效应、动态创新性、跨市场性等明显特点"[①]，大型即时通信平台相较于其他类别平台具有上文所述显

---

① 王先林、曹汇：《平台经济领域反垄断的三个关键问题》，载《探索与争鸣》2021 年第 9 期。

著特性，传统的静态单向监管①及粗放型监管难以解决即时通信领域反垄断面临的一系列新问题。

2. 事后规制及时性欠佳：过度集中态势难逆

首先，在大型即时通信平台的治理模式上，形成了平台自治与国家法治相结合的"二元治理体系"。② 平台权力这一新型权力的无序扩张导致平台自治权限过大，其制定的平台规则未能实现与现行法律制度的有效衔接，而我国监管机构在平台治理问题上仍处于探索阶段，尚未形成有效监管和制衡，这导致微信这类大型即时通信平台凭借其技术优势和垄断地位将其影响力和控制力从经济领域跨界扩张至社会领域，成为平台权力的拥有者，③ 产生较大可预见风险。其次，虽然通过事后认定的方式确定大型即时通信平台实施了拒绝交易、差别待遇等滥用市场支配地位行为并依法对其进行处罚，但即时通信市场过度集中的态势难以逆转，④ 且滥用市场支配地位行为造成的竞争损害无法通过行政执法完全消弭，预期的规制效果无法达到。最后，网络平台具有自然垄断属性，有学者将网络经济效应驱动产生的网络市场平台独占现象称为新自然垄断，⑤ 故大型即时通信平台具有与自然垄断行业相同的特性和监管需求。"不同领域事前预设与事后施加救济手段的相对效率优势存在差异"⑥，在垄断风险较高的平台经济领域中，采取适当的事前监管手段效率也较高。然而，根据域外规制经验及我国规制现状，一味依赖事前监管过于激进，可能导致垄断规制不足或市场干预过度；两类制度并行适用则需要避免重复规制及"同案不同判"的风险；使

---

① 传统监管呈现静态单向性的特点，即监管部门主要以自上而下的"命令—控制"方式采取单方强制性监管措施干预市场，与被监管者之间缺乏动态、有效、平等的对话沟通。参见刘权《数字经济视域下包容审慎监管的法治逻辑》，载《法学研究》2022 年第 4 期。

② 参见罗英、谷雨《网络平台自治规则的治理逻辑》，载《学习与实践》2021 年第 8 期。

③ 参见陈鹏《平台权力的扩张与规制》，载《理论月刊》2022 年第 8 期。

④ 参见刘戒骄《数字平台反垄断监管：前沿问题、理论难点及策略》，载《财经问题研究》2022 年第 7 期。

⑤ 参见杨文明《网络平台独家交易的违法性分析》，载《现代法学》2021 年第 4 期。

⑥ 张浩然：《事后反垄断与事前管制——数字市场竞争治理的范式选择》，载《河南社会科学》2021 年第 8 期。

用反垄断法实行统一规制又会因执法信息不充足而陷入困境。① 鉴于此，有必要平衡两种规制模式的适用，探索事前和事后的规制逻辑，找到两种规制模式之间平缓过渡的过渡点，以应对反垄断法滞后性。

三 必要设施理论在大型即时通信平台的应用及再造必要性

（一）大型即时通信平台的三种规制思路因应

针对大型即时通信平台引发的垄断难题，学界目前有以下三种有关规制方式的建议。

第一种遵循对滥用市场支配地位行为进行事后认定的方式，但转变了执法思路，将平台相关市场界定的问题从精细化向精简化转变，以平台服务内容为主要依据，进行消费者一端的相关商品市场替代分析，解决涉及双边（或多边）市场的相关市场界定问题。② 这是最符合传统规制框架的一种方式，但事后规制的本质未变，仍然无法解决市场过度集中的问题。

第二种是引入新型事前监管工具，为平台设置互联互通义务，实现强制互操作。这种方式借鉴了电信业的规制经验，属于行业管制思潮的重提，通过另设新法实现事前监管工具与事后处罚相互补充。③ 其优点在于降低网络效应可能造成的市场进入壁垒，缺点则是略显激进，完全颠覆现行反垄断规制框架，摒弃事后规制方式而转向事前监管，若实施过程中无法实现预期效果则很容易影响反垄断执法的稳定性。前两种观点和建议或过于保守或过于激进，并非最适宜的解决之法。

第三种方式是运用必要设施理论，以必要设施代替市场支配地位作为

---

① 参见张占江《反垄断法与行业监管制度关系的建构——以自然垄断行业内限制竞争问题的规制为中心》，载《当代法学》2010 年第 1 期。

② 参见王先林、曹汇《平台经济领域反垄断的三个关键问题》，载《探索与争鸣》2021 年第 9 期。

③ 参见焦海涛《平台互联互通义务及其实现》，载《探索与争鸣》2022 年第 3 期。

前端要件。必要设施理论（essential facility doctrine）又可称为必需设施原理、核心设施原则或瓶颈设施理论,① 是控制经营者限制竞争行为的反垄断规则之一,"该理论是指在经营者拥有必要设施而其竞争者无法另行建造或开发这种设施时,如果这项设施是开展市场竞争所必需的,控制了必需设施的经营者有义务允许其竞争者以合理的条件进入其相关设施"②。若能证明大型即时通信平台具有基础设施属性并且符合必要设施的构成要件,则意味着从另一层面证明了其市场力量,可以回避相关市场界定的难题;同时,《国务院反垄断委员会关于平台经济领域的反垄断指南》（以下简称《指南》）第 14 条第 1 款即为必需设施条款,③ 这意味着这样的规制范式仍然处于传统反垄断分析框架之下,不至于与传统框架脱节,可操作性较强。

然而也正因为如此,按照传统观点解释必要设施理论仍然无法实现事前预防的规制目标。考察域外反垄断司法实践,④ 不难发现必要设施的着力点几乎集中在自然垄断行业,而大型即时通信平台作为具有自然垄断属性的数字基础设施,不仅具有适用必要设施理论的前提,还催生必要设施理论内涵扩充的现实需求:需要遵循时代需求对必要设施理论进行重新解释,引入数字经济时代新的规制理念和视角,实现事前监管和事后规制并行不悖。

（二）必要设施理论规制大型即时通信平台的必要性

必要设施理论起源于 1912 年 "美国诉铁路终端协会案"（*United States*

---

① 参见金美蓉《开放救济在电信业并购反垄断控制中的适用》,载《河南社会科学》2016 年第 9 期。

② 张素伦:《竞争法必需设施原理在互联网行业的适用》,载《河南师范大学学报》（哲学社会科学版）2017 年第 1 期。

③ 《国务院反垄断委员会关于平台经济领域的反垄断指南》第 14 条第 1 款规定:"具有市场支配地位的平台经济领域经营者,可能滥用其市场支配地位,无正当理由拒绝与交易相对人进行交易,排除、限制市场竞争。分析是否构成拒绝交易,可以考虑以下因素:……（五）控制平台经济领域必需设施的经营者拒绝与交易相对人以合理条件进行交易。"

④ 包括 *U. S. v. Terminal Railroad Association of St. Louis*, *Otter Tail Power Co. v. United States*, *MCI Communication Corp. v. AT&T, Inc.*, *City of Anaheim v. Southern California Edison Co.*, *Paladin Associates, Inc. v. Montana Power Co.* 等对于必要设施理论的发展具有影响的一系列案件。

v. *Terminal Railroad Association*），① 经"MCI 案"（*MCI Communications Corp.* v. *American Tel. & Tel. Co.*）提出具体判断标准，② 是规制拒绝交易行为的重要理论基础。因受效率至上的芝加哥学派思想主导，美国对于该理论的适用一直慎之又慎以至于该理论最终衰落；该理论于 20 世纪 70 年代又被欧盟使用，欧盟提出竞争者标准，规定"竞争执法机关可以在罗马条约的框架下实施核心设施理论"③；该理论在我国于 2021 年被写入《指南》第 14 条之中，该条对可能构成必要设施的平台进行框架性规定。其演进和推广过程表明了其适用广泛性及延展可能性。

"互联网业务和传统管制业务的融合已经成为一种发展的趋势"④，微信就是典型，是互联网行业向基础电信业渗透的例证。基于平台运营模式的强公共产品属性和互联网行业特性驱动的高市场准入壁垒，必要设施理论的出现绝非偶然，它"有助于破解反垄断法在互联网行业难以适用的根本性难题"⑤。首先，"反垄断法的必需设施原则在工业时代被用以解决联通上下游市场的必需设施封禁问题，与数字经济面临的元平台（基础设施平台）封禁问题有诸多类似之处"⑥。其次，发端于自然垄断行业的必要设施理论与具有自然垄断属性的大型即时通信平台有着相同的行业属性，且在数字经济时代对事前监管有着相同偏好。最后，大型即时通信平台垄断和控制社交数据及流量入口，即时通信领域高度集中的市场结构无法满足用户偏好，信息不对称前提下的用户选择会导致用户锁定。⑦ 当规制对象是此类垄断流量的数字经济发展必需通道时，该规制对象恰好与必要设施理论的适

① Kenneth L. Glazer, Abbott B. Lipsky, "Unilateral Refusals to Deal under Section 2 of the Sherman Act", *Antitrust Law Journal*, Vol. 63, 1995, pp. 756-758.
② See *MCI Communications Corp.* v. *AT&T*, *Inl.*, 708 F. 2d1081, 1132（7th Cir.），cert. denied, 464 U. S. 891（1983）.
③ 李剑：《反垄断法核心设施理论研究》，上海交通大学出版社，2015，第 86 页。
④ 黄勇、申耘宇：《论互联网反垄断民事诉讼的多重功能》，载《法律适用》2014 年第 7 期。
⑤ 王帅：《作为必需设施的超级平台及其反垄断准入治理》，载《北方法学》2021 年第 5 期。
⑥ 杨东、黄尹旭：《元平台：数字经济反垄断法新论》，载《中国人民大学学报》2022 年第 2 期。
⑦ 参见张浩然《事后反垄断与事前管制——数字市场竞争治理的范式选择》，载《河南社会科学》2021 年第 8 期。

用对象相契合。因此，应用必要设施理论规制大型即时通信平台具有必要性，同时这亦表明对必要设施理论应由事后适用向事前适用转型和重构。

（三）必要设施理论预防化转型再造的必要性

基于当前大型即时通信平台的治理困境，即反垄断法的适用障碍和震慑缺憾，以及该类型平台的"新自然垄断"性质对事前监管的需求，传统必要设施理论的事后规制方式已无法满足现实需要，由此对必要设施理论提出了前置性适用、预防化转型的理论再造要求，遂出现作为事前监管手段的"必要设施标准"。下面从三个方面阐明必要设施理论向"必要设施标准"转型再造的必要性。

1. 识别责任主体对"必要设施标准"的需要

就大型即时通信平台在市场竞争中的特殊性而言，传统理论中以市场交易为中心的考量因素已无法准确评估大型即时通信平台的市场力量。在目前的数字经济理论研究中，一般使用两个词称呼具有此类地位的企业，即互联网领域的"必要设施"[①] 或数字市场的"守门人"[②]。这说明必要设施理论除了在拒绝交易行为的事后规制中具有重要作用，还可以作为识别特殊责任主体、衡量主体市场力量的事前监管标准。在针对经营者集中审查标准的研究中已有学者提出应采取"互联网必要设施"标准审查经营者集中对市场的影响。[③] 依照"必要设施标准"识别责任主体也是对平台分级分类管理要求的呼应，对不同等级的平台赋予不同的主体责任，[④] 让符合"必要设施标准"的超级平台清晰预见其应承担的社会责任，拉紧必要设施

---

① 〔美〕杰弗里·A. 曼恩：《作为关键设施的搜索引擎及其问题——一个经济学与法学的评估》，载时建中、张艳华主编《互联网产业的反垄断法与经济学》，法律出版社，2018，第 113~131 页。

② 段宏磊：《数字经济反垄断背景下链接封禁行为的规制路径》，载《财会月刊》2021 年第 12 期。

③ 参见邱隽思《社交型平台企业经营者集中审查标准研究》，载《财会月刊》2021 年第 21 期。

④ 2021 年 10 月 29 日，国家市场监督管理总局发布的《互联网平台分类分级指南（征求意见稿）》明确指出，即时通信平台属于社交娱乐类平台，在中国的上年度年活跃用户不低于 5 亿的属于超级平台。

主体的垄断红线，以自律和他律相结合的方式防范双轮垄断的产生，最大限度减少对后续竞争的不良影响。此外，按照"必要设施标准"识别责任主体还能作为监管信号，对于达到"必要设施标准"的经营者，监管机构应当慎重考量其采用的市场竞争策略及可能产生的竞争风险，并及时采取措施予以规制。

2. 解决现有反垄断法规制乏力的需要

即时通信领域超级平台的发展过于迅速导致高度集中、赢者通吃的局面形成，这构成其他竞争者参与市场竞争的"瓶颈"，对市场竞争造成威胁，引起新生力量的恐慌。若继续秉持后芝加哥学派的行为主义观点进行事后规制，不仅无法扭转局势，还极有可能导致"假阴性"错误。由此，监管模式由事后规制向事前监管转变、由被动执法向主动治理转变、由行为主义向结构主义转变，希冀如此能改善反垄断法规制乏力的现状。

此时新布兰代斯学派结构主义思潮的回归正合时宜。"美国新布兰代斯学派将数字平台垄断视为美国当前反垄断理论的最大挑战，并认为针对数字平台应当采取更为严厉的执法措施，反垄断法应当更加关注市场竞争过程与市场结构本身，应当回归反垄断立法本质，关注有效竞争。"[1] 一方面，由于即时通信领域瓶颈现象的出现，将必要设施理论适用于大型即时通信平台是对竞争失序的有效干预。[2] 必要设施理论的适用以大型即时通信平台构成必要设施为前提，通过要求必要设施所有者允许竞争者进入必要设施来保证下游市场的竞争参与度，可以最大限度削减互联网动态竞争带来的不确定影响，化解无法适用常规方法界定大型即时通信平台所在相关市场的难题，顺应严格执法趋势的同时满足对市场结构的关注需要。另一方面，"必要设施标准"可以起到对大型即时通信平台的事前威慑作用，解决事后规制及时性欠佳的问题，以更加积极主动的姿态维护市场竞争秩序，体现

---

[1]　孟雁北：《数字经济时代反垄断法"反什么"——以〈反垄断法〉立法目标切入》，载《探索与争鸣》2022 年第 7 期。

[2]　参见曾彩霞、朱雪忠《必要设施原则在大数据垄断规制中的适用》，载《中国软科学》2019 年第 11 期。

对市场竞争过程的关注。由此可见，认定和开放必要设施是监管者加大市场干预力度的表现，也是规制大型即时通信平台这类技术巨头、超级平台的有力措施。

3. 隐蔽性竞争损害的事前预防需要

对于无法对必要设施产生瓶颈式控制的普通经营者而言，拒绝与其他经营者进行交易可能是基于契约自由的正常竞争手段。正因为如此，必要设施所有者倾向于对其"特殊身份"避而不谈，以"正常竞争策略"之名行"削弱竞争"之实，但意图削弱竞争的交易策略并非正常竞争手段。提高竞争对手成本理论（RRC）显示，"支配性企业可以通过提高竞争对手的成本来削弱竞争对手对自己的制约作用"[①]，这样虽然不能直接消灭竞争对手，但可以起到巩固支配性企业的垄断力量的作用。必要设施所有者可以对竞争对手采取拒绝接入必要设施或以歧视性高价为接入条件等手段，以此来强迫竞争对手提高产品价格，达成削弱竞争的目的。因具有显著纵向一体化特点，大型即时通信平台可以利用其对必要设施的控制权，提高生态系统外企业的接入成本，削弱下游市场其他竞争对手的竞争实力，最终以此提高自己的产品价格，最大限度地获取垄断利润。长此以往，削弱市场竞争会为大型即时通信平台带来稳固的垄断地位。虽然市场力量的博弈是动态的，随着时间的推移总会有新的经营者进入市场，原有经营者也可能不断寻求创新发展，在这一前提下，大型即时通信平台的所有者不太可能完全性、永久性排除即时通信市场的竞争，但可能会在一段较长的时间里隐蔽地排除或限制竞争，在此期间即时通信市场缺乏创新和投资激励，最终会导致产业发展迟滞、消费者利益受损。在此情况下，传统的事后认定滥用市场支配地位行为的规制方式存在滞后性，无法实现有效治理；明确大型即时通信平台的必要设施"身份"，有助于尽早识别其提高竞争对手成本的策略，以起到事前预防作用。

---

① 李剑：《反垄断法中的杠杆作用——以美国法理论和实务为中心的分析》，载《环球法律评论》2007 年第 1 期。

四 大型即时通信平台必要设施主体地位的理论证成

在明确有必要以"必要设施标准"衡量大型即时通信平台的特殊主体地位的前提下，需要进一步论证大型即时通信平台所具有的特点与必要设施的属性及构成要件两个核心要素具有一致性。具体表现在如下两个方面。

（一）具有必要设施公共属性

从源头看，"传统必要设施主要源于提供公共产品的自然垄断行业"①，故公共属性应当是判断能否构成必要设施的首要条件。对自然垄断行业的必要设施进行分析后可以发现，公共属性体现在两个方面：一是设施很难被替代，② 并且从经济效率角度而言不宜开展竞争，竞争会导致资源浪费；二是设施为公众所必需，公众高度依赖该设施，设施所有者可凭借该设施实现对用户的控制，用户因议价能力弱而无力反抗③。

大型即时通信平台符合上述特征。一方面，重新兴建一个由数据、算力与算法共同组成的大型即时通信平台需要花费高昂成本，还无法收获对等的效果，对于社会整体公共利益而言并非最优选择。以微信为例，由于其掌握庞大的用户社交数据网络，通过打造 OpenID 串联各关系链，成功发展出电子社交名片，实现用户锁定，即使新建同类型平台也很难将它替代。另一方面，公众的日常应用场景离不开大型即时通信平台。《中国新媒体发展报告 No. 13（2022）》中《2020～2021 年中国社交媒体用户使用行为研究报告》显示，九成以上用户每天都会使用微信，这充分体现了用户对于

---

① 王佳佳：《掠夺性创新的反垄断规制》，载《电子知识产权》2020 年第 6 期。

② 从经济合理性的角度来看，设施的运营方缺乏竞争对手且无法被排除，行业具有进入壁垒高、规模效益递增等特性。参见王磊《走出平台治理迷思：管制与反垄断的良性互动》，载《探索与争鸣》2022 年第 3 期。

③ See K. Sabeel Rahman, "The New Utilities: Private Power, Social Infrastructure, and the Revival of the Public Utility Concept", *Cardozo L. Rev.*, Vol. 39, 2018.

该类型平台的刚性需求。① 除了这两个方面的特征，平台经营者在平台内制定交易规则、维护交易秩序、履行类似于行业协会甚至政府的"准公共属性"交易监管职责这一特征，也可佐证大型即时通信平台具有"新型基础设施"的"准公共属性"。②

（二）符合必要设施构成要件

大型即时通信平台是否构成必要设施是能否认定此类平台所有者所实施的封禁行为构成拒绝交易行为的关键。由于被认定为必要设施对设施所有者、申请接入设施的竞争者乃至竞争秩序都会产生极大影响，实务界和理论界对于必要设施的认定标准均持审慎态度，但在具体认定标准的确定上，不同国家、不同学者间仍然存在很大分歧。

在著名的"MIC 案"中，法院首次提出认定必要设施的标准，③ 这一标准是目前适用最广泛的一种标准，但相应法院的观点存在重复论证的问题且该标准可操作性差。欧盟对于必要设施的认定采取"竞争者标准"，④ 这一标准本质上是从竞争者数量出发来衡量相关市场的竞争状况的。然而，除了业已存在的市场竞争，还存在潜在的市场竞争，这使得真实的市场竞争状况与其时的竞争者数量之间并不是完全的反比关系。而从国内视角出发，对于认定平台经济领域可能存在的必要设施，《指南》第 14 条第 2 款规定，需要根据"该平台占有数据情况、其他平台的可替代性、是否存在

---

① 安珊珊、李慧琴：《2020~2021 年中国社交媒体用户使用行为研究报告》，载胡正荣、黄楚新、吴信训主编《中国新媒体发展报告 No.13（2022）》，社会科学文献出版社，2022，第 119~138 页。
② 参见刘自钦《论平台经济领域"必要设施"经营者的反垄断规制——以即时通信平台屏蔽外部网址链接为例》，载《电子政务》2022 年第 8 期。
③ "MIC 案"提出的必要设施认定标准包括四项：一是该设施为垄断者控制；二是竞争者无法实际或合理复制该设施；三是经营者拒绝竞争者使用该设施；四是经营者提供该设施具有可行性。
④ "竞争者标准"包括三项内容：一是该设施必须是处于与经营者的经济活动相关但不同的市场中的竞争者开展经济活动所必需的；二是竞争者缺乏生产该设施的现实能力；三是使用该设施是在相关市场参与竞争的必要条件。

潜在可用平台、发展竞争性平台的可行性、交易相对人对该平台的依赖程度、开放平台对该平台经营者可能造成的影响等因素"① 综合考虑。综合上述传统必要设施构成要件的认定标准，再结合旨在实现事前监管目标的"必要设施标准"，笔者以下四个要件证成大型即时通信平台的必要设施主体地位。

1. 大型即时通信平台被上游垄断经营者控制

必要设施理论的适用前提是：存在两个市场，持有必要设施的经营者在上游市场占据主导地位，而请求接入者与持有必要设施的经营者在下游市场存在现实竞争或潜在竞争。② 若经营者缺乏市场控制力，则不满足必要设施理论的适用前提。首先，大型即时通信平台拥有大量社交数据，控制流量入口，具有超高议价能力，在其发展成为具有交易功能的综合化信息平台后，会吸引众多下游经营者借助这一平台开展经营活动，平台内经营者借助平台所提供的基础设施向消费者提供产品或服务，相关主体对平台具有较强的经营上的依赖关系。③ 其次，大型即时通信平台发展成为具有生态垄断势力的纵向一体化平台后，"意味着其能够利用核心业务优势进入邻近市场，构建核心资源与价值体系紧密相连的平台生态，此时平台是生态系统的控制者，平台对生态系统多个相关群体的控制力增强"④。毋庸置疑，大型即时通信平台的经营者处于运营链上游且具有较强市场控制力。

2. 大型即时通信平台无法合理复制

平台经济领域必要设施的不可复制性主要用经济标准来衡量。真正的"不可复制"几乎是不存在的，因为技术上的难题——无论是自然环境、地理因素形成的障碍，还是基础设施、知识产权构成的壁垒——只要投入足

①　殷继国：《互联网平台封禁行为的反垄断法规制》，载《现代法学》2021 年第 4 期。
②　参见杨东、臧俊恒《数字平台的反垄断规制》，载《武汉大学学报》（哲学社会科学版）2021 年第 2 期。
③　参见王佳佳《论数字平台市场力量的异化与反垄断规制》，载《湖南社会科学》2022 年第 3 期。
④　唐要家、唐春晖：《数字平台垄断势力与反垄断事前监管》，载《中国流通经济》2022 年第 8 期。

够的资金和人员都具有突破可能性。经济学理论认为，存在市场进入障碍是因为沉没成本的存在，[①] 必要设施理论所强调的不可复制性，所指的就是巨大且不经济的沉没成本。不可复制性的核心在于，竞争者以巨额花费为代价复制该设施进入下游市场，却因新竞争者的加入而竞争加剧，参与竞争的单个主体所获利润下降，最终呈现收入低于成本而无利可图的结果，此时应当认定该设施具有不可复制性。欧盟执行委员会竞争事务前主管 John T. Lang 认为，在判断竞争者能否自行建造新设施时，需要在确认必要设施本身所具有的规模经济前提下考虑新旧设施能否真正形成竞争。[②] 对于大型即时通信平台而言，形成规模经济的关键支撑在于其独自掌握的用户社交数据，基于高强度的用户锁定效应及其作为在位运营者的先发优势，潜在竞争者难以建造有经济效率的替代设施。

3. 接入大型即时通信平台是参与竞争的前提

只有在某种设施的缺失直接导致竞争者无法在下游市场与设施所有者相竞争的情形下运用必要设施理论，才会对竞争起到正向作用。例如，谷歌、亚马逊等具有强大市场控制力的超级平台，拒绝第三方经营者的接入相当于消除其参与市场竞争的可能性。在即时通信领域也存在同样情况，大型即时通信平台拥有大量不可替代、无法复制的社交数据，是第三方服务提供商进入市场并向消费者用户提供新产品的必要通道，第三方经营者若想在大型即时通信平台所衍生的产业链下游市场，即其他类型社交娱乐服务领域参与竞争，则必须通过用户分享模式进入大型即时通信平台的全国社交用户群，吸引社交用户关注其社交娱乐服务，获得流量，从而构建下游其他类型社交娱乐服务用户群。[③] 若大型即时通信平台屏蔽第三方经营者的外部链接，实施封禁行为，第三方经营者没有任何途径可以获取与大

---

① 参见路文成、魏建《互联网平台企业市场支配地位认定逻辑与流程》，载《浙江学刊》2021 年第 5 期。

② John Temple Lang, "Defining Legitimate Competition: Companies? Duties to Supply Competitors and Access to Essential Facilities", *Fordham International Law Journal*, Vol. 18, 1994, p. 498.

③ 参见刘自钦《论平台经济领域"必要设施"经营者的反垄断规制——以即时通信平台屏蔽外部网址链接为例》，载《电子政务》2022 年第 8 期。

型即时通信平台拥有的社交数据同规模的替代品。以最具代表性的微信为例，对大型即时通信平台的必需性进行分析。微信是一个以即时通信服务为基础、衍生出多种服务、联结不同的用户端点和产品组合的综合化信息平台，第三方通过接入微信并借助微信的海量用户进行产品宣传和推广。如前文所述，微信这类即时通信平台仅是社交平台中的一类，其他类型的社交平台如视频播放平台、搜索引擎平台等也可提供在线宣传推广服务。此时需要考虑的是：微信与其他类型平台在实际推广效果上是否存在差异；接入微信的第三方，是否通过微信用户对产品的裂变分享实现销售额的显著增加，是否基于微信庞大的用户数量及用户在微信上分配的较大比例的注意力和时间获得更大的竞争优势，是否基于微信的生态系统拓展业务渠道。微信是全国月活跃用户数量最多的移动互联网应用程序，[①] 其他类型平台提供的在线宣传推广服务在受众数量层面无法形成供给替代，也无法构成对微信有效的竞争约束，进而可以认定第三方开展有效经营活动对微信有着高度依赖，以此认定微信在市场竞争中的不可复制性和无可替代性。此外，微信作为业已形成生态系统的纵向一体化平台，为了巩固既有市场优势地位并壮大下游市场力量，其封闭性倾向愈发明显，逐渐将资源向系统内的下游经营者倾斜。大型即时通信平台经营者对大型即时通信平台的控制使其拥有排除下游市场竞争的市场实力及主观意图，这说明，接入大型即时通信平台是第三方经营者参与下游市场竞争的前提和必要条件，否则第三方会面临退出市场的风险。

4. 大型即时通信平台具有接入可行性

强令经营者开放必要设施的代价有时会大于竞争收益，可能产生申请接入者获得竞争优势、设施控制者失去创新动力、消费者整体利益受损等消极影响，需要对开放与否这两种不同选择的不同后果进行价值衡量后作出判断。从大型即时通信平台的定位来看，其作为超国家权力的非国家行

---

① 《中国人用的最多的 20 款 App 排名：绝大多数人手机里都有》，腾讯网，https://new.qq.com/rain/a/20220803A0AL7H00.html，最后访问日期：2022 年 9 月 23 日。

为体，平台权力早已经跨越商业边界。无论何时，这些超级平台都发挥了关键作用，已经是事实上的数字社会关键基础设施。[1] 从消费者福利角度考虑，"在网络消费者不断向互联网超级平台归集的循环作用下，网络消费者对互联网平台的黏性不断强化，转换成本越来越高，也越来越不现实。由此导致的结果是，网络消费者相对于互联网平台的知情权、公平交易权、自由选择权等消费者权利受到越来越严重的挑战和侵害"[2]。在此条件下，实现对消费者利益的直接保护成为反垄断法因应互联网超级平台挑战的必然路径。[3] 为实现社会整体公共利益最大化，大型即时通信平台具有接入可行性和开放必要性。

五 针对大型即时通信平台适用必要设施理论的建议

（一）重构作为事前预防机制的必要设施理论

传统必要设施理论主要适用于涉及拒绝交易行为的案件，但这种事后认定的方式在数字经济时代针对超级平台进行反垄断规制已经有些力不从心，以微信为典型的大型即时通信平台频繁实施封禁行为也印证了为必要设施理论注入时代血液的需要。"在美国众议院针对 GAFA 的报告中，即提到应当重构必要设施原则，放宽其对技术巨头的适用条件，有效应对技术巨头传导市场力量带来的竞争损害。"[4]

重构必要设施理论首先体现在重构认定标准上，既需要结合传统的认定标准，也需要结合大型即时通信平台的特点进行重构。传统认定标准中

---

① 参见方兴东《走出监管俘获，中国互联网反垄断开启新气象》，http://gfagza67c31b5eae74ea4scvncx5u5wn656fbc.fzfy.oca.swupl.edu.cn/981558406.html，最后访问日期：2021 年 12 月 1 日。

② 段宏磊、沈斌：《互联网经济领域反垄断中的"必要设施理论"研究》，载《中国应用法学》2020 年第 4 期。

③ 参见陈兵《因应超级平台对反垄断法规制的挑战》，载《法学》2020 年第 2 期。

④ 杨东、李子硕：《监管技术巨头：技术力量作为市场支配地位认定因素之再审视》，载《学术月刊》2021 年第 8 期。

最核心的是"不可复制性"，而转换到平台语境下，数据是其构成基础，数据占有量是衡量其规模的核心标准。大型即时通信平台最能体现这一核心特点的是其拥有大量难以复制和转移的社交数据，这一点是认定大型即时通信平台作为必要设施的基本前提，可以通过月度或上年度活跃用户数量判断数据规模。[①]

重构必要设施理论其次体现在重构理论内涵上，要结合时代需求实现必要设施理论的预防化转型，促进形成"必要设施标准"。大型即时通信平台的纵向一体化只会愈发深入，其通过扩张平台生态、完善大数据收集处理能力来提升用户锁定强度，这有助于进一步巩固支配平台的瓶颈地位，致使同类型竞争平台难以达到用户锁定的临界用户规模。对大型即时通信平台竞争损害的预见，表明发端于拒绝交易行为场景中的传统必要设施理论的事后规制内涵已无法满足平台经济时代的反垄断规制需求，为了重构可竞争市场，有必要通过事前监管减少现有大型即时通信平台运营者的先发优势或沉没成本的影响。社会的数字化发展呼吁反垄断规制的焦点从竞争结果转向竞争过程，相应地，必要设施理论的内涵也应当有所革新和拓展，向预防化、事前监管方向转型，从源头防止市场力量被滥用以保障潜在竞争者进入市场、参与竞争、完成创新的机会。

从域外经验来看，当前对于超级平台能否构成必要设施的讨论逐渐细化为其能否作为"公共承运人"或"守门人"的讨论。[②] 欧盟在《数字市场法案》中设置了"守门人"制度，[③] 其同样是必要设施理论的具体应用。

---

① 欧盟《数字市场法案》将超级平台的标准确立为如下三个方面：营业额、用户数和跨平台业务。其中，用户数要求在欧盟每月至少有 4500 万名终端用户，每年至少有 1 万名企业级用户。我国《互联网平台分类分级指南（征求意见稿）》中，超级平台的超大用户规模是指在中国的上年度年活跃用户数不低于 5 亿名。

② 参见杨东、李子硕《监管技术巨头：技术力量作为市场支配地位认定因素之再审视》，载《学术月刊》2021 年第 8 期。

③ "欧盟《数字市场法案》（Digital Market Act）当中的'守门人（Gate Keepers）'制度，其旨在将'控制移动互联网生态关键环节（技术环境和运营环境），具有强大经济实力和控制整个平台生态系统能力的互联网运营者'认定为'守门人'，从而对其实施以特定义务，以预防数字经济领域中反竞争行为的出现。"薛克鹏、赵鑫：《平台反垄断规制理念转型的制度障碍及破解》，载《探索与争鸣》2022 年第 7 期。

在数字经济背景下，我国借鉴"守门人"制度具有可行性和必要性。从可行性角度而言，"守门人"制度和必要设施理论具有共同点：一是适用主体一致，均为超级平台的经营者；二是产生原因一致，均是对超级平台市场力量的担忧和市场优势地位被滥用的预防；三是具有相同的法律效果，"守门人"制度建立在超级平台的基础上，与必要设施理论的重点均由经营者的权利转向经营者的义务；四是在平台经济背景下具有相同的认定标准，均以用户数和营业额为衡量指标。从必要性角度来说，彰显事前规制属性的"守门人"制度正好可以弥补传统必要设施理论在数字经济反垄断规制中的不足之处。因此，我国应引入"守门人"制度。综合分析行为主体的市场力量后，对于市场力量过于强大、可能存在反竞争意图但未实施滥用市场支配地位行为的大型即时通信平台，认定其符合"必要设施标准"，在事前赋予其作为"守门人"应履行的义务，并通过行政法规的形式完善"守门人"的事前义务责任体系，弥补我国《互联网平台落实主体责任指南（征求意见稿）》中仅有义务要求而无责任后果的漏洞。综上所述，重构必要设施理论需要引入"守门人"的制度内涵。

（二）以竞争损害特性为出发点界定必要设施

开放必要设施对于必要设施所有者和申请接入的竞争者都存在一定弊端，严格界定具有必要性，可以维持适度的市场集中以实现效率最大化。从根本上讲，反垄断法中的必要设施理论要解决的是市场的开放和进入问题。但要实现市场开放首先需要注意如何平衡长期利益和短期利益这一问题。① 从短期视角切入，开放必要设施有利于市场竞争；从长远来看，强制接入必要设施会减少经营者和竞争者双方的创新动力，致使激励机制失效从而不利于竞争。在无法清晰划分短期和长期界限的情况下，需要通过构建合理的必要设施界定标准来实现两种利益的动态平衡。

关键问题在于用何种方法界定。审视法律问题的过程中若遇到无法直

---

① 参见李剑《反垄断法核心设施理论研究》，上海交通大学出版社，2015年，第99页。

接以现行规范进行规制的情况，则应当先在现行法律框架内类比具有相同属性的问题以寻求解决之法，确保与现行法律制度的良好衔接，完成成熟经验的有效借鉴；若仍然无法解决，再进一步探索框架外新的规制路径。具体到大型即时通信平台构成必要设施的认定，美国法院在审理涉及必要设施认定的 Twin Lab. 诉 Weider Health & Fitness 案时已经使用相关市场理论，然而平台经济带来的跨界竞争使得相关市场界定不明，若仍然运用相关市场理论完成必要设施认定则很可能出现偏差。是以，在数字经济高速发展的时代背景下，反垄断规制为回应时代需求，需要对传统分析框架和路径作出一定的修改和调整。欧盟的数字竞争报告提出，在数字化市场上应当相对少地关注相关市场界定问题而更多地关注对竞争损害和反竞争策略的分析。① 为实现"强化反垄断和防止资本无序扩张"的监管要求，顺应纠正反垄断规制不力的监管趋势，避免出现"假阴性"错误这类监管漏洞，必要设施的界定应当更加关注大型即时通信平台采取的提高竞争对手成本策略等隐蔽性反竞争策略，更加重视对大型即时通信平台竞争损害过程的分析，以大型即时通信平台的竞争损害特性为出发点严格界定必要设施范围，尽量将开放必要设施的负面影响降至最低。

（三）合理设置必要设施平台的开放及中立义务

数字经济背景下，若运用传统规制框架分析大型即时通信平台，因为相关市场界定等难题，新型反竞争行为的行为性质可能存在争议，其无法准确归属于某一类法律框架下的垄断行为中。此时需要在综合分析大型即时通信平台的市场力量后结合其主观意图及客观行为对市场竞争的危害程度设置不同义务。

对于符合"必要设施标准"且具有明显反竞争意图或已实施滥用市场支配地位行为的大型即时通信平台，应要求其合理开放。需要注意的是，

---

① See Jacques Crémer, Yves-Alexandre de Montjoye, Heike Schweitzer, *Competition Policy for the Digital Era*（*Final Report*），European Commission，2019.

强制开放必要设施应当是例外，并且以申请接入竞争者能够有效参与市场竞争为合理限度，以保证大型即时通信平台用户数据安全及用户隐私为前提，仅在最低限度内允许私人利益面向社会公益让渡，旨在有效实现竞争与创新的动态平衡。

对于符合"必要设施标准"、可能存在反竞争意图但未实施滥用市场支配地位行为的大型即时通信平台，应在事前赋予这类超级平台"守门人"身份，要求其履行中立义务。平台中立义务源于"Foundem 公司诉谷歌案"的搜索中立原则，后为学者们讨论与推广，该案中，Foundem 公司认为谷歌是搜索引擎行业的关键设施，其支配地位可能对市场产生反竞争的效果，损害了其他竞争对手的合法权利。法院认为谷歌应当保持搜索中立，保证搜索结果的透明性与非歧视性。① 平台中立义务将构成必要设施作为承担行为义务的前提，符合结构主义理念，其设定契合行为主义立场的透明度、平台开放以及无歧视之中立行为规范。② 在无法避免平台纵向一体化趋势的当下，平台中立义务能够在保留大型即时通信平台纵向一体化带来的福利增进效果的同时有效避免可能引发的屏蔽链接、自我优待等竞争损害行为，以平台自律的方式达到事前监管效果。

六 结语

大型即时通信平台具有必要设施属性，但现行规制框架下仅能对其进行事后规制，过于被动，无法有效维持竞争与创新的平衡。因此有必要针对现实规制困境，结合大型即时通信平台的特性，重构必要设施理论，引入"守门人"制度，重视对反竞争策略的分析，以竞争损害特性为出发点界定必要设施，合理设置大型即时通信平台作为必要设施应承担的开放及中立义务，实现平台经济反垄断规制理念预防化、精细化和动态化的转型。

① 参见邵晨《搜索中立与搜索引擎平台的博弈》，载《法律适用》2020 年第 4 期。
② 参见马辉《互联网平台纵向一体化的反垄断规制研究——基于需求侧视角的分析》，载《南大法学》2022 年第 2 期。

不啻微芒，造炬成阳。以大型即时通信平台为典型、以必要设施属性为基点进行讨论和推动革新，对平台经济领域反垄断规制的发展和完善终有裨益。必要设施经营者的责任落实及监督问题对反垄断执法机构提出了更高的要求，值得进一步研究。

论个人信息与隐私的概念区隔与司法判定

——以二手车历史车况信息查询服务案为分析对象

林北征[*]

【摘　　要】司法裁判为数据要素市场的创新发展提供了不可或缺的服务和保障。日益迅猛的社会数字化催生出多元的数字业态与对应场景，使原有的隐私权和个人信息权益的认定及关系协调产生了新的变化，对司法审判实践提出了新的课题。在美、日、欧盟等发达经济体，公开汽车维修保养信息是一项常见的汽车质量与流通的监管惯例，国内相关政策对此亦持鼓励态度。然而，由此衍生出的二手车历史车况信息查询服务却备受争议。在相关纠纷个案处理过程中，不仅需要坚持法律规范的文义理解，更应重视个人信息与所在场景中的互动关系。因此，在具体场景中，应重视个人信息规范性判断的整体性和实然性，从而确保个人信息得到充分的保护并促进数据的有序流动。

【关 键 词】个人信息；隐私；二手车交易；历史车况；数据利用

一　问题的提出

二手车行业的繁荣程度可以充分反映一个国家的市场体系建设水平。2022 年，我国汽车产销分别完成 2702.1 万辆和 2686.4 万辆，同比增长

---

[*]　林北征，中山大学法学院 2020 级博士研究生，广州互联网法院二级法官助理。

3.4%和2.1%，全年实现小幅增长。我国汽车产销总量已连续14年居全球第一。① 2022年1～12月，全国二手车市场累计交易量为1602.78万辆，累计交易金额为10595.91亿元，二手车正成为国内汽车流通市场的重要增长点。② 在庞大的交易体量下，历史车况信息是二手车交易中的重要参考内容。公开汽车维修保养信息是全球性的监管惯例，我国政府亦鼓励公开汽车维修保养信息，比如《"十四五"循环经济发展规划》专门要求研究制定汽车使用全生命周期管理方案，加强二手车交易等信息互联互通和交互共享。③ 此外，近年来，相关部门也多次出台了助推二手车行业发展的相关政策法规，公布多条优惠政策，降低二手车交易门槛，鼓励、规范交易，比如全国现已超过200个城市取消限迁政策，促进二手车的跨区域流动。

在上述一揽子鼓励政策的支持下，与二手车交易密切相关的汽车维修保养数据开始尝试自由流通，二手车历史车况信息查询服务也日益普及。在中央层面，2016年，国务院办公厅就促进二手车便利交易出台专门意见，指出要加强互联互通和信息共享，加快建立汽车全生命周期的信息体系。非保密、非隐私性信息应向社会开放，便于查询，符合国家有关要求的信息服务可以市场化运作，已经具备条件的行业信息要进一步加大开放力度。④商务部也在答复网民相关留言时，明确鼓励数据服务企业提供保险、维修、保养等历史车况信息的查询服务。⑤ 在地方层面，多地政府部门也相

---

① 王政：《我国2022年汽车出口突破300万辆，产销连续14年稳居全球第一——乘势而上，汽车产业马力足》，中国政府网，http://www.gov.cn/xinwen/2023-01/17/content_5737416.htm，最后访问日期：2023年5月15日。

② 《2022年12月及全年二手车市场深度分析》，中国汽车流通协会网站，http://www.cada.cn/Data/info_86_9500.html，最后访问日期：2023年5月15日。

③ 《"十四五"循环经济发展规划》，中国政府网，http://www.gov.cn/zhengce/zhengceku/2021-07/07/5623077/files/34f0a690e986431197742 52f4f671720.pdf，最后访问日期：2021年5月15日。

④ 《关于促进二手车便利交易的若干意见》（国办发〔2016〕13号），中国政府网，http://www.gov.cn/zhengce/content/2016-03/25/content_5058006.htm，最后访问日期：2021年5月15日。

⑤ 《商务部答网民关于"规范二手车交易市场"的留言》，中国政府网，http://www.gov.cn/hudong/2020-04/10/content_5504705.htm，最后访问日期：2021年5月15日。

继出台促进二手车便利交易实施方案，如广东省就明确要充分利用全省政务信息资源，实现信息资源互联互通，配合国家相关部门做好覆盖汽车全生命周期的信息体系建设工作。此外，还推行汽车维修、保险信息公开制度，推动汽车维修技术信息、汽车维修记录信息、保险赔付记录信息等向社会开放，便于公众查询。鼓励第三方机构按照市场化运作模式提供符合国家要求的信息服务。①

尽管相关政策支持力度可观，但在实践中，二手车历史车况信息是否属于个人信息或隐私的问题，一直未被系统分析与判定。如"全国个人信息匿名化第一案"引发各界广泛讨论：

> A 公司开发并运营一款 App，为用户提供机动车历史车况、检修信息、转卖估价等业务。2020 年 12 月，余某在出售自用小汽车时，发现买方用其提供的车架号，在该 App 上进行付费查询。买方获得一份《历史车况报告》，该报告详细记录了上述小汽车的行驶、维保等各类车况信息。余某认为该报告反映了其本人驾驶特征、维保行踪等，侵犯了其个人信息及隐私，诉请法院判令 A 公司立即删除该 App 中的车况信息并赔偿经济损失 3000 元。法院判决：驳回余某的全部诉讼请求。②

个人信息的收集和处理是为了促进信息自由流动、共享与利用，对网络信息科技和数字经济发展具有重要意义。本文将以"全国个人信息匿名化第一案"为分析素材，尝试分析如何基于二手车交易场景，对历史车况信息是不是个人信息与隐私进行判定③，并为数据生产要素有序流动、保障

① 《广东省促进二手车便利交易实施方案》（粤府办〔2016〕66 号），广东省人民政府网，https://www.gd.gov.cn/gkmlpt/content/0/145/post_145103.html#7，最后访问日期：2021 年 5 月 15 日。
② 广州互联网法院（2021）粤 0192 民初 928 号民事判决书。
③ 赵龙：《个人信息权法益确证及其场景化实践规则》，载《北京理工大学学报》（社会科学版）2021 年第 5 期。

二手车交易数据合规提供稳定预期。

二　历史车况信息的实践图景

　　二手车历史车况信息可以有效解决二手车交易痛点和监管问题，上述数据的自由流通对提升相关的二手车流通速度、流通质量起到重要推动作用，对防止交易欺诈、防范交易风险起到了不可替代的作用。公示、公开二手车的历史车况信息已经成为各国政府的主要行业监管方法和全球范围内的重要监管惯例。二手车历史车况信息主要分为两种类型：一是由公权力主体保存、披露的车辆登记检验信息；二是车辆维保信息。从定性上看，车况信息并不单纯由政府收集和掌握，个人和组织都可收集和保存，因此，车况信息属于公共数据，并不单纯是政府数据，在访问、获取、使用和共享上都更加便捷。美国、日本、澳大利亚、欧盟等发达经济体都基于汽车维修保养数据的聚合，建立了不同的集约化查询平台。

（一）公权管理模式

　　应用这一模式的有美国国家公路交通安全管理局（NHTSA）主导的产品信息目录和车辆清单平台（Vpic）。美国国家公路交通安全管理局主导的产品信息目录和车辆清单平台是一个统一的平台，可显示制造商提交的、可用于各种现代交通工具的数据。美国国家公路交通安全管理局主导的产品信息目录和车辆清单平台是基本车辆识别号（VIN）解码、制造商信息数据库（MID）、制造商设备工厂识别所需要的相关数据的集中来源，仅适用于 1981 年及以后的车辆型号。产品信息目录和车辆清单平台的信息公开。消费者购买二手车时，在了解该二手车的车辆识别号之后（消费者从经销商处购买二手车，二手车的车辆识别号由经销商提供。消费者也可以通过私人卖方的渠道购买二手车，Craigslist、Ebay 购物网站是常见的私人卖方出售车辆的平台，车辆识别号由私人卖方提供），可以使用产品信息目录和车辆清单平台上二手车的制造商提交给美国国家公路交通安全管理局的数据对二手车解码，乘用车可解密的信息包括该车的品牌、生产线、系列、车身类型、发动机类型以及所有约束装置及其位置。

此外，应用这一模式的还有美国司法部主导的全美机动车产权信息系统（NMVTIS）。全美机动车产权信息系统由美国司法部负责运营与管理。建立该信息系统的目的在于：（1）防止将被盗车辆引入州际贸易或将其重新引入州际贸易；（2）保护州和消费者（个人和商业）免受欺诈；（3）减少将赃物用于非法目的，包括为犯罪企业提供资金；（4）为消费者提供保护，防止不安全的车辆。全美机动车产权信息系统网站并不直接向购买二手车的消费者提供二手车历史信息，而是通过与私人平台合作的方式向购买二手车的消费者提供收集到的二手车历史信息。因此，私人平台成为全美机动车产权信息系统数据的直接提供者。购买二手车的消费者从车辆历史报告中可以获得如下二手车的主要信息：（1）产权数据的当前和先前状态；（2）产权授予日期；（3）最新里程表数据；（4）盗窃历史记录数据（如果有）；（5）分配给车辆的品牌和应用的日期；（6）打捞历史记录，包括指定为"全损"（如果有）。上述所提到的只是购买二手车的消费者从车辆历史报告中获得的主要信息，具体信息因数据提供商不同而有所差异。

（二）行业协会模式

欧盟尚未建立起统一的二手车信息平台。欧盟的成员国内，比利时的Car-Pass 模式是较为典型的建立二手车统一信息平台的一种模式。在比利时，车主在出售二手车时，根据法律的规定，有义务向买受人提供一个由Car-Pass 组织（以下简称"Car-Pass"）出具的 Car-Pass 证书，除非买受人是专业人士。如果出卖人违反了该义务，买受人可以请求法院解除买卖合同。Car-Pass 是基于法律规定成立的非营利组织。Car-Pass 证书是一个载明该二手车主要信息的证书。主要信息包括以下内容。（1）每张 Car-Pass 证书都包含一个证书号码和一个二维码，可以在 Car-Pass 官方网站检验该 Car-Pass 证书的真伪。（2）Car-Pass 证书包含二手车的 VIN 码、型号；首次流通时间；在比利时境内的首次登记时间。（3）欧盟排放标准（Euro Stand-

ard）等级；每公里的二氧化碳排放量；事故检测的通知；公开召回通知。
（4）不同时期的里程数。根据《关于买卖二手汽车时提供信息的法律》的
规定，特定的个人或团体有义务向 Car-Pass 组织传送二手车的相关数据。

日本二手车市场中对于二手车车况信息也根据以上两类信息的特征差
异采取了不同的披露路径。在日本，二手车交易中卖方的信息披露义务被
规定在行业规范《机动车公正竞争规约》第 11 条中。该条文规定，二手机
动车销售者需要在向一般消费者销售的二手机动车的外部易见位置标注以
下信息：（1）车名以及主要款式；（2）初次登记年月（小型汽车为初次检
查年份）；（3）贩卖价格；（4）行驶距离数；（5）用途（家用、营运用、
外租车等）；（6）汽车检验证的有效期限；（7）前使用人维护修理记录册的
有无；（8）保证的有无；（9）定期维护修理的实施情况；（10）维修历史。
其中不仅涉及机动车需在行政机关进行初次登记的信息，还包括行驶距离
数、前使用人维护修理记录册的有无、定期维护修理的实施情况等与车辆
后续使用密切相关的车况信息。

三　隐私权与个人信息权益的外延耦合

隐私权和个人信息权关系界定，核心在于个人信息与隐私的内容判定。
这个问题既涉及理论，又涉及实际操作。《民法典》在法律规范的设计上，
将两种权利交织在一起，极大地增加了法律适用的不确定性。相较于隐私
权的悠久渊源，个人信息保护入法则始于近现代人类大规模采用计算机处
理个人数据。最初，隐私权和个人信息权益交叉在一起，而新近的各国相
关立法都不约而同地逐步开始分离这两种权利（益），这一点在欧盟《通用
数据保护条例》（GDPR）中体现得较为明显。GDPR 将隐私权认定为私法
权利，而将个人信息（自决）权认定为类公法权利，随之而来的是，此种
立法安排导致二者的法律救济方式和制裁手段相差较大。反观国内立法情
况，《网络安全法》总结了此前的立法经验，强调了个人信息保护的重要

性，而《个人信息保护法》则将个人信息保护推向更高的标准。① 与个人信息保护被单独提及不同，《民法典》将隐私权与个人信息保护同时写入人格权编，并在第 1034 条中对二者的关系加以区分，但在司法实践中，这种做法会带来个案法律适用上的不确定性。

隐私与个人信息都是个体对私人生活自主决定的体现，虽然《民法典》将二者都归入人格权编项下加以保护，但二者略有不同，主要体现在以下三点。一是保护方式不同。根据《民法典》的规定，隐私权是一项独立的人格权，个人信息则是作为独立的法益受保护的，隐私受法律保护的力度比个人信息强。二是基本特征不同。隐私强调的是一种隐秘状态，一旦被披露就不再是隐私，而个人信息是具有身份识别性的信息，强调的是此种信息单独或与其他信息结合时能与个人人格、个人身份相联系，个人信息可被多次重复利用，不会同隐私一样产生不可逆的损害后果。三是表现形式不同。个人信息必须以固定的信息形式表现出来，而隐私可以以个人活动、个人私生活等方式体现，不局限于信息的形态，也不需要被记载。②

隐私与个人信息由于客体内容交叉，存在密切联系。回归《民法典》第 1032 条和第 1034 条中对隐私及个人信息的定义可知，隐私和个人信息存在以下交集：一是部分未公开的个人信息属于隐私的范畴，例如，银行账户、健康情况等个人信息都属于自然人不愿为他人知晓的私人信息；二是部分隐私属于个人信息的范畴。当私密谈话、私密活动等具有可识别性的隐私内容被以一定的载体记录下来形成信息时，其也被纳入个人信息的范畴。③ 此外，《民法典》第 1034 条第 3 款专门规定了私密信息的法律适用问题。私密信息属于个人信息和隐私的交叉客体，适用有关隐私权的规定。有观点认为，该条规定试图将私密信息的概念作为隐私与个人信息的界别

---

① 王融：《中美欧个人信息保护法比较｜附 4 万字解读报告下载》，腾讯研究院，https://www.tisi.org/19493，最后访问日期：2021 年 8 月 27 日。

② 王利明：《论个人信息权的法律保护——以个人信息权与隐私权的界分为中心》，载《现代法学》2013 年第 4 期。

③ 王利明：《论个人信息权的法律保护——以个人信息权与隐私权的界分为中心》，载《现代法学》2013 年第 4 期。

工具，也即说明构成隐私的信息，首先应当属于个人信息。① 也有相反的观点认为，从文义解释上看，尽管私密信息应当适用有关隐私权的规定，但这并不能当然得出构成个人信息是构成隐私的前提的结论。② 随着数字技术的发展，个人信息和隐私之间的关联性将进一步加深，许多未公开的个人信息可能属于隐私的范畴，许多隐私可能同时也具有个人信息的特征。

四　历史车况信息是否为个人信息？

《民法典》第 1034 条第 2 款③、《个人信息保护法》第 4 条第 1 款④、《网络安全法》第 76 条第 1 款第 5 项⑤、《全国人民代表大会常务委员会关于加强网络信息保护的决定》第 1 条⑥、《最高人民法院、最高人民检察院关于办理侵犯公民个人信息刑事案件适用法律若干问题的解释》⑦ 都对个人信息含义做出专门解释。根据上述法律规定及立法草案，个人信息的根本特征是可识别性，只有特定信息能够识别特定自然人身份时才能被认定为法律

---

①　程啸：《论我国民法典中个人信息权益的性质》，载《政治与法律》2020 年第 8 期。

②　王利明：《和而不同：隐私权与个人信息的规则界分和适用》，载《法学评论》2021 年第 2 期。

③　《民法典》第 1034 条第 2 款规定："个人信息是以电子或者其他方式记录的能够单独或者与其他信息结合识别特定自然人的各种信息，包括自然人的姓名、出生日期、身份证件号码、生物识别信息、住址、电话号码、电子邮箱、健康信息、行踪信息等。"

④　《个人信息保护法》第 4 条第 1 款规定："个人信息是以电子或者其他方式记录的与已识别或者可识别的自然人有关的各种信息，不包括匿名化处理后的信息。"

⑤　《网络安全法》第 76 条第 1 款第 5 项规定："个人信息，是指以电子或者其他方式记录的能够单独或者与其他信息结合识别自然人个人身份的各种信息，包括但不限于自然人的姓名、出生日期、身份证件号码、个人生物识别信息、住址、电话号码等。"

⑥　《全国人民代表大会常务委员会关于加强网络信息保护的决定》第 1 条规定："国家保护能够识别公民个人身份和涉及公民个人隐私的电子信息。任何组织和个人不得窃取或者以其他非法方式获取公民个人电子信息，不得出售或者非法向他人提供公民个人电子信息。"

⑦　《最高人民法院、最高人民检察院关于办理侵犯公民个人信息刑事案件适用法律若干问题的解释》（法释〔2017〕10 号）规定，公民个人信息是指"以电子或者其他方式记录的能够单独或者与其他信息结合识别特定自然人身份或者反映特定自然人活动情况的各种信息，包括姓名、身份证件号码、通信通讯联系方式、住址、账号密码、财产状况、行踪轨迹等"。个人信息包括身份信息和行为信息，身份信息是指那些单独或者组合起来能够标识一个自然人区别于其他自然人的信息，行为信息是指自然人在各种活动中形成的信息。

上所指的个人信息。因此，车辆信息是否体现自然人驾驶特征、维保行踪？车辆信息能否与特定人关联，单独或者与其他信息结合识别特定自然人？

（一）案涉数据可识别性

首先，数据内容的完整性。前述案例中，历史车况报告仅披露了案涉车辆的维修项目、保养记录、历次到店时间（仅含年、月，不含日）和历史里程数等信息。从各项信息的具体内容来看，该报告并未显示车主的个人姓名或肖像、具体联系方式、身份证件号码等可以直接识别自然人身份的信息，也没有显示案涉车辆的维修地点、具体进店与离店时间等足以反映自然人活动的轨迹信息。相反，案涉报告信息仅能反映汽车作为物品本身的使用情况，而无法反映余某的身份，不具备可识别性。其次，数据内容的分离性。案涉数据是在车辆所有权人或实际车辆使用人、保险公司或交通事故赔偿责任人、维修人员及其所属维修机构、汽车经销商及其所属的汽贸集团、维保数据的信息系统建设者、主机厂商以及政府机关等主体参与社会经济活动的过程中形成的。单靠一方主体的数据再结合，亦使再识别存在明显成本。最后，数据使用场景的合理性。A 公司的主营业务为汽车实体鉴定评估业务，主要是以车况为核心的二手车服务，例如机动车人工检测、报修、鉴定评估等。基于此目的，案涉报告数据对于该场景内促成交易、维护二手车交易市场信息对称、抑制逆向选择具有重要作用。

（二）再识别可能性的切断

第一，使用主体不特定。机动车本身的使用主体可能不止余某本人，此外机动车的维修也不一定都是余某本人参加，维修委托方并非车主本人，比如保险公司和交通事故责任人等。多个主体使用同一辆车的可能性是客观存在的，在这种情况下，外部第三方无法通过这些信息识别到汽车的实际使用人是不是余某本人。

第二，相关数据的匿名化处理。本案中，余某通过发送驾驶证披露 VIN 码及其他个人信息，属于对于个人信息的处分。当事人以交易为目的，向其所称的意向购买人发送相关证照的，其使用仅仅为意向购买人代为查询车况报告。而购买人单方输入车架号不同，其查询所需数据实际上已被数据供应商收集、记录，因此，需要重点就数据的收集、获取与储存问题进行重点审查。A公司从第三方获取的数据字段及信息包括：（1）标的车辆的历史维修项目和所更换的材料；（2）标的车辆的历史保养项目和所更换的材料；（3）标的车辆的历次到店时间（仅含年、月，不含日）和所登记的到店时里程数。A公司在与数据提供方的合作协议中，也明确要求数据提供方仅向其提供非个人数据字段，并须对信息充分匿名化后，方可传送给A公司。A公司明确要求所有数据供应商只提供非个人数据字段，因此并未实际获取车主身份信息的行为，无法附带或者单独提供所查车辆的车主身份信息，数据供应商负责所有信息的匿名化处理。

第三，再识别的可能性。再识别的可能性，需要考虑具体的场景，才能进行实际的判断。余某认为基本行驶数据和维保数据，均反映出余某的驾驶习惯及驾驶技术特征、消费习惯及消费能力。案涉报告中的维修有保养时间记录，能反映出余某的行动轨迹。VIN码可以匹配到余某的车辆，结合维保的信息就可以识别到余某的个人信息。因为行驶证在公开渠道无法获得，单纯通过VIN码的信息目前无法获得关于余某个人的具体信息。对此法院不予认可，法院认为数据生产主体对自身数据的识别一般都要强于他人，因此，要将社会一般大众的基础认知作为识别的讨论基础。

（三）数据收集与查询正当性

关于A公司提供有偿车况查询服务的正当性。A公司投入资源，通过数据购买服务、数据去标识化等形式，通过线上大数据（维修记录）提供历史车况查询服务，识别车况和交易价值，构筑起案涉App平台数据查询生态，使车况查询信息服务成为A公司的重要业务，并不违反现行法律与行政法规的规定，其有偿提供车况查询信息服务是正常的商业模式。

第一，遵守行政法规相关规定。根据交通运输部《机动车维修管理规定》第33条的规定，机动车维修经营者不仅应当就其经手的机动车维修情况建立档案，而且应当对档案资料实行电子化管理。所以，对维保信息的收集和存储，是维修机构的法定义务。由此可知，收集、记录、存储车辆信息是合法的，不需要征得余某同意，不应适用个人信息及隐私的相关规则。

第二，维护公共利益的需要。交通运输部针对汽车维修电子健康档案系统建设出台的指南文件指出，构建基于汽车维修数据的汽车后市场协调管理体系，促进交通运输部门与质检、保监、公安、商务和环保等部门的合作，为促进汽车"三包"和二手汽车公平交易等业务提供有效保障。① 汽车历史车况信息关乎机动车运行安全、公众的人身安全和不特定消费者合法权益，涉及商务、工业和信息化、公安交管、环保、市场监管、银行保险等多个部门的行政监管职能。因此，机动车维修单位有义务将自己在服务过程中形成的数据依法保存并上传。

第三，调节市场主体信息对称性，抑制"柠檬市场"（Lemon Market）。"柠檬市场"现象就是买卖双方信息不对称所引起的不公平交易情形，使买方和合法的卖方都面临诸多风险和不确定性。经济学家乔治·阿克洛夫（George Akerlof）1970 年发现，在美国二手车交易市场中，一些卖方提供质量低劣或有缺陷的汽车，市场称为"柠檬车"（Lemon Car）。相对于其真实价值，这些车辆通常被以虚高的价格出售给买方。而买方由于往往难以区别这种质量差异，可能会支付高昂的价格购买到一辆"柠檬车"。② 因此，在这个市场中，车况信息报告有利于消弥买方的购车信息差距，从而使物与价重新归于正常区间。如若不然，即使面对卖方更加具有诱惑力的出售条件，买方在信息不对称的情况下，唯一利己的策略就是尽可能压低成交价格，以保证不上当受骗；反过来，由于市场中的买方总是刻意压低价格，

① 《交通运输部办公厅关于开展汽车维修电子健康档案系统建设工作的通知》（交办运〔2017〕69 号）附件《汽车维修电子健康档案系统建设指南》，交通运输部网站，https://xxgk.mot.gov.cn/2020/jigou/ysfws/20200 6/t20200623_3315379.html，最后访问日期：2023 年 5 月 15 日。

② George Akerlof, "The Market for 'Lemons': Quality Uncertainty and the Market Mechanism", *Quarterly Journal of Economics*, Vol. 84, No. 3, 1970, pp. 488-500.

即使卖方提供高质量二手车，也不会得到满意的成交价格。在此循环下，"柠檬车"就会逐步占据市场，质高价优的汽车反而会被逐出市场，最后导致二手车交易市场的大规模萎缩。

五　历史车况信息是否为隐私？

隐私，是指个人不宜被打扰的生活安宁，以及与公共利益无关且公开后可能损害自然人人格利益的各类具有秘密性的私人事务、私人空间、私人信息。[①]就案例所属性质来说，讨论的问题可以缩小至"信息能否界定为隐私"。《民法典》第 1032 条对判定该问题列出了两个法定要件：在主观上，该自然人不愿被他人知晓该信息；在客观上，该自然人拥有一定的自主决策权，可以选择在何时、何地以及向谁透露自己的信息。

由于隐私权具有克减性，需要受到一定的限制，因此司法裁判在判定主客观要件时，应注意不能仅仅站在当事人角度考虑，还要考虑社会一般观念和公共利益，平衡好个人隐私权与社会公共利益。基于维护自身权益的心理状态，多数人都存在"不愿为他人知晓"的主观倾向，而且每个人主观心态不同，无法进行准确推定。司法实践中，不能仅从当事人主观感受判定是否"不愿为他人知晓"，还应从社会公众一般认知角度加以考量，当事人是否已经对该信息受保护形成了心理预期。具言之，此种主观心态或期待应是合理的，应符合社会一般观念，能得到社会普遍接受或认可。[②]例如，当事人虽然主观上不希望他人知晓犯罪前科、违法记录等信息，但此种期待不为社会所认可，社会不允许将上述信息作为隐私进行保护。具体到案例中，"私密空间""私密活动"是指自然人所处物理空间和具体行

[①]　《民法典》第 1032 条规定："自然人享有隐私权。任何组织或者个人不得以刺探、侵扰、泄露、公开等方式侵害他人的隐私权。隐私是自然人的私人生活安宁和不愿他人知晓的私密空间、私密活动、私密信息。"

[②]　张璐：《何为私密信息？——基于〈民法典〉隐私权与个人信息保护交叉部分的探讨》，载《甘肃政法大学学报》2021 年第 1 期。

为，而案涉历史车况信息以数字化的形式固定及表现行为信息，余某提起本案诉请即表明其主观上不愿意将历史车况信息公开，但以社会一般观念为标准，此种期待不具备合理性。

在二手车买卖过程中，历史车况信息是与买卖合同标的相关的重要事项，是买方做出是否购车决定及影响车辆交易价值的重要依据。一般公众无法通过公开合法渠道获知某事项不属于公开空间、活动与信息。从立法目的上看，隐私权区隔私人和公共两种领域，使个人在私人领域中享有高度的自主。[①] 此种隐秘状态还应符合以下条件，即与他人利益和社会公共利益无关，其存在并不会给他人利益或社会公共利益带来不可容忍的减损。案例中，案涉历史车况信息从客观事实上看并未处于隐秘状态。年均行驶里程、年均保养次数、维修保养项目等基本行驶及维修保养数据产生于车辆日常使用和维修保养活动，是在车主、保险公司、维修保养机构等多方主体参与过程中形成的。

根据上述法律规定、《民法典》释义和学理通说，隐私的文义解释应当进一步具体表述为：与公共利益无关且公开后可能损害自然人人格利益的各类具有秘密性的私人事务、私人空间、私人信息以及个人不宜被打扰的生活安宁。随着现代生活方式对个人生活的介入情形越来越多，人们对个人隐私的保护诉求日益增强，《民法典》对隐私权的保护也从"类推保护"转向"独立保护"，从"作为法益保护"转向"作为独立人格权保护"，在保护范围、保护方式等方面不断进行完善，推动隐私权保护朝体系化、规范化发展。[②] 就案例而言，应当重点做以下分析。

第一，享有主体无法确定为自然人。案涉车况报告信息无法识别到特定自然人。自然人的私人生活安宁是指排除他人对日常生活安宁的打扰和妨碍，结合本案查明事实及前述分析，案涉车况报告主要包括案涉车辆车架号、基本行驶信息、历史车况信息等，在二手车交易场景下，无法关联

---

① 李新天、郑鸣：《论中国公众人物隐私权的构建》，载《中国法学》2005 年第 5 期。

② 王利明、程啸：《中国民法典释评·人格权编》，中国人民大学出版社，2020，第 401~405 页。

余某身份，汽车历史车况信息并非产生于纯粹的私人活动，其内容也未反映余某的秘密活动或秘密空间，并未打扰余某私人生活安宁。此外，其中，"私密空间""私密活动"是指自然人所处物理空间和具体行为，而案涉车况报告以数字化的形式固定及表现行为信息，因此，本案需重点讨论其是否属于"私密信息"。根据《民法典》第 1034 条第 3 款的规定，[①] 某项具体数据被认定为私密信息的前提是其属于个人信息。案涉数据并不属于个人信息，亦无法被认定为"私密信息"，从结果上看，也未对个人人格权益产生影响。

第二，案涉车况报告信息并未处于隐秘状态。车况报告内容中，包含车架号、基本行驶信息、历史车况信息三部分信息。其中，车架号是全球通用的车辆识别代码，具有唯一性。车架号在车身外观上均有显示，任何人都可通过近距离观察车辆取得，因而其并非处于隐秘状态，就一般社会常识而言，并不具有私密性。年均行驶里程、年均保养次数、维修保养项目等基本行驶信息、历史车况信息产生于车辆日常使用和维修保养活动，包括维修保养机构等多方主体参与，在客观上并不具有私密性。根据《机动车维修管理规定》第 33 条的规定，机动车维修经营者应当按照规定如实填报、及时上传承修机动车的维修电子数据记录至国家有关汽车维修电子健康档案系统，[②] 故案涉车况信息按照行政监管要求，已被行政机关依法实际获取。

此外，通过案涉历史车况信息可反映出特定车辆预估的使用寿命及出现故障的可能性，关乎机动车运行安全、公众的人身安全和不特定消费者合法权益。若将上述信息纳入隐私权保护范围，有可能增加二手车交易市场的信息不对称风险，增加二手车交易的逆向选择问题和安全隐患，从而

---

① 《民法典》第 1034 条第 3 款规定："个人信息中的私密信息，适用有关隐私权的规定；没有规定的，适用有关个人信息保护的规定。"

② 《交通运输部关于修改〈机动车维修管理规定〉的决定（中华人民共和国交通运输部令 2021 年第 18 号）》，交通运输部网站，https://xxgk.mot.gov.cn/2020/jigou/fgs/202108/t20210826_3616634.html，最后访问日期：2023 年 5 月 15 日。

损害社会公共利益。此外，根据《二手车流通管理办法》第 14 条的规定，二手车卖方应当向买方提供车辆的使用、修理、事故、检验以及是否办理抵押登记、交纳税费、报废期等真实情况和信息。[①] 因此，公开汽车历史车况信息是二手车卖方应有的披露义务，案涉车况信息并不处于隐秘状态。

第三，案涉车况信息具有公共价值。"私密信息"，具体是指具有不为公众所知，且不会危害社会公益的个人信息。在二手车买卖过程中，历史车况信息属于买卖合同标的相关的重要事项，维修次数、维修部件、维修频率等信息是购买方做出是否购车决定及影响车辆交易价值的重要依据，与二手车买方的利益息息相关。案涉车况信息关系到具体车辆未来的使用寿命及出现故障的可能性，关乎机动车运行安全、公众的人身安全和不特定消费者合法权益。将汽车历史车况信息纳入隐私权保护范围，有可能增加二手车交易市场的信息不对称风险，增加二手车交易的安全隐患，从而损害社会公共利益。历史车况信息根据余某车辆的日常使用、维修保养等行为产生，是其个人行为数据脱敏处理前的一部分，不属于个人信息。案例中，余某起诉即反映出余某主观上并不愿意让他人知晓。隐私是直接归属于余某人身的权利，余某作为权利人对其隐私是不能放弃或者转让的，但在二手车买卖交易中，基于法律规定及诚实信用原则，卖方负有车辆信息的公开及协助将信息转移给买方的附随义务，这与隐私权专属于自然人且不得转让的属性相矛盾，故车辆信息不属于隐私权的保护范畴。对此，隐私权的保护客体是隐私利益，信息是否属于隐私权保护范畴取决于信息内容是否侵扰私人生活安宁或属于不愿为他人知晓的私密信息。虽然隐私权的主要权能是消极防御权能，但随着人格权商业化利用实践的开展，隐私权的商业利用价值日益凸显，隐私权已从传统消极防御面向发展到兼具积极支配面向。在法律和道德允许的范围内，隐私权人可以通过许可他人使用自己的隐私，如向他人披露自己的经历、允许他人将其整理出版等，

---

① 《二手车流通管理办法》，中国政府网，http://www.gov.cn/zhengce/2021 - 06/28/content_ 5726887.htm，最后访问日期：2023 年 5 月 15 日。

获取合理报酬。因此，A公司并不能以信息可转移而否定隐私权的保护可能性。

由此可见，汽车历史车况信息并非产生于纯粹的私人活动，不是对余某秘密活动或秘密空间的反映。车辆所有权人或实际车辆使用人、保险公司或交通事故赔偿责任人、维修人员及其所属维修机构、汽车经销商及其所属汽贸集团、维保数据的信息系统建设者、主机厂商以及政府机关等大量主体均参与了汽车维修保养活动和历史车况信息的形成与保存过程。汽车历史车况信息是在相关主体参与社会经济活动的过程中形成的，具有一定的公开性，故历史车况信息不是对余某秘密活动的反映。汽车维修保养行为发生在经营场所即公共空间，不是余某具有控制权的私密空间，故历史车况信息不是对余某秘密空间的反映。公开汽车历史车况信息是二手车卖方的法定义务，且公开历史车况信息不损害余某的人格权益。隐私权是一种消极性、防御性的支配权，权利人可根据自身意愿排除不特定人群的干涉。因此，公开汽车历史车况信息属于二手车卖方法定的信息公开义务的范畴，二手车卖方必须向买方披露汽车历史车况信息，隐匿汽车历史车况信息可能依法承担相应的法律责任，余某不具有对汽车历史车况信息的防御性支配权，公开行为不会损害余某的人格利益。综上，历史车况信息自始不具备私密性，不属于隐私权保护范围。

第四，将汽车历史车况信息纳入隐私权保护范围将严重损害社会公共利益。在中国消费者协会历年发布的《全国消协组织受理投诉情况分析》中，汽车及其零部件类投诉始终位居投诉量首位。其中，隐瞒二手车车况问题是该类投诉中的重点、热点、难点。[①] 在二手车买卖过程中，历史车况信息属于买卖合同标的相关的重要事项，维修次数、维修部件、维修频率等信息是购买方做出是否购车决定的重要依据，对双方订立二手车买卖合同将产生重大影响。长期以来，一些经营者利用信息优势和技术壁垒，扰

---

① "投诉动态"专栏，中国消费者协会网站，https://cca.org.cn/tsdh/list/19.html，最后访问日期：2023年5月15日。

乱市场秩序、误导甚至欺骗消费者，不仅造成众多消费者的财产损失，更严重影响我国二手车市场的流通速度与交易质量。公开汽车历史车况信息是平衡交易双方信息不对称地位的重要手段，有助于减少与二手车交易相关的矛盾与纠纷，进而建立健全现代汽车流通体系。

汽车历史车况信息已被行政机关依法获取，属于公有领域信息。汽车历史车况信息关乎机动车运行安全、公众的人身安全和不特定消费者合法权益，涉及商务、工业和信息化等多个部门的行政监管职能。因此，机动车维修单位有义务将自己在服务过程中形成的数据依法保存并上传。该类信息属于公有领域信息，由全社会共享、共用。一旦将历史车况信息纳入隐私权保护范围，就意味着机动车所有权人这一主体可以将机动车历史车况信息作为私密信息进行"垄断"，并据此与有关国家机关的行政管理实践的形成直接对抗。因此，若将汽车历史车况信息纳入隐私权保护范围可能严重损害社会公共利益。

此外，开发利用汽车历史车况信息已形成行业惯例，A 公司 App 中的信息内容正确、数据来源合法。支付宝、58 同城、汽修宝、汽车之家、蚂蚁女王、车 300、华夏二手车、第一车网等 App 均可以提供车辆维保数据查询服务，并可查得与 A 公司 App 中的信息一致的数据信息。上述情况足以证明历史车况信息内容正确，且已经被各类市场主体进行广泛的商业开发和利用，并在二手车交易中起到重要的辅助作用。开发利用汽车历史车况信息已形成行业惯例。相关涉案车辆数据由两家市场主体向 A 公司提供。为优化用户体验，系统默认使用反馈速度最快的数据供应商。也就是说，A 公司从上述市场主体处获取非个人数据类的信息并加以开发、利用。上述相关市场主体均为汽车相关领域知名服务商，在合同文本中均已明确承诺相关数据来源合法且不侵犯任何第三方合法权益。

六　结语：司法判定背后的二元平衡

数字时代离不开大量的信息利用和流动，个人信息的依法收集和处理，促进数据有序利用、流动与共享，对网络信息科技和社会经济发展具有重要的促进作用。《中华人民共和国国民经济和社会发展第十四个五年规划和2035 年远景目标纲要》强调要"统筹数据开发利用、隐私保护和公共安全"，① 最高人民法院、国家发改委联合发布意见，强调要"把握好信息技术发展与个人信息保护的边界，平衡好个人信息与公共利益的关系"。② 而《个人信息保护法》在第 1 条便明确其保护个人信息权益、规范个人信息处理活动与促进个人信息合理利用的三重立法目的，③ 并非单纯禁止他人使用或排除他人侵害。探索数据合理使用边界，妥善处理好数据等新型利益保护与个人信息保护的关系，是我们需要面对的重要课题。

"大数据时代，个人信息保护绝不仅仅是制定个人信息保护法那么简单。"④ 如果无限扩张个人信息、隐私的范围，会阻碍信息的利用和流动，最终不利于数据经济和数字社会的发展。但与此同时，任由个人信息被采集和处理，则会背离司法保护的法治导向，将个人人格利益、公共利益与国家安全置于危险境地。划定数据合理使用边界，妥善处理好数据等新型利益保护与隐私和个人信息保护的关系，才能最大限度地激发信息的潜在价值，服务数据要素市场的创新发展。因此，各国隐私和个人信息保护的立法取向并不是单纯禁止他人使用或侵害，而是在个案中追求隐私、个人信息保护与利用之间的平衡。

在保护个人信息权益和确保数据安全的前提下，进一步完善二手车交易信息服务行业的规范发展，具有重要的现实意义。在车况信息利用的过

---

① 《中华人民共和国国民经济和社会发展第十四个五年规划和 2035 年远景目标纲要》，中国政府网，http://www.gov.cn/xinwen/2021－03/13/content_5592681.htm，最后访问日期：2023 年 5 月 15 日。

② 《最高人民法院、国家发展和改革委员会关于为新时代加快完善社会主义市场经济体制提供司法服务和保障的意见》（法发〔2020〕25 号），最高人民法院网站，https://www.court.gov.cn/zixun-xiangqing-242911.html，最后访问日期：2023 年 5 月 15 日。

③ 《个人信息保护法》第 1 条规定："为了保护个人信息权益，规范个人信息处理活动，促进个人信息合理利用，根据宪法，制定本法。"

④ 周汉华：《探索激励相容的个人数据治理之道——中国个人信息保护法的立法方向》，载《法学研究》2018 年第 2 期。

程中，如果管控不当，匿名化信息就可能存在再识别的风险。可以预见，随着科学技术的发展与万物互联时代的到来，上述这些信息的再识别成本将明显降低。① 因此，有必要在上述业态中，建立严格的数据风险识别、评估、防范机制和信息披露机制，加强行业准入管理，严禁再识别行为，引入隐私计算等新兴技术，从而实现个人信息全生命周期保护。在万物互联互通的网络时代，物与物、物与人的联系更加紧密，当信息以数字化形式呈现，其性质的界定更加具有不确定性和不稳定性，潜在的识别风险更加不可控。取决于此，司法裁判在上述多重价值的平衡中发挥着重要作用。司法实践相较于立法，存在对社会发展中所产生的各类争议事实及时评价的职责和功能。正是该职责和功能，及时为立法的贯彻提供了重要的抓手。正如本文对车况信息一案的展开分析，在个人信息保护中既需要司法裁判回应权益保护，充分彰显我国立法的人民立场；又需要不断通过前沿案件的审理，及时回应技术发展，积累宝贵的裁判经验与方法论，为中国式现代化提供与时俱进的司法保障与服务。

---

① 王利明、程啸：《中国民法典释评·人格权编》，中国人民大学出版社，2020，第 431 页。

数字化改革背景下个人信息
保护公益诉讼研究*

韩振文　孙泽健**

【摘　　要】数字时代各种网络信息技术迅速发展，并广泛应用于司法实践。《中华人民共和国个人信息保护法》自 2021 年 11 月 1 日起施行，确立检察机关可以依法向人民法院提起诉讼。个人信息除了具有人格属性和财产属性之外，还具备社会公共属性新内涵。个人信息属性新内涵符合检察机关公益诉讼的目的，个人信息保护职责属于检察机关监督范围，并且在个人信息保护方面具有特殊要求。当前检察机关在个人信息保护方面面临困境：案件来源单一，个人信息损害修复难；起诉条件的实体和程序规定不合理；行政机关职权定位不明确，检察建议效果形式化。检察机关作为法律监督机关，应当在公益诉讼领域厘清案件来源，适用惩罚性赔偿责任；规范提起公益诉讼的条件；明确行政机关职责权限，增强检察建议针对性。以此完善相关法律制度，提供个人信息保护的检察力量，助力数字化改革顺利推进。

【关键词】检察机关；公益诉讼；个人信息保护；数字化改革；社会公共属性

数字化是当前全球发展的最强驱动力之一，2021 年起浙江省围绕"数

---

* 2016 年度教育部人文社会科学重点研究基地重大项目"大数据时代下的司法理论与实践研究"（项目编号 16JJD820004）；浙江工商大学"数字+"学科建设管理重点项目"数字时代'认知法学'创新研究"（项目编号 SZJ2022B019）。

** 韩振文，浙江工商大学法学院副教授、硕士生导师；孙泽健，浙江工商大学法学院硕士研究生，遂昌县人民检察院检察官助理。

字浙江"等关键词，全力以赴推行数字化改革，撬动社会各领域各方位全
新发展，将数字化技术、思维、认知统筹结合，全方位系统性重塑政治、
社会、经济、文化等各方面，以"数字+"赋能各地各部门一体化、现代
化。依托数字化改革这个时代机遇，检察机关创新推动数字检察，不仅是
将手段革新、工具升级，更是在整体上推进"数字赋能监督，监督促进治
理"的法律监督模式重塑变革。涉及公民个人信息的领域社会关注度高，
公益诉讼检察自我国《个人信息保护法》施行后增加个人信息保护领域。
检察机关要自觉以"数字检察"推进公益诉讼检察，通过大数据技术在个
人信息保护领域深度应用，使得线索发现更容易，调查手段更便利，从而
将公益诉讼检察向多元、纵深推进，更有力实现对社会公共利益的保护。

　　数字时代，随着网络信息技术的不断发展，信息处理者对个人信息的
收集、存储、使用、加工手段的隐蔽性不断加强。中国互联网协会公布的
《中国网民权益保护调查报告（2021）》显示："近一年来，因个人信息泄
露、垃圾信息、诈骗信息等原因，导致遭受的经济损失人均 124 元，总体损
失约 805 亿元；七成左右的网民个人身份信息和个人网上活动信息均遭到泄
露。"公民个人信息具有人格性和财产性特征，如果任由个人信息被非法获
取、出售泄露，必然会损及社会公共利益。探索建立检察机关提起公益诉
讼制度，是党的十八届四中全会作出的一项重大改革部署，也是以法治思
维法治方式推进国家治理体系治理能力现代化的一项重要制度安排，更是
基于检察机关作为国家法律监督机关的宪法定位而新增加的一项检察职
能。① 我国《数据安全法》第 1 条②体现国家保障数据安全，维护个人、国
家利益的目的。《网络数据安全管理条例（征求意见稿）》中对数据的分级
保护表明国家对个人数据安全的重视。2021 年 11 月 1 日起正式施行的《个

---

① 参见高杰《检察公益诉讼制度若干问题思考》，载《法治研究》2021 年第 1 期。
② 《数据安全法》第 1 条规定："为了规范数据处理活动，保障数据安全，促进数据开发利用，
保护个人、组织的合法权益，维护国家主权、安全和发展利益，制定本法。"

人信息保护法》第 70 条①将个人信息保护纳入检察公益诉讼法定领域。在新的历史起点上，数字化改革针对司法中堵点痛点难点问题，要求进一步推动政法工作高质量发展。因此本文旨在说明数字化改革背景下个人信息属性除具有人格属性和财产属性外，还拥有社会公共属性，接下来分析个人信息保护公益诉讼由检察机关提起的必要性，进一步探析当前实践中个人信息保护公益诉讼在检察机关层面面临的困境，最后提出完善的三点意见。

一 数字化改革背景下个人信息属性探析

随着互联网技术的发展，数据和信息载体及相关领域日趋丰富，个人信息种类越来越多，个人信息的内涵也在发生变化。② 原有的客体范围不断扩张，例如搜索记录、浏览记录、购物记录等个人信息，可以产生商业价值，对社会公众形成反向识别和影响，并且该类影响通常在当事人不知情的情况下进行。传统简单的个人信息保护模式不符合当前个人信息保护要求，数字时代下个人信息呈现出社会公共属性的新内涵。必须坚持系统观念，运用系统方法，统筹个人信息保护和数字化改革之间全景和局部、远景与近期等关系，通过区分个人信息、隐私和数据，完善相关法律制度，助力数字化改革顺利推进，从属性出发探寻对个人信息的有效保护。

（一） 个人信息、隐私与数据界定分析

当今信息技术迭代发展，对经济社会产生重大影响，为了完善相关法律制度，必须界定好隐私、信息、数据三者的关系，准确对个人信息提出针对性保护。我国《民法典》第 1032 条第 2 款规定，"隐私是自然人的私

---

① 《个人信息保护法》第 70 条规定："个人信息处理者违反本法规定处理个人信息，侵害众多个人的权益的，人民检察院、法律规定的消费者组织和由国家网信部门确定的组织可以依法向人民法院提起诉讼。"

② 参见程啸《民法典编纂视野下的个人信息保护》，载《中国法学》2019 年第 4 期。

人生活安宁和不愿为他人知晓的私密空间、私密活动、私密信息"，这种"私人生活安宁"和"私密空间、私密活动、私密信息"的"1+3"模式即现行法中关于隐私的基本界定。① 私密空间、私密活动、私密信息以及私人生活安宁属于事实状态。而个人信息是对事实进行表达的一种存在形式，具有直接或者间接的可识别性，为人与人建立社会交往的基础，这和隐私的功能存在一定区别。从数据角度来看，数据是信息的表现形式，两者是形式和内容的关系。虽然两者所处层次不同致使区别明显，但是两者又是紧密相连的。因此在对数据进行利用的时候要考虑其内部的个人信息，应当确保进入流通领域的数据是去除可识别性的数据。因个人信息能够被商业化利用，公民对于数字化改革的过程中应当有效保护的个人信息具有个人信息权，但是个人信息权要兼具消极防御、防止个人信息被侵犯的功能，这对个人信息的规范使用具有重要影响。

（二）传统个人信息属性

1. 人格属性

个人信息所形成的数据显现出一定程度的人格属性，个人信息与人格密不可分，并且依附于主体而存在，具有可识别的特征，能体现出一个人的人格特征，与人格紧密相连。人格属性体现的是与主体不可分离的非财产性属性，注重保护的是人之内在价值。每个人拥有的单一信息，例如在一次购物消费中购买了一件商品，该条信息独立来看没有太大的可利用价值，但是单独的信息经过一系列技术加工可以和完整的个人信息相互转化，碎片式的个人信息在经过汇总、整合后具备一定可识别特征，信息处理者通过一系列手段可掌握某一方面或者多方面的特征。通过一系列技术手段，信息处理者可以模拟信息主体的各种类型信息，甚至可以模拟信息主体的生活环境以及其他个人信息、隐私。例如，信息处理者如果拥有某个信息

---

① 参见申卫星《数字权利体系再造：迈向隐私、信息与数据的差序格局》，载《政法论坛》2022年第3期。

主体的家庭情况信息、出行信息、学历信息，再根据其购物信息、交友信息等，通过技术手段进行排列组合、比对分析，再做出辨别判断，各种类型的信息经过技术处理后会体现一定精神价值，呈现一个具有完整人格尊严的人。涉众型个人信息相关犯罪的行为人随意收集信息，并且在收集之后使用甚至篡改、买卖个人信息，不仅侵犯了个人信息权，也是对他人人格尊严的损害。

2. 财产属性

数字时代，信息技术快速发展给各行各业带来了翻天覆地的变化，如果拥有海量数据，通过相应技术手段可以对拥有的数据进行判辨、完善，对于未来某种可能发生的情形可以做到精准预测，使个人信息体现出足够的商业价值。个人信息在不同的经营者和其他经营主体之间共享、流通，从而实现个人信息的商业价值。为了实现更大的商业价值，大部分经营者或经营主体，通过掌握特定消费者或消费群体的消费信息，对消费信息进行收集、分析、整合，判断消费者的消费偏好，通过判断结果为特定消费者提供定向推荐服务。例如网购平台利用大数据和 AI 算法，根据用户喜好定向推送用户感兴趣的内容。除此之外，违法收集个人信息的情况时常发生。以浙江省 S 县真实案例为例，信息处理者以提供免费课程等理由加入家长微信群并收集信息，后将每条信息以 10 元至 50 元的价格贩卖给线上培训机构，贩卖信息 400 万余条，非法获利 1000 万元以上。数字时代的到来，给个人信息保护带来前所未有的挑战。在数字时代，公民个人信息保护具有紧迫性。2021 年 4 月 22 日最高人民检察院曾公布 11 件个人信息保护公益诉讼典型案例，其中有 10 件涉及非法收集、出售公民个人信息用于营利活动，例如在河南省龙华区，曾发生装饰装修行业泄露公民个人信息的事件，房地产公司工作人员泄露个人信息后，业主频繁受到装饰装修企业电话骚扰。这些案例表明在当前数字时代，存储、使用、加工公民个人信息具有一定商业价值，体现了信息的财产属性。个人信息本质上是一种具有人格属性的财产，人格与财产并非绝对对立，二者存在"交互地带"。目前私权依然可以被分为人身权和财产权两大类，但是随着社会发展、科技进步，人身权和财产权的权利内容也更为丰富，在个人信息领域，财产权和人身权之间的区别从绝对趋于相对。

（三）个人信息属性新内涵：社会公共属性

数字法治建设是数字化改革内容之一，法治建设层面包括立法、执法、司法、监督、守法几个大方面，为了深化法治建设，促进重要的体制机制流程再造、为法治建设构造良好数字底座，良好的数字法治建设对于各项流程的重要转变起到了重大支撑作用。英美法系将个人信息纳入"隐私权"理论和大陆法系将个人信息纳入"一般人格权"理论都体现出私法领域对个人信息的保护，个人信息带有明显的私益属性。[①] 但从另一个角度看，因生活交往、社会互动、公共利益等，信息共享成为常态，个人信息涉及公共利益，在数字时代该特征更加明显。数字时代，大量的信息存储平台及海量的数据处理使公民面临着信息泄露的危机，成为潜在的受害者，个案已然不能解决个人信息受到侵害这一社会性问题。[②] 侵犯公民个人信息只对公民个人的权利有影响，这是许多传统观点的表达，有人认为侵害公民个人信息不涉及公共利益。但是从检察机关目前公开的侵犯公民个人信息犯罪的相关案例中我们不难发现，不同责任主体收集个人信息时，范围已经扩大到不特定多数人，不再局限于特定人。前述案例中的信息处理者进入家长微信群收集信息，使受害者具有不特定的性质。公民个人信息泄露不仅会威胁公民个人人身安全，甚至会影响社会秩序稳定。

如今，个人信息被人们应用于各行各业，公民个人信息泄露涉及政府部门、学校、医院多方面不同领域，司法实践表明个人信息泄露与其他犯罪行为存在关联，例如敲诈勒索、电信网络诈骗等犯罪，这些犯罪通过获取公民个人信息来实施，对人身、财产甚至社会秩序都产生重大影响。2016

[①] 参见张新宝《从隐私到个人信息：利益再衡量的理论与制度安排》，载《中国法学》2015年第 3 期。

[②] 参见唐守东《网络时代个人信息保护的公益诉讼模式构建》，载《行政与法》2021 年第 1 期。

年曾发生"徐玉玉案"①，犯罪分子通过进入当年高考报名系统，植入木马病毒，获得了大量的考生信息，其利用获得的信息实施精准诈骗，造成重大社会危害。

数字时代，个人信息也可以成为一种战略资源，甚至可以影响国家安全。在当前时代背景下，银行卡账户信息、基因信息、工作信息等都带有一定敏感性。政府部门对个人信息收集、存储、传输、分析，也必须基于维护公共利益和规范公权力运行等受到必要限制。② 另外，我国《行政诉讼法》第 25 条第 4 款③、《民事诉讼法》第 58 条第 1 款④在条文最后均以"等"字结尾，赋予检察机关对个人信息进行保护的可能性，《个人信息保护法》正式实施证明个人信息在数字时代具有鲜明的公共利益的特征，值得检察机关提起个人信息保护领域公益诉讼。数字化改革是一场全方位、系统性的创新实践，需要将技术与制度深度融合。我们要加深对数字化改革的理解，把握个人信息中传统的人格属性和财产属性以及社会公共属性。在如今这个数字时代，大数据、云计算、区块链、元宇宙等技术贯通应用到经济、政治、文化等多方面的建设，在建设过程中，必然涉及对个人信息的分析、处理、预测，因此加强个人信息保护尤为重要。把握个人信息属性也是数字时代数字法治的内在要求，在数字化改革背景下对个人信息保护公益诉讼制度进行完善，需要将个人信息保护公益诉讼理论和数字技术实践进行结合，进而系统性构建完善相应理论体系。

---

① 《山东高院："徐玉玉案"二审裁定驳回上诉维持原判》，"环球网"百家号，https://baijia-hao. baidu. com/s？id＝1578573110705759209&wfr＝spider&for＝pc，最后访问日期：2023 年 8 月 15 日。

② 参见李蕾《涉公民个人信息公益诉讼检察的几点浅见》，载《检察日报》2021 年 5 月 6 日，第 7 版。

③ 《行政诉讼法》第 25 条第 4 款规定："人民检察院在履行职责中发现生态环境和资源保护、食品药品安全、国有财产保护、国有土地使用权出让等领域负有监督管理职责的行政机关违法行使职权或者不作为，致使国家利益或者社会公共利益受到侵害的，应当向行政机关提出检察建议，督促其依法履行职责。行政机关不依法履行职责的，人民检察院依法向人民法院提起诉讼。"

④ 《民事诉讼法》第 58 条第 1 款规定："对污染环境、侵害众多消费者合法权益等损害社会公共利益的行为，法律规定的机关和有关组织可以向人民法院提起诉讼。"

二　检察机关提起个人信息保护公益诉讼的必要性

公益诉讼是指在公共利益受到非法侵害或减损时，为保护公共利益或恢复、补偿受到非法侵害或减损的公共利益，由一定主体根据法律规定向法院起诉，法院进行审理并作出判决的特别程序制度。[①] 数字化改革坚持以数据驱动替代主体驱动，对治理体制机制等进行全方位系统性重塑。个人信息保护在重塑体制机制过程中面临更大的挑战，当前公益诉讼可以更好地保护公民个人信息，个人信息保护职责属于检察机关监督范围，考虑个人信息保护注重预防性的特殊要求，因而检察机关提起个人信息保护公益诉讼具有一定必要性。

（一）公益诉讼可以更好地保护公民个人信息

"公益诉讼"顾名思义就是要保护公共利益，检察机关对当今社会发展中面临侵害的公共领域提供救济，以保护社会公共利益和国家利益为根本出发点和落脚点。当前新一轮科技革命，形成了"万物数字化，一切可计算"的局面，形成了涵盖生活方方面面的数字化生态。[②] 在数字时代，政府自动决策或者利用大数据进行预测分析的核心技术在于算法自动化决策。自动化决策过程中可能存在算法滥用、算法歧视、算法霸权等问题，产生一系列不良后果。数字时代个人信息涉及公共利益，信息处理者收集个人信息的范围不局限于特定人，而是已经扩大至不特定多数人。不特定多数人可能会成为信息泄露的潜在受害者。另外，侵犯公民个人信息涉及各个领域，可能会引起各类违法犯罪行为，对公民人身财产安全造成重大威胁，影响社会秩序。行政机关职能涉及国家众多领域，管理任务繁重，敏感信息泄露会对国家安全产生重大影响。

---

① 参见赵许明《公益诉讼模式比较与选择》，载《比较法研究》2003 年第 2 期。
② 参见马长山《数字法治政府的机制再造》，载《政治与法律》2022 年第 11 期。

检察机关公益诉讼范围增加个人信息保护,可以防止违法犯罪活动更加猖狂,保护公民工作生活和公共利益免受侵害。当前司法实践中,侵犯个人信息从局部看侵犯的是公民个人利益,但是这种侵犯逐渐演变为侵犯社会公共利益,展现出规模化特征。针对侵犯个人利益到侵犯公共利益但没有适格原告的问题,我国设立了检察公益诉讼制度,该制度设立的初衷正是更好地保护国家利益和社会公共利益。公益诉讼在实际功能上能依托数字政府生成的数字法治机制,转化成可视化、数字化的数字监督模式。公益诉讼的理论制度研究也在实践发展过程中不断深化完善,随着经验的丰富,目前检察公益诉讼制度可以保护的领域越来越多,公共利益保护体系也在逐渐加强。公民个人信息具有社会公共属性,与社会秩序和公共利益密切相关,因此《个人信息保护法》第 70 条规定将个人信息保护纳入检察公益诉讼法定领域,符合公益诉讼目的。

(二) 个人信息保护职责属于检察机关监督范围

数字时代,平台化特征是一个重要的表现形式。在社交娱乐、社会服务、商品营销等方面形成了平台居中的双边市场。[①] 互联网技术的快速发展以及网络与社会生活的高度融合,使平台治理过程中的个人信息保护挑战日益严峻。[②] 宪法赋予检察机关法律监督的职能,在该职能下检察机关通过公益诉讼制度介入互联网个人信息保护领域具有必然性和可行性。检察机关在保护个人信息方面也可以展现出自己独特的作用。具体而言,检察机关进行个人信息保护公益诉讼主要有两条路径,第一条路径是支持其他组织、个体提起民事公益诉讼,或者在缺少相关主体的情况下作为原告提起相关的民事公益诉讼。第二条路径是提起行政公益诉讼,在当前制度下,第一条路径中提到的其他组织、个体不能提起行政公益诉讼,检察机关是唯一适格的原告。检察机关可以提起行政公益诉讼,是由其法律监督的宪

---

① 参见马长山《数智治理的法治悖论》,载《东方法学》2022 年第 4 期。
② 参见屠春含、马方飞《检察公益诉讼保护公民个人信息若干问题探析》,载《中国检察官》2020 年第 8 期。

法地位所决定的。^① 检察机关可以进行公益诉讼法律监督的范围和行政机关行使职权的范围高度重合，换句话说，检察机关对于行政机关开展工作的领域都可以进行监督，其中囊括了文化、教育等多方面，同时也包括管理职能、执法职能。个人信息保护监管职能分散在不同的行政主管部门中，这在多部法律中有所体现，例如《个人信息保护法》《消费者权益保护法》《网络安全法》等。近年来，加强个人信息保护的声音不断增多，检察公益诉讼制度可以通过完善相关法律法规、规范流程来解决问题。由于个人信息具有一定社会公共属性，检察机关法律监督职能可以打破原有的部门领域阻隔，智能联动，对类似情况利用职权合理监督，实现精准治理。面对行政机关作为或不作为的行为导致公民个人信息遭受到侵害的情况，检察机关利用法律监督权进行检察公益诉讼，可以保护社会秩序甚至国家利益免受损害，更好地落实检察机关利用公益诉讼保护公民个人信息的职责要求。

（三）个人信息保护要求具有预防性

个人信息保护要求平衡信息主体和信息处理者之间的关系。很多算法设计具有隐蔽、不透明的特征，人们"无法看清其中的规则，无法提出不同意见，也不能参与决策过程，只能接受最终的结果"。^② 一方面，个人信息保护要求信息主体在其与信息处理者的关系中不再处于"弱势地位"；另一方面，不能对信息处理者处理公民个人信息的权力进行过度限制。当下个人信息保护强调私法和公法并重。个人信息保护案件中收集或泄露信息只是侵权链上的一个中间环节，有的行为产生了实质损害，有的行为尚未产生实际损害。从通常情况来看，信息的收集、使用都是成规模的，受害者主体具有群体性特征。私法在保护范围上划定了一定边界，但是当私法

---

① 参见胡卫列《论行政公益诉讼制度的建构》，载《行政法学研究》2012 年第 2 期。
② 〔美〕卢克·多梅尔：《算法时代：新经济的新引擎》，胡小锐、钟毅译，中信出版社，2016，第 139～140 页。

无法有效保障一些基本权益的时候，可由刑事司法、行政司法及时跟进，修复被破坏的社会关系，因此私法保护具有基础性特征，刑事司法与行政司法具有保障性特征。个人信息保护强调预防性，在强调预防性这个前提下，仅依靠私法或者仅依靠行政司法、刑事司法都不足以对个人信息起到完善的保护作用。仅依靠私法救济会存在威慑力不足的情况，而且依赖私法救济，救济的时间往往滞后，导致个人信息无法得到最有效的保护。行政机关存在部门众多、职能分散的特点，不利于个人信息保护，刑事法律对国家机关介入提出了更高的要求。在当前数字时代，单独运用私法或公法的保护方式显示出不足，具有局限性。只有私法、公法相互协力配合，才能更好地推进个人信息保护。

检察个人信息保护公益诉讼制度可以很好地满足个人信息预防性保护的要求。数字时代，检察机关可以运用数字技术更好地履行法律监督职能，用信息化驱动个人信息保护检察监督效能提升，形成合力，更加有效地保护公民个人信息。当下"个人信息收集的非直接性和再次利用的聚合性以及不当收集、使用个人信息等非法行为的公共利益危害性"[①]，导致公民个人难以对自己的个人信息享有绝对的支配权。普通民众的个人信息保护不能仅依靠国家、社会、公民一方，而是需要三方相互配合，公益诉讼制度在其中具有足够的作用发挥空间。在检察机关利用公益诉讼保护公民个人信息时，公民并非完全处于被动状态，公民依然可以通过信息处理者侵犯个人信息而提起相应诉讼维护自身权利。检察机关在进行公益诉讼的时候既能对责任主体起到威慑作用，也能监督相关行政机关积极履行自身职责，依靠技术底座，凭借数据和算法驱动形成治理机制，保护公民个人信息免受侵害。检察机关通过个人信息保护公益诉讼制度为更加科学地提升数字化应用品质提供了新的可能。在数字时代，通过大数据分析进行公共政策制定比以往任何时候更重要，提升公民个人信息保护重要性认识，切实保

---

① 洪浩、赵祖斌：《个人信息保护中检察公益诉权配置的根据》，载《内蒙古社会科学》（汉文版）2020 年第 6 期。

障民众的安全感，维护公共治理公平正义显示出必要性。

三　个人信息保护公益诉讼现实困境

随着个人信息的含金量逐渐提高，个人信息面临着越来越多的泄露危机，给不法分子提供可乘之机。立法机关、行政机关、司法机关以及社会组织、媒体舆论等各方力量，已经越来越意识到个人信息保护的重要性，利用技术手段不断提升社会治理能力水平。当前数据平台作为检察机关实施公益诉讼的重要载体，以数据共享、资源集合为主导，并以综合指挥、属地管理、全科网格、运行机制为支撑，形成全域覆盖、功能集成、工作协同的基层治理体系。[①] 但是在当前司法实践中，检察机关在个人信息保护公益诉讼中面临困境：案件来源单一，个人信息损害修复难；起诉条件的实体和程序规定不合理；行政机关职权定位不明确，检察建议效果形式化。因此有必要通过完善相关法律弥补当前存在的制度漏洞，使作为公共利益代表的检察机关充分保护国家利益和社会公共利益。

（一）案件来源单一，个人信息损害修复难

截至 2022 年 1 月，在中国裁判文书网以"公民个人信息"为关键词在民事领域搜索，共找到民事案件 509 件，排除民事裁定共有判决书 416 份；在刑事领域搜索，共找到刑事案件 15338 件。除此之外，以"个人信息"和"公益诉讼"为关键词搜索，仅有刑事案件 199 件、民事案件 13 件、行政案件 26 件，案件量小，检察公益诉讼依然存在很多理论和实践上的空白之处。在个人信息保护案件中，检察院作为起诉主体占据绝对比重，虽然在数字化改革进程中检察机关践行"个案办理—类案监督—社会治理"的法律监督路径，但是案件线索大多来自检察机关办理刑事案件或开展专项

---

① 参见《"四个平台"创新社会综合治理平安建设深入人心》，余杭晨报网，http://yh-cb. eyh. cn/html/2017-12/25/content_7_3. htm，最后访问日期：2023 年 7 月 5 日。

法律监督行动的过程中，变相导致普通民众参与机会少，从侧面反映出个人信息保护公益诉讼案件来源单一，拓展案件线索来源问题不容忽视。当前检察机关针对公益诉讼案件的案件线索来源，尤其是基层检察机关仅能依靠自然人、法人和非法人组织控告、举报，在办案中发现以及在履职过程中发现。更多依靠办案履职中发现可能会导致检察机关在个人信息保护公益诉讼领域存在监督线索匮乏、群众参与度不高等短板，这会导致个人信息保护公益诉讼数量少、质不高而有所虚化。

个人信息受到侵犯后的恢复存在一定困难，大数据预测和算法主导决策使我们正处于"所有的数据都由我们自身产生，但所有权却并不归属于我们"[①] 的格局。普通公众无法知悉自身有多少信息被收集，以及信息被收集到何种程度。个人信息被侵犯后难以恢复被侵犯前的原始状态。通过检察公益诉讼制度，给予信息处理者罚金、没收违法所得等不是公益诉讼的最终目的，最终使个人信息在大数据预测和算法主导决策中得到有效保护、弥补保护过程中的不足是个人信息保护公益诉讼的最终目的。[②] 然而，个人信息在受到侵害的情况下，难以达到损害前的状态。《民法典》明确规定了承担民事责任的方式，包括停止侵害、排除妨碍、消除危险等 11 种。但是在实践过程中我们可以发现，针对网络上信息泄露的问题，很难做到"恢复原状"，信息泄露之后我们很难实现信息回收，《民法典》中的 11 种方式虽然能够对责任承担起到一定作用，但是不足以完全有效。信息处理者"赔偿损失"的手段固然可以对信息处理者起到一定作用，但是公民个人信息的价值缺少一定衡量标准，信息主体和信息处理者对金额认定也会产生争议。

（二）起诉条件的实体和程序规定不合理

起诉条件具体是指相应主体何时可以提起个人信息保护公益诉讼以及

---

① 王天一：《人工智能革命：历史、当下与未来》，北京时代华文书局，2017，第 184 页。
② 参见程光《公民个人信息保护公益诉讼的架构》，载《人民检察》2021 年第 10 期。

侵犯个人信息的行为达到何种程度可以被认定为对社会公共利益造成损害。《最高人民法院、最高人民检察院关于检察公益诉讼案件适用法律若干问题的解释》（以下简称《公益诉讼司法解释》）对起诉条件提出两个要求：一是在第 14 条规定提供被告的行为已经损害社会公共利益的初步证明材料；二是在第 22 条规定提供被告违法行使职权或者不作为，致使国家利益或者社会公共利益受到侵害的证明材料。起诉条件不明确容易导致个人信息保护效果受限，对于公民个人信息保护公益诉讼而言，个人信息一旦被非法获取或遭到其他形式的侵犯，造成的损害后果便无法消解。[①] 当前自动化决策中算法滥用等问题导致个人信息被侵犯更加具有隐蔽性，检察机关在处理个人信息被侵犯的案件时，往往具有一定滞后性。

起诉要求提供社会公共利益初步造成损害的证明材料，即起诉人仅能对已经发生的损害社会公共利益的情形提起公益诉讼。个人信息保护具有预防性的特殊要求，必须要求以"事前预防"为主，辅之以必要的"事中救济"和"事后弥补"。个人信息保护公益诉讼要求初步证明已经损害社会公共利益，否定"可能损害"社会公共利益的事实，容易造成严重后果。在数字时代，侵害行为可能伴随着人们的衣食住行和生活习惯而存在，而这些生活习惯、行为模式在数字化进程中转化为数据存在，个人对自己产生的信息、数据的使用情况缺少控制能力，在造成公共财产损失或者公共安全受到威胁前就已经产生侵害行为。一方面基于新业态管理的需要，另一方面又受政府能力限制，"给平台加责任"的监管方式使平台不仅成为一个庞大的"商业帝国"，还享有规则制定权、审查权、管理权和处分权，具有明显的"准公权力"特征。[②] 此时，各类平台算法歧视、"大数据杀熟"现象会随之出现。《个人信息保护法》第 44 条[③]认定公民应当对自己的个人信息享有支配和控制的权利。然而随着技术发展，个人对自己的信息控制

[①]　参见程光《公民个人信息保护公益诉讼的架构》，载《人民检察》2021 年第 10 期。

[②]　马长山：《数字时代的人权保护境遇及其应对》，载《求是学刊》2020 年第 4 期。

[③]　《个人信息保护法》第 44 条规定："个人对其个人信息的处理享有知情权、决定权，有权限制或者拒绝他人对其个人信息进行处理；法律、行政法规另有规定的除外。"

能力也在随之减弱。例如，南昌市人民检察院委托专业检测公司对本地企业开发的"贪玩蓝月""魔题库"等6款App进行检测，发现上述App均存在违法违规收集公民个人信息的情形。但是当前用户在接受网络服务商提供的服务时，通常需要勾选相应协议或者强制要求填入个人信息进行注册，纵然可不填入个人信息，却可能导致无法正常使用网络服务。用户在勾选了协议或者注册了相关信息后相当于默认网络服务提供者可获取我们的个人信息，个人信息在勾选相应条款时已存在被侵害的风险。① 另外，在当前司法实践中，如何量化受害人人数主要依托于刑事案件本身，对于如何认定侵犯"众人"未有明确规定。《行政诉讼法》第25条中虽然有"人民检察院在履行职责中发现"的表述，但是这会导致个人信息保护公益诉讼启动与否主要由检察机关决定，进而导致多数案件无法获得救济。同时诉讼成本高昂、举证困难也使个人在维权道路上受阻，面对大规模侵害个人信息的行为，传统私益诉讼难以全面保护个人信息权益。②

（三）行政机关职权定位不明确，检察建议效果形式化

当前我国行政监管体制对公民个人信息保护存在一定不足，监管效果难以达到预期。虽然在新兴技术革命推动下，产生了新型数字治理模式，有效预防和化解了社会风险，但是行政机关对于公民个人信息受到侵害的监管可能存在滞后性，信息处理者在处理公民个人信息的时候利用一系列技术手段更加具有隐蔽性，导致在公民个人信息被侵害的时候信息主体难以发觉，行政机关难以做到立刻监管。在面对影响力大的侵害公民个人信息案件时，此类问题会更加明显。在目前我国行政监管体制下，多个部门涉及个人信息的监管，例如公安机关、消费者权益保护部门、通信管理部门，容易产生职责推诿的情况，导致公民个人信息保护产生"真空地带"，各部门之间资源共享、协同水平还需要进一步提升，达到贯通协同的效果

① 《检察机关个人信息保护公益诉讼典型案例》，最高人民检察院官网，https://www.spp.gov.cn/spp/xwfbh/dxal/202104/t20210422_517106.shtml，最后访问日期：2023年11月25日。
② 参见杨立新《私法保护个人信息存在的问题及对策》，载《社会科学战线》2021年第1期。

还有一定差距。个人信息保护涉及对象多、领域广，实践中存在多个行政机关职责交叉或者职权定位不够明晰的难题。检察机关更应当合理利用检察建议，提升防范化解风险的能力，推动个人信息由不同行政机关合理保护，防止公民个人信息遭受侵害，妨害社会治理。

数字化改革下新型数智治理是数字政府建设的必然要求，检察机关将数字技术融入法律监督体系中，通过向行政机关制发检察建议的形式保护公民个人信息，但是可以发现，大多数行政机关不能很好地解决个人信息被侵害后带来的问题。一是类案监督较少。检察机关在诉前程序中也仅仅针对个案进行监督，致使个案的主体进行整改后不能对问题进行类案化处理，解决效果不佳。每案必建议给检察机关内部工作人员增添工作负担，同时也不利于同一问题得到根源性解决。要在数字法治政府建设过程中，履行法律监督职能，维护公平正义，防止数智治理流于形式。二是过于强调沟通协商。检察建议本身缺乏法定约束力，如果不与被建议单位协商会导致检察建议很难被采纳。但是过多与被监督部门沟通协商会减损检察建议效力，使制发检察建议成为一个"讨价还价"的过程。三是效力影响范围有限。部分行政机关怠于执行检察机关发出的检察建议，在期限将至时疲于应付在极短时间内解决检察建议涉及的问题，很明显这和公益诉讼制度初衷不符，违背立法本意。检察机关应在数字化改革之下践行好法律监督职能，提出优质检察建议，为数智治理提质增效。

四 个人信息保护公益诉讼完善

目前我国检察机关提起的公益诉讼主要分为行政公益诉讼和民事公益诉讼两大类，对于个人信息保护应当根据具体情况，具体分析选择何种检察公益诉讼。[①] 检察机关在履职过程中，如发现个人信息泄露严重，侵犯公

---

① 参见姜明安《检察机关提起公益诉讼应慎重选择诉讼类型》，载《检察日报》2017 年 2 月 22 日，第 3 版。

共利益的情形，应在立案后展开调查，通过调查取证对造成损害的原因进行分析判断，根据损害原因以及损害程度选择民事、行政公益诉讼或者刑事附带民事公益诉讼。根据不同种类确定相应程序，如提起民事公益诉讼，检察机关应当通过公告确认其他适格主体是否提起诉讼。如提起行政公益诉讼，检察机关应当在提起行政公益诉讼前对检察建议回复后进行跟踪调查，根据行政机关履职情况和公共利益受到救济情况综合判断是否提起诉讼。之后检察机关通过检察机关支持受损方向法院提起诉讼等四种形式参与公益诉讼。数字化改革核心是算法，面对海量的数据归集和处理，在检察机关公益诉讼基本框架下，具体完善措施如下。

（一）厘清案件来源，适用惩罚性赔偿责任

根据 2021 年 7 月 1 日起正式施行的《人民检察院公益诉讼办案规则》第 24 条[①]的规定，检察机关提起公益诉讼案件线索的来源主要有六类。弥补了先前检察机关公益诉讼案件办案指南规定的公益诉讼案件线索限于检察机关在履职中发现的情形的不足。在数字化改革背景下，检察机关公益诉讼部门应当充分运用"大数据+人工智能"等现代科技手段，全面构建新时代智慧检务生态，推进大数据、人工智能等前沿科技在个人信息保护公益诉讼检察工作中的应用。检察机关应当为公众提供优质检察服务，提高公民参与能力和参与质量。主动对接各业务部门，从各业务部门的案件中充分挖掘线索，尤其是侵犯公民个人信息相关刑事犯罪。刑事案件对于公益诉讼检察是一座"富矿"，拥有线索概率大，要形成机制化的情况通报和线索会商机制。在民事检察和行政检察部门中，从民事、行政裁判监督案件中找寻案件线索。另外还需要与相关行政监管部门对接建立问题共商等良性机制，提升全民数字素养，探寻多渠道发现案件线索，积极保护个人

---

① 《人民检察院公益诉讼办案规则》第 24 条规定："公益诉讼案件线索的来源包括：（一）自然人、法人和非法人组织向人民检察院控告、举报的；（二）人民检察院在办案中发现的；（三）行政执法信息共享平台上发现的；（四）国家机关、社会团体和人大代表、政协委员等转交的；（五）新闻媒体、社会舆论等反映的；（六）其他在履行职责中发现的。"

信息，共享数字红利。充分把握数字化改革这个时代机遇，建立数字时代权力运行和监督机制。

针对个人信息受到侵犯修复难的问题建议适用惩罚性赔偿。当前在个人信息保护领域并不存在惩罚性赔偿条款，此类案件处理以补偿性赔偿为主。建议在数字化进程中增加惩罚性赔偿解决侵犯公民个人信息行为的违法成本与收益不对等的问题。惩罚性赔偿的适用必须以法律为限，但是通过观察适用惩罚性赔偿的具体规定可以发现，适用惩罚性赔偿必须要求行为人具有主观恶性以及发生了严重的损害后果。个人信息的信息处理者侵犯个人信息主观恶性大，从中可获取巨大利益，严重损害社会秩序，符合相应法理要求。数字时代，补偿性赔偿虽然对信息处理者具有一定震慑作用，但是碍于单个个体损害小，存在被害人不能得到充分救济且信息处理者震慑作用不够而使普通民众继续受到"算法黑箱"侵犯的可能性。增设惩罚性赔偿可以起到惩罚侵权人或违约方的作用，并震慑潜在的企图侵犯公民个人信息的组织或个人，从实质上维护社会公共利益。

（二）规范提起公益诉讼的条件

检察机关依照宪法享有监督权，是法律监督机关，监督机关的职能和特征决定检察机关对个人信息保护制度不是全揽式的。[①] 在数字化改革背景下，要针对公益诉讼的特殊属性、内在逻辑等解决好私益和公益的关系，防止混同以及权力滥用。提起个人信息保护公益诉讼应当具备如下两方面条件。

一是违法处理个人信息。《个人信息保护法》对个人信息处理者的行为作了列举，总共有事前、事中、事后三个环节。事前主要包括个人信息处理者未获得个人或者其监护人明确同意等七方面内容；事中主要包括个人信息处理者对个人实行不合理的价格差别对待等九方面内容；事后主要包

---

① 付媛：《检察机关提起个人网络信息保护公益诉讼问题研究》，博士学位论文，天津师范大学，2020。

括个人信息处理者保存个人信息的期限超出处理目的所必需的最短时间。也就是说，个人信息处理者一旦在收集、存储、使用、加工、传输、提供、公开等任一环节存在上述违法处理个人信息、侵害众多个人的权益的行为，因涉及公共利益，检察机关有权依据相关规定提起公益诉讼。[①]

二是侵害众多个人的信息权益。《最高人民法院关于适用〈中华人民共和国民事诉讼法〉的解释》并没有对第58条中的"众多"进行解释。但是对于如何才算侵害"众多"受害人，可以参照消费者权益保护公益诉讼启动标准，不具体量化受害人，根据受害人的分布情况、实际受害人数、潜在受害人群等要素综合抽象考虑。也可以参考比较法上的经验，参照大多数国家从抽象角度认定。总而言之，应当对时间、空间、规模等联结形成的因素综合考虑。侵害众多个人信息权益代表着侵犯社会公共利益，社会公共利益的内涵在不断动态发展，一旦将其严格限制在法律明确规定的范围内就会使一些未被规定的"新利益"无法得到司法救济。[②] 不同层级、不同发展地区司法人员队伍存在专业素养参差不齐、个体认识差异等客观因素，会影响界定的能力和结果。[③] 因此，可以对侵犯"众多"公民个人信息进行界定的主体资格进行限制，能进行界定的主体应为省级法院和省级检察院。结合当地实践，总结办案经验为司法机关的工作提供借鉴和指导。

（三）明确行政机关职责权限，增强检察建议针对性

明确数字政府的核心是提升智能便捷的服务能力，为普通民众提供更多民生服务，实现各行政部门之间一体化协同、精准高效的数智治理体系。充分发挥相关行政部门优势，引导其加强监管力度，建立个人信息保护共同机制、多部门协同处理，从源头上加强对公民个人信息的保护。检察机关通过在案件中发现线索，对各个领域的企业以及相关组织制发检察建议，

---

① 参见张新宝、赖成宇《个人信息保护公益诉讼制度的理解与适用》，载《国家检察官学院学报》2021年第5期。

② 王佩玲：《民事公益诉讼受案范围研究》，硕士学位论文，兰州大学，2021。

③ 参见王佩玲《民事公益诉讼受案范围研究》，硕士学位论文，兰州大学，2021。

防止算法决策被用来推动、操纵、引导、约束人类行为。为避免"算法黑箱""算法错误"的情形，一方面，建议强化检察机关调查核实权，虽然《公益诉讼司法解释》第 6 条规定了检察机关在办理公益诉讼案件的时候可以行使调查核实权，有关行政机关以及其他组织、公民有配合义务。[①] 但是《人民检察院公益诉讼办案规则》第 35 条也对调查核实权进行了限制，人民检察院不得采取强制性措施。检察机关调查核实权的刚性程度决定了诉前检察建议的效力，决定着诉讼程序的成败，更关系到公共利益是否最终可以得到及时维护。[②] 检察机关可以积极创新，借鉴《民事诉讼法》《行政诉讼法》的规定对相关证据进行保全。个人信息保护案件专业性强，还可以通过具有专门知识的人运用成熟的技术进行辅助，增强调查核实的能力。当前《公益诉讼司法解释》缺少阻碍调查核实的责任，这样会导致公益诉讼保护效果大打折扣。在检察机关调查核实的过程中，要增强被调查人的配合义务，参考《民事诉讼法》规定的法院可以对不配合调查的组织、个人作出罚款拘留等处罚，建议检察机关增强类似强制性权力，确保多方位地掌握案件线索证据，保证在个人信息遭受侵害导致公共利益受损的第一时间解决问题，避免错过最佳时机而导致更多利益受损。

另一方面，在检察建议方面提质增效。确立数字法治思维，检察建议应当有确凿的事实证据、明确和清晰的意见、合理可行的建议。检察建议要增强说理性，让行政机关意识到问题所在、避免个人信息和算法被滥用。保证检察机关的权威性，充分发挥行政机关能动性，促使行政机关主动纠正违法行为和履行监督职责。若行政机关在给定期限内不加以改正，再提起行政公益诉讼督促其实施。探索运用"解析个案、梳理要素、构建模型、类案治理、融合监督"大数据监督方式，深挖业务痛点难点，此外还可以在办理案件过程中集中司法与执法力量，整合数据，打破"数据孤岛"的局面，通过数据与信息集成，形成科学高效的分析处理、应急预案、科学

---

① 参见邵俊《个人信息的检察公益诉讼保护路径研究》，载《法治研究》2021 年第 5 期。

② 参见李会勋、刘一霏《行政公益诉讼诉前程序之完善》，载《山东科技大学学报》（社会科学版）2019 年第 6 期。

决策机制，实现数据"越用越多""越用越活"的价值闭环，共同解决某一领域内问题，满足保护公民个人信息安全的需求。

五 结语

《个人信息保护法》施行和个人信息保护公益诉讼制度适应了数字时代个人信息保护的要求，对于保护公民个人信息、规范个人信息合理运用具有重要意义。《个人信息保护法》的施行在理论上满足了公众价值观的要求，使个人的信息权益得到一定保护。市场经济运作过程中个人信息的价值越来越重要。随着技术不断发展，侵害行为逐渐隐蔽，个人信息被违法使用的情况逐渐增多，表明当下个人信息保护的紧迫性和重要性。毋庸置疑，在数字时代，技术促使生活现代化、智能化，技术在带来快捷便利的同时也导致个人信息泄露的安全隐患。数字化改革不断持续加大在各领域全面探索数字化的力度，统筹利用数字化思维，把数字化、一体化、现代化融合到政治生态、社会经济、自然文化等各方面，以数字技术为手段、以制度创新为途径、以协同高效为体现、以整体智治为目的，改革旧生产模式，引领产业创新发展，激发社会发展新活力。作为顶层制度设计，公益诉讼已在实际运用中落地，探索"数字+诉讼"新模式，处理好个人信息保护领域公益诉讼中存在的不足之处，有利于探索具有中国特色的公益司法保护制度。一是社会文明发展程度越高，对公益诉讼的需求越大。公益诉讼需求的"量变"引起对技术需求的"质变"，个人信息安全保护技术弱而遭受侵害，将导致公共利益受损后果严重，进一步损害政府公信力。二是完善相关制度，预防个人信息泄露。以检察机关所办案件为考量，为了解决社会个体举证困难、诉讼成本高等问题，必须加强完善个人信息保护检察公益诉讼相关制度，督促行政监管部门加大对主管领域的监管力度。以制度推进、技术保障为抓手，革新现有规范体系，线下转为线上、行业自律转为科技约束，以技术对抗技术，预防违法收集、存储、使用个人信息，最终达到保护公共利益的目的，成为数字化改革构建整体智治体系的重要组成部分。三是试点探索到法律固化，解决网络个人信息侵害问题。公益诉讼制度的推出是司法能动在个人信息保护方面的有效探索，尤其是面对个人信息在互联网环境中遭到侵害时。但仅以制度保障已不能最大化保护公共利益，公益诉讼的数字化尚在起步阶段，从试点到推广，纵深推进检察机关数字化改革，对政府机关、企业单位和社会个体都有深远的意义。当然，在未来对于个人信息保护，理论与实务界应展开双向合作，更积极探索保护个人信息的方式，以此回应社会大众的殷切期盼。

社交账号继承问题探讨*

张 融**

【摘　要】随着互联网技术的快速发展，社交账号用户不断增多，由此社交账号继承问题不可避免。当前，我国立法并未明确规定社交账号的继承，因此，承认社交账号继承的学说与否认社交账号继承的学说成为解决社交账号继承纠纷的重要参考理论。然而，由于利益维护侧重点的不同，两种学说均存在先天的障碍，这严重影响两种学说在实践中顺利实施。通过分析发现，障碍存在的主要原因在于两种学说均将社交账号利益视为一个整体。因此，唯有将社交账号进行分离，才能破除两种学说中存在的障碍。在此情况下，社交账号本身应可继承，而社交账号内容应不可继承。

【关 键 词】社交账号；继承；隐私利益；财产利益

随着互联网技术的不断发展，我国社交账号用户不断增多。据统计，截至 2022 年 6 月，仅就即时通信用户而言，人数即达到 10.27 亿人，较 2021 年 12 月增长了 2042 万人，占网民整体的 97.7%①。即时通信是社交账号依存的重要载体，但社交账号并不完全存在于即时通信中，其还可能存在于搜索引擎、网络购物平台等载体之中。这意味着实际的社交账号用户

---

*　2020 年广西哲学社会科学规划研究课题"数字遗产继承的法律制度研究"（项目编号：20FFX007）。

**　张融，广西师范大学法学院副教授，法学博士。

①　《第 50 次〈中国互联网络发展状况统计报告〉》，中国互联网络信息中心网，http://www.cnnic.net.cn/n4/2022/0914/c88-10226.html，最后访问日期：2022 年 9 月 14 日。

将超过 10.27 亿人。当这些社交账号用户逝世时，社交账号①的继承将成为一个不可回避的问题。可以预见的是，面对数量如此庞大的用户群体，社交账号继承在未来将是常见的继承纠纷。事实上，在一些国家，已有类似的案件发生，影响较大的案件如美国的"雅虎邮箱继承案"，德国的"Facebook 账号继承案"等②。为了解决日益增多的社交账号继承纠纷，2014 年7 月，美国统一州法委员会通过了《统一受托人访问数字资产法》，提出了社交账号等数字遗产继承的解决方案。与此同时，在美国特拉华州，其众议院通过了《数字访问与数字账号委托访问法》，更为全面地规定了社交账号等数字遗产的继承。

在我国，亦出现要求继承社交账号的案例，如"沈阳王女士要求继承QQ 账号案"③ 等。面对日益增多的新型财产权益继承纠纷，我国《民法典》继承编在第 1122 条中改进了遗产继承的规定，将原有的"列举+兜底式"的规定改为概括式的规定，从正反两面分别规定可以继承的遗产和不可继承的遗产。这将使一部分新型财产权益的继承得以被承认。然而，立

---

① 作为本文研究对象的社交账号，主要是指用户用于社会交往的网络账号。此种账号不仅是一串数字组合，而且还包括存储于账号内的各种社交信息。现实中，一些社交账号具有支付功能，用户会将货币存入该账号中，形成电子货币。由于此种货币的主要功能不是社交，且其在继承上无障碍，因此本文所研究的社交账号继承问题，不包含社交账号中电子货币的继承问题，而仅指社交账号本身及账号内的社交信息的继承问题。日常生活中，较为常见的社交账号有微信、QQ、微博账号等。

② 美国的"雅虎邮箱继承案"发生在 2004 年，起因是一雅虎邮箱用户去世，其父希望向雅虎索要邮箱账号密码，以便获得儿子在雅虎邮箱中保存的照片、文字以及其他数据资料以作缅怀，但雅虎公司以保护用户的隐私为由，拒绝了这一要求。于是该父亲将雅虎公司诉至法院。此案被认为是全球社交账号继承第一案。此后，在美国，相似的案件频频发生，最终促使解决社交账号等数字遗产继承纠纷的法案出台。德国的"Facebook 账号继承案"则发生在 2012 年，是德国首例社交账号继承案。在该案中，一名 15 岁的少女遇车祸死亡，死者父母希望登录死者 Facebook 的账号，但 Facebook 公司坚持保护用户隐私的立场，认为若允许死者的父母继承而登录账号，可能违背死者生前的意志，也将侵害他人隐私。于是死者父母以继承人的身份，要求 Facebook 公司恢复账号的登录权限、提供内容数据，而将Facebook 公司诉至法院。

③ 在学术界，"沈阳王女士要求继承 QQ 账号案"被视为我国社交账号继承第一案。2011 年，辽宁省沈阳市的徐先生因车祸不幸去世，其妻王女士想继承徐先生生前在 QQ 邮箱中保存的信件和照片以留作纪念，因此要求腾讯公司提供徐先生的 QQ 账号密码。然而，腾讯公司以隐私保护为由，拒绝了王女士索要 QQ 账号密码的请求。

法对遗产继承规定的改进，并没有从实质上解决社交账号的继承问题。具言之，社交账号有其特殊性，其不仅承载着财产利益，同时也承载着人格利益，在继承纠纷中，究竟将其视为第 1122 条的"个人的合法财产"还是视为"根据其性质不得继承的遗产"，立法并未予以明确，这就容易导致司法实践中法官在面对社交账号继承纠纷时遭遇困境。为了避免此种困境，学术界此前提出了不同的解决方案。总体来说，分为可继承说和不可继承说。

一　社交账号的继承分歧

可继承说认为，社交账号应可继承。其中的原因在于，首先，社交账号是一种财产，其具备了财产中的效用性、稀缺性和可控性三个基本条件[①]。其次，社交账号虽然涉及隐私等人格利益，但是这些人格利益与继承并不存在真正的冲突，因为自然人死亡后，其民事权利能力终止，权利当然消灭，死者不存在受法律保护的权利，保护死者隐私并不是保护死者的隐私权，而是要保护死者近亲属的权益。既然死者近亲属作为继承人提出了继承要求，那么将社交账号交给近亲属并不存在侵害近亲属权益的可能，这与我国死者隐私保护的立法精神相符。事实上，传统财产继承也会涉及隐私保护问题，比如被继承人的个人信件中就可能包含私密信息，但由于继承人是死者隐私的最佳维护者，隐私并不妨碍财产的继承[②]。总体来看，可继承说的根本立足点在于，社交账号是一种财产，所以其应该被继承。

不可继承说则认为，社交账号不能被继承。其中的主要原因在于，社交账号不同于游戏账号，社交账号里的内容具有很强的人身属性，里面可能包含了很多用户不愿让他人知道的隐私。为保护去世的网络用户的隐私利益，在继承人申请继承网络社交账号里的信息时，其应受到继承其他财

---

① 朱涛、张贞芳：《论社交性网络账号的"可继承性"》，载《重庆邮电大学学报》（社会科学版）2020 年第 2 期。

② 郭育艳：《网络虚拟财产继承问题研究》，载《河南财经政法大学学报》2014 年第 1 期。

产时不必受到的限制①。同时，从社会效益层面来看，允许继承账号则意味着继承人将继续以死者的身份，利用死者的名誉、信用进行社会交往，这显然违反了基本社会关系法则，因此，不应允许对账号进行继承②。总体而言，不可继承说主要立足于人格利益的维护，特别是隐私利益的维护，而否认社交账号的继承。换言之，正是因为社交账号承载着隐私等人格利益，其不应该被继承。

通过比较两种不同观点的理由可以看出，社交账号继承分歧的本质在于，在财产利益与人格利益之间，应当如何进行取舍？被称为德国"数字遗产继承第一案"的"Facebook 账号继承案"，即此种利益分歧的典型体现。该案历经三审，最终德国联邦最高法院认为，社交账号虽然同时具备财产属性和人身属性，但将财产数据和非财产数据明确区分并不现实，社交账号应被视为"类似财产"，没有理由将其排除在继承范围之外，因此，继承人有权继承死者的社交账号。德国联邦最高法院的判决与一审判决相似，推翻了二审从电信保密原则、隐私保护的角度，否认社交账号继承的判决③。

当前，我国立法并未明确规定社交账号的继承，因此在实践中，学说的观点对于社交账号继承纠纷的解决具有重大意义。例如，在重庆市璧山区人民法院审理的"淘宝网店、支付宝继承案"中④，主审法官认为，淘宝网店等系当前网络发展衍生出的新型财产种类，属于民事权利的客体，是能为人所支配的客观存在，应当能被继承⑤。这显然吸收了可继承说的观

① 潘晓彤：《网络社交账号的继承问题探究》，载《社会科学动态》2019 年第 1 期。
② 邱国侠、余鸿恩：《论社交网络账号的法律属性及其保护规则》，载《安徽农业大学学报》（社会科学版）2019 年第 4 期。
③ Mor Bakhoum, Beatriz Conde Gallego, Mark-Oliver Mackenrodt, Gintarė Surblytė-Namavičienė, *Personal Data in Competition: Consumer Protection and Intellectual Property Law*, Berlin: Springer-Verlag GmbH, 2018, pp.264-266.
④ 在现实生活中，淘宝网店和支付宝亦具有一定的社交功能，就此意义而言，它们也可以被视为社交账号。
⑤ 《璧山法院受理首例"淘宝网店、支付宝"继承案》，重庆法院网，http://cqfy.chinacourt.gov.cn/article/detail/2017/11/id/3088456.shtml，最后访问日期：2021 年 3 月 20 日。

点。又如，不少互联网公司的网络服务协议中明确规定了基于隐私保护的要求，禁止其名下社交账号的继承①。这显然吸收了不可继承说的观点。虽然可继承说与不可继承说为社交账号的继承纠纷提供了一套解决方案，但是其并不能从根本上解决社交账号的继承问题。因为无论是可继承说抑或是不可继承说，都存在先天不足。此种不足，将会对实践中两种学说的实施造成障碍。

二　社交账号可继承说的隐私障碍

诚然，可继承说对社交账号财产性的强调，有助于保护社交账号中产生的财产利益，确保社交账号的财产利益能得到有序传承。同时，社交账号上的相关信息，也能在一定程度上给继承人精神宽慰。对于继承人来说，可继承说无疑是社交账号继承纠纷解决的首选方案。虽然可继承说具备以上优势，但是其难以保护社交账号存在的个人信息利益等隐私利益，这成为可继承说顺利实施的障碍。

1890 年，当美国学者沃伦与布兰代斯提出"隐私权"这一概念时，便明确了隐私之所以值得保护，是因为它体现了个人的自决、自我控制、尊重个性和人格发展的价值。在此之下，隐私保护所强调的是，个人有权决定是否将属于自己的隐私公之于众，在未经本人同意的情况下，其他任何人都无权以任何形式公开他人的隐私②。可以说，隐私自决构成了隐私保护的核心。此种理念对各国隐私立法产生了重要影响，在美国有关社交账号继承立法出台的过程中，不同利益群体基于自己的利益诉求，对立法草案

---

① 例如，腾讯公司在《腾讯微信软件许可及服务协议》中明确规定，腾讯公司会运用各种安全技术和程序建立完善的管理制度，来保护用户的隐私信息，避免用户的信息遭受未经授权的访问、使用或披露。微信账号不得通过赠与、继承、出租、转让或者其他任何方式让与非初始申请注册人。又如，支付宝（中国）网络技术有限公司在《支付宝服务协议》中明确规定，支付宝重视对用户信息的保护，支付宝用户标识和账号应仅限本人使用，不得转让、借用、赠与和继承。

② Samuel Warren, Louis Brandeis, "The Right to Priacy", *Harv. L. Rev.*, Vol. 4, 1890, p.220.

提出了不同的观点，但无论是哪一种观点，均不否认社交账号用户的隐私自决权利，即无论是认同社交账号的继承，还是反对社交账号的继承，不同群体在隐私自决方面基本达成共识，均认为死者的社交账号虽然可以转移，但前提是社交账号转移必须获得死者的"合法同意"和"授权进入"，因为这关涉死者的隐私利益①。

我国《民法典》亦在第 1033 条中确认了隐私的自决权利。依据该条规定，除非法律另有规定或者权利人明确同意，否则任何组织或个人均不得实施公开他人私密活动、处理他人私密信息等侵犯隐私的行为。"权利人明确同意"，正是隐私自决的体现②。

基于隐私自决的权利，一些网络服务运营商在拟定社交账号使用条款时，明确了基于隐私保护的需要，社交账号不得继承。虽然有学者坦言，此规定不过是为了维护网络服务运营商的利益，避免因为社交账号继承而给网络服务运营商带来经营成本③。但亦不可否认的是，此项条款的存在，客观上达到了保护用户隐私的目的。

"权利人明确同意"，是社交账号隐私障碍破除的关键，然而在实践中，因社交账号继承产生的纠纷，往往是因为继承人难以进入被继承人的账号。相比于书信、日记，社交账号的私密性更强，社交账号用户可以通过设置密码、访问权限等措施保护隐私信息。有调查表明，社交账号用户对隐私有强烈的顾虑，数据隐私是他们在网络中不可或缺的安全需求，大多数用户会通过设置复杂密码等措施，避免他们的信息为他人所知④。从本质上

---

① Alberto B. Lopez, "Death and the Digital Age: The Disposition of Digital Assets", *Savannah Law Review*, Vol. 1, 2016, pp. 86–87.

② 诚然，依据《民法典》第 1033 条的规定，"法律另有规定"亦是处理隐私信息的正当性事由。从立法者的观点来看，此方面的"另有规定"，往往与公共利益密切相关，如依据《刑事诉讼法》，公安机关为了侦破刑事案件，而对犯罪嫌疑人进行追踪。参见黄薇《中华人民共和国民法典释义》，法律出版社，2020，第 1917 页。在社交账号继承纠纷中，其一般不涉及公共利益，同时亦无法律明确规定，故本文不予讨论。

③ 杨勤法、季洁：《数字遗产的法秩序反思——以通信、社交账户的继承为视角》，载《科技与法律》2019 年第 2 期。

④ Edgar Napoleon Asiimwe, "Opinions of Social Web Users on Privacy and Online DAM", *Journal of Digital Asset Management*, Vol. 2, 2010, p. 315.

说，社交账号是网络用户得以在虚拟世界独处的空间，而其中的密码是进入空间的钥匙。网络用户在账号的使用过程中设置密码，即意味着其相应信息不愿为第三人知悉，防止真实的自我过分暴露在公众视野下①。社交账号继承纠纷的产生，就是因为继承人并不知道进入社交账号的密码，在此情境下至少可以表明，对于社交账号内信息的公开，被继承人是没有明确同意的，如果此时强制将被继承人的社交账号交给继承人继承，从而使继承人能够知悉账号内的信息，那么这无疑背离了隐私自决的要义，《民法典》中有关隐私的保护也将沦为一句空话。

值得一提的是，社交账号不仅关涉被继承人的隐私利益，同时也涉及社交账号相关方的隐私利益。例如，在社交账号的聊天信息中，不仅存在被继承人的隐私利益，同时也存在聊天好友的隐私利益。此时，如果将社交账号转交给死者的继承人，那么，聊天好友不愿公开的聊天信息将会暴露在继承人的视野之中。这显然背离了《民法典》"权利人明确同意"的隐私自决规则。若是承认这种背离的正当性，那么可能会导致社交账号使用者不敢"畅所欲言"，这不仅会使社交账号的功能被架空，而且还会导致公民的言论自由被间接限制，不利于良性社会的发展。长此以往，其还会导致更多的网络用户弃用社交账号，无疑会对互联网产业的发展产生不利影响。

诚然，有学者依据最高人民法院《关于确定民事侵权精神损害赔偿责任若干问题的解释》，指出继承人是死者隐私的最佳维护者，因此隐私不应成为社交账号继承的障碍。② 此种观点表面上看似合理，实则是对立法精神的误读。

首先，从文义上说，该解释并没有声称继承人是死者隐私的最佳维护者，而只是规定近亲属对死者人格利益的维护，此处的近亲属与继承人并不能完全等同。该解释之所以规定为近亲属，主要是为了防止滥科侵权责

---

① 张融：《关涉隐私利益的网络虚拟财产继承问题探讨》，载《科学与社会》2018 年第 2 期。
② 郭育艳：《网络虚拟财产继承问题研究》，载《河南财经政法大学学报》2014 年第 1 期。

任，引发诉讼爆炸，进而对人们的行为自由构成不合理的限制。① 此与继承并无多大关联，不能因此而推出继承人是死者隐私的最佳维护者。

其次，从目的上说，该解释主要解决的是侵权纠纷，在死者隐私保护上，该解释并没有明确"非法披露、利用死者隐私，或者以违反社会公共利益、社会公德的其他方式侵害死者隐私"的侵权主体，在此并不能反推出继承人是死者隐私的最佳维护者，因为任何人都有可能在此成为侵权主体，其中也包括死者的继承人。

最后，从本质上说，法律之所以让近亲属成为死者隐私利益的维护方，主要是考虑到侵害死者隐私利益，会给死者近亲属的人格尊严造成损害。② 在此之中，对死者隐私利益的"侵害"造成死者近亲属的"损害"，是让近亲属成为死者隐私利益维护者的关键。换言之，死者近亲属之所以能成为死者隐私利益的维护者，主要是因为侵害死者隐私利益的行为，导致了死者近亲属的人格利益损害。那么，何为"侵害死者的隐私利益"？从该解释来看，侵害死者的隐私利益，限于"非法披露、利用死者隐私，或者以违反社会公共利益、社会公德的其他方式侵害死者隐私"等情形，因隐私而否认社交账号的继承，使隐私信息依旧处于私密状态，这显然难以被认定为上述侵害死者隐私的情形。从某种程度来说，这甚至是对死者隐私利益的维护。那么既无侵害，何来损害？在此之下，死者近亲属显然不能依据该司法解释对社交账号依附的互联网企业主张权利。

由此可见，继承人是死者隐私的最佳维护者不过是对立法精神的误读。就此来看，隐私显然已经成为可继承说顺利实施的障碍。

三 社交账号不可继承说的财产障碍

相比而言，社交账号不可继承说更侧重于维护用户的隐私利益，因此，

---

① 程啸：《侵权责任法》，法律出版社，2015，第188页。
② 程啸：《人格权研究》，中国人民大学出版社，2022，第87页。

在不可继承说看来，隐私障碍并不存在。虽然如此，社交账号依然存在财产利益的事实亦不可否认，这也成为不可继承说顺利实施的障碍。换言之，财产利益的存在，使不可继承说的合理性受到质疑。

社交账号的财产价值日益凸显已经成为不争的事实。以 QQ 账号为例，早在十多年前，在市场上就存在 QQ 账号的买卖，在一些地区，甚至形成了黑色产业链，在该产业链中，有专门的偷盗者、售卖者。据报道，一个专门负责收集 QQ 账号的工作室，一天多则能偷几十万个 QQ 账号，月利润达上百万元。这些交易有些从淘宝上进行，买卖价格从几十到上千元不等。① 虽然腾讯公司对此进行了整治，但是 QQ 账号的买卖时至今日依然存在。在淘宝网上，搜索"QQ 账号购买"，便可发现不少店家正在从事着 QQ 账号的售卖，价格从几元到上百元不等。除此以外，还存在大量的 QQ 账号售卖网站。② 不仅于此，其他的社交账号亦存在交易现象。③ 这些事实足以表明，社交账号是具备财产价值的。正是由于社交账号具有财产价值，网络服务运营商在经济动机的驱使下，在网络服务协议中明确禁止社交账号的私下转让，同时也否认了社交账号继承的可能性。

财产理论认为，从本质上说，所有有价值的东西都源于个人的身体和那个身体的劳动。具体来说，一个物品的财产价值不是天生的，而是个人通过后天的劳动赋予的，正是因为个人的劳动，物品才得以从无价值的状态中被移除。可以说，劳动是物品具备财产价值的重要原因。但在此需要注意的是，劳动并不是单纯的生产或创造，而是一种能为物品增值所作出的努力。④ 作为一种无形物，社交账号之所以具备财产价值，也正是因为劳

---

① 张文：《谁动了我的 QQ 号》，载《电脑爱好者》2008 年第 17 期。
② 在百度搜索引擎中输入"QQ 账号购买"，即可发现大量的 QQ 账号交易网站平台，这足以表明，QQ 账号本身是具有财产价值的。
③ 包括微信、微博在内的社交账号，均存在交易现象。如有部分网站对微信账号明码标价，指明注册时间满 1 年以上的 100 元收购，不满一年的 80 元收购。又如有部分网站打出了"长期回收个人闲置新微博账号"的广告，在该广告中，新浪微博账号亦被明码标价，依账号等级的不同，其回收价格也将有所不同。
④ C. Valcke，"Locke on Property：Deontological Interpretation"，*Harvard Journal of Law & Public Policy*，Vol. 3，1989，pp. 983-984.

动。具体来说，社交账号不过是一连串的数字代码而已，但其之所以具备财产价值，最为主要的原因在于，该账号的用户为此增值作出过努力。实践中，具备财产价值的社交账号主要有两种类型：一是稀缺性的社交账号，这主要体现为一些等级较高，或是数字寓意特殊的社交账号；二是好友或粉丝量较多的社交账号。

从某种程度上说，社交账号的稀缺性，是人为造成的。具言之，社交账号作为一种数字代码，在计算机程序中，只要内存空间足够，那么就可任意复制，社交账号本身并无稀缺性可言。但是，网络服务运营商为了营利，便仿照现实生活引入虚拟经济体，人为地制造了社交账号的稀缺性。在经济体供需关系的规律下，相关社交账号的数量越少，则其财产价值越高。① 即便如此，稀缺性价值的背后，仍离不开劳动的付出。以 QQ 账号为例，QQ 账号财产价值与等级密切相关，一般来说，等级越高的 QQ 账号，财产价值越为凸显。② 账号等级的提高，离不开社交账号用户付出的时间、精力，在一些情形下，用户甚至会付出金钱，以加速账号等级的提高。在此过程中，用户时间、精力、金钱的付出显然可以被视为一种能让账号增值的劳动，也即为了让账号等级提高，用户作出过努力。在实践中，虽然有部分 QQ 账号自产生时起，便因数字寓意特殊而具备较高的财产价值，但这本身亦离不开劳动的付出。③ 在此之中，网络服务运营商的宣传起到了巨大的作用，因宣传而投入的时间、精力、金钱本身亦是一种增值的付出。

① 江波：《虚拟财产司法保护研究》，北京大学出版社，2015，第 37 页。
② 有文章指出，事实上，大部分 QQ 账号都不怎么值钱。真正值钱的账号要够短、等级够高、数字够好。从目前来看，QQ 账号的最高等级是 256 级，165 级的账号估价是 502.42 元。欲提升 QQ 账号的等级，需要坚持每天挂 QQ 让 QQ 升级，当然也可以通过金钱的投入加速升级。参见《QQ 出现了 165 级的账号，据说是全球第一，那么这个账号的价格是多少呢》，腾讯网，https://xw.qq.com/cmsid/20200311A02JLK00，最后访问日期：2021 年 3 月 30 日。对此，有学者也指出，网络社交账号在刚注册时，由于用户对于账号的获得并没有付出个人劳动，因此，此时的社交账号并没有价值性。参见潘晓彤《网络社交账号的继承问题探究》，载《社会科学动态》2019 年第 1 期，第 72 页。
③ 2005 年，为了帮助印度海啸的受害者，腾讯公司将一个号码为"88888"的至尊 QQ 账号用于拍卖，从 1 元开始起拍，最终卖了 26 万元。在此过程中，多家企业投入了大量的时间、精力、金钱进行宣传。

　　除了稀缺性的社交账号以外，还有一类账号，其本身并无特殊寓意，且等级亦可能不高，但是由于拥有较多的好友或粉丝，具备较大的财产价值。例如，在江苏省高级人民法院 2022 年公布的一起典型案例中，9 个微信账号被卖到了 50 万元。从裁判文书来看，该账号的使用者系一位网红，其微信账号之所以能卖到如此高价，原因在于该账号拥有较多的好友。而这些账号好友，系该账号使用者通过自己的营销获得的。[①] 又如，在一起夫妻离婚案中，夫妻双方就运营的抖音账号产生了争议，该抖音账号拥有 10 万粉丝，日常用于直播售卖渔具，最终法院通过调解，将该账号确定为丈夫所有，同时由丈夫补偿妻子 30 万元。[②] 单就社交账号的财产价值而论，上述社交账号之所以具备较高的财产价值，无非是其拥有较多的好友或粉丝，而这些好友或粉丝的获得，本质上亦是账号使用者劳动的付出。从第一个案例的裁判文书来看，网红账号之所以拥有较多的好友，主要还是因为账号使用者通过营销的劳动，让诸多客户成为其好友。而第二个案例则是由于夫妻的共同直播经营劳动，其抖音账号得以为更多人所知，从而吸引源源不断的粉丝。可见，无论是何种类型的社交账号，只要具备财产价值，那么其必然与账号使用者的劳动密不可分。

　　我国《民法典》对网络虚拟财产的保护，正是保护网络虚拟财产背后的劳动。具言之，网络虚拟财产的价值与网络用户投入的时间、精力和金钱密切相关，网络用户通过个人劳动获得的网络虚拟财产价值，可以转换为现实中的财富，网上、网下进行的交易充分彰显了网络虚拟财产的价值，立法应对这种价值予以保护。[③] 作为网络虚拟财产的一种类型，社交账号的财产价值亦是用户劳动的结果。在社交账号具备财产价值的情形下，若是一贯地否认社交账号的继承，将会导致其财产价值归网络服务运营商所有，这显然与立法对网络虚拟财产保护的精神不符。

　　不仅于此，在社交账号财产价值与用户劳动密切相关的情境下，否认社

---

① 参见江苏省江阴市人民法院（2020）苏 0281 民初 7297 号民事判决书。
② 金歆：《夫妻离婚，网络虚拟财产归谁》，载《人民日报》2022 年 7 月 7 日，第 19 版。
③ 黄薇主编《中华人民共和国民法典释义》，法律出版社，2020，第 252~253 页。

交账号的继承，将会降低部分用户增值社交账号的积极性，其可能不会再投入时间、精力、金钱于社交账号之中，这无疑会造成社交账号活跃度的整体降低，影响互联网市场"繁荣"，于此最终深受其害的，依旧是互联网产业的发展。从本质上看，这实际上是对正义理念的背离。具言之，正义被认为是人类精神上的某种态度，一种公平的意愿和一种承认他人的要求和想法的意向，给予每个人以其应得的东西的意愿乃是正义概念的一个重要且普遍有效的组成部分，没有这个要素，正义就不可能在社会中盛行。[①] 个人可以通过劳动获得的财产价值具有优先权，应该获得法律的保护，这样才能激励他人劳动的积极性，推动整个社会的进步。[②] 财产利益是个人通过劳动应得的东西，其不可剥夺。然而，不可继承说对社交账号继承的否认，导致依附其中的财产利益被直接剥夺，造成个人失去通过劳动应得的财产利益，这显然不符合正义的要求，长此以往，将在社会中形成不良的影响。

综上可见，依存于社交账号的财产利益，显然成为不可继承说顺利实施的障碍。

四 社交账号继承障碍的破解之道

（一）不可继承说财产障碍的破解之道

无论是可继承说还是不可继承说，都难以从根本上解决社交账号继承的困境。通过上述分析可见，困境存在最为主要的原因在于，两种学说均存在障碍。就此来看，破除依附在两种学说中的障碍，是问题解决的关键。事实上，可继承说与不可继承说的障碍，正是不可继承说与可继承说的优势。具言之，在社交账号中，不仅存在财产利益，同时亦存在隐私利益，导致偏重财产保护的可继承说遭遇隐私障碍，以及偏重隐私保护的不可继

---

① 〔美〕E. 博登海默：《法理学：法律哲学与法律方法》，邓正来译，中国政法大学出版社，2004，第277页。

② Adam D. Moore, "A Lockean Theory of Intellectual Property", *Hamline L. Rev.*, Vol. 21, 1997, p. 78.

承说遭遇财产障碍。事实上，社交账号的财产利益与隐私利益是可以分离的，而可继承说和不可继承说之所以遭遇障碍，主要是因为两种学说均将社交账号的利益视为整体。因此，只要把社交账号两种利益进行分离，即在可继承说中去除隐私利益，在不可继承说中去除财产利益，那么原有的障碍便不复存在了。

具体来说，社交账号由两部分组成，一部分是社交账号本身，另一部分是社交账号中包含的内容。仅就社交账号本身来说，虽然其亦承载着人格利益，但相比于财产利益而言，其人格利益并不明显。进言之，在我国《民法典》中，社交账号可以被视为隐私权和个人信息权益的客体，这说明社交账号本身是存在人格利益的。但是，此种人格利益的存在，需以社交账号具有"可识别性"为前提，即可以直接或间接地识别特定的自然人。[①] 诚然，在自然人去世之前，自然人拥有的社交账号相对固定，他人通过自然人社交账号的使用，可以识别该特定的自然人。然而，在自然人去世之后，社交账号的识别性将会逐步消失。因为对于社交账号的使用者来说，社交账号的主要功能是社交，既然社交账号的用户去世，那么此种社交功能便不复存在。随着时间的流逝，长期不使用的社交账号将会被遗忘，其通过使用而识别特定用户的功能亦将会逐步消失。在此之下，社交账号的人格利益将会逐步褪去，社交账号本身的继承应无阻碍。

虽然如此，本文认为，死者的社交账号仍宜由网络服务运营商回收。首先，这是规范互联网秩序的应有之义。因为互联网的隐形斗篷，我们难以通过个人的身体和面部特征在网上识别网络用户，若不将账号固定，那么各种诈骗犯罪将成为可能。因此在社交账号中，需要"一个账号匹配一个用户"，以免互联网社会陷入失序状态。既然用户死亡，那么与之匹配的账号便失去其意义，将其回收有助于规范互联网社会秩序。[②] 事实上，在前

---

① 中国审判理论研究会民事审判理论专业委员会编著《民法典人格权编条文理解与司法适用》，法律出版社，2020，第266页。

② 〔英〕伊莱恩·卡斯凯特：《网上遗产：被数字时代重新定义的死亡、记忆与爱》，张淼译，海峡文艺出版社，2020，第114页。

述的微信账号买卖案中，法院亦否认了微信账号转移的可能，认为如果允许擅自转移个人注册的微信账号，必将滋生更多的违法犯罪，并导致犯罪溯源更加困难，从而进一步破坏正常互联网生态秩序，引发社会矛盾，严重扰乱社会生产生活秩序，危害社会公共利益。故从保护社会公共利益的角度出发，即使个人微信账号具备一定的经济价值，也不宜自由流通。[1]

其次，仅就社交账号本身而言，其不过是一连串的数字代码而已，对于继承人来说并无实质意义。从实践来看，因社交账号引起的继承纠纷，主要集中在社交账号内容的继承中，而非社交账号本身。[2] 因此，让网络服务运营商回收社交账号，并不存在实践上的困境。但是，正如前文所言，社交账号本身承载着财产利益，此部分利益若不能继承，显然不符合法律的精神。因此，对于这部分财产利益，理应由死者的继承人继承。在实践中，这并不存在操作上的困境，因为社交账号本身是可以与其财产利益相分离的，网络服务运营商在回收社交账号时，应就社交账号的财产价值进行第三方的专业评估，在扣除相应的成本以后，将社交账号剩余的财产利益转交给遗产管理人，进而再由遗产管理人根据实际情况将该财产利益分配给各继承人。这样可以使死者生前对社交账号的增值劳动得到尊重，对于激发网络用户使用社交账号的积极性亦具有重要的意义。此时，不可继承说中的财产障碍亦可破除。

（二）可继承说隐私障碍的破解之道

就社交账号的内容来说，其主要包含因社交而产生的信息，如聊天记录、电子信件、空间动态等。在一些情形下，这些信息虽然可能包含财产利益，但由于社交账号密码的存在，其亦体现出死者的隐私利益。在人格

---

[1] 参见江苏省江阴市人民法院（2020）苏 0281 民初 7297 号民事判决书。

[2] 前文提到的三起社交账号继承案，继承人要求继承的实际上是社交账号的内容。如美国的"雅虎邮箱继承案"，继承人希望继承的是死者邮箱中保存的照片、文字以及其他数据资料。又如德国的"Facebook 账号继承案"中，继承人希望继承的是死者账号内的内容数据。我国"沈阳王女士要求继承 QQ 账号案"中，当事人王女士也主要是要求继承徐先生生前在 QQ 邮箱中保存的信件和照片。

利益高于财产利益的语境下，对于社交账号内容的继承，应主要从隐私保护的角度去分析。

依我国立法精神，遗产在性质上应属于财产，包含了财产性的权利和义务，被继承人的人身性权利和义务不属于遗产范围。[①] 就此来看，人格利益显然不属于遗产的范畴。从整体来看，在社交账号的内容中，人格利益包含了公开内容的人格利益和非公开内容的人格利益，前者主要涉及个人信息、肖像、姓名等人格利益，而后者仅指隐私利益。就隐私利益来说，自然人拥有自主决定的权利，即自然人可以自主决定是否公开涉及隐私的信息，如果自然人主动公开或者主观上不想保密，那么该公开的信息就不会涉及隐私利益。[②] 从某种程度上说，此时的隐私利益即转换为非私密的人格利益，死者的继承人将会通过公开的内容获得相关信息，在此一些观点将其视为一种继承。但需注意的是，此种隐私信息的公开，并不意味着社交账号的内容被继承，因为这些信息往往是死者生前所做的决定，也即在社交账号用户未去世前，获得授权者已能知悉并复制这些信息，这是死者行使个人权利的体现，与一般的隐私公开无异。即便在社交账号用户去世后，获得授权者也不会因此而起诉。在实践中，基于社交账号继承起诉的，往往是不能获取社交账号内容的继承人。

民法以个人关怀为要旨，相比于继承人的意愿，死者的个人意愿更应该得到尊重，这也符合继承的本质。继承的根据在于被继承人的意愿，死者有权利按照自己的意愿确定遗产的归属，法定的继承规则实质上是对当事人意思的推定，因此，立法机关应该弄清楚有财产的普通人若立遗嘱的话，他应对其财产做些什么，然后再来制定无遗嘱继承规则，这样的规则应该使他获得与其若立遗嘱同样的效果。[③] 正是基于此，我国《民法典》在第1123条明确规定，继承开始后，按照法定继承办理，有遗嘱的，按照遗嘱继承或者遗赠办理。其背后实质上是对个人意愿的尊重，即被继承人有

① 黄薇主编《中华人民共和国民法典释义》，法律出版社，2020，第2138页。
② 黄薇主编《中华人民共和国民法典释义》，法律出版社，2020，第1915页。
③ 陈英：《继承权本质的分析与展开》，载《法学杂志》2017年第6期。

明示的意愿时，法律应尊重其明示的意愿。如果没有明示的意愿，则只能按照法定继承办理，而法定继承本身是对死者遗产流转默示意愿的推定，此时推定为遗产流转给法定继承人是符合死者意愿的。

承认社交账号隐私利益内容的继承，显然会背离死者的意愿。具言之，死者生前在注册该社交账号时，往往对该社交账号的隐私保护具有一定的期待。正是基于对社交账号运营商保护隐私的信任，社交账号用户才会放心地进行聊天、发表动态等活动。① 在社交账号用户去世后，继承人因不知社交账号密码，而难以知悉社交账号中的内容，虽然实践中可能存在多种原因，但是从法律的角度来看，宜认定为死者并不想让继承人知悉其中的信息。其中的原因在于，死者生前并未告知继承人社交账号的密码，对继承人而言构成了一种沉默，依据《民法典》第 140 条的规定，沉默只有在有法律规定、当事人约定或者符合当事人之间的交易习惯时，才可以视为意思表示。显然，在社交账号继承的情形中，并不能将当事人之间的交易习惯作为推定，因为这本身不是一种交易。即便是当事人约定在社交账号的继承中，沉默即构成死者同意的意思表示，其也不会产生效力，因为其违反了法律的规定。从《民法典》第 1033 条的规定来看，除非有法律明确规定或者权利人明确同意，否则任何组织或者个人不得实施处理他人私密信息等侵犯隐私的行为。在此之中，法律规定或权利人明确同意是处理隐私内容的正当性基础，在法律尚未对社交账号隐私内容有其他规定的语境下，权利人明确同意便是继承人取得社交账号隐私内容的合法事由，这意味着当事人不能通过约定默示同意的方式来排除法律要求的明确同意规则，否则该约定无效。从另一方面来说，在死者沉默的语境下，法律亦没有规定其在社交账号隐私内容的处理上构成同意的意思表示，因此，推定死者并未同意继承人获取社交账号中的隐私内容更加符合立法精神。就此意义而言，倘若网络服务运营商为了平息与继承人的冲突，擅自将社交账号转

---

① Elizabeth Holland Capel, "Conflict and Solution in Delaware's Fiduciary Access to Digital Assets and Digital Accounts Act", *Berkeley Tech. L. J.*, Vol. 30, 2015, pp. 1232–1233.

交给继承人，那么这不仅违背隐私利益保护的要义，而且也违背死者的个人意愿。从长远来看，这将会导致网络用户不再信任和使用该社交账号，最终深受其害的，仍将是网络服务运营商本身。

此外，正如前文所述，社交账号不仅包含用户的隐私利益，而且还包含因使用社交账号而产生的他人隐私利益。这些他人的隐私利益主要体现在聊天记录、电子信件等方面。在互联网时代，隐私不再以完全保密为判定标准，隐私信息即使被部分公开，其也仍属于隐私的范畴。[①] 在此之下，在社交账号中向对方公开一些原本只属于自己的信息，仅仅意味着自己选择了该信息的联合股东，隐私的边界已经扩大到自己和信息公开的接收者，但这些信息依然属于隐私。[②] 依照我国法律的规定，涉及隐私利益的公开应征得权利人的明确同意。为此，死者生前因使用社交账号所获得他人的信息，在未征得权利人同意的情形下，不得公开该信息。同样，网络服务运营商亦不得代替死者公开该信息。换言之，即便是被继承人单方同意经营者向继承人开放自己的社交账户，也不足以排除此类隐私的保护，其必须获得信息全体参与者的同意。[③]

正是基于此，在社交账号继承问题上，应排除涉及隐私利益内容的转移。虽然在实践中，确实存在部分具有财产价值的社交账号内容，这些内容转移如果不与人格利益保护相冲突，当然可以转移给继承人，但是，如果这些内容转移与人格利益保护相冲突，人格利益应处于优先保护地位，因为人格利益是人之所以为人的根基。涉及隐私利益的社交账号内容，其转移将会与人格利益的保护相冲突，为此，我们应优先保护人格利益，不应将社交账号内容转移给继承人，即便其中包含着财产利益。从另一方面来说，排除涉及隐私利益社交账号内容的转移，亦符合《民法典》关于隐

---

① 张融：《试探互联网时代的隐私权保护路径》，载《电子政务》2017 年第 9 期。
② 〔英〕伊莱恩·卡斯凯特：《网上遗产：被数字时代重新定义的死亡、记忆与爱》，张森译，海峡文艺出版社，2020，第 160 页。
③ 王琦：《网络时代的数字遗产·通信秘密·人格权——以社交、通信网络账户的继承为焦点》，载《财经法学》2018 年第 6 期。

私保护的规定，避免了死者的隐私被不当公开。在隐私要义之下，网络服务运营商虽然可以保有死者社交账号的内容，但是不得进行利用，其只能让该内容继续处于现有的私密状态。为此，网络服务运营商有两种选择：一是继续保有该内容，但必须采取安全措施，避免内容被不当公开；二是直接删除社交账号内容。

虽然立法并未明确网络服务运营商究竟应如何作出选择，但是从立法精神和产业发展的角度来看，直接删除社交账号内容将为最恰当的选择。具言之，从立法精神来看，我国《个人信息保护法》第 21 条规定了委托处理个人信息的权利与义务，其中明确提及，在委托合同不生效、无效、被撤销或者终止时，受托人应当将个人信息返还个人信息处理者或者予以删除。涉及隐私利益的社交账号内容可以参照此条规定进行处置，原因在于，首先，虽然隐私利益与个人信息利益存在重叠的紧密联系，但是从利益位阶来说，隐私利益的保护高于个人信息，《民法典》第 1034 条即明确规定，个人信息中的私密信息，应适用有关隐私权的规定。此条规定意在表明，隐私保护与个人信息保护的力度不同，对于隐私与个人信息重叠的部分，个人信息的保护可以适用保护力度更强的隐私权保护方式。就此意义而言，在两者存在紧密关系的情境下，既然保护力度较弱的方式都要求采取删除这种最为严厉的措施，那么将保护力度更强的隐私删除显然不会违背立法精神。其次，从某种程度上说，网络用户与网络服务运营商是委托关系，网络用户是委托方，委托网络服务运营商保有社交账号的内容，而网络服务运营商则为受托方，其只能按照网络用户的要求保有社交账号内容，不得私自处置、更改社交账号的内容，故此，参照《个人信息保护法》第 21 条处置社交账号内容是合适的。在社交账号的继承中，由于用户已经死亡，网络服务运营商不可能将相关内容返还给用户，此时其可以作出的选择，便是删除社交账号的内容。

而从产业发展的角度来看，删除社交账号的内容也有助于推进互联网产业的发展。逐利是商人的本性，同时也是一个产业发展的动因。当一个产业的收益高于成本时，才会有更多人参与进这个产业中，由此才能推动产业的繁荣与发展。但若是成本高于收益，那么将会有更多人对这个产业望而却步，导致从事该产业的人越来越少，产业也将逐步被社会所淘汰。储存社交账号的内容，无疑会增加网络服务运营商的经营成本，其需要投入更多的金钱，扩充储存社交账号内容服务器的内存，但自己无法利用这些内容营利，长此以往，将会导致从事社交账号服务的运营商"入不敷出"，造成相关互联网企业的倒闭，最终深受其害的，将是整个互联网产业的发展。从这个角度来看，否认社交账号涉及隐私利益内容的转移无疑是具有正当性的，如此才可以激发互联网产业的活力，推进互联网产业的发展。

由上可见，社交账号内容由于涉及死者的隐私利益，不应该被视为继承的客体，也即在社交账号继承中，应排除社交账号内容的继承。对于这些涉及隐私利益的社交账号内容，应交由网络服务运营商作删除处理。唯有如此，才能破除可继承说中的隐私障碍。

五　结语

《民法典》是社会生活的百科全书，以维护个人利益为要旨。在互联网时代，社交账号继承成为不可回避的问题，然而《民法典》继承编对此并未作出明确的回应，这将造成实践中社交账号继承的纠纷难以解决。在此情境下，立法必须对社交账号的继承予以明确。通过本文的分析可知，当前解决社交账号继承问题的两种学说中均存在先天的障碍，这使社交账号继承问题难以从根本上解决。事实上，两种学说的障碍，正是源于其保护社交账号利益的侧重点不同。只有对社交账号的利益进行分离，才能破除两种学说中存在的障碍。

通过上述分析可知，社交账号可以分离为社交账号本身和社交账号内容，社交账号中的财产利益可以为继承人继承，但社交账号内容由于涉及隐私利益，应否认其继承的可能性。在实践中，部分用户授权他人访问自己的社交账号内容，与一般隐私的公开无异，并不能被视为继承。在此要义之下，可继承说应仅解决社交账号本身的财产利益继承问题，而不可继承说则应解决社交账号内容的隐私利益继承问题，这就从整体上避免了实践中社交账号继承可能会遇到的困境。

在《民法典》刚实施不久的背景下，希冀短期内再通过立法修改的形式，明确社交账号继承的可能性较低。为此，可通过司法解释来予以完善，即在司法解释中，通过对《民法典》继承编抽象条文的解释，明确规定可继承遗产的范畴包括了社交账号本身的财产价值。该财产价值可由网络服务运营商委托第三方专业机构进行评估，在扣除相应的成本以后，由网络服务运营商将剩余的财产利益转交给遗产管理人，进而再由遗产管理人根据实际情况将该财产利益分配给各继承人。同时，明确规定社交账号内容为根据性质不能继承的遗产。唯有如此，才能使社交账号的继承问题得以从根本上解决。

论虚拟财产在刑法中的认定规则[*]

晋　涛　姚晶晶^{**}

【摘　　要】虚拟财产具有数据与财产双重属性，数据属性系物理属性，财产属性系本质属性。作为侵财犯罪对象的虚拟财产应当予以限缩性解释，其需具备管理可能性、移转可能性、财产价值与相对不可复制性，应依据上述四个特征对虚拟财产进行类型化区分。具有财产价值的物品类虚拟财产与货币类虚拟财产可以作为财物予以保护；账号类虚拟财产与不具有财产价值的物品类虚拟财产不应纳入"虚拟财产"的范畴。非法获取虚拟财产的行为类型通常以财产犯罪的行为方式表现出来，应根据行为人的手段以盗窃罪、诈骗罪等侵财犯罪论处。非法获取账号类虚拟财产与不具有财产价值的物品类虚拟财产应当以非法获取计算机信息系统数据罪论处，非法获取货币类虚拟财产与具有财产价值的物品类虚拟财产应当以侵财犯罪论处。根据虚拟财产的价值，以被害人的财产损失为原则，结合行为人非法获取虚拟财产获利的金额，综合认定非法获取虚拟财产的犯罪数额。

【关 键 词】虚拟财产；财产犯罪；非法获取计算机信息系统数据罪；犯罪数额

———————————

* 本文是国家社科基金后期资助项目"罪名的系统化研究"（课题号：19FFXB020）的成果之一。

** 晋涛，河南大学法学院犯罪控制与刑事政策研究所副教授，法学博士；姚晶晶，河南大学法学院刑法学硕士研究生。

随着数字社会的发展，通过信息化手段非法获取虚拟财产①的违法犯罪行为激增。虚拟财产作为数字社会的产物，兼具数据与财产双重属性，虚拟财产应该作为数据予以保护还是作为财产予以保护？虚拟财产能否作为侵财犯罪的对象？非法获取虚拟财产的行为以侵财犯罪论处还是以计算机犯罪论处？虚拟财产的价值如何认定？非法获取虚拟财产的犯罪数额如何计算？上述问题仍存在争议。

在中国裁判文书网上，使用高级检索，将案由设置为刑事案由，全文关键词为虚拟财产，案件类型为刑事案件，截至 2022 年 12 月 1 日，共检索到 115 篇文书。笔者通过对上述裁判文书的分析，发现司法实务中虚拟财产价值认定标准混乱、法律属性界定不明，导致非法获取虚拟财产的案件存在犯罪数额计算困难、此罪与彼罪之间的界限不清等问题。本文结合判例和相关司法解释，对虚拟财产作为"财物"认定的合理性、非法获取虚拟财产行为的定性以及犯罪数额的认定等问题进行研究。

一　非法获取虚拟财产行为的界定

虚拟财产作为数字社会的产物，兼具数据、财产双重属性。非法获取虚拟财产的行为，依据其财产属性，应作为侵财犯罪予以规制；依据其数据属性，应作为计算机类犯罪予以规制；依据其物理属性，一概认定为计算机类犯罪存在一定的局限性，应当依据其本质属性作为侵财犯罪予以规制。

（一）非法获取虚拟财产行为的定性争议

最高人民法院与最高人民检察院对非法获取虚拟财产行为的罪名认定

---

① 虚拟财产具有广义与狭义之分。广义的虚拟财产是指一切存在于特定网络空间内的具有财产性的电磁记录数据；狭义的虚拟财产是指具备现实交易价值的网络虚拟财产。本文所指的虚拟财产系广义的虚拟财产。

存在分歧，最高人民法院认为将虚拟财产解释为刑法意义上的财物，超出司法解释的权限，利用计算机窃取他人虚拟游戏币非法销售获利行为宜以非法获取计算机信息系统数据罪论处。[①] 最高人民检察院认为网络域名等虚拟财产具有财产属性，盗窃网络域名的行为以盗窃罪论处。[②] 非法获取虚拟财产的行为如何定罪，最高人民法院与最高人民检察院尚存在不同处理意见，理论界与实务界更是众说纷纭，通过分析既有裁判文书可知，实务中对于非法获取虚拟财产行为的罪名认定仍然存在分歧。理论界主要有以下两种观点：以侵财犯罪论处和以计算机类犯罪论处。

第一种观点是以侵财犯罪论处。持该种观点的学者认为，首先，虚拟财产符合"财物"的特征，可以作为侵财犯罪的对象，非法获取虚拟财产的行为如果符合侵财犯罪的犯罪构成要件，应当以侵财犯罪论处。其次，侵财犯罪保护的法益是财产权和占有。非法获取虚拟财产的行为会给被害人造成财产损失，以侵财犯罪论处更有利于保护被害人的财产权。最后，侵财犯罪的刑罚幅度高于计算机类犯罪，非法获取虚拟财产的行为社会危害性高，以侵财犯罪论处更能体现以刑治罪的周延性。

第二种观点是以计算机类犯罪论处。《刑法修正案（七）》新增非法获取计算机信息系统数据罪后，法院更倾向于以该罪来规制非法获取虚拟财产的行为。将非法获取虚拟财产的行为认定为计算机类犯罪的学者认为：一方面，虚拟财产的法律属性是计算机系统数据，将虚拟财产解释为侵财犯罪的对象缺乏正当性依据；另一方面，虚拟财产是否具有财产价值尚存在争议，虚拟财产的财产价值难以准确认定，以侵财犯罪论处会造成犯罪数额认定不明的问题。

非法获取虚拟财产的行为定性存在分歧，究其原因在于虚拟财产同时

---

① 参见喻海松《最高人民法院研究室关于利用计算机窃取他人游戏币非法销售获利如何定性问题的研究意见》，载张军主编《司法研究与指导》2012 年第 2 辑，人民法院出版社，2012。

② 最高人民检察院第九批第 37 号指导性案例"张四毛盗窃案"要旨：网络域名具备法律意义上的财产属性，盗窃网络域名可以认定为盗窃行为。

具有数据属性和财产属性，何种属性占主导地位？数据说认为虚拟财产在物理上属于计算机信息系统数据，应当以计算机类犯罪论处；财产说认为虚拟财产虽冠以"虚拟"二字，但其本质上仍属于财产，应当以侵财犯罪论处。

（二）认定为非法获取计算机信息系统数据罪的局限性

《最高人民法院研究关于利用计算机窃取他人游戏币非法销售获利如何定性问题的研究意见》明确指出：虚拟财产的法律属性是计算机信息系统数据，虚拟财产本质上是电磁记录数据，并非刑法意义上的财物，只承认虚拟财产的数据属性。虚拟财产作为以电子数据形式存储于硬盘等计算机硬件媒介之上的财产，其数据属性系物理属性。但依据物理属性将非法获取虚拟财产的行为一概认定为非法获取计算机信息系统数据罪存在一定的局限性。

《刑法修正案（七）》颁布后，法院倾向于以非法获取计算机信息系统数据罪来规制非法获取虚拟财产的行为，但控辩双方对非法获取虚拟财产行为的定性存在不同意见。其一，在杨某某非法获取计算机信息系统数据案中，杨某某利用北京某科技有限公司开发并负责运营的苹果客户端手机游戏《大掌门》《忍将》充值系统漏洞，在不实际支付货币的情况下对他人上述两款游戏账号进行反复充值。[①] 对此控方以破坏计算机信息系统罪提起公诉；辩方以被追诉人仅侵入被害公司经营的计算机系统，并未对计算机信息系统数据进行破坏为由予以抗辩；附带民事诉讼原告方认为被告人的行为属于秘密窃取他人财物的盗窃行为，应以盗窃罪追究其刑事责任。法院认为被告人对《大掌门》《忍将》反复充值的游戏币只是一种虚拟服务，并非真实的财产，且无法核算其市场价值，进而否定被告人的行为构成盗窃罪，该观点存在一定的局限性。

其二，在洪某某非法获取计算机信息系统数据案中，洪某某利用网上

---

① 参见（2016）京 0108 刑初 1084 号。

购买的"白金远程控制软件"窃得龚某在慈溪市游戏中心注册的账号及密码,窃得龚某账号中的"银子"九亿八千余万两。① 对此检察院以盗窃罪提起公诉,辩方以虚拟财产系债权而非物权、虚拟财产的价值无法确定为由进行抗辩。法院认为玩家可以通过购买或者投入时间精力以在线升级的方式获得虚拟财产,而后者的财产价值无法确定。该案中在案证据并不能证明,龚某的虚拟财产系通过购买的方式获得,只能依据数据说对龚某定罪处罚。司法裁判中通常以虚拟财产的属性不清、价值难以确定为由,以侵财犯罪规制非法获取虚拟财产的行为。

通过分析上述判决可知,司法裁判中以计算机类犯罪规制非法获取虚拟财产的行为存在以下不足。第一,虚拟财产兼具数据与财产双重属性,不能以虚拟财产的数据属性来否定财产属性。理论界与实务界对虚拟财产的法律属性尚有争议,虚拟财产属于民法意义上的物权、债权、知识产权或新型财产权利等,均不影响将虚拟财产评价为刑法意义上的财物。第二,从法益保障的层面看,《刑法》将计算机类犯罪规定于扰乱公共秩序罪一章中,而非法获取虚拟财产的行为会对被害人的财产造成损失,侵犯的是私法益,故以侵财犯罪论处更合理。第三,以难以计算虚拟财产的价值为理由,反对以侵财犯罪规制非法获取虚拟财产的行为,存在局限性。随着虚拟财产种类的日益增多,亟须结合司法实践中的具体情况,确定虚拟财产的价值认定标准,以解决非法获取虚拟财产犯罪数额认定难题。第四,通过计算机获取虚拟财产只是手段之一,以计算机类犯罪论处无法处理未利用计算机非法获取虚拟财产的案件。第五,行为人非法获取虚拟财产,并不会使计算机系统受到危害乃至无法运行。② 例如,甲盗取乙的抖音账号并为自己刷礼物,乙账号中的抖币数量减少,但乙可以通过绑定的手机号重置密码将账号找回,并不会影响抖音的正常运行。

综上,对于非法获取虚拟财产的行为,一概认定为非法获取计算机信

---

① 参见(2010)甬慈刑初字第 1544 号。
② 参见姚万勤《盗窃网络虚拟财产行为定性的教义学分析——兼与刘明祥教授商榷》,载《当代法学》2017 年第 4 期。

息系统数据罪存在一定的局限性，根据行为人的手段以盗窃罪、诈骗罪等侵财犯罪论处更为适宜。

（三）认定为侵财犯罪的合理性

财产属性是虚拟财产的本质属性，将非法获取虚拟财产的行为认定为侵财犯罪更为合理。实务中非法获取虚拟财产的行为以侵财犯罪论处的案例比比皆是：叶某诈骗案中，叶某采取冒充中介人员、伪造虚假转账记录的方式，获得赵某某信任后骗得其街头篮球游戏账号，吉林省吉林市丰满区人民法院判决其构成诈骗罪；[①] 刘某某盗窃案中，刘某某利用助播时获取的主播账户，趁主播不备通过直播刷礼物的形式将王某 1、宋某等人账户中的黄钻刷送到自己账户中，山东省临沂市兰山区人民法院判决其构成盗窃罪；[②] 刘某、顾某某盗窃案中，刘某私自登录陈某、王某 1、王某 2、王某 3 的快手账号，采用向自己和被告人顾某某快手账户直播刷礼物的方式，盗走陈某、王某 1、王某 2、王某 3 等人快手账户内的快币，辽宁省丹东市振兴区人民法院判决构成盗窃罪。[③]

非法获取虚拟财产的行为以侵财犯罪论处更具合理性。其一，《刑法修正案（七）》尚未出台之前，在被誉为虚拟财产第一案的曾某某与杨某某案中，曾某某与杨某某通过破解他人 QQ 账号的密码保护资料，窃取 QQ 账号出售牟利。南沙区检察院以盗窃罪提起公诉，南沙区法院认为 QQ 账号是一种通信工具的代码，类似于电子邮件，因而否定虚拟财产具有财产属性，判决曾某某与杨某某构成侵犯通信自由罪。[④] QQ 账号是否具有财产属性存在以下两种观点。（1）肯定说认为 QQ 账号具有财产属性，可以成为侵财犯罪的对象。QQ 用户对 QQ 账号具有管理可能性、移转可能性和财产价值，

① 参见（2021）吉 0211 刑初 278 号。
② 参见（2021）鲁 1302 刑初 1132 号。
③ 参见（2021）辽 0603 刑初 272 号。
④ 参见（2006）深南法刑初字第 56 号；参见陈兴良、张军、胡军腾主编《人民法院刑事指导案例裁判要旨通纂》（下卷），北京大学出版社，2013，第 730 页。

符合财物的一般特征。QQ 账号是数字社会发展的产物，刑法意义上的财物不能局限于条文的列举性规定，而应当顺应社会发展，在合理合法的范围内予以扩大解释。（2）否定说认为 QQ 账号是民法意义上的财物，不是刑法意义上的财物，不能成为侵财犯罪的对象。QQ 账号是否具有价值以及如何计算其价值存在很大的争议，将 QQ 账号解释为侵财犯罪的对象属于类推解释。笔者认为，应当从坚持刑法与民法一致性的角度来看，不能因为虚拟财产的价值存在与否以及计算标准存在争议，就全盘否定虚拟财产的财产属性，而需要根据刑法教义学要义对虚拟财产进行解释。普通 QQ 账号作为账号类虚拟财产本质上属于个人信息不具有财产价值，因此将普通 QQ 账号作为数据保护更为合理。

其二，孟某盗窃案中，孟某利用黑客技术窃取某立公司登录腾讯、网易在线充值系统的账号和密码，由何某某入侵在线充值系统窃取 Q 币和游戏点卡，孟某将窃取的虚拟财产低价抛售。上海市黄浦区人民法院认为 Q 币和游戏点卡是腾讯、网易公司在网上发行的虚拟货币和票证，是网络环境中的虚拟财产。Q 币和游戏点卡等虚拟财产是某立公司支付对价获得的，具有财产价值，某立公司对虚拟财产享有财产权，应当受刑法保护。该案中，法院对非法获取虚拟财产的行为以盗窃罪论处，为司法实践中的类似案例提供了指引，具有指导意义。①

其三，沈某某职务侵占案中，上海市浦东新区人民法院认为"元宝"的本质是计算机游戏程序中的电磁记录，沈某某利用职务便利，为他人增加游戏币的数量，被认定为非法获取计算机信息系统数据罪。上海市第一中级人民法院改判为职务侵占罪，理由如下：（1）我国法律规定的财物不限于有体物。游戏币以电磁形态存在于游戏系统中，虽属无体之物，但仍可包容于上述财物的概念之中；（2）游戏运营商对游戏币具有管理可能性；（3）游戏币具有移转可能性，每个游戏币系独立存在，行为人可以排除他

---

① 参见贺荣《上海市黄浦区人民检察院诉孟动、何立康网络盗窃案》，载《中华人民共和国最高人民法院公报》2006 年第 11 期。

人占有并建立新的占有关系；（4）游戏币凝聚了运营商投入的人力、物力、财力，具有价值；（5）不宜以具有可复制性为由否定运营商所控制游戏币的财物属性。① 一审法院判决沈某某构成非法获取计算机信息系统数据罪，二审法院以游戏币这种虚拟财产符合财物的特征，可以作为侵财犯罪的对象为由改判为盗窃罪。

综上，虚拟财产与刑法传统意义上的财产并无本质区别，行为人以不法方式获取他人账号密码，将他人账号内的虚拟财产转移或出售的行为，符合财产犯罪的犯罪构成，应当以侵财犯罪论处。

二 虚拟财产的意义限定

目前，理论界与实务界对虚拟财产能否作为侵财犯罪的对象仍然存在争议。虚拟财产兼具数据与财产属性，符合特定特征的虚拟物品才属于刑法意义上的财物，"虚拟财产"应当进行限缩性解释，只有具有管理可能性、移转可能性、财产价值与相对不可复制性的虚拟财产才能作为侵财犯罪的对象。借助虚拟财产的限缩性解释、虚拟财产的分类以及"财物"的性质可以论证虚拟财产作为侵财犯罪对象的合理性。

（一）虚拟财产的限缩性解释

对于虚拟财产需要进行限缩性解释，符合以下四个特征的虚拟财产才可以成为侵财犯罪的对象。

1. 具有管理可能性

管理可能性是指被害人通过账户对其虚拟财产实现支配与控制。账户相当于数字社会中人的个人空间，不同的软件有不同的账户，所有账户内的虚拟财产均属于个人，个人对账户内的虚拟财产具有管理可能性，享有占有权、使用权、收益权和处分权。例如，王者荣耀中玩家对自己账户内

---

① 参见（2020）沪 01 刑终 519 号。

的游戏装备、皮肤、点券、铭文等虚拟财产具有管理可能性，可以将其赠送给好友或者出售牟利。

侵财犯罪既侵害被害人的占有也侵害被害人的财产权。行为人转移虚拟财产的占有或财产权的前提是被害人对虚拟财产具有管理可能性。例如，甲窃取乙账户里的游戏装备，构成盗窃罪的前提是被害人乙对账户里的装备具有占有或财产权，即被害人对虚拟财产具有管理可能性，此时甲窃取乙的虚拟财产，乙丧失了对虚拟财产的控制与支配，甲才构成盗窃罪。

2. 具有移转可能性

刑法意义上的财物必须具有移转可能性，不具有移转可能性的虚拟财产，不能成为侵财犯罪的对象。这里的移转可能性是从行为人的角度而言的，行为人无法转移被害人的虚拟财产，就不可能侵犯被害人的虚拟财产，也就无法构成侵财犯罪。

侵财犯罪中可能涉及虚拟财产的犯罪主要为取得型犯罪。取得型犯罪包括交付型犯罪与夺取型犯罪：交付型犯罪是指被害人基于意思瑕疵而交付财物，例如因受骗给主播刷礼物；夺取型犯罪是指违反被害人意志取得虚拟财产，例如盗窃他人抖音账户并用该账户给自己刷礼物。正是因为虚拟财产具有移转可能性，上述犯罪行为人才能够转移虚拟财产的占有或财产权。

3. 具有财产价值

没有价值的虚拟财产，不属于刑法意义上的财物。关于财物的价值，理论界尚有争议，主要有以下三种观点①。第一种观点与第三种观点均认为，财物的价值包括客观价值与主观价值②，但第一种观点认为只有当主观

---

① 第一种观点认为财物的价值包括客观价值与主观价值，并且只有当主观价值能够用金钱评价时，物品才是财物。第二种观点认为只要物品具有客观价值或者主观价值之一即可评价为财物。第三种观点认为财物的价值包括使用价值与交换价值。

② 客观价值是指财物所具有的可观经济价值，如汽车、食品、金钱等都具有客观价值；主观价值是指所有者、占有者对物所具有的主观上的、感情上的价值，不需要其能够用金钱评价，如情书、照片等具有主观价值。参见〔日〕团藤重光《刑法纲要（各论）》，创文社，1990，第551页；〔日〕大塚仁《刑法概说（各论）》，有斐阁，2005，第173页。

价值能够用金钱评价时物品才是财物，其将情书、照片等不具有金钱价值的物品排除在财物的范围之外，超出国民预测可能性。[1] 第二种观点认为只要物品具有客观价值或者主观价值之一即可评价为财物。[2] 笔者认为，虚拟财产须具有客观价值与主观价值，才可以评价为财物。

虚拟财产具有一定的主观价值。网络平台花费成本研发虚拟财产，为虚拟财产添附一定的主观价值。网络用户不仅可以使用游戏中不同的装备和皮肤来满足自己的精神需求，而且部分稀有装备和皮肤具有很高的财产价值，例如 CSGO 中的纪念品龙狙价值可达几万元甚至几十万元。抖音用户可以使用账户中的抖币，购买虚拟礼物赠送给主播，例如用户可以使用30000 抖币购买一个"嘉年华"，价值 3000 元。

虚拟财产的财产属性来源于与现实财产的兑换与交易，即客观价值。[3]只有网络用户为购买虚拟财产支付对价或者花费时间和精力后，网络用户的虚拟财产才具有财产属性，此时，行为人窃取用户的虚拟财产，用户丧失了对虚拟财产的控制与支配，才会造成财产损失。虚拟财产与现实财产进行了兑换或交易后，虚拟财产才会具有价值，才具有财产属性。虚拟财产有偿转让已经成为一种普遍现象。虚拟财产与真实货币通过一定方式可以相互转化，玩家购买网络平台出售的游戏点券，使现实财产转变为虚拟财产，玩家运用点券抽奖获取的稀有皮肤出售牟利，实现虚拟财产到现实财产的转变。因此，虚拟财产只不过是财产的一种特殊存在形态，[4] 仍然具有财产的属性和特征。

4. 具有相对不可复制性

虚拟财产具有可复制性是一些学者否定将虚拟财产作为侵财犯罪对象的主要依据，如德国刑法学界认为虚拟财产难以成为侵财犯罪的对象。德

---

① 参见〔日〕江家义男《刑法各论》，青林书院，1963，第 264 页。
② 参见〔日〕山中敬一《刑法各论》，成文堂，2009，第 231 页。
③ 参见张忆然《"虚拟财产"的概念限缩与刑法保护路径重构——以数据的三重权利体系为参照》，载《湖南科技大学学报》（社会科学版）2021 年第 2 期。
④ 参见陈兴良《虚拟财产的刑法属性及其保护路径》，载《中国法学》2017 年第 2 期。

国学者指出：在刑法中，由于数据与信息存在易被复制性，盗窃数据或信息的行为中缺少占有要素。信息的特征也解释了为什么商业秘密的保护在许多法律制度中都被单独规定，而不是归类在盗窃行为名下。[①] 我国台湾地区对窃取电磁数据行为的定性也存在争议：林山田教授认为，窃取电磁数据的行为不得适用盗窃罪予以规制。例如，甲拷贝乙电脑中的电磁数据，甲的拷贝行为不会导致乙电脑中的电磁数据消失或减少，这正是由于电磁数据具有可复制性。窃取电磁数据行为中行为人无须破坏他人对物的支配关系（占有），而对他人仍占有的电磁数据建立新的占有，这不符合刑法中"窃取"的概念，[②] 不能以盗窃罪论处。

但"虚拟财产"作为数据的种属概念，根据虚拟财产的持有主体不同可分为相对可复制的虚拟财产与相对不可复制的虚拟财产。从网络平台的角度来看，虚拟财产均具有可复制性，但从网络用户的角度来看，网络平台设置了限量性规则，虚拟财产具有不可复制性。网络平台可以无限复制发行的游戏皮肤、装备等属于具有可复制性的普通虚拟财产；玩家花费金钱、时间和精力获取的游戏物品等属于不具有可复制性的虚拟财产。网络平台与用户的虚拟财产有所不同的原因在于，网络平台可以通过技术手段源源不断地获取虚拟财产，而玩家只能通过购买或者抽奖等方式获得虚拟财产。具有不可复制性的虚拟财产，即具有排他支配性且具有财产价值的虚拟财产，可以成为侵财犯罪的对象，如窃取玩家的游戏装备当然可以构成侵财犯罪。具有可复制性的虚拟财产可以成为知识产权罪的犯罪对象。在于某侵犯著作权案中，于某未经《仙境传说》网络游戏著作权人授权，通过互联网复制发行计算机游戏软件，江阴法院判决于某构成侵犯著作权罪。[③]

---

① 参见〔德〕乌尔里希·齐白《全球风险社会与信息社会中的刑法：二十一世纪刑法模式的转换》，周遵友、江溯等译，中国法制出版社，2012，第285页。
② 参见林山田《刑法各罪论》（上册），北京大学出版社，2012，第212页。
③ 徐芝若、王晓丹：《"电子数据"在侵犯著作权犯罪案件中的效力》，北京律师网，2015年1月11日，http://www.govgw.com/article/10488.html。

综上，虚拟财产作为数据的一种，具有数据所特有的可复制性。虚拟财产的可复制性影响到非法获取虚拟财产行为的定性，具有相对可复制性的虚拟财产通常不具有财产价值，不能作为侵财犯罪的对象，具有相对不可复制性的虚拟财产可以成为侵财犯罪的对象。

（二）虚拟财产的类型区分

目前，我国学者将虚拟财产分为以下三类：账号类虚拟财产，包括网络游戏账号、微信账号等；物品类虚拟财产，包括网络游戏装备、网络游戏角色的装饰品（皮肤）等；货币类虚拟财产，包括以太币等。[①] 并非所有虚拟财产都属于刑法意义上的财物，"虚拟财产"应当进行限缩性解释，只有具有管理可能性、移转可能性、财产价值与相对不可复制性的虚拟财产才能作为财物予以保护。账号类虚拟财产与不具有财产价值的物品类虚拟财产，可以作为数据予以保护；货币类虚拟财产与具有财产价值的物品类虚拟财产可以作为财物予以保护。

1. 账号类虚拟财产本质上是个人信息

《信息安全技术个人信息安全规范》将系统账号和账号密码规定为"个人信息"，个人信息是以电子或者其他方式记录的能够单独或者与其他信息结合识别特定自然人的各种信息，可见 QQ 账号、邮箱账号、微信账号、游戏账号等账号类虚拟财产本质上为个人信息。[②] 个人信息的主要特征为具有"可识别性"，账号类虚拟财产具有可识别性，QQ 账号、微信账号、游戏账号均需使用身份证进行实名认证，网络服务运营商通过账号区分服务对象。

---

① 参见江波《虚拟财产司法保护研究》，北京大学出版社，2015，第 33 页。

② 国家市场监督管理总局、国家标准化管理委员会 2020 年发布的《信息安全技术个人信息安全规范》第 3.1 条注 1 中特别指出："个人信息包括姓名、出生日期、身份证件号码、个人生物识别信息、住址、通信通讯联系方式、通信记录和内容、账号密码、财产信息、征信信息、行踪轨迹、住宿信息、健康生理信息、交易信息等。"该规范"附录 A"表 A.1 的"个人信息举例"中，所列举的"网络身份标识信息"包括系统账号、IP 地址、邮箱地址及与前述有关的密码、口令、口令保护答案、用户个人数字证书等。可见，邮箱地址及其密码属于个人信息。与之相类似，QQ 账号、游戏账号也应当属于个人信息。

微信账号绑定银行卡涉及大额资金，安全系数较高，行为人盗取微信账号的可能性较小；盗取 QQ 账号的可能性较大，即使 QQ 账号丢失或被盗，仍然可以通过绑定的手机号获取验证码、好友辅助验证或者回答密保问题等方式找回。

普通的 QQ 账号、游戏账号虽然具有管理可能性以及移转可能性，但并不具有财产价值，不能作为刑法意义上的财物。[①] 但个别"靓号"具有较高的财产价值，应当被认定为财物。账号可以转让或者出售给他人，这并不意味着账号类虚拟财产具有物权属性和财产属性。大量出售 QQ 账号与出售电话号码的行为类似，电话号码属于个人信息，行为人非法出售个人信息虽然可以获取财产利益，但电话号码这种个人信息当然不可以作为侵财犯罪的对象予以规制，账号类虚拟财产也不能作为侵财犯罪的对象。《最高人民法院、最高人民检察院关于办理危害计算机信息系统安全刑事案件应用法律若干问题的解释》将账号类虚拟财产规定为"身份认证信息"，[②] 账号类虚拟财产系计算机信息系统数据，应当作为非法获取计算机信息系统数据罪的对象予以保护，非法获取账号类虚拟财产以非法获取计算机信息系统数据罪论处。

2. 货币类虚拟财产应当被纳入"虚拟财产"的范畴

货币类虚拟财产与储存在银行账户内的财产并无本质区别，具有财产属性。货币类虚拟财产包括游戏币、以太币等。某些虚拟货币具有控制与支配可能性，也具有经济价值以及财产属性，当然能够作为"虚拟财产"予以保护。《文化部、商务部关于加强网络游戏虚拟货币管理工作的通知》规定：网络游戏虚拟货币除利用法定货币购买之外，网络平台不得采用其

[①] 参见张明楷《非法获取虚拟财产的行为性质》，载《法学》2015 年第 3 期。

[②] 《最高人民法院、最高人民检察院关于办理危害计算机信息系统安全刑事案件应用法律若干问题的解释》第 1 条规定："非法获取计算机信息系统数据或者非法控制计算机信息系统，具有下列情形之一的，应当认定为刑法第二百八十五条第二款规定的'情节严重'：（一）获取支付结算、证券交易、期货交易等网络金融服务的身份认证信息十组以上的；（二）获取第（一）项以外的身份认证信息五百组以上的……"

他方式向用户提供虚拟货币。① 由此可见，网络用户只能通过支付对价的方式获取虚拟货币，虚拟货币与真实货币具有对应性，具有财产价值。综上，货币类虚拟财产具有管理可能性、移转可能性与财产价值，可以评价为刑法意义上的财物，当然属于"虚拟财产"的范畴。

3. 物品类虚拟财产应当区分认定

物品类虚拟财产包括两大类，分别为具有财产价值的虚拟物品和不具有财产价值的虚拟物品。此种"财产价值"主要是指与真实财产具有对应性，例如玩家支付一定货币购买的游戏皮肤。具有财产价值的虚拟物品可以作为侵财犯罪的对象，不具有财产价值的虚拟物品不属于"物品类虚拟财产"的范畴，不能作为侵财犯罪的对象。

一是具有财产价值的虚拟物品。具有财产价值的虚拟物品，与真实货币具有对应性，即可以与真实货币兑换和交易，属于"虚拟财产"的范畴，可以评价为刑法意义上的财物。网络用户以法定货币、虚拟货币购买的虚拟物品或者按照一定比例兑换的虚拟物品，可以视为虚拟货币。②

并非只有支付对价获得的虚拟物品才具有财产价值，只要能与真实货币具有对应性，就可以评价为"虚拟财产"。例如，在游戏《地下城与勇士》中，高级游戏装备可以通过以下几种方式获取："打怪"；由众多小装备合成；以法定货币购买；好友赠送。欧阳本祺认为网络游戏中的虚拟财产都是游戏开发者编写的代码，玩家打怪触发掉落的虚拟财产，并非由玩

---

① 《文化部、商务部关于加强网络游戏虚拟货币管理工作的通知》第（一）项规定："本通知所称的网络游戏虚拟货币，是指由网络游戏运营企业发行，游戏用户使用法定货币按一定比例直接或间接购买，存在于游戏程序之外，以电磁记录方式存储于网络游戏运营企业提供的服务器内，并以特定数字单位表现的一种虚拟兑换工具。网络游戏虚拟货币用于兑换发行企业所提供的指定范围、指定时间内的网络游戏服务，表现为网络游戏的预付充值卡、预付金额或点数等形式，但不包括游戏活动中获得的游戏道具。"第（七）项规定："除利用法定货币购买之外，网络游戏运营企业不得采用其它任何方式向用户提供网络游戏虚拟货币……"

② 《文化部关于规范网络游戏运营加强事中事后监管工作的通知》第（四）项规定："网络游戏运营企业发行的，用户以法定货币直接购买、使用网络游戏虚拟货币购买或者按一定兑换比例获得，且具备直接兑换游戏内其他虚拟道具或者增值服务功能的虚拟道具，按照网络游戏虚拟货币有关规定进行管理。"

家"创造"的,玩家对虚拟财产并不具有财产权,虚拟财产当然不具有财产价值。[1] 张明楷认为网络用户不仅可以使用游戏中不同的装备和皮肤来满足自己的精神需求,还可以通过"打怪"的方式提高自己的经验和等级以及使自己的游戏装备升级。[2] 笔者认为,玩家通过"打怪"的方式获取高级游戏装备,虽然未支付对价,但花费了大量时间和精力,该虚拟物品可以在交易市场中转让,与真实货币具有对应性,仍然具有财产价值。

二是不具有财产价值的虚拟物品。此类虚拟物品表现为游戏开发者设计生成且尚未出售的虚拟物品,以及网络用户无须投入金钱,通过特定的游戏机制即可获得的普通虚拟物品。第一,网络平台设计生成的虚拟物品,可以通过技术手段源源不断地获取,该虚拟物品仅仅是代码,只能将其作为数据予以保护。行为人利用网络游戏平台的漏洞,窃取网络游戏平台设计生成的虚拟物品,应当以计算机类犯罪论处。第二,网络平台赠送或者网络用户通过"打怪"、通关等特殊机制即可获得的普通虚拟物品,并不具有财产价值。例如,游戏《和平精英》中未充值点券即可获取的枪支与充值大量点券后抽奖才能获取的玛莎拉蒂皮肤,前者属于不具有财产价值的虚拟物品,后者属于具有财产价值的虚拟物品。网络平台设置为可以相互获取或者故意破坏的虚拟物品,意味着该虚拟物品不具有财物属性,不宜纳入"物品类虚拟财产"的范畴。例如,QQ农场的偷菜行为。不具有财产价值的虚拟物品,不宜认定为"物品类虚拟财产",但可以作为数据予以保护。

(三) 虚拟财产可以评价为"财物"

第一,虚拟财产是否属于刑法意义上的财物,应当坚持三段论的判断方法。大前提:我国刑法中财物的特征,即管理可能性、移转可能性、财产价值。小前提:虚拟财产符合财物的特征。结论:虚拟财产是我国刑法

---

① 参见欧阳本祺《论虚拟财产的刑法保护》,载《政治与法律》2019年第9期。
② 参见张明楷《刑法学》(下),法律出版社,2021,第1218页。

意义上的财物。

第二，对"财物"的解释，要根据我国刑法中用语可能具有的含义作出，不能根据外国刑法予以判断。在日本刑法学界，财物与财产性利益不同，侵财犯罪的对象一般不包括财产性利益，刑法有特别规定的除外。① 在德国、日本、韩国等国，财产性利益不可作为盗窃罪的对象，但可以成为诈骗罪、抢劫罪等其他侵财犯罪的对象。盗窃财产性利益在德国、日本、韩国等国不构成盗窃罪，但我国刑法没有区分财物与财产性利益，财物包括财产性利益，盗窃财产性利益可以以盗窃罪进行规制。② 因此，应当根据我国刑法中用语可能具有的含义对财物进行解释。我国刑法中"财物"的含义如表 1 所示。

表 1　我国刑法中"财物"的含义

狭义的财物	有体物
广义的财物	有体物和无体物
最广义的财物	具有管理可能性、移转可能性和财产价值的一切有体物、无体物和财产性利益

注：德国、日本刑法中，无体物、财产性利益都无法解释为财物，如果将虚拟财产解释为财物可能就是类推解释。但我国刑法中，将虚拟财产解释为我国刑法意义上的"财物"，符合我国刑法中"财物"一词可能具有的含义，并非类推解释。

资料来源：参见张明楷《诈骗罪与金融诈骗罪研究》，清华大学出版社，2006，第 1219 页。

第三，刑法意义上"财物"的概念应当适应数字社会的发展趋势。19 世纪初，"电"的出现使学界掀起财物有体说与财物无体说之争的热潮。电作为无体性财产的典例，强有力地支撑了财物无体说，促使财物有体说和财物无体说的区分产生了实质意义。法国民法学界采取财物无体说，《法国刑法典》虽然未明确规定窃电行为以盗窃罪论处，但法国法院认为"电是

---

① 例如《日本刑法典》第 246 条第 2 款明确将财产性利益规定为诈骗罪的客体，这就是所谓的利益诈骗罪。

② 参见张明楷《诈骗罪与金融诈骗罪研究》，清华大学出版社，2006，第 16 页。

一种可以占有的动产物品"，① 法国判例将电气视为刑法中的财物，对于修改电表上数据进行窃电的行为适用盗窃罪予以规制。在电出现以前，日本刑法学界受民法学界的影响采取财物有体说的观点，将电界定为与财物并列的客体。在电出现以后，有关判例突破了物必有体的财物有体说，提出管理可能性说，将电解释为刑法中的财物。② 1907 年《日本刑法典》第 245条"将电气视为财物"，为非法获取电气的行为以盗窃罪予以规制提供了明确的法律依据。可见，电气时代，无体物逐渐被纳入财物的范畴。随着数字社会的发展，传统财产可以数字化的形式存在于日常生活中，人们使用虚拟财产即可实现支付、出行、购物、娱乐等一系列活动，财产数字化、无体化、虚拟化已经成为数字社会发展的必然趋势。虚拟只不过是财产的一种外在形态，虚拟财产仍然具有财产属性，当然可以纳入财物的范畴。

第四，将虚拟财产解释为刑法意义上的财物并未超出国民预测可能性，符合罪刑法定原则。电气出现以后，盗接他人电线的行为频发，将偷电、盗电行为以盗窃罪论处。将电气、燃气等无体物解释为财物能够被一般人所接受。数字时代，虚拟财产有偿转让已经成为一种普遍现象，虚拟财产的概念已经被人们普遍接受。日本与韩国在立法中明确规定网络中的虚拟角色和虚拟物品具有独立的财产价值，与银行账户内的财产并无本质区别，可以作为侵财犯罪的对象。虚拟财产符合我国刑法意义上财物所具有的特征，将虚拟财产解释为刑法意义上的财物并未超出国民预测可能性，能够被一般人所接受，符合罪刑法定原则。

综上，我国刑法意义上的"财物"可以包括一切值得刑法保护的财产，③ 虚拟财产作为数字社会的产物，符合我国刑法意义上"财物"的特征，且值得刑法保护，可以作为侵财犯罪的对象予以保护。

---

① 参见〔法〕卡斯东·斯特法尼等《法国刑法总论精义》，罗结珍译，中国政法大学出版社，1998，第 143 页。
② 陈兴良：《虚拟财产的刑法属性及其保护路径》，载《中国法学》2017 年第 2 期。
③ 张明楷：《诈骗罪与金融诈骗罪研究》，清华大学出版社，2006，第 1218 页。

三　非法获取虚拟财产中犯罪数额的计算标准

犯罪数额是区分罪与非罪的标准，也是量刑的依据。非法获取虚拟财产中犯罪数额的认定，需要以虚拟财产的客观价值为标准进行计算，虚拟财产的价值评估标准涉及三个方面：网络平台售价、市场交易价格以及价格认定机构认证的价格。当按照市场交易价格和网络平台售价都无法准确计算虚拟财产的价值时，法院可以委托价格认定机构评估虚拟财产的价值。法益侵害说重视被害人的损失，将犯罪数额理解为被害人受损失的数额，[①]应按照法益侵害说的观点以被害人的损失为原则，结合行为人获利的金额，综合认定非法获取虚拟财产行为的犯罪数额。

（一）虚拟财产的价值评估标准

1. 网络平台售价

网络用户从网络平台处或者第三人处购买的价格相对稳定、不因用户的行为而发生价值变化的虚拟财产，应按网络平台售卖的价格来认定虚拟财产的价值。网络平台结合生产成本与市场需求，会制定虚拟财产的统一价格。例如抖音中 1 抖币正常标价为 0.1 元。网络游戏平台售卖的虚拟财产，其价格相对稳定，用户支付金钱购买的虚拟物品与现实生活中的财产并无本质区别，应按照网络平台出售的价格认定虚拟财产的价值。但按照网络平台制定的价格认定虚拟财产的价值可能会有失公正，网络平台以营利为目的，为了追求利益最大化，其制定的价格可能会偏高。

2. 市场交易价格

网络用户通过"打怪"、通关等特殊机制获得的虚拟财产，或者购买后加工升级使价值升高的虚拟财产，应以市场交易价格计算其价值。网络平台售卖的虚拟财产价值相对较低，网络用户花费金钱、时间、精力使虚拟

---

① 参见张明楷《法益初论》，中国政法大学出版社，2003，第 436 页。

财产的价值升高，此类虚拟财产的价值若以网络平台的售价来认定，会忽视用户在购买虚拟财产之后投入的成本。例如，在游戏《地下城与勇士》中，"天空套装"经过玩家合成升级之后价值可达上万元。虚拟财产的有偿转让已经十分普遍，网络用户通过线上交易与线下交易相结合的方式实现虚拟财产的移转，大部分虚拟财产已经形成了相对稳定的市场价格。① 以网络用户之间常规市场交易价格来认定虚拟财产的价值不仅符合市场交易规则，而且能够准确把握虚拟财产的价值。

3. 价格认定机构认证的价格

虚拟财产的价值具体有即时变动性，不同的时间段、不同的网络游戏平台、游戏的热度不同、玩家的喜好程度亦不同，虚拟财产的价值也会随之波动。当按照市场交易价格和网络平台售价都无法准确计算虚拟财产的价值时，法院可以委托价格认定机构评估虚拟财产的价值。委托价格认定机构可以参考刑事诉讼中司法鉴定的规定，既要保障犯罪人的权利也要平衡受害人的损失。利益无涉的第三方价格认定机构对虚拟财产的价格进行综合评估，该价格评估相对客观公正，更具说服力。委托价格认定机构评估虚拟财产的价值相当于一个兜底性的方式，并非每一个虚拟财产的案件都需要委托第三方价格认定机构。

（二）犯罪数额的认定

以侵财犯罪规制非法获取虚拟财产行为，犯罪数额的认定至关重要。虚拟财产的价值认定标准不一、价格波动较大可能会导致被害人的损失与行为人获取的利益不等。例如，抖音直播礼物的价值虽然有明确规定，但是犯罪数额却难以认定。用户甲给主播乙刷一个价值 3000 元的"嘉年华"，抖音平台一般需要抽成 50% 左右，故主播乙只能获利 1500 元左右。当行为人盗取他人抖音账号给自己刷礼物时，行为人获取的利益与被害人的损失不等，应该按照法益侵害说的观点以被害人的损失来认定犯罪数额。

---

① 参见张元《谈网络游戏虚拟财产价值之确定》，载《人民司法》2006 年第 11 期。

　　侵财犯罪的本质是侵犯被害人的财产，被害人的损失是侵财犯罪的犯罪数额。受害主体不同，犯罪数额的计算也不同。非法获取虚拟财产的被害人可以分为以下两类。

　　1. 网络用户

　　被害人是网络用户有两种情形。第一种，被害人从网络平台处或者第三人处购买的虚拟财产，被害人购买虚拟财产的价格就是被害人的损失。李某盗窃案中，李某通过申诉的方式修改已转让给袁某的游戏账号的密码，窃得账号内的虚拟游戏装备。该案中关于盗窃数额的认定问题，法院认为网络平台通过技术手段生成的虚拟财产本身不具有现实财产价值，但网络用户为获取虚拟财产支付金钱，盗窃数额应以所支付的金钱来认定。该案应以被告人李某转让给被害人游戏装备的价格来认定虚拟财产的数额，即16000 元。[①]

　　第二种，被害人投入金钱、时间、精力而获得的虚拟财产，市场交易的价格就是被害人的损失。阙某某诈骗案中，虚拟财产涉及玩家投入的财物、时间、精力等多方面因素，应结合游戏官方交易平台的市场价格、买卖双方的合意及前后手的交易价格等，综合予以评判。第一，游戏装备、账号、宠物等虚拟财产均由被害人通过游戏官方平台购得，交易价格能反映真实的市场定价。第二，买卖双方系游戏玩家，对虚拟财产的价值具有辨识能力。第三，比较出售价格与购入价格，并考虑玩家投入的金钱、时间、精力等因素，前后交易价格合理并无明显不当之处。故以被告人阙某某与被害人袁某某的交易价格 105000 元来认定非法获取虚拟财产的犯罪数额。[②]

　　2. 网络平台

　　网络平台对虚拟财产的定价与网络平台所遭受的财产损失不具有同一性，网络平台的虚拟财产具有可复制性，网络平台设计生成的虚拟物品，

---

① 参见（2012）甬慈刑初字第 1402 号。
② 参见（2020）沪 0116 刑初 787 号。

可以通过技术手段源源不断地复制发行，即使部分虚拟财产被盗，其他的虚拟财产仍然可以满足网络用户的需求。对网络平台的虚拟财产应当采取适度保护的原则，仅保护网络平台的实际利益损失，预期回报不予保护。如果按照网络平台销售虚拟财产的价格来认定犯罪数额，会造成犯罪数额认定偏高、量刑畸重的后果，不利于保障犯罪人的权利。法院应结合专业价格认定机构的价值评估结果，考虑网络游戏平台研发虚拟物品所投入的成本以及行为人获利的金额，综合认定犯罪数额。

例如，沈某某职务侵占案中，沈某某利用游戏运营管理的职务便利，增加玩家游戏账户内游戏币的数量，并从李某、姬某某、丁某、王某某处获取人民币 157100 元。法院认为，游戏运营商对游戏币所作定价难以反映其成本投入及因犯罪所遭受损失情况，不能作为认定犯罪数额的依据，故以行为人获利的 157100 元来认定职务侵占罪的犯罪数额。[1] 徐某某、尹某某职务侵占案中，徐某某与尹某某利用职务便利，盗取公司开发的"大话西游 2"中玩家的游戏账号里的游戏道具、物品、游戏币等虚拟财产，后变卖牟利。[2] 法院认为公司的财产损失是被告人徐某某、尹某某盗取游戏账户后销售游戏道具的变现数额。

综上，虚拟财产的价值评估标准包括网络平台售价、市场交易价格以及价格认定机构认证的价格。实务中应当考虑网络平台与网络用户投入的成本，综合认定虚拟财产的价值。对于非法获取虚拟财产的犯罪数额的认定应当以被害人的财产损失为原则，结合行为人非法获取虚拟财产获利的金额，综合认定犯罪数额。

四　结语

虚拟财产是数字社会的产物，随着"区块链""元宇宙"等概念在社会

---

[1]　参见（2020）沪 01 刑终 519 号。

[2]　参见（2015）穗天法刑初字第 972 号。

生活中的普及，虚拟财产的重要性进一步凸显，成为不法分子犯罪牟利的对象。虚拟财产的刑法保护问题理应受到学界与实务界的重视。虚拟财产的数据属性是虚拟财产与传统意义上财产的核心区别，但具有管理可能性、移转可能性、财产价值的虚拟财产本质上仍然是财产。将虚拟财产解释为财物，并未超出国民预测可能性，符合罪刑法定原则。非法获取虚拟财产的行为使被害人的财产利益受损，在一定程度上侵犯了公民私法益，界定为计算机类犯罪具有较大的局限性，应根据行为人的手段以盗窃罪、诈骗罪等侵财犯罪论处更为适宜。侵财犯罪的犯罪数额应按照法益侵害说的观点以被害人的损失来认定，非法获取虚拟财产案件中根据受害主体的不同将虚拟财产分为网络用户的虚拟财产、网络平台的虚拟财产，结合虚拟财产的价值综合认定犯罪数额。

人工智能辅助裁判正当性问题的
多元解决路径[*]

段陆平[**]

【摘　　要】虽然最高人民法院将人工智能在司法审判领域的应用界定为辅助地位，但在加强司法人工智能应用的过程中，依然需要注意人工智能辅助裁判可能存在实体不公仍存、程序正义不足、价值关怀欠缺与错判难以问责的问题。对于实体不公问题，可通过偏见或错案不可避免性的解释分析予以纾解；对于价值关怀欠缺问题，在技术上未能解决时，中短期内可在重点评估可标准化简单案件中智能辅助裁判效果的基础上再审慎推进；而对于程序正义不足问题，长期来看需要建立数字正当程序理论并基于此重整制度规范，中短期内则可通过细化当事人对人工智能辅助裁判的程序选择权并完善救济渠道等制度调整方式解决；至于可问责性难题，则可通过程序性责任分散机制与实体性责任分担机制协同的方式解决。想要社会接受人工智能辅助裁判，还应继续研发、升级智慧司法技术装备，同时也要构建适配司法人工智能的专门伦理规范。

【关　键　词】人工智能；司法裁判；司法正当性；程序正义；伦理规制

人工智能在审判工作中的应用特别是司法裁判的人工智能化是智慧法

---

* 本文系 2020 年度国家社科基金项目"基于司法大数据的中国特色轻罪诉讼制度体系完善研究"（项目批准号：20CFX032）的阶段性成果，同时受四川省哲学社会科学重点研究基地纠纷解决与司法改革研究中心 2020~2021 年度项目"中国司法数字化建设若干重点问题研究"（项目批准号：2021DJKT1a1）资助。
** 段陆平，广州大学法学院讲师、硕士生导师，法学博士。

院建设的重点内容，也是学界研究的热点，其正当性问题一直是讨论焦点，存在比较激烈的争议。持肯定观点的典型学者如彭中礼，其从司法本质的角度展开分析，认为司法裁判人工智能化具有正当性。① 陈锐、孙庆春也对学界质疑人工智能决策的理由一一进行了辨析，并对其合法性抱持肯认态度。② 张玉洁则对智能量刑算法的主体性逻辑进行了详细论证。③ 当然，更多学者对人工智能应用于司法裁判的正当性持否定、质疑或担忧态度，并大多坚定地认为人工智能无法取代或者无法完全取代人类独立地进行裁判。④ 2022 年 12 月 8 日，最高人民法院出台《关于规范和加强人工智能司法应用的意见》（以下简称《人工智能司法应用意见》），明确提出坚持辅助审判原则，特别强调无论技术发展到何种水平，人工智能都不得代替法官裁判。最高人民法院对人工智能应用于司法审判只能居于辅助地位的定调，某种程度上可以让学界的争论暂告一段落。然而，即便是辅助定位，人工智能司法应用的技术风险以及由此产生的正当性问题依然存在且不容回避。而且，辅助审判也存在介入程度之分，即"强辅助"与"弱辅助"的区别，这在最高人民法院于 2020 年 7 月 31 日发布的《关于统一法律适用加强类案检索的指导意见（试行）》（以下简称《类案检索意见》）中已有所体现，⑤ 在"强辅助"的情形中，人工智能的应用显然具有较大的技术

---

① 参见彭中礼《司法裁判人工智能化的正当性》，载《政法论丛》2021 年第 5 期。
② 参见陈锐、孙庆春《人工智能司法决策的合法性辨疑》，载《西安交通大学学报》（社会科学版）2021 年第 3 期。
③ 参见张玉洁《智能量刑算法的司法适用：逻辑、难题与程序法回应》，载《东方法学》2021 年第 3 期。
④ 此类文献较多，囿于篇幅，无法具列。
⑤ 《类案检索意见》第二点要求明确规定："人民法院办理案件具有下列情形之一，应当进行类案检索：（一）拟提交专业（主审）法官会议或者审判委员会讨论的；（二）缺乏明确裁判规则或者尚未形成统一裁判规则的；（三）院长、庭长根据审判监督管理权限要求进行类案检索的；（四）其他需要进行类案检索的。"第八点要求则规定："类案检索说明或者报告应当客观、全面、准确，包括检索主体、时间、平台、方法、结果，类案裁判要点以及待决案件争议焦点等内容，并对是否参照或者参考类案等结果运用情况予以分析说明。"显然，《类案检索意见》对于某些案件应当进行类案检索并且要对是否参照或者参考类案等结果运用情况予以分析说明的规定，可以纳入"强辅助"范畴，而其他案件是否要进行类案检索则并未明确，但从逻辑层面看属于法官可自由裁量事项，可以纳入"弱辅助"范畴。

风险，并更易遭到正当性诘问。此外，最高人民法院在《人工智能司法应用意见》中也明确指出，要加强人工智能全流程辅助办案，包括支持证据指引与审查、法律法规推送、类案推送、全案由裁判辅助、法律文书辅助生成、法律文书辅助审查等智能化应用。既然未来人工智能辅助裁判的应用将会加强，若无有效规制，那么其存在的技术风险及由此产生的正当性问题自然也会趋于严峻。鉴于此，本文拟在系统梳理人工智能辅助裁判正当性问题的基础上，从法律系统内部以及外部的技术保障与伦理规制等多元层面提出防范与解决建议，以期为我国智慧法院建设中强化人工智能辅助裁判的未来发展提供一定理论参考。

一 人工智能辅助裁判正当性问题的系统梳理

人工智能辅助裁判存在的正当性问题主要是源于人工智能（独立）裁判可能存在的问题，特别是如果法官对人工智能辅助办案系统形成某种路径依赖，会带来法官职业理性思维减退、法官思维的价值偏见加深、法官的机械思维助长等消极影响，[①] 在"强辅助"的情形下，更容易产生司法裁判的正当性问题。针对人工智能适用于司法审判领域特别是诸如裁判等实质性决策事项所存在的正当性问题，法律理论界、实务界以及社会人士都给予了一定关注，讨论较为热烈，但未形成系统性的论述。[②] 本文认为，人工智能辅助裁判面临以下几个方面的正当性问题：实体不公仍存、程序正义不足、价值关怀欠缺以及错判难以问责。具体分述如下。

（一）实体不公仍存

人工智能裁判之所以能被不少学者支持以及被部分司法实务人士接受

---

① 参见焦宝乾、赵岩《人工智能对法官思维的影响》，载《求是学刊》2022 年第 4 期。

② 郑曦对人工智能技术在司法裁判中运用的现实风险总结指出，从价值平衡、公民权利保护、权力配置、权力运行的视角看，最重要的风险包括对公正价值的冲击、对当事人诉讼权利的影响、对审判权独占原则的削弱和与法官独立审判原则的冲突四个方面，这实际上也更多是从程序正义的角度展开的分析，并不系统全面。参见郑曦《人工智能技术在司法裁判中的运用及规制》，载《中外法学》2020 年第 3 期。

甚至认为可以赋予其主体地位，一个重要理由或论据是，人工智能裁判的准确率与人类法官裁判的准确率相当，甚至在某些对比测试中还要远高于人类法官裁判。① 最高人民法院肯认司法人工智能可以辅助裁判，事实上也是基于其目前裁判准确率较高。然而，虽然有较高的准确率，但毕竟不能做到 100% 准确，始终存在错误裁判的可能性。此外，更多论者否定或者质疑人工智能裁判的理由则是其存在的算法歧视或偏见可能带来裁判结果的不公正。有论者指出，算法偏见作为人工智能的"阿喀琉斯之踵"，是刑事审判系统人工智能化的新挑战。② 这主要是由于算法由人类编写完成，因此人类的价值观会被嵌入这些软件中，同时这些软件在使用数据时必然也会带入人类偏见。③ 例如有研究发现，COMPAS（风险评估算法）系统将黑人错误评估为高犯罪风险及罪犯潜在分子的概率几乎是白人的两倍。④ 再如有论者认为，在上海高级人民法院承担的中央布置的"推进以审判为中心的诉讼制度改革软件"（以下简称"206 工程"）研发过程中，软件编辑者在证据知识图谱的绘制过程中难免会体现个人价值取向、学术判断、政策立场，同时这些知识图谱经过程序员的代码编写和算法建模自然又会或多或少地渗入一些人为因素。⑤ 总之，从实体正义角度来看，司法人工智能因算法歧视等问题仍然存在不公正裁判的风险，而且也可能因为技术限制不能做到 100% 准确，因此也有错误裁判的可能性。

---

① 不过，这种结果也值得深思和怀疑。作为一项能够吸引他人眼光的新闻事件，必须有与传统认识不一样的冲击点，"智能算法败给人类法官"不是新闻，但"智能算法赢了人类法官"就是大新闻，就像当年李世石、柯洁被 AlphaGo（一款围棋智能程序）击败一样，此即"眼球效应"带来的结果。因此，可能还有更多测试结果表明人工智能完全不能与人类法官相比，但只因其无法形成"眼球效应"而未被报道，从而淹没在浩瀚世界中。

② 参见周佑勇、王禄生等《智能时代的法律变革》，法律出版社，2020，第 201 页。

③ Frank Pasquale, *The Black Box Society: The Secret Algorithms That Control Money and Information*, Cambridge: Harvard University Press, 2015, p.38.

④ 参见洪凌啸《误区与正道：法律人工智能算法问题的困境、成因与改进》，载《四川师范大学学报》（社会科学版）2020 年第 1 期。

⑤ 参见马长山《司法人工智能的重塑效应及其限度》，载《法学研究》2020 年第 4 期。

（二）程序正义不足

程序正义不足或许是人工智能辅助裁判面临的最为致命的质问，也是其最大的正当性问题。众所周知，以程序的参与性、中立性、合理性、公开性等为基本要素的程序正义是司法定分止争的基本要求，[①] 即便人工智能算法在某些类型的案件测评中准确率可达到甚至超过人类法官，亦即可以对实体公正起到保障作用，其或许也难以充分保障现代法治理念更为重视和追求的程序公正的真正实现。最切中要害的质疑是，人工智能辅助裁判消解了程序的参与性、合理性。人工智能辅助裁判的技术原理是在分析海量裁判文书数据并学习法律条文后建立一套审判模型，在输入案件要素的基础上通过该算法模型导出裁判结果，但它难以对正在审判的案件中当事人和律师辩论、辩护的争点和观点进行充分的识别、理解与回应，当事人的程序参与权没有得到实质性保障，更为重要的问题是其在裁判文书中的说理可能难以得到充分呈现。[②] 针对这一主观难题最典型的表述是："司法权的终局性注定了要通过辩论的优胜劣汰机制选出一个正确的最终解决方案。"[③] "法治是理由之治，在裁判过程中法官应当保障当事人的参与权并给出有理由支持的决定，这是机器裁判做不到的。"[④] 此外，学界重点讨论的人工智能的可解释性问题在司法领域指向的其实也是人工智能裁判存在的程序正当性问题。有学者指出，COMPAS 系统"深度学习"的算法模式转变加深了算法的不透明度，甚至导致连技术开发人员也难以解释其原因。[⑤]除了程序的参与性、合理性欠缺外，算法歧视问题实际上意味着法官的中立性这一程序正义的基本要素受到直接冲击，算法黑箱则直接消解了司法

---

① 参见陈瑞华《程序正义论——从刑事审判角度的分析》，载《中外法学》1997 年第 2 期。

② 罗恬漩、段陆平：《"人工智能法官"的伦理思考》，载《民主与法制时报》2021 年 10 月 13 日，第 3 版。

③ 季卫东：《人工智能时代的司法权之变》，载《东方法学》2018 年第 1 期。

④ 宋旭光：《论司法裁判的人工智能化及其限度》，载《比较法研究》2020 年第 5 期。

⑤ 参见洪凌啸《误区与正道：法律人工智能算法问题的困境、成因与改进》，载《四川师范大学学报》（社会科学版）2020 年第 1 期。

程序的透明性、公开性。这也是人工智能裁判程序正义不足的重要表现。虽然人工智能目前的定位只是辅助裁判，法官在审判过程中的主体性地位不可动摇，但正如前述，一旦法官形成路径依赖，特别是在"案多人少"的压力下强化机械思维，则人工智能裁判不具有可解释性或可解释性差带来的程序正义不足问题无疑将凸显。

（三）价值关怀欠缺

人工智能裁判难以进行价值判断、缺乏人文关怀也是其正当性问题的重要内容。法学理论界的基本共识是，作为人类社会交往过程中最重要的也是最后的、最权威的纠纷解决方式，司法审判不仅要以法律为基本依据，对情理判断、社会效果、政治效果等诸多价值的权衡也是重要考虑因素，强调"努力让人民群众在每一个司法案件中感受到公平正义"，不仅要求严格地适用法律，还需要有情理的温度。可以说，保存人性温度的判决才是最好的判决。而人工智能裁判在运作过程中能否考虑以及在多大程度上能够根据案件的具体情况考虑人文关怀，考虑社会效果、政治效果与法律效果的统一，特别是情理法中的情理能否在人工智能裁判中得以体现，依然是值得怀疑的，目前尚未看到有说服力的技术回应与研究成果。此外，还有论者指出，司法人工智能的发展依然需要以人文主义作为发展依据，特别是在刑事司法中，基本人权相较司法效率具有优位性，这也是人工智能裁判在人文主义与数据主义间抉择时的底线，是不可逾越的司法红线。①

（四）错判难以问责

人类法官裁判案件时恪尽职守不仅是职业伦理要求，也是因为有相应的司法责任制度予以规范。然而，若由人工智能辅助进行实质性裁判，同时法官又采纳这一人工智能裁判结果，特别是在"强辅助"的应用情形下采纳该结果，但最后却发现是错误裁判结果时，到底该由谁来承担相应的

---

① 秦汉：《人工智能司法裁判系统的学理反思》，载《北方法学》2021 年第 3 期。

责任？这一诘问无法回避。根据责任承担的基本原理，司法责任制能够发挥作用，主要在于责任追究特别是追究刑事责任这种最严厉的国家"谴责"会给人类法官带来身体的、精神的、财产的剥夺性、限制性"痛苦"等，[①]但这些对于人工智能裁判系统或者说机器而言毫无意义。典型论者如德国学者路易斯·格雷科（Luís Greco）教授认为，就算机器人法官作出的裁判比人类法官更好，也要拒绝机器人法官，或者说我们当然能够用机器人法官完全取代人类法官，但是我们不允许这样做。其提出的理由是，对他人施展权力者，必须面对此人并承担责任，而这对一个不与人类共享脆弱和苦短人生的机器来说，超出了其所能承担的责任范围。司法是人类互欠的责任，此责任不容推给机器。往这方向踏出的任何一步，都应被标记为法学伦理的"禁忌实验"。[②]刘艳红在研究 AI 法律责任问题时也指出，人工智能的法律责任问题是一个伪问题，法律责任的本质是答责，人工智能由于其行为不具有可解释性，不能自我答责，因此其无法承担法律责任，法律责任的目的是预防，不具有可解释性的人工智能无法实现法律责任的预防目的。[③]

二 人工智能辅助裁判正当性问题的内部解决机制

解决人工智能辅助裁判的正当性问题，首先需要从法律系统内部来考虑。本文认为，通过进一步解释分析、限缩案件适用范围以及重塑理论与调整制度，可以在长期甚至中短期内解决前述四个方面的正当性问题。

（一）错案/偏见的不可避免性：实体不公风险的消解

以存在算法歧视为由否定或质疑人工智能裁判，其中隐含的一个核心

---

① 参见张明楷《刑法学》，法律出版社，2016，第 503 页。
② 参见 Luís Greco《没有法官责任的法官权力：为什么不许有机器人法官》，钟宏彬译，载《月旦法学杂志》2021 年第 8 期。
③ 参见刘艳红《人工智能的可解释性与 AI 的法律责任问题研究》，载《法制与社会发展》2022 年第 1 期。

理由和基本逻辑是，人工智能裁判因其算法问题可能会带来诸如歧视不同诉讼主体、同案不同判等实体不公，最严重的情况是导致错误认定案件事实、错误适用法律的案件出现，因此只能交由人类法官裁判。但这种理由或许站不住脚，因为人类法官同样存在这一问题。从历史、比较和现实等各个层面看，即使是被大家公认的域外法治发达国家，人类法官在裁判过程中也无法避免错案的出现，这也是大多数学者和实务人士达成共识的"司法错误不可避免论"。特别是在刑事司法中，有大量中外文献指出，每一个法律系统、每一个国家都可能存在错误定罪或者错误释放的情况。[①] 这或许是刑事诉讼不可避免的风险。此外，按照组织社会学的观点，组织成员并不是抽象意义上的"组织人"，而是带有各自想法、情感和利益的"社会人"，他们必然会把自己的认知、思想和利益带入执行过程。[②] 具体到司法组织系统而言，由于法官既要扮演立法者所期待的严格执法、不带有任何感情色彩的"理想人"，同时也无法摆脱其逐利动机的"经济人"和受社会环境牵制的"社会人"的角色，[③] 因此在司法实践中基于其逐利倾向和环境压力，对某些案件的裁判也会存在偏见或歧视，有时候是显性的权力滥用、程序失灵甚至司法错误，但更多时候则是以隐性方式呈现。

概括而言，如果仅从算法歧视可能会导致不公正或错误的实体结果这一点来反对或质疑人工智能裁判，即便不是完全没有道理，也至少说服力明显不足。甚至有不少支持人工智能裁判的论者指出，相对于凭直觉与个人经验办案、具有偏见、不确定性因素更多的人类法官而言，人工智能系统在信息筛选、知识记忆、分析判断、逻辑推理、高速总结归纳等方面都

---

① 有关错案的文献如〔美〕布莱恩·福斯特《司法错误论——性质、来源和救济》，刘静坤译，中国人民公安大学出版社，2007；〔法〕勒内·佛洛里奥《错案》，赵淑美、张洪竹译，法律出版社，2013。有关"司法错误不可避免论"的观点可参见熊谋林《两种刑事司法错误的危害相当性——基于中国综合社会调查的考察》，载《中外法学》2016 年第 1 期。

② 参见周雪光《基层政府间的"共谋现象"——一个政府行为的制度逻辑》，载《社会学研究》2008 年第 6 期。

③ 有关法官徘徊于"理想人"与"社会人"、"经济人"之间的讨论，可参见左卫民《刑事诉讼中的"人"：一种主体性研究》，载《中国法学》2021 年第 5 期；兰荣杰《把法官当"人"看——兼论程序失灵现象及其补救》，载《法制与社会发展》2011 年第 5 期。

具有压倒性优势，在实现司法统一与公正、提升个案裁判信任程度上比人类法官更好。① 问题的关键在于，算法歧视带来实体不公、司法错误的可能性有多大，其程度是否严重，特别是此种不公与错误是否无法纠正、不可控制。因此，未来在加强人工智能辅助裁判系统建设的过程中，重点是提升其准确率。如果通过科学审慎的评估，确有充分的实证数据证明人工智能辅助裁判系统的准确率能够达到人类法官水平，甚至可以比人类法官做得更好，同时也设定了相应的错误裁判救济机制并且该机制能够有效运行，那么我们就没有必要过于纠结算法歧视带来的这种实体不公的正当性问题。

（二）案件适用范围的把控：价值关怀欠缺问题的解决

对于人工智能裁判难以进行价值判断、缺乏人文关怀的问题，最好的解决方案当然是技术上的突破。有学者认为，基于模拟大脑运作的机制、深度学习理论以及计算机对人类心理状态的阅读，人工智能是可以处理价值判断问题的，从技术层面看，现有的技术也已经为司法裁判分析价值问题提供了可能。② 必须承认，鉴于价值判断的主观性、复杂性，人工智能处理价值判断的技术即便有可能，到其成熟可用或许仍然有很长的一段路要走。那么中短期内人工智能裁判价值判断难题是否就无法解决呢？答案应当是否定的。限缩案件适用范围无疑是解决该难题的一个有效举措。

理论界的一个基本共识是，价值判断并非时刻存在于司法裁判中，而是主要运用在疑难案件中，普通案件特别是简单案件一般无须进行价值判断。③ 不少论者在质疑或反对人工智能裁判时，对肯定论者和支持者的主张

① 参见焦宝乾、赵岩《人工智能对法官思维的影响》，载《求是学刊》2022 年第 4 期。

② 彭中礼：《司法人工智能中的价值判断》，载《四川大学学报》（哲学社会科学版）2021 年第 1 期。

③ 需要注意，本文所说普通案件或简单案件的裁判无须价值判断，并不意味着其不考虑价值问题，而是此类案件中法官只需按照法律进行裁断即可，无须额外进行价值分析与判断。由于立法者在立法时都进行了某种价值选择，一般法律条文都是特定价值的体现，因此，一般案件在直接适用法律时本身即已蕴含了价值立场和选择。

并不进行细致分析，而是将他们主张的"容许人工智能算法使用"有意或无意地转化为"在所有案件中都容许（着重号为笔者所加，下同）使用"，并据此批判该做法存在正当性问题，甚至认为可能会出现人工智能主宰人类的梦魇。例如，有学者指出，"如果更进一步，让人工智能超出辅助性手段的范畴而全面应用于审判案件，甚至在很大程度上取代法官的判断，那就很有可能把司法权引入歧途"。① 但实际上，绝大多数肯定论者并没有主张在所有案件中都容许人工智能裁判的（主体性）使用，而基本上都谨慎地认为，即便容许人工智能裁判，当下也只能将适用范围限缩在可标准化的简单案件的某些裁判事项中，并且设置由人类法官在特殊情形下进行救济的程序性保障。事实上，大部分肯定论者非常清楚地认识到，那些需要进行价值判断、考虑人文关怀问题的疑难案件，在人工智能技术取得突破前，中短期内还是应当主要由人类法官裁判，而人工智能裁判只能被限定在无须或者基本不需要人类价值判断的领域，主要是指事实清楚、法律适用问题不太复杂的简单案件特别是可标准化的案件。同时，从技术层面看，法院倡导的要素式审判也为这类简单案件的自动化决策提供了一个进一步算法化和自动化的起步点。②

本文认为，加强人工智能辅助审判也要充分考虑到疑难案件与简单案件的不同特点，在技术上有效解决人工智能裁判的价值判断问题前，中短期内可在重点评估可标准化简单案件中人工智能辅助裁判效果的基础上再审慎推进。至于具体哪些类型的简单案件可适用人工智能裁判，则应秉持多元化视角，区分不同案件类型与裁判事项，同时也要根据技术成熟度与发展状况来确定，本着"成熟一个，确立一个"的方针逐步推进。从当下技术水平及发展趋势看，民事诉讼与刑事诉讼中的如下几方面裁判事项可考虑重点推进人工智能辅助裁判。

其一，某些特殊类型的民商事案件，包括运用区块链存证的简易民事

---

① 季卫东：《人工智能时代的司法权之变》，载《东方法学》2018 年第 1 期。
② 郑戈：《在法律与科技之间——智慧法院与未来司法》，载《中国社会科学评价》2021 年第 1 期。

在线诉讼纠纷、民事小额诉讼纠纷等。首先，在数字化时代，特别是 2021 年 6 月 17 日最高人民法院发布《人民法院在线诉讼规则》后，在线诉讼得到进一步发展。在此背景下，针对电商平台如京东、淘宝等因购物所产生的合同纠纷以及互联网侵权纠纷包括人身侵权纠纷、知识产权侵权纠纷等，如果结合区块链存证的技术支撑，证据认定可以实现某种程度的自主化，相应的事实认定即可以交由人工智能裁判。这也是在数字化时代利用大数据、人工智能与区块链技术深度融合产生"技术红利"的重要体现。其次，民事诉讼中的小额诉讼纠纷也可以考虑适用人工智能辅助裁判。民事诉讼中可以适用小额诉讼程序的都是案件事实清楚、证据确实充分、双方争议不大的案件。此类案件在一些国家已开始尝试推行人工智能辅助裁判，例如爱沙尼亚从国家层面着手设计 AI 法官，试图将其运用于标的低于 7000 欧元的小额索赔诉讼裁判。[1] 在我国，一些已有的类似实践做法也可以向人工智能辅助裁判转变，如：浙江省高级人民法院联合高校、科技公司开发的人工智能司法审判系统"凤凰金融智审"目前已经迭代到 3.0 版本，不仅可以实现庭前自动审查立案、自动分案排期、自动生成程序性文书并送达当事人，还可以实时动态地生成争议焦点，实时完成金额计算和结果预测，实时生成裁判文书；[2] 广州互联网法院于 2019 年上线了全国首个"类案批量智审系统"，覆盖了存证调证、申请立案、立案审查、送达、证据交换、庭审、宣判等诉讼环节，依托区块链、云计算、人工智能技术，实现办案流程一键智能完成。[3] 在不断进行技术完善和实践检验的基础上，未来在互联网法院完全可以尝试针对简单小额案件适用人工智能辅助裁判。

其二，某些类型的简易刑事裁判事项。有论者在研究人工智能如何助

---

[1] 陈志宏：《"数字国家"爱沙尼亚的司法信息化之路》，载《中国审判》2021 年第 2 期。

[2] 参见《"凤凰金融智审"为传统审判插上"翅膀"，助力金融纠纷快速化解》，淳安县人民法院微信公众号，https://mp.weixin.qq.com/s?__biz=MzA3NzA2NTA3OQ==&mid=2652690428&idx=1&sn=5650bd6c84740768ee35d04abc7e87c&chksm=84bfc9e4b3c840f2588c8d13a25a111c8823c184e71de8982ebd6332d5082afd85a8a7207ef4&scene=27，最后访问日期：2022 年 11 月 24 日。

[3] 林北征、甘尚钊：《在线批量审理模式的司法规则优化》，载《中国审判》2021 年第 22 期。

力刑事司法时指出，"针对案件事实清楚、证据确实充分的简易案件，其类型往往是办案人员日常接触较多且较为熟悉的。需要何种证据、证明力需要达到何种程度，办案人员往往能够如同条件反射一般熟练操作。这原本就不需要人工智能系统进行指引和辅助"。① 细究此种观点不难发现，这只是从法官个体考虑人工智能对其辅助作用大小的视角来讨论人工智能介入案件的必要性，如果从司法实践整体层面看，这恰恰论证了人工智能介入简单案件处理的可能性和必要性。一方面，这种"如同条件反射一般熟练操作"的过程事实上就是一种可标准化甚至自动化的过程，因此可以通过人工智能技术加工形成算法系统，其后的类似案件均可交由人工智能裁判；另一方面，通过人工智能裁判解决可标准化的简单案件后，人类法官可以主要处理那些有争议、需要进行价值判断的复杂案件，这既能提高效率、降低成本，也能在整体意义上提升司法公正。从刑事诉讼法的基本价值立场和诉讼原理出发，可以考虑从区分严格证明与自由证明的不同事项这一思路来确立适用人工智能裁判的刑事案件范围，人工智能裁判应当主要集中于自由证明事项中的简易案件，比如程序性裁判，包括是否应当作出取保候审的决定，以及部分有利于被告人或者罪犯的事项，如判后保释/假释的裁判，量刑裁判则是目前已经相对成熟的领域，在经过实践检验后对于某些已略显成熟的简易案件类型自然也可纳入人工智能裁判范畴。而对于适用严格证明的定罪裁判，则一般不能交由人工智能裁判，除非是某些可标准化、数据化的简易刑事案件。如左卫民在对 AI 法官的适用前景进行预测时所指出的，在刑事案件中，盗窃、抢劫、酒驾等案件较为适合运用人工智能，因为其比较倚重数据化的定罪、量刑标准，这可以为 AI 法官所收集、分析、建模并以"自动售货机"模式裁判。②

---

① 参见谢澍《人工智能如何"无偏见"地助力刑事司法——由"证据指引"转向"证明辅助"》，载《法律科学（西北政法大学学报）》2020 年第 5 期。

② 左卫民：《AI 法官的时代会到来吗——基于中外司法人工智能的对比与展望》，载《政法论坛》2021 年第 5 期。

（三）理论重塑与制度调整：程序正义不足问题的破解

程序正义不足是人工智能裁判最核心也最难处理的问题，其破解路径可从长期方案、中短期方案两个层面展开探讨。

其一，理论重塑及相应制度构建的长期方案。这主要是指考虑塑造系统完善、具有共识性的数字正当程序或技术性正当程序理论，并基于此构建相应的制度规范。对于数字正当程序或技术性正当程序的理论要素，行政法学界有一定论述。例如，刘东亮认为其具体包括算法具有可解释性，能提供决策的相关逻辑和实质性信息，对决策结果允许质疑，在专业人员协助下审查算法，有错误及时修正，等等。① 苏宇则认为，数字时代的技术性正当程序理论模型具体包含全程参与、原理公开、充分告知、有效交流、留存记录、人工审查六方面内容。② 这种理论框架也可以在司法场域中应用，王玉薇专门对智能裁判风险的技术性正当程序进行了系统讨论，③ 刘金松认为数字时代刑事正当程序应当重构并提出一种技术性程序正义理论。④ 整体而言，规制人工智能辅助裁判的数字正当程序或技术性正当程序理论强调的核心是以技术规制技术（程序的代码化）以及算法的可解释性和透明性等。这种新型正当程序理论并非否定传统正当程序理论，而是通过化解传统正当程序理论内含的独立、中立、对等、理性、公开、可问责等要素所面临的正义风险，发挥其对于正义实现的促进价值，通过数据公开、算法透明和问责机制的建立，与传统正当程序理论相互支撑，共同实现人工智能背景下的公平正义目标。⑤ 只不过，算法的可解释性问题向来都是人

---

① 刘东亮：《技术性正当程序：人工智能时代程序法和算法的双重变奏》，载《比较法研究》2020 年第 5 期。

② 苏宇：《数字时代的技术性正当程序：理论检视与制度构建》，载《法学研究》2023 年第 1 期。

③ 王玉薇：《智能裁判风险的技术正当程序控制》，载《求是学刊》2022 年第 4 期。

④ 刘金松：《数字时代刑事正当程序的重构：一种技术性程序正义理论》，载《华中科技大学学报》（社会科学版）2023 年第 2 期。

⑤ 李训虎：《刑事司法人工智能的包容性规制》，载《中国社会科学》2021 年第 2 期。

工智能领域的一个难题，甚至有论者直接认为人工智能不具有可解释性。[①]因此，未来基于数字正当程序理论重整制度规范，只能是一个长期方案。

其二，技术自证与制度调整的中短期方案。一是对于某些特定类型案件，可以通过技术自证的解释方式来予以纾解，例如，有区块链存证并以在线诉讼方式审理的简易民事案件，以及可标准化的危险驾驶罪等简易刑事案件，已经通过"数字信任"的方式基本上实现了对证据采信与事实认定的准确有效达成，[②]也即此类案件中的技术自证模式已经在很大程度上可以解决其裁判的说理问题。换言之，在此类案件中，适用区块链证据审核规则等来认定证据并基于此作出裁判，就等于在很大程度上完成了裁判所需要的"论证说理"。二是可以通过赋予诉讼当事人程序选择权以及设置人工智能裁判后的救济程序来消解。例如，在刑事诉讼领域，学界的一个基本共识是，现代刑事诉讼维系协商性乃至行政式案件处理方式正当性的关键机制是被追诉人处分权利。[③]或者说，程序简化的正当性源于被追诉人主体地位的确立并在此基础上自愿放弃诉讼权利，[④]包括认罪以及放弃完整的审判权。[⑤]亦即，只要被追诉人在具有实质性诉讼主体地位的基础上自愿、明智、明知地放弃刑事诉讼法律制度赋予的程序性权利，由此导致的程序简化、快速审理就具有正当性。这种逻辑同样可以适用于人工智能裁判。因此，就中短期情况而言，只要构建起一套有关人工智能裁判的当事人选

[①] 参见刘艳红《人工智能的可解释性与 AI 的法律责任问题研究》，载《法制与社会发展》2022 年第 1 期。

[②] 在线诉讼区块链证据规则的理论逻辑首先体现为经济性逻辑，即控制成本与提升效率，这种逻辑是基于数字信任产生的，绝大多数情况下法官可以适用"区块链证据真实性效力推定规则"直接认定该证据。可参见段陆平、罗恬漩《在线诉讼区块链证据规则的理论逻辑与制度体系》，载《民主与法制时报》2021 年 7 月 22 日，第 6 版。

[③] 郭松：《被追诉人的权利处分：基础规范与制度构建》，载《法学研究》2019 年第 1 期。

[④] 王兆鹏：《美国刑事诉讼法》，北京大学出版社，2014，第 675 页。

[⑤] 熊秋红对于此种"放弃审判制度"（trial waiver systems）做了较为详细的分析。参见熊秋红《比较法视野下的认罪认罚从宽制度——兼论刑事诉讼"第四范式"》，载《比较法研究》2019 年第 5 期。

择程序，并保障选择之后有相应的救济渠道，则其程序正义不足难题也可以得到消解。

不过，这里还存在制度激励的问题需要解决。设计一套当事人选择人工智能裁判的程序容易，难的是如何让当事人相信并且愿意主动选择该程序，或者说如何形成一种有效的激励机制。对此，可以考虑在刑事诉讼法中进一步调整普通程序、简易程序与速裁程序，甚至可以建构处罚令程序，比如在处罚令程序中试点人工智能的"强辅助"裁判，并进一步缩短侦查、起诉与审判的期限，以其效率性、经济性优势吸引被追诉人的主动选择。对此，来自澳大利亚的相关实践经验可以提供参考与启示，在澳大利亚，绝大多数轻罪刑事案件系通过违规罚单（infringement notice）处理，由算法系统进行轻罪案件的认定以及处分的裁量，被告有权选择接受该处分（通常仅为罚金）或废除算法之决策结果并交由法院审判。实务上，几乎所有被告都选择接受算法提出之处分，仅有极少一部分人选择废除并交由法院审判。①

（四）程序性责任分散机制与实体性责任分担机制的协同：可问责性难题的解决

人工智能裁判的问责问题，其实质是司法责任承担问题。如前所述，刘艳红基于人工智能不具有可解释性的认识，认为人工智能无法实现法律责任的预防目的。然而从逻辑上看，绝对地认为人工智能行为不具有可解释性或许失之偏颇，就人工智能的裁判行为而言，针对可标准化的简单案件所进行的裁判，其算法并非不可解释，"同案同判"的算法逻辑本身就是司法裁判的重要说理，同时人工智能学习法条后在算法中运用的三段论逻辑也包含了基本的说理。人工智能裁判如果出现了错判，也并不一定需要对其为何出现错判进行解释并基于此让人工智能自我答责，问题的核心在于能否构建一套让各方接受且能够推进人工智能裁判优化的责任分配制度。

---

① See Nigel Stobbs et al., "Can Sentencing Be Enhanced by the Use of Artificial Intelligence?", *CRIM. L. J.*, Vol. 41, No. 5, 2017, pp. 261, 271.

本文提出应当协同推进完善程序性责任分散机制与实体性责任分担机制来解决人工智能裁判的可问责性难题。首先，建立人工智能裁判的程序性责任分散机制，如建立人工智能裁判的司法听证程序、[①] 赋予当事人程序选择权、建立人工智能错误裁判的识别机制以及建立规范化的救济渠道，通过这种程序性的责任分散机制来纾解实体层面人工智能难以承担责任的问题。其次，在实体性责任分担上也可以建立明晰的机制，由于法院是国家法律明确规定的裁判权主体，人类法官与人工智能法官其实都是代表法院行使国家审判权，因此最终承担责任的主体还是法院，法院内各主体与法院之间实际上内含着一种利益与责任分殊的"代理关系"。[②] 这样的逻辑放在人工智能裁判上依然可行。也就是说，与人类法官一样，我们也可以将人工智能法官作为法院审判与责任承担的"代理"，在人工智能"强辅助"裁判出现问题时，最终由法院这个机构以及机构中的某些人类主体来承担责任，从而建立起具有可操作性、合理性的问责机制。

需要指出，由于可问责性难题无关乎技术，涉及的基本属于责任伦理与规范，解决该问题似乎倒显得简单，因为解构当前以人类法官为基本对象的现代程序法治理念与责任体系并重构一套融合人工智能法官与人类法官的新型理论体系，看起来无非就是修正理论以及修改相关制度文本，但这其实比攻破算法歧视与算法黑箱的技术难关更不容易实现，因为这需要立法者、司法者、学者、社会公众以及技术的研发者、管理者、审核者、使用者等诸多主体达成一种可接受的最大多数共识。当然，在以人工智能为代表的新兴科技赋能司法审判已成为大势所趋的时代背景下，我们秉持一种包容性的、技术乐观主义的心态，在谨慎适用并逐步推进司法人工智能的过程中不断反思与调整，社会共识机制的形成也并非不可能。

---

① 有关智能量刑算法中司法听证程序的设计可参见张玉洁《智能量刑算法的司法适用：逻辑、难题与程序法回应》，载《东方法学》2021 年第 3 期。
② 参见顾培东《人民法院改革取向的审视与思考》，载《法学研究》2020 年第 1 期。

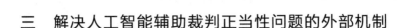

三 解决人工智能辅助裁判正当性问题的外部机制

鉴于人工智能辅助裁判的正当性问题主要源于其技术风险，因此，解决人工智能辅助裁判可能面临的正当性问题，还需要从技术保障以及对司法人工智能的科技研发进行伦理规制这两个法律系统外部的层面来推进。

（一）技术保障

技术保障可以说是人工智能辅助裁判能否得到各方认可的基础条件。事实上，即便有一些比对测试通过技术数据支撑认为人工智能裁判比人类法官裁判准确率高，依然有不少论者对人工智能裁判的技术表示怀疑，而且是否容许以及在多大程度上容许人工智能裁判，也与其技术实现的可能性之间存在不可分割的牵连关系。在不少论者看来，制度上能否容许，一个重要考虑是看技术上是否可行。归根结底，通过技术研发以提升人工智能裁判系统的技术能力与水平也是其能够得到接受与认可的必要保障。另外，细致分析人工智能裁判系统的正当性问题也不难发现，其中有些本身即源于司法大数据技术和人工智能技术的漏洞或者技术难以达到现实要求。例如，难做价值判断指向的是目前人工智能技术尚不具备理解人类感情、具有人类理性、可以进行价值判断的能力；又如，程序正义不足中的算法歧视问题，除了有技术人员故意将人类偏见与歧视加入其中外，也有算法技术本身的缺陷问题，因此这些问题可以通过技术的升级改进来消解，比如针对算法歧视，有学者提出可以开发多种算法灵活搭配与组合的算法实验平台，对算法进行实验、拆分、组合，寻找出不同司法场景下最适合的算法体系。①

对于司法人工智能的技术发展与规制问题，各国基本立场与态度存在

---

① 参见洪凌啸《误区与正道：法律人工智能算法问题的困境、成因与改进》，载《四川师范大学学报》（社会科学版）2020年第1期。

差异，有严格监管的欧盟模式，也有渐进规制的美国模式。[①] 就我国而言，发展优位是国家对司法人工智能的一个基本政策立场。国务院于 2017 年 7 月 8 日发布的《新一代人工智能发展规划》明确提出要促进人工智能在法院审判中的应用，[②] 最高人民法院也发布了一系列文件，推动人工智能与司法融合，一些地方法院也在积极研发、应用司法人工智能系统，如上海高级人民法院承担的 "206 工程" 设计任务，已经完成了大部分的研发，设计的系统功能涵盖证据分析、逮捕条件审查、社会危险性评估等程序性裁判以及类案推送、量刑参考等实体性裁判的辅助参考。[③] 此外，科技部国家重点研发计划 "司法专题任务" 2020 年度与 2021 年度的招标项目中专门设立 "智慧司法基础科学问题与人工智能技术研究" 方向，研究 "智慧司法科学理论与司法改革科技支撑技术" "智慧司法智能化感知交互技术" "司法区块链关键技术及典型应用示范" 等关键技术。总之，在将人工智能与法院审判融合的过程中，我国主要是以创新发展为主旨，形成发展优位的司法人工智能推进思路，特别是在政府政策的大力推动下，公私合作成为我国智慧法院的构建和维护方式，先进的智慧司法——包括司法人工智能技术产品和服务——大多由公司提供。这些科技公司与法院深度合作，为法院量身定制产品和服务，并确保持续的技术支持。这种合作模式在奉行自由市场原则的国家几乎不可能存在。鉴于国家如此重视司法人工智能的技术攻关与研发，我们有理由期待，不久的将来人工智能裁判得到社会认可与制度容许或具有坚实厚重的技术根基。

需要注意，由于人工智能裁判系统所处理的仅仅是证据采信、事实认定和法律适用等问题，亦即裁判作出的核心事项，但诉讼过程是从立案到审判再到执行的一系列程序操作的组合体，因此人工智能裁判系统的有效

---

① 李训虎：《刑事司法人工智能的包容性规制》，载《中国社会科学》2021 年第 2 期。

② 《新一代人工智能发展规划》提出，"建设集审判、人员、数据应用、司法公开和动态监控于一体的智慧法庭数据平台，促进人工智能在证据收集、案例分析、法律文件阅读与分析中的应用，实现法院审判体系和审判能力智能化"。

③ 参见崔亚东《人工智能与司法现代化》，上海人民出版社，2019，第 109~110 页。

运行，还需要与其他程序阶段有序衔接，因此实际上也需要其他智慧司法系统的技术支撑，特别是要与和数字化时代在线诉讼相关的支撑技术相结合，具体包括网上立案服务等诉讼服务系统、证据在线提交与存证系统等。从当下中国智慧司法实践来看，国家也正是在整体意义上推进相关技术的同步研发。例如，科技部国家重点研发计划"司法专题任务"中设立了"面向诉讼全流程的一体化便民服务技术及装备研究""全流程管控的精细化执行技术及装备研究"等任务，① 这在很大程度上也可以为人工智能辅助裁判提供一定的技术保障。

（二）伦理规制

我国在发展人工智能的过程中，伦理规制长期缺位，直到 2021 年 9 月 25 日国家新一代人工智能治理专业委员会发布《新一代人工智能伦理规范》（以下简称《伦理规范》），才比较全面系统地提出将伦理道德融入人工智能全生命周期，促进公平、公正、和谐、安全，避免偏见、歧视、隐私和信息泄露等问题。对于包括人工智能法官在内的司法人工智能的伦理问题，《伦理规范》所提出的规制路径是基本要求。当然也要注意，《伦理规范》针对的毕竟是所有人工智能领域，对于防范化解司法人工智能这一特殊领域的伦理风险而言，只能起到思路与方向导引作用。正如《伦理规范》第二十四条所期望的那样，未来应在其明确的六大基本伦理规范及相应具体规范基础上，构建适用于法律人工智能甚至司法人工智能这一特殊领域的更为细致的专门伦理规范，大致可从以下三方面考虑。

首先，基于司法的基本目的，司法人工智能在开发、适用过程中应首先遵循公正、人权、责任等基本伦理规范。具体而言，参照《伦理规范》第三条第二项规定的"促进公平公正"，结合司法审判领域的特质，司法人工智能的首要伦理规范应是保障公正价值的实现，各类活动都必须避免偏

---

① 参见《"公共安全风险防控与应急技术装备"重点专项（司法专题任务）2018 年度第一批项目申报指南》，载科技部网站，http://www. most. gov. cn/xxgk/xinxifenlei/fdzdgknr/qtwj/qt-wj2018/201801/W020180109602428596336. doc，最后访问日期：2022 年 10 月 31 日。

见与歧视，人工智能裁判技术必须公开并且接受严格的质询和公开听证。参照《伦理规范》第三条第一项"增进人类福祉"，司法人工智能伦理规范也要坚持以人为本，遵循人类共同价值观，尊重人权和人类根本利益诉求，遵守国家或地区伦理道德。再如，《伦理规范》第三条第五项"强化责任担当"所提出的要求是，坚持人类是最终责任主体，明确利益相关者的责任，全面增强责任意识，在人工智能全生命周期各环节自省自律，建立人工智能问责机制。而这无疑为解决人工智能裁判的可问责性难题提供了思路。正如上文所指出的，人工智能裁判的问责依然还是要从人类作为责任的最终承担主体这一角度去讨论。

其次，司法人工智能在开发过程中需要遵循个人信息权益、隐私权保护优于经济效率价值的伦理规范。不同于 20 世纪 80 年代末 90 年代初的人工智能技术，当下世界范围内人工智能技术的飞速发展，是在大数据技术对"知识获取瓶颈"取得突破的情况下实现的。① 司法人工智能技术的发展同样也离不开司法大数据。而司法大数据特别是裁判文书大数据的深度运用，必然会涉及法官、当事人、其他诉讼参与人等主体的隐私权与个人信息知情同意权保护的问题。法国立法机关在 2019 年颁布的《司法改革法》中明令禁止基于法官"画像"的大数据应用（包括比较、评估、预测），"禁令条款"的出台有相当一部分理由是基于法官隐私保护的考量。② 在我国司法实践中，裁判文书数据在被社会机构使用的过程中也出现了一些争议，例如对于社会机构转载中国裁判文书网公开的判决书是否侵犯当事人个人信息权的问题，苏州市中级人民法院和北京市第四中级人民法院就作出了截然相反的判决，苏州市中级人民法院在（2019）苏 05 民终 4745 号判决书以个人信息主体对信息传播控制的人格权高于信息流通（数据共享）所产生的利益这一理由，坚定地站在保护个人信息权的一方，而北京市第

---

① 王禄生：《司法大数据与人工智能技术应用的风险及伦理规制》，载《法商研究》2019 年第 2 期。

② 王禄生：《司法大数据应用的法理冲突与价值平衡——从法国司法大数据禁令展开》，载《比较法研究》2020 年第 2 期。

四中级人民法院则在（2021）京 04 民终 71 号判决书中支持已公开裁判文书数据流通所带来的公共利益与社会经济利益的优先性。上述例证虽未直接指向人工智能裁判系统开发中的伦理问题，但其中都涉及隐私权和个人信息权益保护的核心问题。对于该问题，《伦理规范》第三条第三项规定了"保护隐私安全"，要求充分尊重个人信息知情同意等权利，依照合法、正当、必要和诚信原则处理个人信息，保障个人隐私与数据安全。从《民法典》《个人信息保护法》《数据安全法》等法律规定看，隐私权和个人信息权益保护是优位于数据流通所产生的经济效益价值的。因此，司法人工智能在开发过程中哪怕使用已依法公开的裁判文书（使用未公开的裁判文书就更不用说了），也要严格遵守不得侵犯隐私权、个人信息权益的伦理规范，在与经济效益价值产生冲突时，后者必须让位于前者。

最后，基于人类主体性的核心地位，最根本意义上应遵循确保司法人工智能始终处于人类控制之下的伦理规范。《伦理规范》第三条第四项提出的基本伦理规范是"确保可控可信"，要求"保障人类拥有充分自主决策权，有权选择是否接受人工智能提供的服务，有权随时退出与人工智能的交互，有权随时中止人工智能系统的运行，确保人工智能始终处于人类控制之下"。基于人类的主体性地位，以及司法乃是维护社会公平正义的最后一道防线的功能设定，司法人工智能活动更要恪守这一基本伦理规范。基于此，在当前以及未来可能较长的一段时间内，即便开发应用人工智能"强辅助"裁判的系统，也只能适用于无须价值判断、可标准化的简单案件，而且只能适用于其中技术已经完全成熟的某些裁判事项，而那些需要价值判断的疑难、复杂、有争议的"难办案件"，仍必须由人类法官主导裁判，人工智能裁判只能居于"弱"意义上的辅助地位。此外，在传统正当程序理念与责任理论尚未得到重塑调整、新的技术性正当程序理念尚未得到社会接受与认可的中短期内，是否适用人工智能裁判只能由当事人在明知、明智的前提下自主选择，在人工智能裁判最终作出前，当事人可随时选择退出该程序并由人类法官裁判，人工智能裁判作出后，若当事人有充分理由与证据认为裁判存在错误或具有明显偏见，还可以申诉由人类法官救济。一言以蔽之，要保证人工智能裁判始终处于人类的控制之下。

四 结语

这是一个诉讼爆炸的时代，世界各国都存在案件积压、诉讼拖延等问题。巴西每年有超 1 亿宗案件进入法院，平均每位法官每年要审理 4000 多宗案件，且司法系统还积压了超 2 亿宗案件未得到解决。① 面对如此严重的现状，如果允许适用人工智能裁判，哪怕技术尚有所欠缺，只要其能够比较准确地解决一部分案件，正义的实现情况或许都比现阶段案件积压、诉讼严重拖延、当事人权利无法得到救济的现实要好。就中国而言，在国家发展优位的官方政策和战略部署推动下，立足于可以预见和把握的发展机遇，基于结果导向的现实主义思路，认可人工智能裁判并容许其在某些特定类型案件的某些司法决策中"强辅助"使用，或者至少进行此类试点改革，无疑也是具有充足理由的。当然，更为重要的是，在这个高度信息化、数字化特别是人工智能科技快速进步的时代，我们大可不必像英国学者理查德·萨斯坎德那样，用 30 年的时间才意识到需要转变态度与观点，或许从现在开始就应当以一种开放的心态拥抱人工智能裁判。

---

① 参见齐树洁《巴西调解制度》，载《人民调解》2020 年第 9 期。

人工智能辅助审判的错案追责机制研究[*]

段　明　江雅静[**]

【摘　　要】作为人工智能在司法领域应用的核心，智能辅助审判技术发展迅速。然而，由于审判模式的转变加之智能算法的固有弊端，该技术应用在简化法官业务、提升审判效率的同时，亦对错案责任的追究提出了挑战。面对人工智能法律主体资格尚存争议、责任追究存在实践难题的双重困境，传统的法官问责制无法作为破解路径，构建人工智能辅助审判的错案追责机制已然成为现实需要。结合国内具体的技术应用场景进行错案标准的界定及其成因的类型化分析，明确错案责任追究的原则理念，针对侵权责任和司法责任展开法律适用与具体承担的论证，是构建错案追责机制的具体方法与路径。

【关 键 词】人工智能；辅助审判；错案责任；追责机制

引　言

随着人工智能技术的迭代更新，各行业、各领域智能应用的覆盖程度持续提升，智慧司法的概念也开始逐渐普及，秉持提升司法效率、促进司法公开的宗旨，以人工智能辅助审判为核心，包括智能管理、智慧执行在

---

　*　本文系国家重点研发计划重点专项"智慧司法科学理论与司法改革科技支撑技术研究"（2020YFC0832400）的阶段性成果。

**　段明，湘潭大学法学院副教授，硕士生导师；江雅静，湘潭大学法学院 2022 级数据法法务硕士。

内的一系列技术应用迅速发展与普及，这对于司法实践而言，是一场前所未有的革新。

司法人工智能应用的核心——人工智能辅助审判技术目前在国内的应用场景包括量刑预测与警示、审判事务工作自动化等多类功能系统，然而，该技术在简化法官业务、提升审判效率的同时，也对当下的错案责任追究机制提出了挑战。不同于自动驾驶汽车等替代型人工智能，司法审判中的人工智能仅仅作为辅助性角色介入，与法官形成了协作模式，这便使得责任追究的主体和路径复杂化而难以沿用传统的法官问责机制，"人工智能辅助审判导致错案时应适用何种责任、由谁来担责"成为一项亟待解决的难题。尽管《最高人民法院关于规范和加强人工智能司法应用的意见》中明确了人工智能之于审判工作的辅助性定位，司法裁判由审判者作出，司法责任最终由审判者承担，但在人工智能主体资格界定尚存争议以及"强人工智能"发展趋向的背景下，仅以法官作为最终的责任承担者不论在错案责任追究的理论原则方面还是在具体实践过程中都存在困境，因此，讨论和构建人工智能辅助审判的错案追责机制仍然具有突出的现实必要性。

基于此，本文首先归纳总结出我国人工智能辅助审判的三大主要系统应用场景，并在此基础上进行错案标准的界定及其成因的类型化分析，同时，以当下错案责任追究所面临的理论与实践困境为问题导向展开错案追责机制的具体构建，着重论证了错案责任划分为侵权责任和司法责任后的法律适用与具体承担，以期为人工智能辅助审判产生错案时责任追究的具体实践提供有效的路径参考。

一　人工智能辅助审判的错案成因分析

错案成因是明确责任归属的基础，现有的司法人工智能领域的责任追究机制研究大多聚焦于对人工智能这一辅助性角色的法律人格的探讨以及现行责任模式的问题与应对，却未阐明责任的源起。笔者认为，应跳脱出"困境—破解"的单一范式，首先明确我国人工智能辅助审判的具体应用场景，而非抽象地直接谈挑战，然后以具体化场景为基础对人工智能辅助审判模式下的错案判断标准进行界定，并对错案成因展开类型化分析，这也将作为之后追责机制具体构建中责任类型适用、责任主体划定等环节的参照与依托。

（一）人工智能辅助审判的应用场景

综合分析目前我国在各地实际使用或开展试运行的各类人工智能辅助审判系统的主要功能内容及范围，可总结划分出预测型辅助系统、事务型辅助系统、管理型辅助系统这三种主要的具体应用场景。

1. 预测型辅助系统

预测型辅助即通过对量刑结果进行评估和预测来提供审判辅助。量刑预测是基于对系统案件数据样本库的深度学习，形成预测的路径和模式，并对进入审判流程的待决案件进行所需要素的抓取，从而通过算法输出最终的智能量刑建议。该系统的应用典例便是上海"206系统"（上海刑事案件智能辅助办案系统）中设置的"量刑参考"功能，通过对司法大数据进行样本分析、学习，标注与提取出待判刑事案件的相关要素，基于预测模型得出量刑的参考意见。[①]

2. 事务型辅助系统

事务型辅助即通过将审判过程中的事务性工作智能自动化、功能化来提高司法效率，该系统的应用范围包括类案推送、司法文书自动生成、繁简分流等。类案推送即从大量已决案件中筛选并推送与在审案件的案情事实、法律适用具有高相似度的案件以提供裁判参考，如最高人民法院2018年推出"类案智能推送系统"，[②]通过建立案件画像来检索相似判例。司法文书自动生成的应用实例是河北省高级人民法院研发的具有文书自动生成

---

① 参见崔亚东《人工智能与司法现代化》，上海人民出版社，2019，第114~115页。
② 参见陈甦、田禾主编《中国法院信息化发展报告 No.5（2021）》，社会科学文献出版社，2021，第15页。

功能的智审系统，该系统能够减少法官 30% 以上的案头事务性工作。[①] 繁简分流则是依据案件性质特点、所需司法资源等指标进行科学适配的智能分案，有多个法院设置了案件繁简分流分类处置平台。

3. 警示型辅助系统

警示型辅助即通过对案源、裁判结果等进行风险管理与预警以保障审判准确性，该系统的应用范围包括虚假诉讼识别、量刑预警等。虚假诉讼识别是使用相关算法甄别存在虚假诉讼风险的案件并发出警示，江苏省高级人民法院研发的"套路贷"虚假诉讼智能预警系统便是一例典型应用，该系统从 140.8 万件案件中识别出疑似"套路贷"虚假诉讼案件 1.9 万件。[②] 量刑预警是当法官作出的审判结果与智能量刑预测的建议存在明显差异时系统作出的偏离度预警，如北京法院的"睿法官"系统，在判决结果偏离量刑预测结果时会发出预警信号。

由以上功能内容可以看出，三类系统均存在错案风险，预测型辅助系统如若输出不准确的量刑建议，会给审判者错误的参考，当审判者未实行必要审查与自我裁量而是直接采纳智能预测结果时，就会导致错案的发生；事务型辅助系统如若出现类案推送出错、审判者基于错误的数据参照作出判断或司法文书生成有误等问题，将会增加错案发生的概率；警示性辅助系统如若未筛查出虚假诉讼或未及时对存在重大偏离的审判结果进行预警，将会导致错案"防线"的失效。

（二）人工智能辅助审判场景下"错案"的界定

目前我国对于"错案"的界定并未通过立法进行明确，缺乏统一标准，学界主要形成了四种主流观点。一是客观说，即当审判结果与案情事实不相符时就应认定为错案。二是主观说，只以主观上是否存在过错作为判断

---

① 参见乔文心《智慧路上"从头越"——人民法院加强信息化建设综述》，载《人民法院报》2018 年 4 月 27 日，第 1 版。

② 参见孙晓勇《司法大数据在中国法院的应用与前景展望》，载《中国法学》2021 年第 4 期。

标准，当审判者和相关办案人员存在主观过错、明显背离法律规定时即认定为错案。三是主客观结合说，错案的认定不仅要考量主观方面，还要同时关注客观方面是否存在与事实不符、违反法律或者违反逻辑规则的行为。[①] 四是程序违法说，也即当审判程序存在违反相关法律规定等不正当情形时，所得出的结果就应认定为错误的裁判。此外，国外学者对于错案的界定亦观点不一，美国学者布莱恩·福斯特将司法错误分为"放纵犯罪错误"和"正当程序错误"，[②] 总结而言即实际犯罪人未受到应有审判和错判无辜之人、被告人过度承担这几种情形。

然而，在"错案"标准模糊不清的背景下，对于错案成因的分析，也即"在何种条件、何种情形下应当启动对司法人工智能的追责程序"这一问题将难以明确，因此，笔者认为在构建错案追责机制的初始阶段，应对人工智能辅助审判这一场景下的"错案"标准予以界定。现阶段所认定的错案的来源是再审制度和舆论导向，主要体现为无罪之人被判有罪，此类错案的根源多是事实不清、证据不足，且审判结果错误明显，然而，在智能辅助审判过程中，由于算法介入，错案的风险来源增多且表现不明显。因而，结合人工智能辅助审判的具体应用场景，可认定错案的情形应包括犯罪主体认定错误（即无罪者被判有罪、有罪者逃脱审判）、量刑与同类案件判决产生重大偏离、智能系统出错导致程序失当或意外输出这三大类别。

（三）错案成因的类型化分析

尽管目前我国人工智能辅助审判的重心仍偏向事务型辅助，尚未出现切实的错案报道，但错案产生的风险并不只是一种猜测，2017 年纽约市议会便通过了算法问责法案以解决算法歧视等问题，可见实际上在域外的犯罪预测、量刑辅助等决策活动中已然存在不少以歧视问题为典型的不公正审判例案。此外，不论是现阶段的系统模拟还是具体适用，对于案例结果

[①] 参见于大水《论错案追究制中错案标准的界定》，载《当代法学》2001 年第 12 期。

[②] 参见〔美〕布莱恩·福斯特《司法错误论——性质、来源和救济》，刘静坤译，中国人民公安大学出版社，2007。

预测的准确度始终无法达到 100%，如国外学者阿莱特拉斯（Aletras）及其同事开发了一个程序对机器学习的准确度进行测定，该程序对州人权法院侵犯人权的相关判决进行文本分析，以发现判决模式并对案例结果进行预测，最终测得准确率为 79%。并且，总结国内外法官关于人工智能辅助审判应用的访谈，多数法官都认为人工智能在司法大数据获取、案件事实还原、准确适用法律法规等方面存在缺陷，存在错误审判的风险。因此，在错案确有可能发生的背景之下，分析其具体成因十分必要。基于上文界定的错案标准，结合辅助审判系统的不同功能内容，深入分析可能导致错案发生的主客观因素，现将其类型化为以下五个方面。

1. 系统本身存在缺陷

系统研发者在设计、开发时产生缺漏，致使系统在使用过程中的功能路径运行等产生偏差，进而导致错误结果的输出。例如，在预测型辅助系统中，预测算法需以司法大数据为本体库进行深度学习，如若设计时对相关大数据抓取的设定存在疏漏或偏向，将会导致数据集本身的不准确，从而影响裁判预测的准确度；在警示型辅助系统中，若甄别虚假诉讼的要素设置不当抑或不够完备或量刑偏离预警功能的流程设计不精确，亦会增加错案发生的可能性。此外，若开发者未告知或未充分告知人工智能辅助审判系统的使用者相关操作、维护方法以及可能产生的危害后果，或设计者未能定期进行软件更新、开展系统维护等，将会出现系统漏洞、性能下降引发损害等情况，这些均属于系统自身的缺陷。

2. 审判者存在主观过错或不当使用系统

主观过错即违背法律规定或案情事实进行失当的主观裁量，在此不予具体阐释。不当使用系统包括审判者在使用相关辅助系统时，存在未了解清楚系统的操作方法、对相关预测结果的提取使用存在误解、不定期进行系统的监测与维护等情况，导致系统辅助功能无法正常发挥，从而引发审判错误。此外，审判人员不进行独立思考，未坚持自身的审判主导地位，而是仅凭系统预测结果进行决策，也属于使用不当的范畴。

3. 中间人员未合理履行系统管理义务

"中间人员"所指代的群体是以系统使用推广为主体业务的部门或独立中介以及司法机关的系统部署人员（包括负责选用、部署系统的相关人员以及法院的相关直属领导层人员）。中间人员对于系统整体性能与使用负有包括合理审查义务、使用指导义务等在内的系统管理义务，履行不当将会造成实际使用中的断层与疏漏，从而加大错案发生的风险。

4. 系统超出原设定发生异常自主性行为

人工智能系统发生异常的自主性行为，超出原有的设计方案或设计者的控制，影响系统的正常使用，产生错误结果从而引发错误的审判。该情况可能系算法自身缺陷或系统本身的思维判断、自主实施所致，[①] 也即算法内部程序可能通过非故意和不可预测的方式相互作用，从而导致错误结果的产生，如自动驾驶模式下的汽车突发性失控、无人机失控坠落、导弹自控系统失灵坠落爆炸等，并且，随着 ChatGPT-4（一款聊天机器人程序）的研发成功，人工智能越发朝着研发具有更强大的数字思维的智能系统的方向发展，具有不可预测性、不可控制性的人工智能成为可能，因而失控的自主性行为这项因素需纳入考量。

5. 系统遭受第三者的非法入侵

2016 年 11 月，湖北法院网、六安政府网等网站遭遇黑客入侵，导致国家机关提供公共服务的计算机信息系统的功能及数据遭到破坏；2018 年，台北共 29 家法院的 243 台计算机遭遇黑客植入病毒攻击；2020 年 12 月，美国司法部和联邦法院系统遭遇黑客入侵，导致案件审理工作延迟。可见，当某案件涉及的群体及利益较为复杂时，可能存在黑客或病毒传输者入侵相应的辅助审判系统，[②] 企图篡改算法的预测路径等情形，一旦系统被控制并篡改，将有极大可能造成审判的错误。具体而言，一方面，网络黑客可

---

① 参见吴汉东《人工智能时代的制度安排与法律规制》，载《法律科学（西北政法大学学报）》2017 年第 5 期。
② 参见杨立新《论智能机器人的民法地位及其致人损害的民事责任》，载《人工智能法学研究》2018 年第 2 期。

通过技术手段入侵辅助审判系统，篡改算法途径，引导审判走向，导致案件最终出现错误判决；另一方面，黑客入侵网站后台、数据库，非法获取个人信息、案件信息，也同样严重威胁个人信息安全与案件审判过程中程序正义的实现。

二 人工智能辅助审判的错案追责困境

显然，人工智能介入司法审判后难以继续采用传统审判模式下的"法官问责制"，但目前关于人工智能辅助审判模式下发生错案所引发的责任性质如何认定、责任追究路径如何设置的问题却始终未在政策或法律上予以明确，这正是由于在错案追责方面尚存在理论与实践的困境。

（一）人工智能的法律主体资格认定存在困境

关于是否赋予人工智能法律主体资格这一问题争论已久，而在这场争论中总会涉及一份条件清单，如人工智能的自由意志、自主性要件等，普遍的看法是，在一个人工智能体满足这些条件后，其才能被归类为与人类同等的真正认知行为者。但迄今为止还未形成一个广泛可接受的定义，"还不能总体概括出什么样的计算机程序可以被称为人工智能"。[①] 部分国家对人工智能法律主体资格作出了立法尝试，赋予其特殊的法律地位。如 2016 年欧盟将最先进的人工智能机器人界定为"电子人"身份，并赋予其特定的权利和义务，2017 年沙特阿拉伯授予机器人索菲亚公民身份等。然而，多数国家还是持保守态度，并未认可人工智能法律主体资格，总结目前学术界的观点，可划分为以下三种类别。

其一，法律人格否定论。该学说认为，人类心智是理性、情感、欲望的复合体，它的运作有复杂的机制，这个机制是人工智能不具备也无法模

---

① See M. U. Scherer, "Regulating Artificial Intelligence Systems: Risks, Challenges, Competencies, and Strategies", *Harvard Journal of Law&Technology*, Vol. 29, No. 2, 2016, p. 353.

拟的。法律是为人类"量身定做"的，人工智能不具有自由意志，无法进行独立的选择和决断，因而人工智能不可能成为利益的负担者，将其认定为法律主体不具有可操作性。① 其二，法律人格肯定论。该学说认为，人工智能虽不具备人脑的独立意识，但其具有独立自主的学习能力，甚至可以通过深度学习达到超越人类能力的程度，如战胜围棋顶尖选手的 AlphaGo，因此，可以通过法律赋予人工智能法律人格，使其享有一定的法律权利，以期更好地应用和发展人工智能。② 其三，阶段论。人工智能按照是否具有辨认能力和控制能力区分为弱人工智能和强人工智能，目前人工智能的发展尚处于弱人工智能的阶段，暂无须赋予其法律人格，但发展到强人工智能阶段时，其意志不再受人类操纵，可能实施超出编辑程序指令的违法行为，③ 赋予其法律人格将具有必要性。

人工智能的法律主体资格认定对于责任归属主体的划分有着很大的影响，然而目前这一理论问题尚未得到解决，现阶段甚至出现了"算法—人"共同体的新型法律主体概念，为责任分配提供了一个崭新的思考方向。

（二）错案责任追究的具体实践存在困境

在追责的实践层面，不论是追责程序的启动还是责任的承担与落实，都存在尚未突破的难题。

1. 程序启动难

以美国著名的卢米斯案为例，法院使用 COMPAS 系统对卢米斯进行风险评估，并以此为基础对其进行量刑，然而卢米斯认为风险评估的结果存在算法偏见（该案中体现为性别歧视），且认为法院剥夺了其个性化审判的权利和审判过程的知情权，不符合程序正义，因此不服量刑并提出了申诉。

---

① 龙文懋：《人工智能法律主体地位的法哲学思考》，载《法律科学（西北政法大学学报）》2018 年第 5 期。
② 参见刘晓纯、达亚冲《智能机器人的法律人格审视》，载《前沿》2018 年第 3 期。
③ 参见刘宪权《人工智能时代的"内忧""外患"与刑事责任》，载《东方法学》2018 年第 1 期。

但面对确实有失公正的审判结果，美国联邦最高法院依然驳回了卢米斯的申诉请求，并未展开实际的责任追究，可见，人工智能辅助审判的错案追责程序的实际启动并不容易，在人工智能介入更为成熟的域外尚且如此，更不用说在预测性算法的应用还未成熟和普及的国内。

除此之外，在追责的启动方式上也存在法律规制的空白，是由当事人提出还是由法院自查，抑或由独立的审查机关启动，均没有明确的规定。如果是由当事人提出，那么如何保证其诉求能够在缺乏错案举证能力的情形下得到关注和落实？如果是由法院自查，那么如何保证其不会因规避自身司法责任而怠于履行自查义务？如果是由独立的审查机关启动，那么如何保证该机关信息掌握的全面性、准确性及其权力行使的独立性？

2. 责任落实难

在人工智能这一辅助性角色加入后，判决的生成由法官独立作出变为由法官和智能辅助系统共同形成，当法官的自我裁量和人工智能辅助审判系统输出的量刑建议一致时，如果出现判决错误，应由谁来承担责任？当法官的自我裁量与智能量刑建议不同，最终采取辅助审判系统生成的结论时，应如何分配责任的份额？总而言之，在责任形态与归责原则方面存在适用困境，即责任的关联主体是谁，关联主体各应承担的责任份额应如何划分，基于何种理由将责任与责任承担主体进行关联。并且，如若人工智能被认定为担责主体之一，"应采用何种手段对人工智能予以惩罚"也是一个难以解决的实践性问题。

三 人工智能辅助审判的错案追责机制构建

错案追责机制要解决的就是"追什么责"、"向谁追责"以及"如何追责"的问题，因而厘清错案责任的性质及其所适用的责任类别显得尤为关键。错案责任的产生主要基于两点，一是审判者裁量失误导致司法正义未得到实现，二是失当的裁判结果造成当事人的人身或财产权益受到侵犯，由此，错案责任可定性为司法责任与侵权责任的复合。其中，司法责任的产生路径在此狭义划归为法官审判责任与相关司法工作人员的监督管理责任，侵权责任则结合《民法典》相关规定，依据上文分析的错案成因类型化为产品责任与高度危险责任。

（一）错案追责机制构建的理论基础

追责机制整体框架的搭建并非一种单纯的规则设计，而是在明确人工智能不具备法律主体资格的基础上，融合了理念及价值选择的法律适用与制度因应。因而，具体化相应的理论基础对于错案追责机制整体构建方案的设计具有关键性、导向性的作用。

1. 人工智能法律主体地位的理论回应

就人工智能法律主体资格的认定而言，笔者认同"法律人格否定论"。其一，从发展阶段而言，目前技术水平尚未达到强人工智能的标准，人工智能系统的深度学习特性决定了其具有一定的自主学习、自主决策的能力，但并未形成"自我意识"，不具备人所特有的独立意志，因而，将其认定为民法中的"物"更为贴合。然而聚焦于人工智能辅助审判这一情境，人工智能并非智能机器人等硬件实体形态，大多数直接以系统软件形态实现运作，非有体物的存在形态是否会阻碍其作为"物"的认定呢？笔者认为，辅助审判的智能系统虽是独立软件的存在形态，但其本质依然属于数据信息交易，① 数据信息虽是无体物，但在一定条件下可被视作"物"。随着经济和科技的发展，民法中"有体物"的概念边界也逐渐延展，如电能、热能这类无形的"自然力"现也被划入民法中的"物"，故不能因独立软件这一存在形态而否认其"物"之属性。此外，软件系统需以电脑等终端设备为载体实现运行，客观上可视为软件的有体化。同时，人工智能的系统设计环节是人们利用数据信息并搭建相应模型的过程，且激活与使用的个体验证亦对数据独占性有所体现。整体而言，人工智能在一定程度上能够满

① 参见郭鹏《信息混合产品交易的法律性质确定——以美国的司法实践为借鉴》，载《华南师范大学学报》（社会科学版）2009 年第 6 期。

足"物"的排他性、可支配性、财产价值等要求。

2. 追责机制构建的基本原则与理念

在错案责任追究机制的构建中，关于为何适用该类责任类型、为何这几类主体需要承担责任以及在何种情况下应具体适用哪类规则等问题的设计和回应，均是基于以下三项原则与理念。

首先，应始终坚持发展与规制并行的原则。在促进人工智能技术发展的同时，也应注重对其源头开发的适当规制，以免出现技术风险难以防范的法律空白。2022 年 12 月 9 日，最高人民法院发布了《关于规范和加强人工智能司法应用的意见》（以下简称《意见》），要求加强人工智能全流程辅助办案，人工智能辅助结果仅可作为审判工作或审判监督管理的参考，司法责任最终由裁判者承担。《意见》中强调法官作为担责主体，笔者认为主要是基于两个方面的考量：其一，考虑到当下人工智能在司法中的应用程度，为保证应用场景持续创新和应用范围不断拓展、维持人工智能技术革新的活力，减少了对设计者、开发者的责任束缚，以期创造更大的创新研发空间；其二，人工智能辅助审判系统展开应用与推广后，为防止出现法官为逃避问责而直接依赖和使用智能系统提供的预测结果的情况，避免"卸责"心理的增加，坚持与强化法官在审判阶段的主导地位。然而，《意见》中弱化生产方的主体责任这一"发展为先"的导向同样存在一定的弊端，缺少了责任的规制可能会导致在设计生产的过程中针对系统的各项精细功能、保障路径等的开发以及全流程的监管都会相应减弱，在激励创新的同时可能会忽视质量的提升。此外，限定裁判者为最终责任主体可能会发生法官在审判过程中因担心智能系统出错致使自身担责，进而开展更为精细的一一审查，导致时间成本更高的情况，这也与发展人工智能辅助审判系统以提升司法效率、降低人员负担的初衷有所背离。因此，扩大错案责任的担责主体范围，将生产方的各主体纳入追责的范畴具有一定的必要性。

其次，应坚持公平合理分配风险的原则，这就要求将可能制造风险的主体同裁判者一起纳入错案的整体追责主体范畴，并且应结合成因分析、各方效益分配、主体预防能力等实际情况，依照合比例关系进行最终的责任分担。由于错案责任的追究牵涉多方主体，应立足于系统性思维，明确错案结果同各主体的关系，进而作出责任分担的整体性思考与安排，[①] 核心考量因素可具体化为四个方面。一是追责主体范围的划定。原则上风险由谁引发就应由谁负责，错案成因的类型化分析中所涉及的可能导致错案形成的主体均应被纳入责任追究的主体范畴，在具体个案中便依照可确定的因果关系针对性认定追责主体。二是当个案追责中出现难以认定具体错案成因、无法确认责任承担主体的情况时，可选择考虑主体预防能力的高低。针对可能的出错点进行各主体对其预防能力的评估，能力越强、责任越大，由此划分具体的责任。三是基于错案责任的具体承担措施的考量，多主体担责时还应考虑各方的效益分配，根据所获收益合比例地进行责任分担。四是机制影响力的考察，这可作为机制具体实施过程中进行调整与修改的指导因素。综合考察何种责任划分对于错案当事人最能起到补偿作用、对于错案发生最能发挥预防作用，以此作为反馈和机制调整的参照。

最后，应坚持保障人权原则的核心地位。不论是错案成因的分析、责任类别的选定还是责任主体的划分，都应始终秉持全面化考量、最大限度保障错案当事人人权、平衡各方主体权益的理念。例如，在归责原则的确定方面，考虑到"算法黑箱"的存在，当事人在举证时相对于智能算法设计者处于弱势地位，因而采用产品责任的无过错责任原则，并且在产品缺陷认定阶段同样受到"黑箱"阻碍的情况下实行举证缓和制度以减轻当事人的举证负担。此外，在侵权责任的适用层面，除产品责任外还应加入高度危险责任，以达到责任追究更为全面地覆盖错案情境的效果，进而扩大可追责主体的范围，更大程度、更为全面地保障当事人权益的实现。

（二）侵权责任的具体适用与主体认定

当错案结果造成相关当事人人身或财产权益损害时，对法官及相关司

法工作人员的问责并非唯一的解决路径，对于因人工智能系统或第三方等导致错案的情形，应以有关主体造成错案当事人侵权结果为由追究其侵权责任。结合上文分析的错案成因类型、人工智能系统特性等因素进行综合考量，可选择适用产品责任和高度危险责任这两类侵权责任条款。

1. 产品责任

《民法典》第1202、1203、1204条分别规定了产品生产者、销售者及有过错第三人的无过错责任。若经认定，侵权结果确实由辅助审判的人工智能系统缺陷造成，则应追究该系统生产者等相关主体的产品责任。

（1）产品责任适用之证成

人工智能系统本质上是算法的集合与应用，系统缺陷致使错案发生进而产生侵权后果实为算法致损的问题，其责任认定思路主要包括一般侵权责任条款、互联网条款、产品责任条款这三类。[①]

首先，一般侵权责任条款不适用。由一般侵权责任的归责原则可见，被侵权方对侵权人的过错负有举证责任，即便适用无过错责任原则，被侵权人也需证明损害是由侵权人的行为或者物件所致。然而，由于算法知识的专业性以及"算法黑箱"的存在，受害者普遍难以通过有效渠道进行证据的搜集和整合，基本不具备对算法缺陷的举证能力，甚至不存在举证的可能性。此外，对于系统设计者及控制方而言，相关算法程序属于其核心竞争力，是一种技术秘密，要求其通过透明化算法和公开解释来规制风险也缺乏可行性。其次，互联网条款不适用。以我国首例算法推荐侵权案[②]为例，该案中法院将信息存储与算法推荐认定为相互独立的两个行为，可见算法利用的不是网络，算法侵权行为也并不等同于通过网络实施的侵权行

---

① 参见商建刚《算法决策损害责任构成的要件分析》，载《东方法学》2022年第6期。

② 参见《全国首例算法推荐案——爱奇艺诉今日头条侵权案宣判》，"北大法宝"微信公众号，https://mp.weixin.qq.com/s/80f_SXuSPQkGlaWfrA3gDA。原告爱奇艺公司诉称，某剧在爱奇艺公司运营的爱奇艺平台进行全网独家播出期间，字节公司未经授权，通过其运营的今日头条App利用信息流推荐技术，将用户上传的截取自某剧的短视频向公众传播并推荐，侵权播放量极高，其中单条最高播放量超过110万次。爱奇艺公司认为字节公司在应知或明知侵权内容的情况下，未尽到合理注意义务，存在主观过错，侵害了爱奇艺公司对某剧享有的信息网络传播权。

为，不属于互联网条款的规制对象。最后，产品责任条款具备适用条件。基于当下人工智能的发展及应用现状，产品与服务的相互交融已然使二者边界模糊化，算法决策系统能够被归入电子产品系统的范畴，产品责任条款也由此具备了适用条件。此外，欧洲议会在 2020 年提出的关于人工智能民事责任制度的建议中，提到了要赋予人工智能产品责任，且国际上也已存在将产品责任适用于算法致损案件的例子。

（2）人工智能辅助审判系统的产品缺陷认定

产品责任条款中写明了"因产品存在缺陷造成他人损害的"这一前提，因此在适用该条款时应对人工智能系统存在的缺陷予以事实认定。目前，针对产品缺陷的认定依然沿用《产品质量法》中"不合理标准"这一高度抽象化的判断标准，这对于制造缺陷来说还相对显明，然而人工智能辅助审判系统的独立软件存在形态决定了其可能存在的缺陷类别，即设计缺陷、警示缺陷与跟踪缺陷。其中，设计缺陷由于黑箱本身的存在以及内部算法推理无法还原的特性，缺陷证成十分困难，而警示缺陷与跟踪缺陷对被侵权人而言甚至连缺陷是否存在都难以知晓。[①]

针对人工智能辅助审判系统缺陷认定难的问题，笔者认为应依据缺陷的不同类型精准设置认定规则，并形成类型化标准。在设计缺陷方面，可通过"预期功能偏离"和"风险-效用"两类标准进行综合判定。"预期功能偏离"标准即根据可能导致最终错案结果形成的量刑预测功能点，对比系统的全流程设计，若出现功能点的设计缺失或误差，且经验证确与错误结果的输出存在关联，则可认定系统存在设计缺陷。"风险-效用"标准即通过权衡产品的危险性与有用性来进行判定，[②] 若优化人工智能辅助审判系统的成本低于维持现有效能所获的收益，而相关研发人员未进行系统改进或采取相应保障措施，则认定系统存在设计缺陷。在警示缺陷方面，可通

---

① 参见张安毅《人工智能侵权：产品责任制度介入的权宜性及立法改造》，载《深圳大学学报》（人文社会科学版）2020 年第 4 期。

② See Douglas A. Kysar, "The Expectations of Consumers", *Columbia Law Review*, Vol. 103, No. 7, 2003, pp. 1700–1790.

过"使用者合理预期"标准进行判定。"使用者合理预期"标准主要根据人工智能辅助审判系统的使用者群体——法官及相关司法辅助工作人员——对于该系统特性及使用操作的一般性常识来构建合理的最终预期模型。① 例如，人工智能辅助诊疗系统的警示标识在内容、形式、时间三个维度是否充分合理、及时更新，② 若存在警示不充分或未警示等情形，则认定系统存在警示缺陷。在跟踪缺陷方面，可通过"售后合理关注义务"标准进行判定。在人工智能辅助审判系统被应用后，生产者需进行定期回访与检测，若发现问题需及时修复、更新，并将相应反馈形成档案记录。若未做到定期检测与更新，则可认定系统存在跟踪缺陷。

同时，国家应推进针对人工智能产品缺陷认定的强制化统一标准的形成，促使认定标准更为体系化、规范化和常态化。但需明确的是，如若对照强制标准仍然出现错误预测的情况，因其属于人为制定的最低标准，无法满足证成的全面性，仍应依照上述类型化标准展开缺陷认定。

（3）责任主体的确定

在人工智能辅助审判系统的具体应用情境中，生产者的范围具体包括哪些群体？系统的设计者、非法入侵系统的第三方能否被列入产品责任的主体范围？这些问题均有待界定，因此产品责任的主体范围需进行一定程度的厘清与延展。

生产者作为产品责任的主体毫无异议，但鉴于人工智能审判系统的独立软件存在形态，生产者不再是实体产品及相应零部件的制造者或生产厂商，而应界定为以算法研发、系统开发运营等为核心业务的技术公司及其内部工作人员。同时，基于系统功能的复杂性、技术独立性等特征，单个系统的整体研发运行大多涉及多家公司，因此，参与过系统落地运行的前置开发流程的主体均应被划入生产者范畴。

① 参见贺琛《我国产品责任法中发展风险抗辩制度的反思与重构》，载《法律科学（西北政法大学学报）》2016 年第 3 期。

② 参见许中缘、范沁宁《人工智能产品缺陷司法认定标准之研究》，载《重庆大学学报》（社会科学版）2022 年第 1 期。

销售者应界定为负责系统运行推广及应用对接的中介公司或相关技术公司的对外运营部门等。不论是独立于系统研发公司的中介还是与生产衔接的公司内部部门，虽然其在系统性能认知程度层面可能有所差异，但对于系统的全流程运行操作均需完整掌握并进行合理审查，因而均被划入销售者的范畴。

设计者虽在产品责任中未被列入主体范围，但因人工智能辅助审判系统相较于一般产品存在显著特殊性，故应将其独立认定为一个责任主体。其一，在智能系统作为产品的情境中，基本都是设计者、生产者分离的层级模式，甚至存在仅有设计者而无生产者的客观事实；其二，设计者之于整个系统具有不言而喻的关键性作用，算法核心价值的赋予源自设计者，系统缺陷侵权亦大多源于设计问题，因此，将设计者划入责任主体具有一定的必要性。

至于错案成因中所分析的非法入侵系统的第三方，也即黑客或病毒传输者这一主体，从本质上看本不应纳入产品责任主体，因为该侵权行为属于第三方侵权而非系统侵权，但基于人权保障原则，考虑到黑客等非法入侵人员难以认定，容易造成受害人权利救济出现空白，因而在此将非法入侵解释为因第三人过错致使产品存在缺陷，将非法入侵系统的第三方纳入产品责任主体的范畴。划归路径有两种：一是可以参照《民法典》第1204条，将非法入侵的第三方解释为"运输者、仓储者等第三人"这一主体概念，① 作为一个独立的责任主体；二是可以将非法入侵的第三方视作未经授权的修改设计者并纳入设计者的上位范畴。

2. 高度危险责任

上文所提到的人工智能辅助审判系统脱离人类控制做出异常自主性行为的成因中，不包括设计缺陷导致的"擅自所为"行径，因而不适用产品责任，笔者将这一失控的自主决策与实施的行为划入高度危险责任的规制

---

① 杨立新：《论智能机器人的民法地位及其致人损害的民事责任》，载《人工智能法学研究》2018年第2期。

范围。

（1）高度危险责任适用之证成

首先，将系统自主性行为归因于产品缺陷的确有失合理性。人工智能辅助审判系统的自主性属于难以消弭的固有风险，甚至还是人工智能向"强人工智能"阶段演进的一大趋势与追求，符合技术发展的规律，亦不违背国家政策。通过相关测试评估及检验流程、经过标准认定的人工智能辅助审判系统如若依然发生异常自主性行为，实属设计者难以发现与控制的领域。如若将其归为产品的设计缺陷，无疑是在接受人工智能产业发展福利的同时还欲规避其合理风险的存在，将责任施加于设计者之上更是失当。

其次，人工智能辅助审判系统一旦产生自我思维，其偏离人类控制做出异常自主性行为进而造成侵权后果的可能性很大，换言之，该危险性具备现实化的可能性，与高度危险责任不可控制性、非通常性、损害后果的严重性、致害概率的高度性等内部特征[①]均较为贴合。并且，具体分析高度危险责任条款的内容，其中"高度危险"主要体现为高度危险作业和高度危险物，显然审判活动不属于高度危险作业的范畴，结合前述人工智能辅助审判系统的危险性，可在系统发生自主性行为等特殊情况下视之为高度危险物。

（2）系统危险性的判断

进一步探讨因发生自主性行为的潜在风险将人工智能辅助审判系统纳入高度危险的级别是否妥当，有质疑的声音认为这是在过分夸大危险性，会造成公众的误解与恐慌，甚至抑制技术的发展与推广。但笔者认为，高度危险责任的适用范围仅限缩于系统进行自主决策或行为实施等特殊例外情形，而非将其他侵权责任的适用一概排除，只是为弱势的错案当事人提供额外的救济空间。对于系统是否具有较大危险性从而被认定为高度危险物，应结合自主性行为产生的功能位置、自主性行为与侵权结果的关联密

---

① 窦海阳：《〈侵权责任法〉中"高度危险"的判断》，载《法学家》2015 年第 2 期。

切程度以及错误结果的具体偏离程度来综合判定。

（3）责任主体的确定

适用高度危险责任条款时，依照《民法典》第1236条的具体规定，应由作业人即占有人、使用者承担责任，置于人工智能辅助审判情境下，使用者即部署和运用了该系统的司法机关。虽然同设计者一样，使用者对于人工智能辅助审判系统的意外自主性行为缺乏预知的能力，但因其是系统实际运行使用和支配的群体，相较于设计者而言对系统的整体运作具有更为持续的控制力，负有更高程度的注意与监测义务。并且，从目的导向来看，人工智能辅助审判系统主要是为了简化司法工作人员的工作内容、提升审判的准确度与司法效率，因此，司法机关在获益的同时负担一定的特殊侵权责任并无不当。

（三）司法责任的承担

当能够精准认定错案结果的产生出自人工智能系统本身时，可独立使用侵权责任，除此之外，不论是法官个人裁量失误、使用人工智能辅助审判系统不当、错案成因还是多成因结合致错，法官和相关司法工作人员均需承担司法责任。

1. 法官问责制度的补充

由于人工智能辅助审判系统的加入，法官独立审判的模式有所变动，法官问责的情形亦不再局限于个人裁量的失误，因此，需通过向法官赋权①的方式对传统问责进行补充。

（1）赋予法官人工智能辅助审判系统的使用选择权

使用选择权即法官有权选择是否使用、何时使用以及使用何种人工智能辅助审判系统，该权利进一步明确了系统功能定位是参考性辅助而非规范性辅助。前者是指量刑人工智能给出的"量刑"对法官只有参考价值，

---

① 参见雷婉璐《智能辅助审判技术下法官问责难题的破解路径》，载《哈尔滨工业大学学报》（社会科学版）2022年第2期。

后者是指量刑人工智能给出的"量刑"具有规范作用，法官必须采纳，如不采纳则需要给出合理的理由。① 具体而言即法官有权选择不采纳人工智能辅助审判系统的量刑预测和建议，且无须说明，但如若法官对于智能预测建议予以参考和采纳，则需在说明裁判依据的部分阐明依据的由来并进行适用的说理。赋予法官该选择权便是为法官问责提供更为直接、更具指向性的路径，因为一旦法官选择使用人工智能辅助审判系统并采纳其量刑建议，就负有对系统智能预测结果的合理审查义务，如若审判结果出错则意味着审查义务履行不到位，需承担相应的司法责任。

（2）赋予法官算法解释权

算法解释权是指当自动化决策的具体决定对相对人有法律上或者经济上的显著影响时，相对人向算法使用人提出异议，要求提供对具体决策的解释，并拥有要求更新数据或更正错误的权利。② 虽然从定义上看，算法解释权是相对人对算法使用者的权利，但就目的导向而言，该权利的设置就是为了能让受到算法影响的主体有权要求通过解释算法来消除不利影响。因此，如果法官能够证明自己对系统智能预测结果尽到了合理审查义务，且不存在主观故意或重大过失，其有权行使算法解释权请求有关部门或技术人员对系统前端算法进行解释，以明确错案成因。赋予法官该解释权为法官问责提供了裁判者的自我救济空间，使其能够在自证无不当行为后通过行使解释权达成严格责任制之下的自我保护。

2. 相关司法工作人员的范围厘定

除法官外，还应承担司法责任的司法工作人员包括审判辅助人员、案件数据的提供者以及系统部署人员。审判辅助人员无须展开探讨，在此就后两者纳入担责主体范围问题进行分析。

---

① 参见甄航《人工智能介入量刑机制：困境、定位与解构》，中国知网，https://kns.cnki.net/kcms2/article/abstract? v = 3uoqIhG8C45S0n9fL2suRadTyEVl2pW9UrhTDCdPD67CPKF6WchUAvwhYLFDjb6YffOAEI1pn_uZzwYPyPwERo6kRgBMPmtp&uniplatform = NZKPT，最后访问日期：2023 年 4 月 6 日。

② 张凌寒：《商业自动化决策的算法解释权研究》，载《法律科学（西北政法大学学报）》2018 年第 3 期。

案件数据的提供者即日常负责整理案卷并进行电子归档的工作人员。人工智能辅助审判系统的量刑预测原理便是基于数据库中类案的抓取和深度学习，可见案件数据是系统智能预测的基础，若在数据源头产生偏差便会极大影响结果的准确度，因而应将该主体划归司法责任的问责范围。系统部署人员属于上文错案成因中所提到的中间管理人员，包括司法机关内负责招标、选用、部署系统的相关人员以及法院的相关直属领导层人员。系统部署人员在选用和部署系统时如若未尽到对系统整体功能与操作的合理审查义务、使用指导义务等，将会造成实际使用中的断层与疏漏，进而对结果的输出产生影响，将其纳入问责范围亦具有现实必要性。

综上，侵权责任和司法责任是基于不同错案成因所适用的不同责任类型，不存在适用优劣或竞合的问题，产品责任、高度危险责任与司法责任根据错案成因的类型可独立适用亦可同时适用。当明确错案结果系人工智能辅助审判系统本身出现问题时，则考虑单独适用侵权责任；若是系统存在设计缺陷、警示缺陷、跟踪缺陷或出现第三方非法入侵系统的情形，则归属产品责任；若是由系统偏离人类控制做出自主性行为所致，则归属高度危险责任。当中间管理者存在对接失误、多种因素结合致错或无法明确界定错案成因时，同时适用侵权责任与司法责任，具体的责任承担与分配参照前述错案机制的基本原则。

结　语

在人工智能辅助审判技术的发展时期，明确建构责任追究机制对于强化技术应用的创新发展，深化人工智能辅助审判系统的整体建设，推进审判的高效化、现代化都具有深刻意义。传统的法官问责机制已经难以化解人工智能介入后错案审判责任追究的困境，因此，基于五类错案成因，应将错案责任划分为侵权责任与司法责任来进行具体机制的构建。在明确人工智能"法律人格否定论"的基础上，侵权责任可依照不同的个案成因选择适用产品责任和高度危险责任，同时，司法责任也应结合算法介入的现实情境通过赋权方式对传统问责方式进行补充。通过错案追责机制的构建，对人工智能辅助审判所涉及的各类主体进行必要规范，弥补法律规制空白可能导致的发展过程中的不良效应，以期引导人工智能技术更好地促进司法正义的实现。

未成年人检察数字化平台的运作逻辑与优化进路

——基于 J 市数字检察监督平台的实证研究

卢　毅[*]

【摘　　要】数字化平台建设已经成为数字检察发展的新趋势，数字化平台日益成为检察机关法律监督线索的重要来源。直面数字检察监督平台建设的滞后性、陌生性与磨合性，把握未成年人检察监督与数字化发展趋势的契合之处，是构建未成年人检察数字化监督平台的契机和可行性基础。本文立足于当下未成年人检察数字化场域建设现状，从数字化的必要性、治理理念的优化和协同治理的挑战出发，呈现 J 市未成年人保护联动平台的行动路径，为未成年人检察数字化平台建设提供前沿的样本和模型。从数字化监督的环境重塑、文化弥合和技术表达三个层面出发，发展虚拟化数字生存场域构建当代检察环境，关注多样化数字检察形式跨越代际交流鸿沟，深化数字化技术逻辑延伸互联网时代思维。通过提高数字生存环境与未成年人检察工作的融合度，塑造检察数字文化与未成年人检察工作人员的思维力，反思数字技术手段与未成年人法律监督的伦理性，构建未成年人检察数字化场域，从而推进其应用问题研究。

【关 键 词】未成年人检察；数字监督；平台运作

---

* 卢毅，吉林大学法学院 2022 级法学理论博士研究生，研究方向为法治理论、科技法学。

一 问题的提出：未成年人检察数字化监督面临的挑战

法律监督数字化主要来自对改革实践的设想式展望，在学术界尚缺乏研讨。[①] 未成年人检察[②]数字化监督具有发展上的滞后性、思维上的陌生性和操作上的磨合性，在监督实践中仍然处于起步阶段，其数字化能力有待进一步提升和发展。与此同时，未成年人检察具有涉密性特征，数字化发展趋势迎合了检察机关及其保护对象的共同需求，未成年人检察数字化监督迎来了重要的窗口期与机遇期。

首先，未成年人保护数字化平台相对较少且发展滞后，未成年人检察数字化监督具有滞后性。一方面，未成年人检察数字化平台及其他领域数字化平台建立较晚，发展较为缓慢，距离实际推广和应用尚需要一段时间。平台运作依然面临所需法律数据不充分、不真实、不客观、结构化不足的现实困境。[③] 另一方面，未成年人检察数字化平台在社会中关注度不高。未成年人检察数字化平台建设刚起步，未成年人对于检察数字化平台的接触度不高，使用检察平台的积极性不足。而且，现阶段的检察大数据与人工智能更多是一种技术的初期"平移"，[④] 数字化内容的丰富性和生动性有待提升，工作效能和司法公正难以得到保障。

其次，数字化技术的运用及软件维护缺乏专业的培训，未成年人检察数字化监督仍具陌生性。第一，未检部门对运营数字化平台的陌生性。检察系统独立操作数字化平台，数字化运营经验不足，检察机关对未成年人检察数字化平台仍比较陌生，"检察机关提供的法治产品、检察产品无论从

---

① 参见高景峰《法律监督数字化智能化的改革图景》，载《中国刑事法杂志》2022 年第 5 期，第 43 页。

② 简称"未检"，下文中因表述情境及便利需要，会交替使用全称和简称。

③ 参见左卫民《关于法律人工智能在中国运用前景的若干思考》，载《清华法学》2018 年第 2 期，第 114~116 页。

④ 参见刘艳红《人工智能法学的"时代三问"》，载《东方法学》2021 年第 5 期，第 36 页。

量上还是质上都相对不足"。① 第二，未检部门对信息技术学习的陌生性。信息技术的掌握程度和学习使用受制于一定的技术门槛，数字化水平短期内难以提高，加之技术不断更新换代，检察人员短时间内难以培养技术能力。② 第三，未检部门专门人员的数字化培训略有缺乏。数字化系统建立之后，需要专门的人员进行长期稳定维系，需要增加相应的专职岗位及进行定期培训。未成年人检察数字化监督受制于运营、技术和经验的不足，难以有效发挥其监督效用。

最后，线上线下联动机制仍需有效地磨合和细化，未成年人检察数字化监督尚待磨合。未成年人检察数字化平台线上线下联动尚处于磨合状态，当事人"零跑腿"的检察环境仍未完全实现。③ 数字化平台收集的数据需要在线下及时回应，线下取得的成果要及时在线上进行跟进和总结。目前，后台的数据和前台的交互还没有做到及时更新和归纳，上下游系统化联结能力仍然存在不足，在运用大数据推动检察高质量发展的认识方面也有待提升。④ 同时，未成年人检察数字化平台的线上体验吸引力不足。检察数字化平台建设拓展至未成年人检察领域，面临未成年人受侵害信息的精准筛选及线下积极履职、吸引线上用户并提升未成年人体验的多重压力。

未成年人检察数字化监督平台既面临挑战，同时又与数字化发展趋势相契合。第一，未成年人检察数字化监督平台可以促进对未成年人的隐私保护。涉未成年人刑事案件等具体程序和制度具有涉密性，应当保护未成年人隐私，以防止"二次伤害"。⑤ 对于未成年人的监护人而言，其深知未成年人正值青春期，具有敏感的自尊心，故而更应当注重使用数字化途径

① 张军：《关于检察工作的若干问题》，载《国家检察官学院学报》2019 年第 5 期，第 4 页。
② 参见程凡卿《我国司法人工智能建设的问题与应对》，载《东方法学》2018 年第 3 期，第 121 页。
③ 参见马长山《司法人工智能的重塑效应及其限度》，载《法学研究》2020 年第 4 期，第 25~26 页。
④ 参见姜昕、刘品新、翁跃强、李小东、常锋《检察大数据赋能法律监督三人谈》，载《人民检察》2022 年第 5 期，第 38 页。
⑤ 涂欣筠：《多元视角下刑事诉讼当事人的隐私权保护》，载《中国政法大学学报》2021 年第 6 期，第 265 页。

保护被监护人隐私。基于此种心理，未成年人通常不愿意直接"面对面"向老师、家长、司法机关寻求帮助，未成年人监护人通常想帮助受侵害的孩子降低社会知晓度及减少负面评价，而更倾向于通过网络等途径来表达自己的真实想法并寻求帮助。① 此外，在网络时代，人们已经将网络视为一种生活方式，时尚感、娱乐性、社交属性强的数字产品逐渐被青睐。在网络世界中，未成年人也能够获得更多的自由空间和交往活动，并且很容易在同辈群体中形成交互效应，提升对数字化检察平台的信任度。第二，未成年人检察数字化监督平台可以实现信息直达传递。其一，互联网数字化信息的传递具有扁平性、直接性，规避了中介主体的干扰。② 检察机关能够接收到一手的求助信息和线索情况，将案件流转化为信息流，将文本转化为数字，拓展自己的业务边界，减少线索调查的投入，增强能动性。③ 其二，指数级运算能力。数字化平台融数据、算法、智能为一体，能够对信息进行自动化处置。未检数字化平台实现了数据收集、数据分流、数据更新、数据应用一体化建设，将检察机关工作能力提升到一个新的高度。其三，塑造检察形象。数字化平台可以通过设置具体的工作栏目提高检察知名度，并通过法律宣传、权益维护等手段塑造检察形象，有效提高检察机关的社会熟悉度。

由此观之，在数字化时代，检察机关面临着加强互联网应用，实现检察监督工作快速数字化转型发展的重要课题。④ 数字化建设象征着检察业务的前沿板块和创新高地，是检察工作机制突破困境和进行前沿探索的重要路径，自上而下成为检察机关的一种行动规范。⑤ 因此，"互联网+检察工

---

① 参见王广聪《论最有利于未成年人原则的司法适用》，载《政治与法律》2022 年第 3 期。
② 参见左卫民《迈向大数据法律研究》，载《法学研究》2018 年第 4 期。
③ 参见苗生明《新时代检察权的定位、特征与发展趋向》，载《中国法学》2019 年第 6 期，第 237 页。
④ 参见贾宇《检察机关参与网络空间治理现代化的实践面向》，载《国家检察官学院学报》2021 年第 3 期，第 51 页。
⑤ 参见贾宇《论数字检察》，载《中国法学》2023 年第 1 期。

作"模式将是未来检察机关办公办案的基本形态与建设目标。在检察数字化过程中,如何有效发挥检察机关法律监督的职能作用,推动检察机关在数字化检察平台的建设过程中依法能动履职,是本文的核心关切。在这一问题背景下,本文第二部分基于 J 市未成年人保护联动平台的数字化监督实践,从数字化理念的建构和数字化监督的运作中,探索数字化检察监督的治理挑战与有益经验。第三部分从数字化监督平台对未成年人检察的现代重塑出发,观测现代性视角下建设数字化监督平台的环境和文化需求。第四部分,针对数字化检察监督的需求,提出数字化监督平台的完善策略与优化路径。

二 未成年人保护联动平台数字化监督的实践逻辑

为推动 J 市未成年人保护领域社会治理体系和治理能力现代化,2021年 4 月 16 日,J 市人民检察院牵头市信访局、市教育局、市民政局、团市委、市妇联六部门签订《关于建立 J 市未成年人保护协作机制的协议》,充分发挥各自职能优势,通过数字和人工智能的融合,打造省内首个未成年人线上线下一体保护平台——J 市未成年人保护联动平台。该平台的监督载体是"两号一码",即 88908585 未成年人保护电话专号、帮帮我 885 公众号和未成年人保护二维码。其中,88908585 未成年人保护电话专号极具识别度,帮帮我 885 公众号旨在与未成年人及其家长进行有效互动,未成年人保护二维码旨在提供实用化服务,三者有机组合,形成具有标识性的 885 平台。该数字化平台的监督实践相对完整地展现了数字化监督理念的生成、数字化监督体系的建构与法律监督的内涵,体现了数字化监督的运作机制与实践逻辑。

(一) 数字化监督理念:数字检察建设与协同治理

1. 数字化的必要性

数字化已经非常直观地影响到检察工作,加之疫情期间需要减少接触,两者结合共同加速了检察机关自上而下的数字化建设。一是数字化可以激活整个社会的创新活力，促进科技创新成果转化，已逐渐得到社会的认可。现实生活中，储存起来、沉睡的数据只有研究价值，却无法直接产出创造性价值。因此，新时代的检察体系需要构建一个重要的数字化场域，加强整个数字化领域的应用，从而不断地释放检察工作的活力。二是数据资源是检察机关运转的一种重要资源。通过检察大数据的改革实践，数据已经成为数字法治的"生产要素"。[①] 越来越多的检察机关开始探索在不同领域的传统服务中应用人工智能、大数据等先进技术，完善成本效率结构，实现信息化、数字化升级，从而让技术变革和科技创新惠及更多的层面，让检察机关可以分享技术进步带来的成果。

2. 治理理念的优化

当前数字中国建设进入整体布局、全面推进的新阶段，亟待全面推进数字化改革，优化治理理念。数字检察是在 2019 年"智慧检务"工程、2020 年"智慧检察"建设成果上的迭代深化。围绕"数字赋能、融合式监督、综合司法保护"的新时代未检工作新要求，检察机关不断强化"互联网+"思维，树立大数据意识，提升用户体验，创新发展理念。第一，强化"互联网+"思维，将建设免费平台、"乘法"享受服务、指数级拓展用户融合起来，以用户为中心，认识到互联网发展的趋势和能动性，积极推动线上办案，探索检察工作中的数字化需要，努力实现线上线下一体化建设。实践中正积极采取混合智能方法，集成专家系统、数据挖掘和机器学习等多种人工智能技术。[②] 第二，运用大数据是检察信息化建设的必然趋势，必须顺应大数据时代要求，树立大数据、大采集意识，构建大数据平台，对内、对外破除信息壁垒，全面实现跨区域信息资源的高度共享，为历史数据和海量数据分析打下基础，使用数据、挖掘数据、让数据发声，真正用

---

① 高景峰：《法律监督数字化智能化的改革图景》，载《中国刑事法杂志》2022 年第 5 期，第 41 页。

② 参见刘东亮《新一代法律智能系统的逻辑推理和论证说理》，载《中国法学》2022 年第 3 期，第 148 页。

大数据服务检察工作。① 第三，以用户为中心，注重用户体验，从内容专业性、服务实用性、操作便利性、界面新颖性、意识超前性、观点创意性等角度出发，提升用户体验。第四，在检察数字化探索的过程中，主动去认识当下阶段的不足以及需要创新的方向。检察改革是当下的重要任务，针对办案数据信息来源有限，各地需要创新工作方式，丰富办案方法，积极运用信息化平台，推动检察数字化进程。

3. 协同治理面临的挑战

未成年人保护是一个综合性工作，需要多部门协同参与治理，面临协同治理的挑战。同级政府部门间的数据统筹系统而复杂，不仅需要技术层面的支持，更需要体制改革和行政流程再造，以实现跨部门协同治理的目标。② 2020 年修订的《未成年人保护法》构建了家庭保护、学校保护、社会保护、网络保护、政府保护和司法保护六大保护体系，未成年人保护的职责范围涉及教育、民政、团委、公安、检察、文化和旅游、妇联、关工委、村（居）委会等多部门，协同治理的难度进一步增加。多部门之间如何实现步调一致，发挥各自职能，实现职责的融会贯通，更好地发挥合力，是未成年人保护协同治理面临的挑战。③ 面对这种挑战，通过数字化建设来推动职能互补，已经成为各部门转型升级的重要方向。在数字化建设过程中，检察机关作为法律监督机关，通过虚拟世界和物理世界的紧密融合，以及最新的协同机制，创造出实体办案的新模式、新业态。但是，这一过程是在各个业务部门、地区数字化程度参差不齐的前提下进行的。故而，数字化检察的首要任务，就是要加大投入力度，加强信息技术基础设施建

---

① 参见吴鹏飞《强化"互联网+"思维 加快推进信息化与检察工作深度融合》，载《人民检察》2015 年第 16 期，第 14~16 页；赵美娜《大数据赋能刑事监督立案线索发现的实践路径》，载《中国检察官》2022 年第 12 期，第 20 页。

② 参见谷民崇、孟庆国《数据统筹视角下的跨部门行政协同问题研究》，载《东北大学学报》（社会科学版）2017 年第 2 期，第 170 页。

③ 参见李川《观护责任论视野下我国少年司法机制的反思与形塑》，载《甘肃政法学院学报》2018 年第 6 期，第 15 页；自正法《未成年人社会观护体系的实证考察与路径重塑》，载《北京理工大学学报》（社会科学版）2019 年第 5 期，第 146 页。

设，弥合不同业务部门、地区之间的信息鸿沟。

（二）数字化监督平台：数字应用体系与数据流动

1. 大数据库建设

第一，构建共享数据库，实现未成年人检察的数字化支撑。通过收集各方信息，构建大数据库，实现横向与纵向的信息共享。一是横向共享，885 平台后台数据库可实现横向共享，即 6 家市级成员单位共享；二是纵向共享，即市县两级 10 个检察机关数据共享。885 平台数据连接检察系统内部和外部，有利于实现全域一体化监督。在数据库中大量数据、案例的基础上，还可通过对比分析、研判、预警等，发现突出问题，开展类案监督，促进相关部门改进工作、完善制度、弥补漏洞。

第二，以数据流动为中心，实现未成年人检察的保护目标。"我国人工智能司法数据面临的首要问题就是信息总量偏低"，[①] 因此拓展数据范围并增强数据流动性就至关重要。群众的需求、举报、投诉等通过平台录入后，后台自动登记、分类、流转至相关职能单位处置，相关职能单位将处置结果反馈到平台，由平台统一答复，实时告知相关办理情况。885 平台于 2021年 4 月 16 日正式上线，至 2021 年 7 月中旬，关注用户已达 7 万余人，收到较多咨询举报线索，涉及残疾困境儿童求助、监护缺失求助、未成年人权益受侵害、法律咨询等，平台已对其中多条线索进行了及时答复处理，还有部分线索正在处理中。

2. 平台模块组合

第一，885 平台积极制定应用场景指引，实现数据价值化，支撑未检业务应用实现。一是制定最直接的场景应用指引，用户可以随时随地通过"两号一码"，快速了解未成年人权益受到侵害时咨询及求助的路径、报告的义务、保护的主体、干预的流程等；通过"两号一码"使用说明书，了

---

① 程凡卿：《我国司法人工智能建设的问题与应对》，载《东方法学》2018 年第 3 期，第125 页。

解未成年人检察数字化平台的业务范围及内容、具体的操作步骤，方便操作使用数字化平台。二是基于数据场景应用需求，持续推进未检办案数据、执法数据以及社会公共数据的衔接，制定数据管理办法，促进数据有序开放和规范管理。三是推动"数据赋能法律监督"从个案监督向场景式类案监督转化，总结数字办案指引案例，打造专题监督模型，助力开展场景式类案监督。

第二，885平台组合了学法知法、权益维护、我来报告、困难求助、信息查询、我问你答六大服务模块。一是学法知法，提供法治宣传、教育基地预约和经典案例，旨在提升未成年人的法治素养，最大限度预防未成年人犯罪，提高未成年人自我保护能力。二是权益维护，聚焦保护未成年人易受侵害的权益，包含校园欺凌、家暴、性侵、食品药品安全、校园周边环境及设施安全以及其他权益保护。三是我来报告，建立强制报告未成年人受侵害制度，国家机关、村（居）委会及其他密切接触未成年人的单位（学校、医院、宾馆、酒店等）及其工作人员应主动报告工作中发现的未成年人受到侵害、疑似受到侵害或者面临的其他危险情形。四是困难求助，搭建未成年人困难求助的数字化平台，覆盖法律咨询、心理咨询、监护缺失、抚养费支付、受教育权被侵犯和孤儿及困境儿童救助。五是信息查询，开通线上入职查询和在职查询程序，为密切接触未成年人的单位提供查询服务。六是我问你答，设立未成年人互动留言面板和平台，为生活中遇到问题、烦恼、困难的未成年人提供专业的解答和贴心的帮助。

3. 技术实现路径

对于大多数智慧化系统来讲，数据是基础，技术是关键，效果好坏看应用。[1] 一是数据共享与数据反馈，885平台广泛融合检察、信访、妇联、团委、民政、教育等多个部门职能，建立协作机制，进行联合救助，并对数据进行反馈。通过线索移送、信息通报、圆桌会议等，信访、妇联、团

---

① 参见化柏林《"数据、技术、应用"三位一体的公共文化服务智慧化》，载《中国图书馆学报》2021年第2期，第40页。

市委、民政、教育等部门为检察机关提供线索核实、社会调查、心理咨询、合适成年人到场等专业支持。检察机关根据部门需求，提供法律咨询和跟踪服务，对发现的问题合力整改。二是数据分析与加工。深化数字检察人工智能辅助办案系统，不断解放和发展检察效能，提升办案质效。① 依托 885 平台牵线，主动开展案件线索大调查大走访，建立"一般、贫困、失依"三级分类，提供法律维权、亲职教育、心理疏导等关爱服务。如部分基层检察院建立困境未成年人全面综合司法保护机制，为困境儿童开辟"绿色通道"，做到受理、审查、报送、帮扶、回访"五个优先"，对符合贫困户认定标准的，与扶贫部门沟通协调，追加认定贫困户、低保户，就困境儿童学费餐费、综合监护人返岗就业等问题落实长效帮扶计划。三是数据引领与检验。充分发挥 885 平台全领域引擎作用，实现从前端热线接听、App 求助、接待咨询，到后期线索分流、线下走访、部门协调，以及案件受理、干预、答复、回访的每一环节，都有明确的衔接机制、畅通的协作流程、规范的反馈体系，形成完整闭环。

（三）数字化法律监督：数字法律规范与群众路线

1. 搭建学习平台，促进普法宣传

J 市未成年人保护联动平台的法律监督拓展了检察服务。J 市未成年人检察数字化平台的搭建有助于宣传未成年人保护相关法律，推动全民了解未成年人保护法律法规。我国数字化技术与法律监督互嵌运行，通过技术嵌入赋能法律治理。② 未成年人保护越来越得到国家的重视，国务院未成年人保护工作领导小组于 2021 年 4 月 27 日成立，修订后的《未成年人保护法》和《预防未成年人犯罪法》于 2021 年 6 月 1 日起正式实施，两部法律确立了最有利于未成年人的原则，构建起家庭、学校、社会、网络、政府、

---

① 参见贾宇《检察机关参与网络空间治理现代化的实践面向》，载《国家检察官学院学报》2021 年第 3 期，第 64 页。

② 参见刘蓓《智能社会中技术治理与法律治理关系论纲》，载《上海师范大学学报》（哲学社会科学版）2022 年第 2 期，第 86 页。

司法六位一体的未成年人保护体系。① J 市人民检察院以新修订的两部法律为契机，发挥检察机关参与未成年人司法保护全过程的优势，履行未成年人司法保护主导责任。2021 年 4 月，最高人民检察院印发《全国检察机关"检爱同行 共护未来"未成年人保护法律监督专项行动实施方案》，决定自 2021 年 5 月至 2022 年 12 月在全国检察机关开展"检爱同行 共护未来"未成年人保护法律监督专项行动。随后，浙江省人民检察院第九检察部于 2021 年 5 月 17 日印发《浙江省检察机关"检爱同行 共护未来"未成年人保护法律监督专项行动实施方案》，要求各市、县（市、区）人民检察院未检部门结合实际，认真组织实施，并及时报告执行中的情况和问题，该方案在第六项"工作要求"中提出要"加大宣传，营造良好氛围"。J 市人民检察院未检部门根据最高检和省检的方案要求积极履职，针对相关法律展开宣传活动。未成年人保护是一项系统工程，需要全社会的共同参与。法定职责和工作环节的特殊性，决定了在新法实施过程中，检察机关要切实承担起履行自身职责和督导其他职能主体依法履职的双重任务，从而更加自觉地扛起未成年人司法保护的主导责任。

2. 创新数据赋能，拓宽业务边界

未成年人检察数字化平台的创新充分利用数据赋能，打造业务运行参照机制与社会监督扩展机制。第一，实现业务数据的横纵沟通，以综合可视化方式展示出来。数据赋能是将数字化方式与检察工作结合起来发挥优势，需要能够阐释司法活动的规律和机制，建立业务运行指数和跟踪研判机制，能够做到横向可比较、纵向可贯通、实时可监控、超限可预警，实现检察工作全景数据化、在线化、智能化以及数字检察全掌控。② 第二，推动搭建场景应用机制，以归纳总结式图景展示出来。③ 推广办案模式，提供

---

① 参见孙谦《中国未成年人司法制度的建构路径》，载《政治与法律》2021 年第 6 期，第 2~14 页。

② 参见左卫民《迈向大数据法律研究》，载《法学研究》2018 年第 4 期，第 143 页。

③ 参见马长山《司法人工智能的重塑效应及其限度》，载《法学研究》2020 年第 4 期，第 25 页。

办案思路，实现办案迁移，从个案实践向场景式类案实务转化，总结数字
办案指引案例，为横向、纵向的业务关联部门提供指引和参考，并实时接
收类案总结和建议。第三，打造线上专题监督模型，助力开展场景式类案监
督。定时发布侵害未成年人公益诉讼案件，建设"法治指数地图"，主要依托
计算机图形学和图像处理技术，使相关数据以生动的图像方式在屏幕上显示
出来，[①] 围绕经济健康、安全生产、食药环安全、未成年人犯罪、扫黑除恶专
项斗争、交通安全等场景，构建算法，输出指数，发挥"以数辅政"作用，
发挥公众和社会的监督作用，使平台成为真正有用且惠及民众的重要工具。

3. 注重程序公开，规范程序操作

未成年人检察数字化平台是提升公众程序认知的重要载体。"我国检察
机关的职责权限足以从程序上影响甚至决定案件的走向"，[②] 加之未成年人
案件的涉密性质，程序的规范性更为凸显。J 市人民检察院积极搭建程序公
开平台，将法律规定的诉讼程序流程公之于众，使社会公众对检察机关的
工作流程更加清楚，从而理解检察机关办案的逻辑与困境。尤其在涉及未
成年人的刑事检察中，程序问题与实体问题同样重要。首先，刑事诉讼程
序公开。有关管辖权、辩护制度与刑事代理制度、刑事证据的规则及证明、
强制措施的适用、提起公诉的程序等具体问题要主动接受社会监督，规范
程序操作，促使社会更加了解、理解和支持未成年人检察工作。其次，检
察业务工作流程公开。未成年人检察工作主要包括涉未成年人刑事、民事、
行政公益诉讼监督，将其从受案到最终决定的产生所需要经历的工作流程
简化成图，提高社会知晓度，规范办案程序。最后，疑难案件的特殊程序
规定及处置流程公开。对于在一定范围内有重大影响，性质、情节都特别
严重的刑事案件，要明确公示相应的管辖权限、辩护权利、非法证据排除
规则、审查期限及延长程序等，通过数字化平台及时回应社会关注的案件，

---

① 参见张永进《人工智能辅助检察办案的应用与展望》，载《河南财经政法大学学报》2022
年第 3 期，第 36 页。

② 万毅：《论检察官在刑事程序中的主导地位及其限度》，载《中国刑事法杂志》2019 年第 6
期，第 46 页。

疏导公众的情绪，避免重大问题的发生。①

三　数字化监督平台对未成年人检察的现代重塑

未成年人检察数字化监督平台建立在现有网络环境基础上，同时又不断重塑既有的检察环境。在数字生存场域中构建当代检察环境，离不开检察官文化的建设。通过文化建设，拉近检察官与大众之间的距离，以多样化检察数字形式跨越交流鸿沟，更好实现针对未成年人的法律监督。在监督过程中，需要明晰数字化技术操作逻辑，发挥数据对检察监督的作用。

（一）环境重塑：虚拟化数字生存场域构建当代检察环境

1. 数字生存场域

当下，数字化、网络化、信息化的发展使人们的生存方式发生了巨大的变化。美国学者尼葛洛庞帝在其 1996 年出版的《数字化生存》一书中提出了数字化生存（Being Digital）概念，其代表的是一种生活方式、生活态度，其场域是一种虚拟的、数字化的生活空间，在这个空间中人们应用数字技术从事学习、工作、娱乐、交流和传播等活动。② 数字化生存新一代发展变革的主要方向是，数字技术智能化水平提升，线下服务实现技术系统升级，前沿应用场景不断创新。数字化生存是一种离不开电脑的生活状态，是一种我们无法避免的生活方式，即在工作、生活、娱乐和学习中应用的全新生活方式，是虚拟环境的身临其境与深入体验。这种数字生活状态与场域理论不谋而合。场域（Domain）是社会个体参与社会活动的主要空间，可以被定义为社会空间和权力场域中不同位置间存在的客观关系的网络与结构，这些位置得到了客观的界定。③ 场域内存在交叉约束网中的复杂力量

---

① 孙海波：《反思智能化裁判的可能及限度》，载《国家检察官学院学报》2020 年第 5 期。
② 参见〔美〕尼古拉·尼葛洛庞帝《数字化生存》，胡泳、范海燕译，海南出版社，1997，第 1～9、191～239 页。
③ 参见〔法〕皮埃尔·布迪厄、〔美〕华康德《实践与反思——反思社会学导引》，李猛、李康译，中央编译出版社，1998，第 133～134 页。

与竞争，竞争背后的逻辑是资本的逻辑，布迪厄将资本分为经济资本、社会资本、文化资本和象征资本。[①] 数字化场域也受制于各种资本，需要资金、人力、文化、信誉等各方力量的共同参与，才能最终推动平台的建立与应用。在数字生存场域中，大数据资源日渐成为国家与社会的基础性战略资源，推动世界大步迈向大数据时代。因应于此，法律机关尤其是司法机关大力推进部门信息的电子化、数字化、公开化，使法律大数据逐渐兴起并进入公众视野。[②]

2. 制度同形要求

制度同形是产生于组织以及社会文化的期望施加的正式或非正式压力。依现有理论可将其分为三个层面，即强迫性同形、模仿性同形与规范性同形。[③] 数字化平台建设已经成为数字时代的趋势。第一，从强迫性同形来看，最高人民检察院发布了《"十二五"时期检察工作发展规划纲要》《"十三五"时期检察工作发展规划纲要》，召开了全国检察机关数字检察工作会议，明确强调要坚持科技引领、信息支撑，加快建立智慧检务五大体系，促进现代科技与检察工作深度融合，检察工作数字化必须毫无保留地推进和执行。第二，从模仿性同形来看，各地检察机关面临自身的发展压力，在同行业中做到领先，既是整个地区的荣耀，也能够给检察机关及其负责人带来考评的优势，助力其在"锦标赛"中胜出。与此同时，"互联网+"时代检察机关加强互联网应用建设已经具备相当的便利条件。在全国范围内，只要有检察院实现了快速数字化转型，其便会成为从上至下的宣传典型，以"模范生"的身份出现在整个体系之中，成为大家追仿的对象。第三，从规范性同形来看，2022 年 6 月，全国检察机关数字检察工作会议召开，深入学习《中共中央关于加强新时代检察机关法律监督工作的意见》，

---

① See Pierre Bourdieu, *Practical Reason*: *On the Theory of Action*, Cambridge: Polity Press, 1998, pp. 3–30.

② 参见左卫民《迈向大数据法律研究》，载《法学研究》2018 年第 4 期，第 139~150 页。

③ See Paul J. DiMaggio and Walter W. Powell, "The Iron Cage Revisited: Institutional Isomorphism and Collective Rationality in Organizational Fields", *American Sociological Review*, Vol. 48, No. 2, 1983, pp. 150–152.

深化检察大数据战略，适应数字时代发展趋势，驱动数字检察发展。由此观之，数字化建设已经自上而下地成为一种规范，象征着检察业务的前沿板块，抢先实现数字化就能够占领创新的高地，滞后于发展潮流就会错过机会、落于人后。

3. 网络环境重塑

互联网与我们的生活越来越紧密，逐渐成为生活中不可或缺的部分。在互联网不断发展，网络全面介入经济、文化、社会生活的同时，需要重新看待既有的社会特征。网络社会的迅速到来使工业文明遭遇了重大的挑战，原有的社会组织形式、工作经济运行模式、文化传播方式、个体娱乐方式发生了翻天覆地的变化，需要重新认识网络环境。根据中国互联网络信息中心（CNNIC）发布的第 50 次《中国互联网络发展状况统计报告》，截至 2022 年 6 月，我国网民规模达 10.51 亿人，互联网普及率达 74.4%。其中，19 岁及以下网民占 17.7%。从 1998 年中国诞生"网民"一词开始，到如今中国网民规模超 10 亿人，未成年人是在网络时代中成长的，网络已经与我们密不可分。2022 年，互联网行业为我国实现经济正增长作出了重要的贡献。在政务应用方面，从政务信息化建设到互联网政务服务普及再到一体化政务平台建设，互联网助力政府行政效率、服务水平及治理效能全面提升。数字政府建设扎实推进，在线服务水平全球领先。截至 2020 年 12 月，我国互联网政务服务用户规模达 8.43 亿人，较 2020 年 3 月增长 1.50 亿人，占网民整体的 85.3%。数据显示，我国电子政务发展指数为 0.7948，排名从 2018 年的第 65 位提升至第 45 位，为历史新高。在线服务指数由全球第 34 位提升至第 9 位，迈入全球领先行列，各类政府机构积极推进政务服务线上化，服务种类和人次均有增加。① 在此背景下，检察机关也直面网络环境的变化，深入推进各项业务数字化，积极发展网络应用、小程序和公众号平台。

---

① 第 50 次《中国互联网络发展状况统计报告》，http://www.cnnic.net.cn/n4/2022/0914/c88-10226.html，最后访问日期：2022 年 9 月 29 日。

（二）文化弥合：多样化检察数字形式跨越代际交流鸿沟

1. 检察官文化区隔

检察机关是我国法律监督机关，检察官则是依法行使国家检察权的检察人员，依法进行法律监督工作。检察官常常被视为法律的捍卫者、正义的化身，具有威严、庄重的特征。正是这种工作文化和形象特质，使外界对检察官具有天然的疏离感。对畏惧权威、厌恶教条、向往亲切、渴求平等的未成年人而言，检察官自身的文化属性天然地将二者区隔开来。鉴于此，在检察文化建设的过程中，充分运用网络手段建设检察文化仅仅是外在的形式，更重要的是要充分认识网络时代的发展规律，更新文化理念，打造适应时代特点的先进文化。[①] 通过树立检察官谦逊、亲民和温暖的形象，紧跟网络化、数字化的时代潮流，更多地用亲切、自然的方式宣传检察工作，发展和创新检察文化内涵，才能够更好地发挥未成年人检察数字化平台的作用。[②]

2. 互联网文化景观

互联网文化的特征是自由、共享和传播。自由表达是互联网的一个重要特征，每个人都可以在网络上建立自己的空间，展示自己的形象，说出自己的想法。正如时下的 QQ、微博、微信等 App，都是青少年表达自我的重要窗口，是他们活跃的主阵地。青少年具有强烈的社交需求，需要得到同辈群体的认同，具有较强的信息共享和传播意识。互联网便是能够给青少年提供互动的平台，各种游戏、聊天应用和网站层出不穷，许多青少年在互联网上建立了自己的虚拟世界。也就是说，互联网是一个表达自我、展示自我、建构自我的媒介，青少年习惯在网上自由表达、传播资讯并建立自我认同，已经成为网络世界的主要参与者。正式、威严、庄重并刻板

---

① 参见岳耀勇《适应时代发展变化 加强检察机关网络文化建设》，载《人民检察》2012 年第 16 期，第 54~55 页。

② 参见舒国兵《新时代检察文化建设论纲》，载《西南民族大学学报》（人文社会科学版）2020 年第 3 期，第 86~91 页。

的检察文化与自由、娱乐、共享和传播的互联网文化差异显著，这种文化景观的差异性现实亟待改变。

3. 青少年文化认同

现阶段的青少年是"在线化"成长起来的，他们有着自己的文化圈层和文化认同。在网络飞速发展的时代成长起来的"00 后""10 后"有自己的思维方式。青少年基于互联网技术形成的新文化形态，在实践层面已经从单一符号转向综合符号，表现出独特的文化倾向。① 对他们的思想培育、文化熏陶和法治宣讲不能机械地套用几十年前的老方式，而应该采取他们容易接受的生动活泼的方式。青少年的文化认同是复杂且多元的，需要从线上线下的交互层面来理解。首先，娱乐化。随着中国经济的腾飞，青少年在生活、学习方面已经呈现截然不同的特征，他们在摆脱物质束缚的情形下，追求意义和趣味。在青少年群体中，玩游戏、看电影等休闲娱乐活动的市场份额不容小觑。其次，多元化。互联网时代的到来给无数普通人展示自我的机会，不同领域、不同国度、不同时期的普通人通过网络大放异彩，看似普通却与众不同，吸引了青少年的眼球。语言、人种、风俗习惯、经济水平的差异不再成为无法理解的隔阂，而是在潜移默化中培育出青少年的包容心态。最后，民族性。青少年在爱国主义熏陶中成长，生长在日益强大的国家里，民族自尊心和自豪感较为强烈。这将是未成年人检察数字化平台建立并扩展的重要契机，需要认真把握和深入研究。因此，基于《未成年人保护法》建构的网络保护维度，检察机关在数字化平台建设中也必然需要关注青少年的网络参与和认同，从而有效保障未成年人在网络领域的生存权与发展权。②

---

① 参见中国青少年研究中心、苏州大学新媒介与青年文化研究中心"青少年网络流行文化研究"课题组《新媒介空间中的青少年文化新特征——"青少年网络流行文化研究"调研报告》，载《中国青年研究》2016 年第 7 期，第 59 页。

② 参见林维、吴贻森《网络保护未成年人模式：立法跃升、理念优化与困境突破》，载《吉林大学社会科学学报》2022 年第 5 期，第 11 页。

（三）技术表达：数字化技术操作逻辑延伸网络时代思维

1. 创意驱动检察服务

创意驱动不同于传统的服务驱动方式，是靠新的理念支撑的驱动。个性驱动、服务驱动和需求驱动，是数字时代创意驱动的具体表现形式，推动着文化传播与创新扩散。[①] 第一，未成年人检察数字化应致力于个性化驱动。数据的背后是个体的诉求，这与检察机关为民服务的理念是共通的。数字化平台在设立之初就应当重视个性化驱动，迎合当下用户的需要，提供个性化定制服务，打破标准化服务，规避数字化发展的瓶颈。充分利用数据价值，通过技术支持实时获得用户的在线记录，并及时为他们提供个性化或定制化服务。第二，数字化要关注服务驱动。在数字化平台的建设过程中，整个价值链通过传感、数据和用户运营等技术平台融为一体，应当转变服务理念，在服务对象身上化被动为主动。通过纵向深入研究和横向借鉴学习，将科技元素、社交元素、文化元素和未成年人用户体验结合起来，重塑多场景、全方位、全链路的服务方式，把体验推到极致。第三，未成年人检察数字化平台要实现需求驱动。数字化平台提供的服务要建立在充分调查和理解用户的需求上。用户在未成年人检察数字化平台上能够获得自己用得上的信息，并能够满足自己在学习、生活及工作中的需求，这才是未成年人数字化平台的核心目的。倘若该平台满足了用户某个方面的需要，那么这个平台就可以被更好地推广应用，从而发挥更大的社会价值。

2. 数字场景推动应用

场景表达是未成年人数字化平台的呈现方式及应用路径。未成年人检察数字化就是用数据把前端智能化，把后台中枢化，用后台的算法指导前端的场景。通过数字化平台，减少时间的错配、空间的错配和属性的错配。

[①] 参见潘道远《从技术变革到创意驱动：数字时代经济创新范式转换的文创机理》，载《深圳大学学报》（人文社会科学版）2020 年第 4 期。

首先，提炼办案核心场景。"实际上，当前法律大数据研发面临的核心障碍就是法律领域本体的构建。"[①] 在未成年人检察工作实务中，围绕某一具体的办案场景，明确需要解决的问题，检索存在隐患的同类案件，提前采取预防措施，如困境儿童救助、家事审判案件、未成年人权益被侵害等案件。其次，建立未成年人检察数据库。数字化平台的数据库建设尤为重要，是构成数字化场域及推动应用的前提，"大数据的具体运用依赖规模化的数据挖掘"。[②] 从办案场景出发，推动检察横纵一体化，以刑事诉讼、民事及行政公益诉讼为标尺，建设汇聚检察数字资源。在外部，要按照集约建设、统一标准、分类分级、安全有序、精准赋能的原则，建设未成年人检察大数据中心，联通政法数据中心和公共数据中心，接入社会数据，完善数据资源归集系统建设，开展检察数据的收集、分类、共享、利用和安全保障工作。外部数据具体包括：88908585 专号的多部门数据引流、885 平台直接收集的数据和协作六部门移送过来的数据。在内部，加强对已有案件的归纳总结，及时将工作中已有的精品案例和典型案例数字化，汲取现有工作经验和实务成效，丰富未成年人检察数据库；同时积极动员全域检察官，加强数字化平台与检察官的联动联通，检察官应当及时将工作中发现或办理的涉及侵害未成年人权益的线索和案件移送给数字化平台，有效推动全域未成年人检察数字化建设。内部数据具体包括：全市未检工作实务中已有的经验数据、全市员额检察官及助理检察官办案过程中发现的数据。最后，探索并细分数字化应用场景。要从数据采集、数据分析、数据重构以及数据的挖掘、预测、利用等四个方面来研究数据库里的大数据。[③] 执行数字化的实现方式，就是用更加细分的场景指引来满足不断变化的需求，好的服务介入场景是打造品牌力的关键。结合办案场景化需求，区分应用场景，融入办案流程，将笔录制作、远程提审、远程庭审、远程指挥、知识

---

① 王禄生：《论法律大数据"领域理论"的构建》，载《中国法学》2020 年第 2 期，第 273 页。

② 裴炜：《个人信息大数据与刑事正当程序的冲突及其调和》，载《法学研究》2018 年第 2 期，第 49 页。

③ 参见吴宗敏《大数据的受、想、形、识》，载《科学》2014 年第 1 期，第 37~41 页。

检索、大数据线索等多方面场景数据化，进而为未成年人检察工作提供分析研判的数据图谱与应用路径。

3. 跨屏互动拓展监督

跨屏互动是利用新一代移动互联网技术建立起来的屏与屏之间的连接和交互，具有互动和参与等新特性。[1] 未成年人检察数字化平台要努力实现跨屏、即时、互动三个维度的全方位升级。第一，开创互动推广模式，提升品牌影响力。根据当下网络应用发展趋势，发挥平台内容优势，探索直播"短视频"等运作形式，提升核心竞争力，发挥渠道的畅通和扩展能力，提升用户黏性和使用率。制作"爆款短视频"，拓展"网络监督"，[2] 通过未成年人检察数字化平台落实未成年人保护。第二，实现跨屏引流，提升平台熟悉度。通过利用多个平台开展相应的活动，引导用户通过二维码互动的方式，参与到未成年人检察数字化平台，将其他平台的用户导入互联网移动端，实现大规模的用户引流。在用户引流过程中，锁定未成年人及监护人人群跨屏，聚焦引流目标跨屏，可以通过"红包""广告"等方式实现跨屏的体验，丰富跨屏互动的创意形式。第三，营造实时参与体验，提高用户使用率。用户产生数据，数据在算法作用下进行决策，从而提升人的幸福感。[3] 随着信息技术的不断推进，时间碎片化程度不断提高，基于已有的数据，能够让用户看到实时在线人数，并且能够看到其他用户对某个事件的即时看法与评论，能够极大提升数字化平台的用户黏性，吸引用户的在线即时参与。

四 数字化监督平台建设的完善策略与优化路径

未成年人检察数字化监督需要借助数字化平台，因此搭建数字化平台

---

① 参见刘燕南、张雪静《内容力、传播力、互动力——电视节目跨屏传播效果评估体系创新研究》，载《现代传播（中国传媒大学学报）》2019 年第 3 期，第 15 页。

② 参见王程伟、马亮《政务短视频如何爆发影响力：基于政务抖音号的内容分析》，载《电子政务》2019 年第 7 期，第 33 页。

③ 参见于霄《算法辅助决策中意思自治的重构》，载《东方法学》2022 年第 3 期，第 39 页。

是促进法律监督的前提。数字化平台建设的目的在于发挥监督效用，需要依据法律拓展全周期监督边界，在业务数据、场景应用和监督模型方面进行规范化操作。在实践过程中，注重程序公开，规范监督程序，促使法律监督得到社会的认可，从而将自身职能发挥至最优。

（一）提高数字生存环境与未成年人检察工作的融合度

1. 明确未成年人用户特征

互联网对低龄群体的渗透能力日益增强。一是未成年人用户呈现低龄性、社交互动性强等外部特征。这些未成年人用户的特征，指明了未成年人数字化平台将来发展的方向。网络流行文化已成为当代青少年的生活方式，网络流行语文化、弹幕文化和星座文化等接踵而至。[①] 在未来，用户分析、服务设计、品牌定位、实现渠道之间不再是彼此割裂的关系，而是你中有我、我中有你的关系，是一种相互影响、互有引力的关系。二是未成年人用户来源具有多渠道特征，喜欢多样化场景，关注时尚化设计元素。数字产品需要实现融合发展，文学、动漫、游戏、音乐等形式也需要考虑在内，通过更加多元的风格及其内容特色吸引用户的关注。[②] 所以，未成年人检察将呈现出新渠道、新场景、新人群、新品类、新设计的面貌，核心是把服务供给做好，满足未成年人不断变化的、释放的、潜藏的需求。

2. 优化平台页面操作

以用户需求为导向，对数字化平台用户进行特征分析，针对不同主体确定适合使用偏好和多种使用方式相结合的操作流程、操作界面。页面风格和页面操作需要在时间、空间和内容上进行必要的考量，以贴合使用场景策略、重要性与个性结合策略，做好标题、内容和字体大小的搭配，以

① 参见中国青少年研究中心、苏州大学新媒介与青年文化研究中心"青少年网络流行文化研究"课题组《新媒介空间中的青少年文化新特征——"青少年网络流行文化研究"调研报告》，载《中国青年研究》2016年第7期，第64~65页。
② 参见傅守祥《论大数据时代的互联网文明与文化生成》，载《学术界》2020年第5期，第110页。

完整且省时地传达信息，实现极简页面的信息接收与处理。① 具体而言，一是所有用户都可以在自己的权限范围内不受限制地利用数字化平台信息和服务表达诉求、维护权益；对超越自身权限的部分内部共享信息，则需要通过审批方可使用。二是设置目标用户最喜欢的页面风格，带给用户更舒适的体验；同时，不断优化平台页面操作和潮流风格，提高客户黏性，并逐步增加用户数量。这种数字化操作平台的优化与进步，能够大大提高数字化信息资源的利用率，提升工作效能。

3. 增强数字化服务意识

未成年人用户满意度取决于未成年人检察工作人员的数字化服务意识。在数字化平台功能高效统一、各关联部门信息资源共享的前提下，检察人员在提供信息服务时，应自觉形成对所需信息进行跨部门、跨门类检索及数码照片和多媒体档案信息资源检索的意识，为用户提供更为全面有效的服务。② 检察机关通过对未成年人检察数字化平台的建设，实现案件线索由"单点"发现到几何式搜集的转变，让平台用户能够在一定程度上了解和参与具体的分析过程，③ 有利于检察机关对未成年人的保护，满足未成年人用户的需求，提升工作效能，推进未成年人检察数字化平台的区域借鉴和联动。

（二）塑造检察数字文化与未成年人检察工作人员的思维力

1. 提升未成年人检察工作人员的数字化能力

对未成年人检察而言，以数字化平台为代表的制度变革，是发展增能的一个重要实践。对未成年人检察工作人员来说，其则是新工具、新思维、新文化的重装上阵。我国检察大数据建设面临新型人才短缺的掣肘，需要

---

① 参见胡明川《移动新媒体极简信息页面新闻推送及其优化》，载《郑州大学学报》（哲学社会科学版）2017 年第 1 期，第 150~153 页。

② 参见李迎春、李晓峰《以创建数字档案室为契机 助推检察档案信息化建设》，载《档案与建设》2019 年第 4 期，第 48~50 页。

③ 参见孟小峰、慈祥《大数据管理：概念、技术与挑战》，载《计算机研究与发展》2013 年第 1 期，第 152 页。

各级检察长和业务部门负责人培养数字人才。① 公共服务的变革，不仅应该
贯彻高效的原则，而且要有包容性、有温度，要重视基础教育和技能教育
的跟进，让未成年人检察工作人员搭上检察数字化和科技发展的快车。应
通过建立专业委员会，邀请专家开展直接与业务相关的专业技能培训，让
检察机关工作人员熟悉并学习新工具、探索新方向。② 例如，举办检察机关
数字化技术应用培训班，或者检察机关技术人员对数字化平台功能模块提
出修改意见和建议。

2. 进行未成年人检察平台的维护与建设

未成年人检察数字化平台的维护与建设是一个持久的工程，并且随着
时间的推移越来越重要。一是安全性，全面落实关键信息基础设施安全保
障体系建设。未成年人检察数字化平台要尽力保障信创工程和关键设施国
产化，落实分级保护要求，提升安全防护能力，建立覆盖物理设备、网络、
平台、应用、数据的网络安全技术防护体系，同步建立与数字化改革相适
应的网络安全制度，提升动态监控、主动防御、应急处置、协同治理能力，
全面提升网络安全整体能力。二是使用度，数字检察工程基础在建，关键
在用。③ 数字化新技术的深度应用，是一个不断更新和优化的过程，需要不
断填补原有的技术漏洞和操作缺陷，在用户维护、界面操作、浏览体验、
内容质量、场景设计等全方位数字化方面进行研讨，从而为未成年人检察
事业发展提供有效助力和科技支撑。

3. 加强数字检察团队跨部门协作与交流

聚焦未成年人检察技术人才培养，推动技术人才跨部门交流学习。"法

① 参见姜昕、刘品新、翁跃强、李小东《检察大数据赋能法律监督三人谈》，载《人民检察》2022 年第 5 期，第 39 页。
② 参见张军《关于检察工作的若干问题》，载《国家检察官学院学报》2019 年第 5 期，第 10 页。
③ 参见孟宪英《创新"互联网+检察工作"模式》，载《人民检察》2017 年第 20 期，第 78~79 页。

律界对大数据算法几乎完全外行"，① 需要与其他业务部门以及专业的团队合作。一是组建团队进行协作，依托"检校合作"机制和科技公司合作机制，加大数字检察平台的建设力度，成立由高校、科技公司和技术部门、业务部门、办公室相关骨干组成的数字检察工作团队，全力做好数字检察研发、应用和推广等工作。二是强化交流提高素质，针对数字化平台研发、应用等不同岗位对能力素质的不同要求，坚持实用技能人才先行一步的原则，开展具有针对性的跨部门沟通与交流，全面提升检察干警数字思维能力、研发能力和应用能力。三是学习数字化先进经验，向数字化前沿地区、部门进行学习，派出数字检察团队前往交流和学习，借鉴兄弟院及科技公司的先进做法和经验，优化现有的数字化平台模式。

（三）反思数字技术手段与未成年人法律监督的伦理性

1. 适应未成年人检察数字化监督的环境

大数据助推"智慧检务"，信息化引领"数字检察"。未成年人检察数字化建设，一方面，要积极关注检察领域的科技动态。未成年人检察数字化建设要汇入中国数字化建设的洪流之中。在数字化战略背景下，未成年人数字化建设才能获得更多的机会与保障，从而实现超越与突破。未成年人检察业务将乘势而上、顺势而为，开拓局面、真抓实干，大力推进信息技术与检察工作的深度融合，以信息智能化引领检察工作的现代化，推动检察事业不断创新发展。② 另一方面，未成年人检察数字化要研究和学习检察领域的最新科技动态，对中国乃至世界范围内先进的内容创新、运营模式和操作实践进行汇总，第一时间进行研究和协商，推动检察数字化建设不断突破自身的桎梏，实现功能创新与技术超越。

---

① 左卫民：《关于法律人工智能在中国运用前景的若干思考》，载《清华法学》2018 年第 2 期，第 119 页。
② 参见申占群《实施"4321"工程助推检察工作现代化》，载《人民检察》2017 年第 20 期，第 25~26 页。

2. 高效利用现有技术设备与数字平台

数字化不是一场声势浩大的运动，不应该妄想毕其功于一役。第一，未成年人检察数字化建设欲速则不达，要重视经验的汇聚。要根据各地检察机关的特点，抓住当下的重点，局部突破，不断积累检察机关从上到下的信心，最终积跬步以至千里，积小胜以获大胜。未成年人检察数字化平台的建立只是第一步，运营并持续优化平台将会是未来更加艰巨的工作。第二，现有的数字平台和技术设备来之不易，要系统化掌握它的运作机制，不能仅仅将其视为一个锦上添花的工具，"技术的迭代和更新也是为不断提高应用的质效"。①搭建起数字平台需要耗费巨大的人力和财力，而提高数字化平台的有效性、提升数字化平台的体验感、丰富数字化平台的智能性，将成为检察数字化的重要考验。要重视未成年人检察数字化平台的运用和实践，密切与人民群众的联系，塑造检察机关良好的社会形象，发挥数字化平台的永续作用和专业效能。

3. 预防数字化平台的技术伦理性问题

在数字化平台建设的过程中，不仅要考虑技术的可行性，更要考虑到平台建设的目的、手段以及后果的正当性。第一，数据安全问题。数字化革命正在深度参与人类社会的未来，未来的信息技术革命正在经历从桌面互联网、移动互联网到人工智能驱动的大数据互联网的转变。要建立统一的标准体系，确保数据采集精确、分类科学；不断完善数据安全体系，确保数据的保密性、安全性和长期保存的可靠性；②尽快搭建高效运维体系，为网络运行提供全方位的技术保障和支持。第二，隐私泄露问题。数字化平台对个人身份信息、行为信息、位置信息等可能会进行记录、保存、呈现，这种随时记录、保存及还原的方式存在一定的隐患，需要在数字化平台建设初期就采取一定的预案进行防范。除考虑个人信息的特定类型之外，还有必要考虑具体的适用场景，从而多层面确保数字平台对用户信息的保

---

① 魏斌：《论法律人工智能的法理逻辑》，载《政法论丛》2021年第1期，第142页。

② 参见何邦武《数字法学视野下的网络空间治理》，载《中国法学》2022年第4期，第88页。

护。① 总之，要处理好平台与用户之间的关系问题，对于主动或被动产生的个人数据，要明确其删除权、存储权、使用权、知情权的范围，并制定数据使用的权责体系，及时披露相关程序信息，避免用户信息和数据安全受到侵害。

---

① 参见劳东燕《个人数据的刑法保护模式》，载《比较法研究》2020 年第 5 期，第 45 页。

网络犯罪技术侦查的有限扩张
及其程序控制[*]

谢　澍　郭柯志[**]

【摘　　要】随着网络技术的飞速发展，众多传统犯罪呈现出网络化、信息化的特点，对刑事侦查工作提出了严峻的挑战。网络犯罪由于其高度专业化、团伙化、涉众化、跨国化等特征，所产生的犯罪线索和材料借助传统的侦查手段往往难以发现，因此技术侦查措施开始更多地适用于网络犯罪侦查之中。但我国相关立法和司法解释对技术侦查的种类及其案件适用范围进行了严格限制，致使技术侦查措施的适用出现了异化趋势，侦查机关为了查明案件真相，违规适用技术侦查措施再进行"证据转化"的现象并不鲜见。面对数量日益增加的网络犯罪，我们需要在甄别技术侦查与侦查技术的基础上，适当扩大技术侦查的种类和适用范围，并对其强化程序控制。

【关 键 词】网络犯罪；技术侦查；侦查技术；程序控制

随着互联网技术的蓬勃发展，人们日益享受其给生活带来的便利，同时，网络犯罪数量也日益增加。而信息技术的更新迭代，使网络犯罪在新兴技术手段的"掩护"下表现得更为隐蔽。传统犯罪组织通常有着紧密的架构，但网络犯罪组织呈现虚拟化特征，尤其是在模块化的黑灰产业助推

---

* 本文系中国犯罪学学会 2022 年度研究课题"涉互联网企业犯罪治理"（批准号：FZXXH2022 C08）的阶段性成果。
** 谢澍，中国政法大学刑事司法学院副教授，法学博士；郭柯志，中国政法大学法学院硕士研究生。

之下，模块之间的犯罪组织关系尤为"松散"：一方面，各模块均是可替代的，并且可能同时为多个犯罪组织提供服务，很难从中剥离出清晰的犯罪组织脉络，模块与模块之间在表面上显得互不相关、各自为战，导致办案人员难以有效甄别；另一方面，即使在模块内部，各成员之间也保持着"安全距离"，单线联系、空间阻隔等方式是导致成员关系松散化的基本要素，并且技术的介入使得犯罪人力投入减少，犯罪分子之间沟通、交易乃至相互信任的成本大大降低。[①] 因而，对于侦查机关而言，传统的侦查措施在网络犯罪侦查中很难获取并保全相关证据。更重要的是，与物证、书证等传统实物证据不同，有着网络犯罪"证据之王"之称的电子数据通常不具有显著性特征或标记，易于被复制、修改和增减。[②] 因此，在网络犯罪侦查中需要更多的技术手段来发现和保存证据，其中就包括技术侦查措施。

21 世纪以来，计算机技术的快速发展使得网络犯罪的样态和数量呈现井喷式发展，网络犯罪最初只是以对计算机系统的攻击为主，而今逐渐发展成以虚拟网络空间为犯罪实行空间的犯罪。早在 20 世纪，《国家安全法》和《人民警察法》中便开始出现有关技术侦查的规范，但直到 2012 年《刑事诉讼法》的修改，才开始真正将技术侦查措施纳入规范化进程。近年来，网络犯罪越发多样化、复杂化、专业化，使我国针对网络犯罪的传统侦查措施显得捉襟见肘，《刑事诉讼法》中已有的侦查措施已远远不能满足侦查机关办案的需要，实践中甚至出现了先行违规运用技术侦查措施进行侦查，再将证据转化成合法证据的异化现象。鉴于此，本文试图在网络犯罪技术侦查的实践样态及其异化趋势的基础上，结合网络犯罪的办案需求，厘清侦查技术与技术侦查的界限，进一步探索网络犯罪侦查中技术侦查措施运用的规范化进程。

---

① 参见谢澍《虚拟货币领域电信网络诈骗犯罪的立体化审查》，载《人民检察》2022 年第 14 期。

② 参见谢登科《电子数据的鉴真问题》，载《国家检察官学院学报》2017 年第 5 期。

一　网络犯罪技术侦查的实践样态及其异化趋势

技术侦查措施是一种特殊的侦查措施，我国与之相关的法律规范和司法解释总体较为粗略，主要集中于《刑事诉讼法》第 150 条至第 154 条以及《公安机关办理刑事案件程序规定》（以下简称《程序规定》）第 263 条至第 273 条。上述规范对技术侦查措施的适用范围采用了较为笼统的条文设计，显然尚未达到完善的程度。由于技术侦查措施可能会对被侦查对象的合法权利造成较为严重的侵害，因此我国对于技术侦查措施的立法十分谨慎。为防止技术侦查措施的滥用，我国对于技术侦查措施的适用主要是以刑事实体法的罪与刑的类别与轻重为标准，即"重罪加重刑"的标准。[①]《刑事诉讼法》第 150 条规定，技术侦查措施仅能在"危害国家安全犯罪、恐怖活动犯罪、黑社会性质的组织犯罪、重大毒品犯罪或者其他严重危害社会的犯罪案件"，以及需要"追捕被通缉或者批准、决定逮捕的在逃犯罪嫌疑人、被告人"时经批准被采用，而《程序规定》则是在《刑事诉讼法》的基础之上将严重暴力犯罪、与计算机网络相关的重大犯罪以及依法可能被判处七年以上有期徒刑的案件纳入适用范围，并对审批手续作出进一步的细化规定。由此可见，我国关于技术侦查措施的法律规范和司法解释更多是对案件适用范围的限制，聚焦于"授权"和"限权"，尚未对被侦查对象的相关救济措施进行规范。

根据现有法律规定和司法解释，网络犯罪中可以适用技术侦查措施的仅包括以网络作为犯罪空间的传统严重犯罪和攻击计算机信息系统的计算机网络犯罪，而当前的网络犯罪中，所占比重最大的是将网络作为实施传统犯罪的工具，或将网络作为实施传统犯罪的平台，或二者皆有、不可区分的犯罪。[②] 而对于《刑法》中可能会被判处七年以下有期徒刑的网络犯

---

①　参见储陈城、马世理《网络犯罪技术侦查的全覆盖与程序制约》，载《山东警察学院学报》2018 年第 2 期。

②　参见江溯主编《中国网络犯罪综合报告》，北京大学出版社，2021，第 54 页。

罪，从规则上考察是无法适用技术侦查措施的。然而，网络犯罪的涉案人员中不乏具有极高计算机相关知识水平的人员，为避免侦查机关发现其犯罪相关证据，通常会利用其所掌握的计算机技术隐匿罪证，大大增加了侦查机关的取证难度，倘若此类犯罪无法适用技术侦查措施，很可能导致案件侦破和打击犯罪的任务无法实现。

具体而言，我们可以通过真实案例考察网络犯罪技术侦查的实践样态。实际上，在网络犯罪侦查中，技术侦查措施无论是对电子数据证据的取证，还是对传统证据的提取，都发挥了重要的作用，但显然，电子数据的收集是网络犯罪侦查中技术侦查措施运用的首要目的，如案例 1、案例 2 所示。

【案例 1】张某在多次因组织、领导传销活动罪被依法打击后仍以合法形式掩饰非法目的，将原有网络传销系统上传至通和商城引诱他人加入。刘某某明知为传销，仍在组织中任管理人员；廖某某、周某等人在全面了解之后，为牟取暴利发展下线会员。罗某某、叶某某在明知他人从事违法活动的情况下仍帮助转移资金。在该案中，犯罪公司的流通货币并非现金，而是用现金兑换的商城电子币。加盟规则及经营模式为在推荐人（上线）介绍下用电子币购买一定金额的产品来取得会员资格，会员返利也是以电子币的形式发放到会员账户，会员再在介绍发展下线时，以电子币兑换形式完成兑换，公安机关利用技术侦查措施获取通和传销网站的服务器数据并对商城后台数据进行鉴定，获取了商城犯罪期间所使用的账号、下级总数、网络层级数、会员费、返利金额以及犯罪嫌疑人所提取的现金数额，用以证实商城加盟规则及经营模式，被告人在组织、领导传销活动中所起的作用及获利情况。[①]

【案例 2】陈某某与 G 省某科技有限公司从事网站设计开发的同案人黄某取得联系后，要求黄某设计类似境外 "SMI" 网站功能的游戏积

---

① 参见湖南省衡阳市中级人民法院（2020）湘 04 刑终 15 号刑事裁定书。

分理财平台。后来陈某某注册公司，利用公司外衣非法经营该网络平台并重新命名该平台为"GP7"。该平台以虚拟数字产品"GP"为交易对象，通过虚拟货币"EB"模拟"股票"交易平台，利用注册会员不断发展下线获取利润的传销模式，发展成为一个大型网络传销犯罪组织，该组织内部计算报酬均通过虚拟货币"EB"进行，设计多种模式吸引新会员加入以牟取不法利益。C市公安局某技侦支队利用技术侦查措施从"GP7"平台提取会员系谱图、会员总表、服务中心明细表、公司盈利表以及涉案人员直推会员统计情况说明等电子数据，并出具分析报告证明"GP7"平台注册会员的账户总数、层级数、开户总金额、奖金总金额、会员人数、账户数、服务中心明细、公司"GP7"盈利情况以及涉案人员发展下线会员的账户个数、形成的账户层级数、账户级别、相关被告人的奖金等情况。[①]

在案例1的二审过程中，张某及其辩护人提出，网络远程勘验为技术侦查措施的一种，也应受到技术侦查措施的相关规制，所获取的电子数据应被排除。我国相关法律和司法解释并未将网络远程勘验纳入技术侦查措施之中，最高人民法院、最高人民检察院、公安部发布的《关于办理刑事案件收集提取和审查判断电子数据若干问题的规定》（以下简称《电子数据规定》）仅将网络远程勘验定性为一种侦查技术。二者并非同一种侦查手段，侦查技术不受技术侦查相关规定的规制。可见，在案例1中，无论是技术侦查措施还是网络远程勘验所收集的电子数据，从规范上考察均是合法有效的。而在案例1和案例2中，涉案人员所实行的犯罪行为危害面广、隐蔽性强，传统侦查措施在这两起案件中受到了较大的阻碍。尤其是在传销活动中，巨大且复杂的传销组织所形成的多层级组织关系以及钱款流通方向等难以通过传统侦查措施查清，因此公安机关通过采取技术侦查措施来提取相关电子数据，推进案件的侦查工作。

---

① 参见湖南省常德市中级人民法院（2020）湘07刑终88号刑事裁定书。

正是因为电子数据的存储载体通常相对隐蔽，试图对原始载体进行搜查、扣押往往并不现实，因此通过技术侦查措施直接进入涉案网络系统提取数据，可操作性更强也更有利于保存相关数据。但在此过程中，也出现了明显的异化倾向，尤其是对于技术侦查措施适用范围之外的网络犯罪案件，侦查机关也利用技术侦查措施推进案件侦查，并通过"证据转化"的方式将其"合法化"处理，如案例 3、案例 4 所示。

【案例 3】被告人马某某与吴某利用兰考某合作社的知名度，以帮助销售农产品为名，借用他人名义成立兰考某合作社郑州中原分社，并建立犯罪网站，以合作社为幌子，向参与人员许以高额回报，在全国单位内发展不同等级会员牟取巨额利益。公安机关通过技术侦查措施将被告人罗某某捉拿归案，并获取其口供以证明犯罪组织架构、相关的分红、奖励情况和投资获利情况。①

【案例 4】娄某某涉嫌利用互联网非法经营未注册的进口医疗器械隐形眼镜，交易金额较大，构成非法经营罪。在本案中，公安部门接到案件线索后，通过技术侦查手段，成功抓获了犯罪嫌疑人娄某某，并获得其口供，供认交易金额达 28.3354 万元。②

除了明确规定可以适用技术侦查措施的几类犯罪之外，《程序规定》对于"依法可能被判处七年以上有期徒刑的"案件还作出了兜底规定。在案例 3 中对于罗某某所犯组织领导传销活动罪在《刑法》中规定为"情节严重的处五年以上有期徒刑"，而案例 3 中罗某某作为传销组织头目，收取传销资金累计达 250 万元以上，已属于情节严重，因而罗某某是可能被判处七年以上有期徒刑的，在案例 3 中公安机关采取技术侦查措施并无不妥。而在案例 4 中，娄某某所犯非法经营罪在《刑法》中规定为"扰乱市场秩序，

---

① 参见重庆市第二中级人民法院（2015）渝二中法刑终字第 00341 号刑事判决书。
② 参见江西省南昌市东湖区人民法院（2018）赣 0102 刑初 378 号刑事判决书。

情节严重的，处五年以下有期徒刑或者拘役，并处或者单处违法所得一倍以上五倍以下罚金"。在案件的初查阶段，J省食品药品稽查局认定该案涉案金额高，且经核查交易金额较大，根据《刑法》的规定，娄某某涉案行为的法定刑应在五年以下，并不符合技术侦查措施适用的条件。但在侦查过程中，公安机关对娄某某采取技术侦查措施锁定相关线索，后将其抓捕进而收集其口供来认定最终的犯罪金额。这实际上是一种新的"证据转化"现象。

之所以称其"新"，是因为过往的"证据转化"通常是为了达到形式上的"印证"，办案人员通过"先供后证""证据转化"等方式"制造"证据链条，即以获取犯罪嫌疑人供述为切入点，通过填充有罪证据，形成以口供为中心的证据链条。传统"证据转化"的问题在于：一方面，转化前的证据——被告人供述——本身可能是通过非法方式获取的；另一方面，这样的配合"印证"的"证据转化"使得刑事诉讼的侦查、控诉和审判阶段在某些案件中沦为证据链条的流水生产线，并且在"生产"过程中，片面强调相互印证，排斥证据链条之外的其他证据（特别是不具有同一性的证据），轻视证据矛盾分析。[①] 而在网络犯罪侦查中，所谓新的"证据转化"现象，是通过技术侦查措施获取可靠性较强的客观证据，但案件并不属于技术侦查措施适用的范围，因而需要将获取的客观证据通过犯罪嫌疑人供述等"合法形式"加以转化。与传统的"证据转化"相比，这是一种反向的异化，是从客观证据到主观证据的"合法化"处理。显然，尽管这种"证据转化"因为其取证较为客观而出现错误的可能性相应降低，但其仍然是一种"非法"的异化趋势。

二 技术侦查抑或侦查技术

网络时代，犯罪形式开始出现显著变化，从传统上单一、集中的犯罪

---

① 参见谢澍《反思印证："亚整体主义"证明模式之理论研判》，载《华东政法大学学报》2019年第3期。

样态转变为多元、分散的犯罪样态，在远程、非接触的状态下实施跨国别、跨省市犯罪行为，其作案手段具有较高技术含量。正是依托网络平台，犯罪的地域界线逐渐淡化，涉案人员关系松散，受害群体规模不断扩大，给调查取证和案件办理带来诸多不便。① 正是由于网络犯罪存在专业化、团伙化、涉众化、跨国化等普通传统犯罪不具备的特征，因此相比于传统犯罪，网络犯罪更需要现代网络技术来对案件进行侦查，在实践过程中产生了以大数据侦查、网络远程勘验为代表的新兴侦查技术，而技术侦查由于其隐蔽性和高技术性的特点，也普遍适用于现代网络犯罪的侦查过程中。但技术侦查与侦查技术并非同一概念，若要解决网络犯罪中技术侦查的扩张并对其进行限制，则必须厘清二者之间的关系，这也是讨论如何规制网络犯罪中的技术侦查措施的基本前提。案例 1 中，张某及其辩护人对于网络远程勘验是否属于技术侦查措施的质疑，即是实践中技术侦查与侦查技术界限模糊的例证。可见，为了避免并非技术侦查措施的新兴侦查技术受到与技术侦查同等严格的限制，进而阻碍侦查机关推进案件侦查工作，首先需要对技术侦查与侦查技术之异同加以剖析。

"侦查技术"是指在侦查过程中提取保存案件相关证据可能用到的各种科学知识、科学方法和技术设备所涉及之各种专门技术的总称，不仅包括电子监听、电话监听等各种侦查通信技术手段，而且包括在一般性侦查行为中存在技术运用的侦查手段，比如在传统侦查行为中使用的照相录像技术、痕迹检验技术等。由此可见，侦查技术既包括技术侦查中会应用到的技术或是其他侦查措施中的手段和技术，也包括一些新兴的技术方法，如大数据侦查技术、电子取证技术等。

其一，大数据侦查技术。在现代网络犯罪中，团伙化、涉众化已经是最为主要的特征，因此，网络犯罪往往伴随着巨量数据，例如在案例 1 的犯罪团伙的数据库中，从 2010 年 1 月 1 日至 2013 年 7 月 9 日，共有 551364 条

---

① 参见谢澍、赵玮:《论网络犯罪案件的量刑证明——"整体主义"证明理论的实践探索》，载《云南社会科学》2022 年第 1 期。

会员记录，从 2011 年 6 月 30 日至 2013 年 7 月 9 日，共有 685369 条会员记录，涉案人员所形成的树状网络层级结构可达 155 层，[①] 相比于传统犯罪，数据的混杂性大大增加，给侦查人员带来了极大的困难。大数据侦查技术则是指依靠大数据的海量信息，以及对信息的筛选和提取机制，[②] 对海量数据进行筛选、汇总、提炼、形成意见作为证据在庭审中出示。通过大数据侦查所形成的证据，若是以大数据技术作为工具且符合《刑事诉讼法》有关证据种类规定的，在庭审中则作为该法定证据种类出示；若最终形成的证据为大数据载体本身、大数据的部分证据或大数据的分析意见，在理论上称之为"大数据证据"，[③] 由于我国《刑事诉讼法》中尚无该法定证据种类，因此该证据常常作为鉴定意见在庭审中出示。

其二，电子取证技术。网络远程勘验和网络在线提取电子数据均为电子取证技术。《电子数据规定》对于二者的适用范围进行了区分，第 9 条第 2 款、第 3 款规定："对于原始存储介质位于境外或者远程计算机信息系统上的电子数据，可以通过网络在线提取。""为进一步查明有关情况，必要时，可以对远程计算机信息系统进行网络远程勘验。进行网络远程勘验，需要采取技术侦查措施的，应当依法经过严格的批准手续。"由此可见，网络在线提取与网络远程勘验是根据对案件侦查的需要来划分适用范围的，网络远程勘验的适用条件要严于网络在线提取技术，但现有规范并未明确网络在线提取和网络远程勘验需要适用与技术侦查措施相当的严格批准手续。

相比之下，"技术侦查"在理论上有广义和狭义之分。广义上的技术侦查是利用现代科学知识、方法和技术的各种侦查手段的总称。[④] 狭义上的技术侦查是一种特殊的秘密侦查，以特定的侦查技术为支撑，强调不为行为

---

① 参见湖南省衡阳市中级人民法院（2020）湘 04 刑终 15 号刑事裁定书。

② 参见江溯主编《中国网络犯罪综合报告》，北京大学出版社，2021，第 192 页。

③ 参见郑飞、马国洋《大数据证据适用的三重困境及出路》，载《重庆大学学报》（社会科学版）2022 年第 3 期。

④ 参见宋英辉《刑事程序中的技术侦查研究》，载《法学研究》2000 年第 3 期。

对象所知，即秘密性，是借助特定技术进行的侦查，不等于侦查技术。[①]《程序规定》第 264 条规定："技术侦查措施是指由设区的市一级以上公安机关负责技术侦查的部门实施的记录监控、行踪监控、通信监控、场所监控等措施。"无论是监听还是监控，犯罪嫌疑人并不知道自己正在被监听、监控，因此，技术侦查最大的特征是其自身所使用的侦查技术的秘密性。广义上的技术侦查定义混淆了技术侦查与侦查技术的概念，忽略了技术侦查措施必备的秘密性特征，将所有利用科学技术知识、设备的侦查措施都定性为技术侦查措施，泛化了技术侦查措施的定义，降低了技术侦查措施的门槛。如此一来，将导致很多在普通案件中能适用的侦查措施被拥有严格适用条件的技术侦查措施拒之门外，不利于侦查机关查明案件真相，违背了立法者规定技术侦查措施的本意。因此，狭义上的技术侦查定义更符合立法者之立法目的。

在网络犯罪中，技术侦查与新兴侦查技术的区别体现在诸多方面。首先，二者的性质不同。技术侦查是《刑事诉讼法》中规定的法定侦查措施，而侦查技术则是在侦查过程中提取和保存证据时可能会使用到的某些专门技术，并非法律规定的侦查措施。其次，二者的案件适用范围不同。《刑事诉讼法》第 150 条将技术侦查的适用范围设定为危害国家安全犯罪、恐怖活动犯罪、黑社会性质的组织犯罪、重大毒品犯罪或者其他严重危害社会的犯罪案件以及追捕被通缉或被批准、决定逮捕的在逃人员。此外，《程序规定》对技术侦查范围作了进一步的扩充。但新兴侦查技术并不存在适用案件范围的限制，理论上可以适用于任何需要提取电子数据的案件。更重要的是，二者适用的程序规定不同。

第一，技术侦查与侦查技术可适用的阶段不同。《人民检察院刑事诉讼规则》（以下简称《高检规则》）第 169 条规定："进行调查核实，可以采取询问、查询、勘验、检查、鉴定、调取证据材料等不限制被调查对象人

---

① 参见宋英辉主编《刑事诉讼法学研究评述（1978—2008）》，北京师范大学出版社，2009，第 281 页。

身、财产权利的措施。不得对被调查对象采取强制措施，不得查封、扣押、冻结被调查对象的财产，不得采取技术侦查措施。"该解释确定了在立案前的初查阶段仅可适用任意性措施，不得适用强制性侦查措施。技术侦查为典型的强制性侦查措施之一，因此其只能适用于立案之后的侦查活动中。大数据侦查主要是对存在于网络中的海量信息进行筛选，从而提取出其中的有效数据形成证据，其并不涉及对人或对物的强制，为任意性侦查措施。而对于网络远程勘验是否为强制性侦查措施仍有争议。在司法解释中，《高检规则》将勘验认定为任意性侦查措施，作为其下位概念的网络远程勘验也理应是一种任意性侦查措施。而《电子数据规定》第 9 条第 3 款对网络远程勘验法律性质的认定与《高检规则》并不一致：从适用条件来看，网络远程勘验只有在其他常规侦查措施无法达到电子数据收集目的时才能适用；从权利保障和比例原则来看，网络远程勘验在收集电子数据时适用顺序的后置性意味着司法解释制定者认为网络远程勘验的权利干涉优于常规侦查措施。① 而在《公安机关办理刑事案件电子数据取证规则》（以下简称《电子数据取证规则》）第 27 条中，需要进行网络远程勘验的六种情形中包括"需要在远程计算机系统中安装新的应用程序的""需要通过勘验行为让远程计算机信息系统生成新的除正常运行数据外电子数据的"，从这两种适用情形来看，网络远程勘验活动实际上对被勘验的计算机信息系统影响较大，理应受到更为严格的规制；此外，网络在线提取作为网络远程勘验的前置性侦查技术，可对不需要采取强制性措施的电子数据进行采集，网络远程勘验本身适用之条件就严于网络在线提取，若网络远程勘验也与其一样为任意性措施，则二者本质上无区分之必要。因此，将网络远程勘验认定为强制性侦查措施更为合适。但无论网络远程勘验性质如何，其与网络在线提取均是电子取证技术的组成部分，说明电子取证技术既包含任意性侦查措施，也包含强制性侦查措施，因此既可以适用于立案前，也可以

---

① 参见谢登科《电子数据网络远程勘验规则反思与重构》，载《中国刑事法杂志》2020 年第 1 期。

适用于立案后。

第二，技术侦查与侦查技术可适用的条件不同。技术侦查措施是最为典型的强制性措施，因此对其适用规定了严格的审批程序。《程序规定》明确，"需要采取技术侦查措施的，应当制作呈请采取技术侦查措施报告书，报设区的市一级以上公安机关负责人批准，制作采取技术侦查措施决定书"。并且"采取技术侦查措施，必须严格按照批准的措施种类、适用对象和期限执行"。至于新兴侦查技术，《电子数据取证规则》第 6 条规定："收集、提取电子数据，应当由二名以上侦查人员进行。必要时，可以指派或者聘请专业技术人员在侦查人员主持下进行收集、提取电子数据。"《电子数据取证规则》规定的取证方式中便包含了网络在线提取电子数据，而在第 27 条中规定了可以对远程计算机信息系统进行网络远程勘验的六种情形。从规范结构来看，网络远程勘验也属于收集、提取电子数据一般规定所规制的技术手段之一，因此，在刑事案件中适用网络在线提取和网络远程勘验时符合《电子数据取证规则》第 6 条之规定即可。此外，前已述及，网络远程勘验系强制性措施，《电子数据规定》第 9 条规定，"进行网络远程勘验，需要采取技术侦查措施的，应当依法经过严格的批准手续"。可见，网络远程勘验与技术侦查措施是两种不同的侦查手段，网络远程勘验对被侦查主体的影响应当与传统的强制性措施相当，其批准与适用仅需与传统强制性措施相当即可。而大数据侦查作为任意性措施，仅需满足任意性措施的条件即可。

三　网络犯罪技术侦查的程序控制进路

在 2012 年《刑事诉讼法》修改过程中，对于技术侦查"入法"，不少学者持反对意见，但有支持者提出，技术侦查措施在过往的刑事司法实践中长期被使用，与其作为潜规则运行，不如将其"入法"进行程序控制，以更好地保障被追诉人权益。事实上，对于当前网络犯罪侦查中技术侦查的扩张趋势，上述思考角度同样适用，与其放任技术侦查在法定适用范围以外被使用，并且通过"证据转化"将技术侦查获取的证据"合法化"，不如适当、有限地扩大技术侦查措施在网络犯罪中的适用范围，进而强化其程序控制，避免"非法"的"证据转化"行为成为又一潜规则。

（一）网络犯罪技术侦查的有限"扩张"

随着社会和技术的不断发展，犯罪手段和犯罪形式也日新月异。《刑事诉讼法》中规定的传统的检查、勘验等侦查手段面对专业化程度高、犯罪组织层级结构复杂的网络犯罪可能存在一定适用障碍。因此，技术侦查措施被侦查机关广泛适用于网络犯罪的侦查过程中，弥补传统侦查措施的不足，并成为侦破网络犯罪的主要侦查手段。但前已述及，我国相关法律对于技术侦查的规定较为原则性，对其种类也仅列举了记录监控、行踪监控、通信监控、场所监控等。对于何为技术侦查措施，并没有明确统一的标准，导致侦查机关在侦查过程中常常利用与技术侦查措施类似的"法外措施"进行侦查，最后再将收集到的证据转化为具有合法性的证据形式。质言之，当传统侦查措施无法完成在网络犯罪侦查中发现真实的任务时，侦查机关只能适用技术侦查措施突破侦查困境，但面临技术侦查措施的法定种类过少的问题，不得不选择通过"证据转化"来完成发现真实的任务，其后果是，违规适用技术侦查不可避免地对被侦查主体造成权利侵害。在这种矛盾冲突之下，适当扩大技术侦查措施的适用范围和法定种类并强化其程序规制，便成为化解网络犯罪案件侦查过程中程序正义与发现真实两种价值之间冲突的可能路径。

我国现有的刑事诉讼法规范体系中仅规定了部分严重犯罪和针对计算机进行攻击的犯罪适用技术侦查措施，但网络犯罪的诸多犯罪样态并不满足上述条件。例如，在网络犯罪中比较常见的利用互联网组织、领导传销活动罪以及非法经营罪等，仅在情节严重时才能判处五年以上有期徒刑。但利用网络所进行的传销活动、非法经营活动通常都会利用某些"合法"外衣在网络中进行，并且会在网络上形成庞大且复杂的传销、销售组织，传统的侦查措施在面对这种复杂、隐蔽性极强的网络犯罪样态时通常会面临困境。加之网络本身所具有的虚拟性特征，网络犯罪脱离了传统犯罪侦查措施所依赖的物理场所，[①] 技术侦查措施则能利用技术手段打破数据网络与物理现实之间的障碍，完成对犯罪相关证据的提取和保存。

但并非所有的网络犯罪都应当适用技术侦查措施，由于技术侦查措施可能对公众的宪法性权利造成侵害，因此对于适用技术侦查措施的情形应当在立法中明确。在德国，根据联邦宪法法院判例，仅在满足三项条件时才能部分限缩宪法所保护的人权，即可以适用对人权可能产生侵害的侦查措施：其一，所采取的行动必须具有合法目的；其二，该行动必须是能够达到目的的侵犯性最小的途径；其三，侵犯强度须与该目的之重要程度成比例。[②] 以此为借鉴，我国也可以考虑采取这种比例原则加以判断，进而确定案件是否需要采用技术侦查措施的控制思路。就此而言，在法律和司法解释层面，可以减少对技术侦查措施适用范围的罗列式限制，将相关规定抽象化，进而使技术侦查措施的适用判断移交至批准机关手中。具体而言，在涉及网络犯罪的案件中，只要案件符合其他侦查手段难以发挥作用的条件时，批准机关便可授权执行机关使用技术侦查措施来对犯罪进行侦查，但这种授权必须符合比例原则，以确保技术侦查措施是在真正必要时得到适用。同时，在技术侦查的种类上，现有规范对于技术侦查措施已经明确的种类仅有记录监控、行踪监控、通信监控、场所监控等，由于网络犯罪的主要犯罪行为都发生在虚拟网络世界之中，技术侦查中诸多并不涉及网络的措施不能直接适用于网络犯罪，甚至可能存在实践中缺乏足够的"合法"种类进行技术侦查，进而影响侦查效果的情形。可见，有必要探索拓宽技术侦查种类，将部分新型计算机技术纳入技术侦查的法定种类之中。

（二）技术侦查程序控制的进阶"升级"

在互联网时代，个人信息暴露于各种社交平台之上，人们在使用网络

---

① 参见储陈城、马世理《网络犯罪技术侦查的全覆盖与程序制约》，载《山东警察学院学报》2018 年第 2 期。

② 〔德〕托马斯·魏根特：《德国刑事程序法原理》，江溯等译，中国法制出版社，2021，第74 页。

的过程中，不经意间就会在网络上留下痕迹，侦查机关在利用技术侦查措施对犯罪进行侦查的过程中往往会涉及对涉案人员和非涉案人员信息的摸排。但需要注意的是，某些不具有隐私期待或隐私期待很低的碎片化信息，可能会在大数据分析之中具有隐私利益期待，导致电子数据中隐私权客体的扩张。[①] 因此，在技术侦查过程中，法律所保护的个人隐私和通信被侵犯的可能性大大增加。加之技术侦查措施本身具有秘密性、技术性、特殊性，[②] 技术侦查措施可能侵害被侦查主体权利且不为被侵害人所知。正如学者所指出的，我国技术侦查措施的主要问题在于：第一，法律对于技术侦查适用条件和适用程序的规定不够具体，缺乏对被适用对象的救济措施，因此在实践中有被滥用的危险；第二，在网络犯罪的技术侦查过程中，经常需要查找和筛选大量的数据资料，这些数据资料可能包含与网络犯罪无关的公民个人信息。[③] 就此而言，一方面需要避免技术侦查在网络犯罪案件中被滥用，但另一方面，正如前文提及的，基于网络犯罪治理的现实需要，网络犯罪技术侦查有必要得到有限"扩张"，进而将技术侦查措施的适用判断移交至批准机关手中。那么，为了避免或减少在技术侦查过程对被侦查主体权利的侵害，就应当加强对技术侦查措施的程序规制。

1. 加强技术侦查措施的审批与监督

我国《刑事诉讼法》及其司法解释将技术侦查这种可能对权利造成严重侵害的强制性侦查措施的审批权交给公安机关，导致公安机关既是技术侦查措施的批准者，又是技术侦查措施的执行者。公安机关作为犯罪的主要侦查机关，其本身所承担的最为主要的规范义务即是查清犯罪事实，在追求实体正义的进程中往往会忽略实施技术侦查措施对他人权利造成的侵害。而对于检察院决定采取的技术侦查措施，在交予公安机关执行后，公安机关仅需将执行情况通知检察院相关部门，限制了作为法律监督机关的

---

① 参见谢登科《刑事电子数据取证的基本权利干预——基于六个典型案例的分析》，载《人权》2021 年第 1 期。

② 参见喻海松《网络犯罪二十讲》，法律出版社，2018，第 180 页。

③ 参见江溯主编《中国网络犯罪综合报告》，北京大学出版社，2021，第 16 页。

检察院在技术侦查实施过程中的法律监督作用。此外，由于技术侦查措施在侦查阶段的秘密性，因此在规范上并未明确在侦查阶段对于技术侦查措施应当如何监督，导致实践中出现无法对技术侦查的可能违规行为加以制止的现象，难以避免实施技术侦查过程中权利侵害所造成的严重损害，而这种伴随着权利侵害的侦查结果往往作为一种认知偏差传递至后续的刑事诉讼程序。①

与我国不同的是，在德国的刑事诉讼程序中法官会较早介入，并对刑事诉讼的侦查活动进行干预，例如，在我国属于技术侦查措施的电信通信监察，在德国刑事诉讼法中明确为"监控须经法官命令方得进行。如若紧急可由检察官命令，效力三日，三日之后除非获得法官令状，否则必须停止"，对于住宅的监听规定"须经地区法院 3 名法官联席授权"，等等。② 在日本，对于强制性措施则采取令状主义，日本《宪法》第 33 条和第 35 条规定，没有法官签发的令状，原则上任何人不受拘留，也不得侵入、搜查或者扣押任何人的住所、文件以及所有物品。③ 德、日两国在刑事诉讼侦查阶段实施强制性措施均采取了由法官签署令状进行批准的方式，与警察、检察官代表国家对犯罪行为进行追诉不同，法官在刑事诉讼中独立行使审判权，居中对案件进行裁判，处于中立地位。相比之下，我国则由技术侦查措施的执行机关同时进行审查和批准，可能影响其中立性，但在我国尚未确立令状主义且法官不介入审前阶段的前提下，由作为法律监督机关的检察机关进行审批和监督，可能是相对更加合理的路径。④

2. 完善被侵权人的知情权和救济制度

我国《刑事诉讼法》及其相关解释并未规定技术侦查措施实施过程中、

---

① 参见谢澍《"显性偏见"抑或"隐性偏差"——刑事审前程序中的认知偏差及其程序控制》，载《法学家》2022 年第 4 期。

② 〔德〕托马斯·魏根特：《德国刑事程序法原理》，江溯等译，中国法制出版社，2021，第 76~78 页。

③ 〔日〕田口守一：《刑事诉讼法》（第七版），张凌、于秀峰译，法律出版社，2019，第 53 页。

④ 参见谢澍《检察机关侦查权的监督性及其体系化进路》，载《中国刑事法杂志》2022 年第 3 期。

结束后如何保障非案件相关人员的知情权与救济权，由于技术侦查措施本身的秘密性，即使与案件无关的信息被收集，被收集人也很难知晓，更遑论救济。德国刑事诉讼法规定，当通信监听措施终止时，被监听的对话参与人应当被告知监听的事实，除非它会危及侦查目的的实现或公民的生命、身体完整或人身自由，抑或可以假定这些人员因为只受到边缘性的影响而不存在告知的利益。① 而日本通信监听法亦有类似规定："①对监听中涉及的当事人发出通知；②收听和阅览监听记录；③当事人的不服请求等。"②在网络犯罪中，通常会收集到大量与案件无关的信息，涉及的相关人员数量较多，若是被收集信息的相关人员均需告知，对于侦查机关来说恐怕负担过大，可能导致侦查机关在决定是否适用技术侦查措施时有所顾虑，不利于案件侦查。为了在尊重和保障人权的基础上，降低办案机关在适用技术侦查措施过程中的程序保障难度，可以在规范上将技术侦查措施中所收集到的材料和信息根据其与信息主体的宪法性权利的相关性以及侵害程度划分成若干等级，再由侦查机关根据信息所属等级来确定是否应将侦查行为告知当事人，在确保当事人知情权的同时方便当事人寻求救济。

---

① 〔德〕托马斯·魏根特：《德国刑事程序法原理》，江溯等译，中国法制出版社，2021，第26~27页。

② 〔日〕田口守一：《刑事诉讼法》（第七版），张凌、于秀峰译，法律出版社，2019，第136页。

美国针对科技巨头反垄断监管的
新动向及中国应对[*]

丁庭威[**]

【摘　　要】美国作为世界三大反垄断司法辖区之一，其针对科技巨头的反垄断监管新动向对我国提出了新挑战并为我国进一步开展科技平台反垄断事务提供了经验与教训。拜登政府执政后，有关反垄断的立法与执法工作均剑指科技巨头，规制其歧视性的自我优待行为，保障数字市场的公平竞争，保护中小企业，其中很多内容值得我们借鉴。但美国一直以来所具有的驴象之争、司法对行政的阻滞、科技巨头的游说与旋转门、维护国家安全的战略考量以及地缘政治角逐与监管的冲突等方面都给其进一步深入开展针对科技巨头的反垄断监管工作带来挑战，而这些方面值得我们警醒。为此，在对经验与教训扬弃的基础上，我国应提高论证深度，降低利益损耗；加强国际交流，早做立法规划；阻断长臂管辖，争取数字权力；平衡各方利益，防止资本游说；突破研发制造，拓宽增长领域。长此以往，以期不断形成针对我国科技巨头的良性反垄断监管体系，进而为我国科技平台及数字经济的发展提供制度遵循。

【关 键 词】美国；科技巨头；反垄断监管；反垄断法案；反垄断执法；中国方案

---

　　* 本文系中国人民大学 2021 年度拔尖创新人才培育资助计划项目、国家留学基金委建设高水平大学公派研究生项目的阶段性成果。

　　** 丁庭威，中国人民大学法学院博士研究生，德国科隆大学法学院联合培养博士研究生。

引　言

　　经济发展逐步进入数字经济时代，以数据为代表的数字经济随着发展不断优化资源配置、促进数据流通增值、革新生产和贸易流动方式，在过去的十几年里，随着互联网使用率的增加，数据流量已成为全球生产要素流动最重要的组成部分之一。[①] 在对数据不断收集、清洗与分析的演进过程中，其价值呈指数倍增长，进而促生了众多以数据为支撑而发展起来的科技巨头，尤以美国与中国为代表。在科技巨头不断发展的过程中，阻碍市场公平竞争及损害消费者权益等导致市场机制运行不畅的现象层出不穷，针对科技巨头的反垄断监管工作[②]应运而生。相较于美国而言，我国反垄断立法与执法实践发展都更为晚近，时间跨度与经验积累都相对短与弱，因此，面对同为针对科技巨头开展反垄断监管的大国——美国，我国有诸多可以借鉴和吸收的经验与教训，并可以在此基础上更好地开展今后的相关反垄断监管工作。然而就美国而言，与一百年前相比，21世纪背景下的反垄断运动所关注的目标已不再是金融、铁路等传统巨头，而是新兴的科技巨头。更重要的是，数字社会中私权力的问题已超出了反垄断政策所能解决的范围，因此，我们需要更广泛的概念和工具来应对大型科技公司私权力带来的挑战。[③] 与此同时，针对科技巨头的反垄断监管工作已不仅仅涉及经济层面的问题，更关系到牵涉政治层面的国家科技实力乃至整体实力的大国博弈，牵一发而动全身。长此以往，美国针对科技巨头的反垄断监管工作便不断更新迭代，针对不同时期的美国反垄断监管取向，已有诸多学者进行论述，笔者不再赘述。本文主要介绍当下美国针对科技巨头反垄断

[①]　McKinsey Global Institute, "Digital Globalization: The New Era of Global Flows", https://www.mckinsey.com/capabilities/mckinsey-digital/our-insights/digital-globalization-the-new-era-of-global-flows.

[②]　在本文中，反垄断监管工作主要涉及反垄断立法与反垄断执法。

[③]　参见 K. Sabeel Rahman, "The New Utilities: Private Power, Social Infrastructure, and the Revival of the Public Utility Concept", *Cardozo Law Review*, Vol. 39, No. 5, 2018, pp. 1640–1645。

监管工作的新动向，主要分为反垄断立法工作与反垄断执法工作，以期为同处数字经济背景下的我国提供更多经验借鉴，进而为我国争夺科技领域的先导地位提供助益。

一 美国强化针对科技巨头反垄断监管的成因

（一）以数据为支撑的科技巨头的扩张与垄断

数据的传输所依赖的技术设备与装置决定了数据的垄断权。[①] 科技巨头所具有的顶尖技术设备与装置决定了其必然将占据对数据的垄断地位，进而不断加强科技巨头自身的垄断地位。与此同时，数据本身所具有的非竞争性与规模报酬递增特征，使其极易形成网络效应与规模效应，[②] 这也意味着数据附加值的产生。而垄断数据的科技巨头，更是能够轻而易举地获取这种数据附加值，进而不断巩固自身的垄断地位。大型数字平台具备先发优势，这使得它们能够通过跨界竞争提供几乎全面的数字服务，然而，这也导致后进入市场的中小型科技企业由于数据相对匮乏且准入门槛极高而在业务发展空间上受到限制。[③] 在此情境下，其想与科技巨头分一杯羹尚且异常困难，遑论与其分庭抗礼了。质言之，以数据为生产要素的科技巨头在发展的过程中，已超越传统垄断的纵向一体化而发展出协同化和生态化的全新组织方式和资源配置方式。[④] 其扩张与垄断变得愈加明显。现实中已凸现集中趋势，曾经开放和竞争性的科技产业正集中到少数几个巨头——

[①] Debra J. Aron, Ken Dunmore & Frank Pampush, "Worldwide Wait? How the Telecom Act's Unbundling Requirements Slow the Development of the Network Infrastructure", *Industrial and Corporate Change*, Vol. 7, No. 4, 1998, pp. 615-621.

[②] 参见丁庭威《互联网平台滥用市场支配地位规制路径新探——以双边市场下相关市场界定为分析视角》，载《科技与法律（中英文）》2021 年第 2 期。

[③] 参见余南平、冯峻锋《数字经济时代的新型国际竞争》，载《现代国际关系》2022 年第 1 期。

[④] 参见 L. M. Khan, "Amazon's Antitrust Paradox", *The Yale Law Journal*, Vol. 126, 2016, pp. 710-805。

Apple、Amazon、Google 和 Meta 手中。① 并且在发展的过程中，各科技巨头受到指控，其被指控通过扼杀网络竞争、传播虚假消息、破坏中小企业等方式来维持并巩固自身的垄断地位。② 与此同时，对消费者而言，科技巨头的具体操作过程是黑箱的、结构高度集中的。③ 消费者常常处于被动地位，经常被大数据杀熟并被掠夺个人数据。首先，以 Amazon 为例，Amazon 的 Prime 会员制物流项目在表面上为消费者提供了绝对低价的服务，并且为此承担了巨大的成本。然而，实际上，Amazon 通过降低服务价格来增强用户黏性，并以此获得了大量的用户，④ 即便有短期亏损也是为了其今后获得更大的价格主导权，正所谓"羊毛出在羊身上"。其次，以美国 FTC 针对 Facebook 的反垄断诉讼为例，在其针对 Facebook 的反垄断调查中，有人认为 Facebook 存在高昂的用户转移成本，这导致了锁定效应；同时，由于 Facebook 规定第三方应用程序必须排斥竞争才能获得平台接入权限，这限制了外部技术合作的开发空间，破坏了市场竞争的公平性。⑤ 凡此种种，不胜枚举。

（二）两党在反垄断监管方面的共识

针对科技巨头的扩张与垄断，虽然两党在政治利益上存在分歧，但由于科技巨头威胁了双方共同关心的政治利益，两党开始担忧自身的发展前景，故而在针对科技巨头的反垄断监管方面，两党均想将反垄断监管引入

---

① 参见 Jyotsna Yadav, Tim Wu, "The Curse of Bigness: Antitrust in the New Gilded Age", *Competition Commission of India Journal on Competition Law and Policy*, Vol. 1, 2020, pp. 165–174。

② 参见 Thomas W. Hazlett, "U. S. Antitrust Policy in the Age of Amazon, Google, Microsoft, Apple, Netflix and Facebook", *Constitutional Political Economy*, Vol. 1, 2023, pp. 1–36, https://doi.org/10. 1007/s10602–022–09391–9。

③ 参见 Jose Van Dijck et al., *The Platform Society: Public Values in A Connective World*, Oxford University Press, 2018, p. 12。

④ 参见 L. M. Khan, "Amazon's Antitrust Paradox", *The Yale Law Journal*, Vol. 126, 2016, pp. 710–805。

⑤ Federal Trade Commission, "FTC Alleges Facebook Resorted to Illegal Buy-or-Bury Scheme to Crush Competition After String of Failed Attempts to Innovate", https://www.ftc.gov/news-events/news/press-releases/2021/08/ftc-alleges-facebook-resorted-illegal-buy-or-bury-scheme-crush-competition-after-string-failed。

对自身有利的轨道，而在这当中，加强反垄断监管便成了两党的共识与基础。保守党（以共和党为代表）通常致力于限制政府的能力，他们相信市场的选择机制和自我修复能力。他们声称企业规模是市场竞争的结果，政府只有在消费者利益受损，尤其是商品价格上涨的情况下才能介入。换句话说，根据这一观点，政府是否应该进行反垄断干预取决于特定企业的行为，而不是市场的结构。① 进步党（以民主党为代表）中的新布兰代斯学派认为，市场结构可能会对经济活力、民主政治以及社会平等构成威胁。他们认为政府应该对市场份额过高的企业进行反垄断调查。他们相信政治经济的组织只能通过政策和法律来实现，并不认同任何形式的组织或任何类型的权力是不可控制的。尽管技术进步可能会促进集中化并颠覆现有平衡，但他们认为政府可以通过政策来鼓励创新，并确保创新成果不会被私人部门用于攫取市场控制权。② 一言以蔽之，加强对科技巨头的反垄断监管成为两党共同的价值取向与施政方针。

基于以上原因，拜登入主白宫后，美国政府采取了多种措施，包括立法和执法层面，以加强对科技巨头的反垄断监管。这些举措的主要目的是提高数字市场的竞争性，以期维持和扩大其在科技创新和数字商业方面的全球优势地位，③ 进而不断维持并扩大其在数字权力层面的霸主地位。

二 美国针对科技巨头反垄断监管的新动向

（一）美国针对科技巨头反垄断法案的新发展

美国众议院司法委员会于 2021 年 6 月通过了六部反垄断法案，分别包

① 参见 Robert H. Bork, *The Antitrust Paradox: A Policy at War with Itself*, Basic Books, 1978, pp. 405~407。
② 参见 Lina Khan, "The New Brandeis Movement: America's Antimonopoly Debate", *Journal of European Competition Law & Practice*, Vol. 9, 2018, pp. 131~132。
③ 参见唐健《拜登执政以来美国对科技巨头的监管：动因、举措与挑战》，载《当代世界与社会主义》2022 年第 4 期。

括：《美国选择与创新在线法案》（American Choice and Innovation Online Act），主要针对自我优待问题；《终止平台垄断法案》（Ending Platform Monopolies Act），主要针对平台双重性问题；《经转换服务提升兼容与竞争法案》（Augmenting Compatibility and Competition by Enabling Service Switching Act），主要针对数据可迁移与互操作问题；《平台竞争和机会法案》（Platform Competition and Opportunity Act），主要针对扼杀性并购问题；《并购申报费现代化法案》（Merger Filing Fee Modernization Act），主要针对执法资源提升的问题；《州反垄断执法审判地法案》，主要涉及州一级的地方执法权限问题。① 美国参议院于 2021 年 8 月提出《开放应用市场法案》（Open App Markets Act），其将允许应用程序侧载（在应用商店之外下载），旨在打破应用商店对应用程序的垄断。其中，涉及科技的反垄断法案主要是《美国选择与创新在线法案》与《开放应用市场法案》。这两部法案将在数字经济领域、反垄断领域产生深远影响，旨在对大型互联网公司采取强监管措施，对以"数据流量"为逻辑底盘和驱动的运营平台提出更加公平的要求。因此，大型企业，尤其是大型科技企业（尤指科技巨头）将面临更强监管；小型企业，尤其是初创型企业将赢得更多生存与发展空间；数字市场的公平竞争环境将得到显著改善；数字经济将在制度的保驾护航中赢得更进一步的发展。在此需要强调的是，由众议院里的民主党议员大卫·西西林（David Cicilline）在 2021 年 6 月提出的《美国选择与创新在线法案》获得共和党议员的支持。由此，两党共同组成的参议院司法委员会反垄断小组发起了《美国创新与选择在线法案》（American Innovation and Choice Online Act），参议院司法委员会于 2022 年 1 月 20 日以 16 票对 6 票通过了该法案。委员会内部的民主党全体成员支持该法案，而在共和党成员中则存在一定的意见分歧，但两党在针对科技巨头的反垄断以及防止干预消费者自由选择权方面达成了一致意见。另外一部同样由两党议员提出的针对科技巨头的议案——

---

① Marguerite Reardon, "Here's How New Antitrust Legislation Could Affect Big Tech... and You", https://www.cnet.com/news/politics/heres-how-new-antitrust-legislation-could-affect-big-tech-and-you/.

《开放应用市场法案》也在参议院司法委员会审议通过。

《美国创新与选择在线法案》，剑指美国四大科技巨头：Apple、Amazon、Google 和 Meta。该法案规定，除市值达 5500 亿美元以上的平台公司外，反垄断法案将适用于拥有超过 10 亿月活跃用户或年度净销售额超过 5500 亿美元的全球平台。这意味着，不仅包括四大科技巨头，管辖范围将扩大至包括字节跳动旗下的 TikTok 和腾讯旗下的海外版微信 WeChat 等平台。该法案的侧重点不限于保护应用分发市场竞争，而在于保护各类中小科技企业发展，维护整个数字经济市场竞争的生态平衡。举例而言，Google 搜索引擎服务、智能语音助手服务等会受到该法案的规制，在用户搜索时被禁止赋予自家产品更好的排名。易言之，该法案禁止大型科技公司在其拥有和运营的平台上有自我偏好。《开放应用市场法案》拟允许应用程序侧载，以打破应用商店对应用程序的垄断。该法案主要规制在美国拥有或控制 5000 万及以上用户的应用商店，通过降低应用商店拥有者对应用程序的管理权力，增加消费者的市场选择，降低其购买成本，提高商品质量，使应用程序市场更具竞争力。具言之，《开放应用市场法案》要求应用商店不得强制要求开发者使用应用内支付系统，允许开发者向用户推广平台外的商业优惠（如定价条款、产品或服务）；同时，要求允许用户直接从应用商店之外下载应用程序等。立法者表示，此法案将禁止大型应用商店要求供应商使用特定支付系统，并禁止大型公司对采用其他应用商店、支付系统，或提供不同价格或条件的应用进行罚款。该法案的规制对象主要限于运营在美用户超 5000 万的应用商店的公司，例如 Apple 和 Google，将强制 Apple 和 Google 的应用商店遵守某些规则，其侧重于鼓励应用分发市场竞争，对"苹果税""谷歌税"的收取进行有效的竞争限制，Apple 和 Google 的应用商店业务会直接受到《开放应用市场法案》更深入全面的规制。

总而言之，参众两院法案的条款内容与调查报告的结果相对应，剑指科技巨头，规制其歧视性的自我优待行为，保障数字市场的公平竞争。作为专门针对平台垄断的"新方案"，这两部法案可能会在防止数字市场"倾翻式（tipping）"发展趋势、保护中小企业、保障消费者的公平选择权、恢复被扭曲的数字市场竞争等方面发挥重要作用。两部法案仍是基于反托拉斯法的反垄断体系展开，其初衷是希望激活市场创新和竞争能力，恢复市场竞争环境。进言之，两部法案计划简化联邦机构和个人对科技巨头提起诉讼的程序，以监督和惩罚科技巨头滥用主导地位、实施掠夺性定价、拒绝服务、搭售、自我优待以及进行反竞争的产品设计等行为。相较之下，《美国创新与选择在线法案》的监管措施更加严格，更能反映进步党的意图。其中包括设立"利益冲突"条款，即如果主导平台由于拥有多种业务而不可避免地引发与平台使用者的利益冲突，执法机构应考虑对主导平台进行拆分。此外，该版本还规定在 FTC 内部设立数字市场局（Bureau of Digital Markets），以实现对科技巨头的常规反垄断监管。① 另外，根据美国一项新的民意调查结果，两部关键的反托拉斯法案在两党选民中都获得了压倒性的支持，这一年通过的最后期限越来越短。当被问及《美国创新与选择在线法案》时，近73%的受访者表示，他们倾向于支持该法案；当被问及针对主流应用商店的《开放应用市场法案》时，超过74%的受访者表示倾向于支持该法案。②

（二）美国针对科技巨头反垄断执法的新举措

1. 强化顶层设计，贯彻监管方针

在反垄断监管工作的分配上，大体由进步党出任针对科技巨头反垄断监管工作的领导人。国家经济委员会中的总统科技和竞争政策特别助理 Timothy Wu、FTC 主席 Lina Khan 以及 DOJ 反垄断局局长 Jonathan Kanter，这"三驾马车"主要负责美国针对科技巨头的反垄断监管工作。由于其皆为进步党人，且施政理念及政治诉求大体相当，合力作用明显。由此，针

---

① 参见唐健《拜登执政以来美国对科技巨头的监管：动因、举措与挑战》，载《当代世界与社会主义》2022 年第 4 期。

② 这项针对注册选民的调查是由爱迪生研究公司为"技术监督项目"（Tech Oversight Project）进行的，该组织主要由奥米迪亚网络（Omidyar Network）和经济安全项目（Economic Security Project）资助，推动反垄断改革。该调查询问了选民对针对主导科技公司市场力量的提案的支持程度。该调查从 2022 年 7 月 12 日持续到 7 月 15 日。

对科技巨头的反垄断监管进入活跃期。① 此项顶层设计使得美国针对科技巨头的反垄断执法举措得以有效贯彻落实。

2. 加强并购审查，保护中小企业

众议院反垄断、商业和行政法小组委员会发布的多数党报告和政策建议《数字市场竞争性调查》指出，美国数字经济领域，如社交网络、在线搜索和广告等，已经出现高度集中和垄断的趋势。该报告建议采取以下措施。首先，恢复数字经济的竞争性。这包括完善公平竞争框架，加强并购审查，对科技巨头进行结构性拆分并限制其主业范围，要求主导平台实现与其他网络的互通性和数据可携带性，并对主导平台未来的并购设立推定禁令（presumptive prohibition）。其次，加强反垄断立法，禁止科技巨头滥用市场支配地位，明确禁止垄断杠杆、掠夺性定价及违反竞争的自我优待以及产品设计等行为，以保护中小企业的权益。最后，强化反垄断执法，全力支持包括 FTC 在内的联邦反垄断机构的工作。② 概言之，强化并购审查、保护中小企业及消费者利益是美国针对科技巨头反垄断监管工作的经济层面重点。

3. 构筑欧美体系，维持科技霸权

2021 年 6 月，拜登政府与欧盟加强了在数字市场监管立法和政策方面的沟通和协调。双方共同成立了欧盟—美国贸易和技术委员会（EU-U. S. Trade and Technology Council），该委员会旨在促进跨大西洋的合作，讨论和解决数字经济领域的问题，包括数据隐私、人工智能、数字贸易和反垄断等议题。这一举措旨在加强欧盟与美国之间的合作，促进双方共同应对数字市场中的挑战，并寻求共同的监管框架和原则。③ 2021 年 12 月，欧盟—美

---

① Margaret Harding McGill, "Fall Antitrust Forecast: Biden Raises Hammer on Big Tech", https://www.axios.com/2021/08/30/antitrust-big-tech-apple-google-amazon-facebook.

② 参见 Eileen Li, "Merger Review 2.0: Infusing Cfius's 'Critical Technologies' Approach into Antitrust Oversight of Nascent Tech Acquisitions", *Columbia Law Review*, Vol. 122, 2022, pp. 1691–1727。

③ "EU-U. S. Launch Trade and Technology Council to Lead Values-Based Global Digital Transformation", https://ec.europa.eu/commission/presscorner/detail/en/ip_21_2990.

国技术竞争政策联合对话（EU-U. S. Joint Technology Competition Policy Dialogue）启动，进一步强调在经贸关系中维持竞争性市场的重要性。① 美国希望与欧盟合作来维持其数字权力、科技权力②。在数字经济时代，数字权力和科技权力的崛起将导致各国在经济地位、产业链地位、军事实力以及国防安全方面的差距进一步拉大。由于技术门槛和数字垄断的限制，全球数字权力生态系统形成的新一轮技术革命将很难在短时间内被打破。美国依旧寻求在数字权力生态系统中的霸主地位，为保证数字霸权自然要对挑战其地位的中国予以打压。概言之，构筑欧美科技生态体系，维持数字霸权是美国针对科技巨头反垄断监管工作的政治层面重点。

（三）美国针对科技巨头反垄断监管的新挑战

1. 驴象之争

前文虽提到，两党在针对科技巨头的反垄断监管上具有共识，但究其本质，两党之间依旧有很严重的价值及利益分歧。具体而言，共和党关注和保护表达自由，对拆分这一结构性救济持怀疑和反对态度。③ 以 FTC 为例，其由五名成员组成，投票表决基本上呈现民主党与共和党 3∶2 的党派分野。④ 共和党今后的发展可能使 Lina Khan 针对科技巨头的反垄断监管提

---

① "EU-U. S. Joint Technology Competition Policy Dialogue, Inaugural Joint Statement, between the European Commission, United States Department of Justice Antitrust Division and United States Federal Trade Commission", https://www. justice. gov/opa/press-release/file/1453916/download.

② 有学者指出，数字权力、科技权力业已成为新的私权力，其打破了原先"公权力—私权力"的二元结构，形成了"公权力—私权力—私权利"的三角结构，私权力成为针对科技巨头垄断监管的重点。数字权力、科技权力就是这种私权力的代表。参见周辉《技术、平台与信息：网络空间中私权力的崛起》，载《网络信息法学研究》2017 年第 2 期；韩新华《从二元到三角：网络空间权力结构重构及其对规制路径的影响》，载《关西社会科学》2020 年第 5 期。

③ "Rep. Buck Pens Antitrust Report that Presents A 'Third Way' to Take on Big Tech", https://buck. house. gov/media-center/press-releases/rep-buck-pens-antitrust-report-presents-third-way-take-big-tech.

④ " 'Unlike Anything I've Seen at the FTC'：Biden's Chair Makes Her Public Debut", https://www. politico. com/news/2021/07/01/ftc-lina-khan-antitrust-chair-497764.

前终结。① 因此，即便是小的分歧，依旧会为美国针对科技巨头的反垄断监管工作带来挑战。

2. 司法对行政的阻滞

就美国国内目前的状况而言，保守党相对占优，以拜登为代表的进步党在政策推行上有一定压力，保守党更倾向于相信市场具有自我修复的能力。在美国联邦最高法院大法官中，目前进步派和保守派大法官的比例为3∶6，保守党在诉讼中可以寻找先例，以削弱进步党行政部门如FTC等的权力，美国司法体系对反垄断执法体系的阻滞亦是很重要的一个方面。

3. 科技巨头的游说与旋转门

科技巨头正在迅速成为美国权力的参与者，对政治、经济、社会等方面皆产生了巨大影响，② 在美国的政治体系中，财富被用于进行政治游说，几家大型科技平台依靠巨额财富不断输出政治影响。据报道，2019年，仅Amazon、Facebook、Comcast、AT&T和Google这五家企业就分别居美国政治游说投入榜单的第1、第2、第5、第7、第9名，并且这还不包括直接通过行业协会支出的政治献金。③ 正如民主党参议员艾米·克洛布彻（Amy Klobuchar）所言，国会长期在推动隐私保护和增强科技平台透明性等问题上未能取得实质性进展，部分原因是科技巨头雇佣的游说者在国会内部存在广泛影响力。这些游说者通过游说活动来影响立法进程。④ 例如，国会有影响力的议员希尔来帮助科技巨头对抗FTC的调查和诉讼。举例来说，2014年，Facebook通过支持《美国自由法案》（USA Freedom Act）的方式，阻止政府在互联网上收集大量的个人数据和信息。Facebook声称，该法案旨在保护其

---

① Eric J. Savitz, "When It Comes to Regulation, Here's What Tech Investors Should Worry About", https://www.barrons.com/articles/big-tech-regulation-investors-stocks-51635427864.

② 参见丁玮、於兴中《美国大科技公司反垄断及其权力规制》，载《中国政法大学学报》2022年第1期。

③ 参见沈伟伟《迈入"新镀金时代"：美国反垄断的三次浪潮及对中国的启示》，载《探索与争鸣》2021年第9期。

④ Cat Zakrzewski, "Tech Companies Spent Almost $70 Million Lobbying Washington in 2021 as Congress Sought to Rein in Their Power" *The Washington Post*, January 21, 2022, https://www.washingtonpost.com/technology/2022/01/21/tech-lobbying-in-washington/.

用户的隐私，防止政府对其平台上用户的监视。Facebook 的用户也支持其游说活动，希望减少政府对其平台上数据的收集，并提高政府数据收集的透明度。[1] 与此同时，旋转门[2]这一制度设计在美国尤为常见，如 Google、Apple 都曾雇佣或派遣几十甚至上百名旋转门成员为自身集团谋取利益，进而为其发展成科技巨头提供政治支撑。

4. 维护国家安全的战略考量

科技巨头对于美国国家安全的构筑应当说是正面作用大于负面作用的。与此同时，美国政府亦希望扩大科技巨头对国家安全的积极影响并且减少其对国家安全的消极影响。积极影响非常明显，这一点从美国政府与科技巨头的合作便可窥见一斑。考虑到科技巨头在美国的国家安全相关研发和创新中具有重要的技术贡献，美国政府与企业的合作是美国科研战略的重要组成部分。举例来说，2019 年，Amazon 与美国国家科学基金会（NSF）合作开发了专注于人工智能和机器学习公平性的系统。在军事和安全领域，谷歌云（Google Cloud）宣布与美国国防部合作，制定了安全的云管理解决方案，用于检测、防御和应对全球网络威胁。[3] 与此同时，反垄断问题已经超越了单纯的经济和司法层面，成为一个涉及国家利益和大国博弈的复杂问题。[4] 从美国的角度来看，维护科技巨头的地位对于维护美国的国家安全具有重要意义。强化数字竞争力和数字权力是美国整体战略的根本目标。因此，美国针对科技巨头的反垄断政策显然会服从更高层次的国家战略需求。尤其是当前与中国在这一领域的激烈竞争，更加促使美国政府选择符

---

① 参见 Jessie Li，"An Ethical Evaluation of Corporate Lobbying Practices: A Case Study on Facebook Inc's Lobbying Strategies"，Michigan Ross Senior Thesis Seminar（BA 480），2021，pp.31-35。

② 指的是个人在公共部门和私人部门之间通过双向转换角色、穿梭交叉为利益集团谋利的机制。参见王淼、韩彩珍《新的"大而不倒"？——美国数字市场垄断的政治经济学解读》，载《理论探讨》2022 年第 5 期。

③ 参见沈伟伟《迈入"新镀金时代"：美国反垄断的三次浪潮及对中国的启示》，载《探索与争鸣》2021 年第 9 期。

④ 参见余南平、冯峻锋《数字经济时代的新型国际竞争》，载《现代国际关系》2022 年第 1 期。

合自身利益的反垄断监管措施。

5. 地缘政治角逐与监管的冲突

科技巨头的影响力已经足够强大，以至于它们能够对美国这个全球霸主非常关注的地缘政治产生影响。美国需要借助科技巨头的数据资源及技术优势，在地缘政治角逐中抢占制高点和话语权。因此，中美科技竞争背后所蕴含的地缘政治角逐现实也常常成为科技巨头逃避监管的借口。以 5G 为代表的数字行业正是美国所关心的重点，这关乎其数字权力及其在数字行业中的主导地位。科技巨头的负责人有时候可能会以中国在国际数字行业中的崛起为借口，试图反对对其采取强硬的反垄断监管措施，并主张放松反垄断监管。① 而数字竞争力关乎数字权力，数字权力是数字经济时代塑造新型国际关系和国际体系的核心力量。作为国际体系中的领军国家，美国自然不愿意放弃在该领域的霸权。例如此次美国对于 TikTok 的围剿，② 其中一个重要考量便是害怕 TikTok 在美国逐渐发展成一个有气候的科技巨头，进而通过其不断增长的数字权力影响美国的经济生活乃至政治生活，这让美国的政客们不寒而栗。因此，在这一特殊背景下，科技巨头正好更有理由要求美国政府对其放松反垄断监管。

三 美国针对科技巨头反垄断监管背景下的中国方案

就国际层面而言，我国与美国在科技领域的竞争表明针对科技巨头的反垄断监管工作不仅仅是一国的内部问题，其业已超越一国内部层面，成为中美之间较量的国际问题，对科技巨头的反垄断监管已关乎两国今后的发展走向与利益分配，影响全球利益划分格局；就国内层面而言，我国的科技巨头在国内市场的垄断地位确实相当突出。前八名科技巨头占据了相

① Rui Zhong, "The Trials and Tribulations of Big Tech in the U. S. -China Relationship", https://gjia. georgetown. edu/2021/05/20/the-trials-and-tribulations-of-big-tech-in-the-us-china-relationship/.

② Warnung vor Sicherheitsrisiko, "USA wollen Tiktok verbieten, Frankfurter Allgemeine Zeitung", https://www. faz. net/aktuell/politik/ausland/usa-wollen-tiktok-verbieten-18718375. html.

当大的市场份额（76.93%），这导致市场呈现出高度集中和寡占的情况。①
概言之，针对科技巨头的反垄断监管在我国具有国际和国内两方面的现实
必要性。但相较于美国而言，我国反垄断立法与执法实践发展相对较晚，
很多情况下属于结合自身国情的"摸着石头过河"，然而，为了更加精准地
应对美国针对科技巨头的反垄断监管新动向所带来的挑战，我们要做到知
己知彼，以不变应万变，只有这样，才更有可能在新一轮的科技革命中占
据主导权与先导地位。即便最终并不能在数字经济领域超越美国，那我们
也能分享更多的发展果实进而惠及更多中国人民。易言之，努力做到"法
乎其上，得乎其中"。

（一）提高论证深度，降低利益损耗

我国没有党派之争，共产党的领导使得反垄断监管工作能够一以贯之
并得到坚定落实，与此同时，民主党派的批评监督也会为反垄断立法与执
法工作提供更多信息与视角，这是我国不可比拟的优势，应不断坚持和完
善。但事物皆有两面性，其中，政策出台所需的酝酿时间则相对较少，缺
少较为充分的论证与分析，就美国而言，其政策形成有长达十几年的内部
博弈且有具体政策工具准备时间，其间亦会充分吸收各种学派观点并选取
会对当下产生最佳利益的学派观点作为制定政策工具的指导思想。相比之
下，我国反垄断政策的出台往往显得过于急促，这常常使得我国在贯彻执
行反垄断监管政策时，变得"过左"或"过右"，又由于没有相应的"踩刹
车"机制，这种过犹不及的反垄断监管往往会"一条道走到黑"，久而久
之，往往必须在使科技巨头或消费者承担很大的代价后，才能通过自下而
上的方式倒逼国家自上而下采取纠偏机制，成本代价往往很高。质言之，
我国当下的监管取向往往试错成本较高，常以牺牲物质成本来节约时间成
本。若能适当增加时间成本，即增加针对反垄断政策出台的论证时间以提

---

① 中国信通院：《2020 年四季度中国互联网上市企业运行情况》，http://www.caict.ac.cn/kxyj/
qwfb/qwsj/202101/P020210107581295778200.pdf。

高论证深度，充分吸收执法经验、学术观点、企业家呼声以及消费者诉求，使政策能得到充分酝酿并臻于成熟，以时间成本节约物质成本，使各方利益的受损程度降到最低，此不失为一种较为稳妥的方式。

（二）加强国际交流，早做立法规划

学习建基于交流，我国应主动加强国际交流，积极融入全球数字科技治理体系，不断完善数字科技治理体系和治理能力，不断增强在全球数字科技治理体系中的话语权。一是在法律法规、指南及内部指引、行业规范等不同层面加强与国际规则的衔接。在双边或多边经贸和投资谈判中就数字科技市场公平竞争、消费者保护等议题开展深入交流。二是早做立法规划，积极推进统一立法，加强我国科技反垄断法案的立法进程。为了应对科技巨头的垄断问题，确实有必要制定统一且系统的科技反垄断法案，涵盖数据、算法、平台以及无形资产等关键要素，逐步走出"头痛医头，脚痛医脚"的个别立法困境。三是增强面向重点领域、重点行为的监管效能。强化风险意识，正确认识和把握防范化解重大风险。在经济高速发展阶段，一些矛盾和风险可能被掩盖或暂时忽视。随着我国经济转向高质量发展阶段，一些经济发展中的风险逐渐凸显出来，需要引起关注。可以通过借鉴美国科技反垄断法案的市场竞争调查做法，尽快启动对我国科技若干重点领域的行业竞争状况的总体评估，以深入、全面、及时的自身能力建设和证据链条支撑对国内互联网巨头的常态化监管。确保经济稳定和风险控制的关键是增强对重大和潜在风险的预判能力，并采取相应的措施来强化风险源头管控，防止系统性风险的产生。质言之，美国将我国视为数字经济领域最大的竞争对手，并认为我国很可能威胁其世界霸主地位。因此，我国需要对美国与其盟友就数字经济尤其是科技巨头相关问题展开的协作进行研究，即便困难重重也要加强交流，善于学习，这样才有助于理解和判断美国霸权在数字经济时代的调整与转型，进而争取在全球数字竞争中占据更加有利的位置。

（三）阻断长臂管辖，争取数字权力

科技巨头能够提供必要的数据资源，其集中化的研发模式也为国家在关键技术突破中发挥了重要作用，其有助于美国在国际竞争中取得技术主导权和强化国家数字权力。拥有技术主导权和国家数字权力后，美国可能会利用其在技术和数字领域的实力，扩展其影响范围，以巩固其在全球的数字权力，进而扩大管辖范围，展开变相的长臂管辖，以期不断巩固其世界数字霸主乃至世界霸主的地位。易言之，科技巨头的技术垄断造就数字权力，进而成为技术母国的权力之源。① 数字经济时代的美国，以这样的方式保持其世界霸权地位。诚如前述，美国作为头号世界强国，逐步养成了长臂管辖的习惯，尤其是在科技平台的反垄断方面，其仍希望通过本国法案干预他国的有关科技反垄断事宜，维护其本国利益。因此我国应积极应对，出台各种政策与措施阻断美国的长臂管辖。与此同时，科技作为新的经济增长点已广受世界各国关注，在世界经济增长乏力、全球化进程倒退的今天，我国应积极抓住这一新的经济增长点，在有关科技平台的反垄断事项上出台中国方案、树立中国标准，积极努力争取国际话语权，并形成我国的数字权力，进而为我国加快科技平台出海、推动数字经济发展、拓宽国际市场提供制度支撑。

（四）平衡各方利益，防止资本游说

监管还需注意各方利益的平衡。科技平台合规监管，特别是针对科技巨头的监管，往往涉及多方利益，包括大型平台企业、平台内应用开发者或零售商、与大型平台直接竞争的小型平台企业，以及消费者，同时也涉及公平竞争、个人信息保护等多重法益，科技平台合规监管需要做好各方利益的平衡以及各个部门法之间的衔接。如在美国两部法案通过之前，众

---

① 参见谢宜璋《全球科技企业并购的趋势、竞争隐忧及反垄断应对》，载《大连理工大学学报》（社会科学版）2023 年第 3 期。

多大平台积极游说，希望法案破产。而中小企业则希望法案早点通过，以为企业的生存发展赢得空间。因此，一部法案出台之前，各方利益的博弈与平衡协调是关键，但应更关注广大弱势群体的利益，在科技巨头做大做强时，防止资本过度游说进而导致法案破产或扭曲，应将维护最广大用户及消费者的权益作为法案出台的出发点与落脚点。[①] 与此同时，防止资本游说的另一方面就是需要完善反垄断执法资源并提高执法人员的素质。游说难度和反垄断执法资源的配给与执法人员的素质在一定程度上呈正相关。具体到我国，可进一步增加国家市场监管总局反垄断局的编制配给及行政资源倾斜，在此基础上，最好招收具有法学、经济学等复合学科背景的人来开展针对新兴的、跨行业的、跨市场的科技巨头的反垄断监管工作。另外，我国中央与地方的反垄断执法队伍素质千差万别，具体到地方，尤其是县乡一级，不具有反垄断知识的执法人员大有人在，因此，对这些人员进行专业的培训势在必行，应由国家市场监管总局或省级层面的市场监管部门邀请执法人员和专家学者对其进行专业培训，使其具备相应知识去应对新时代复杂多变的反垄断执法工作。

（五）突破研发制造，拓宽增长领域

与华为公司主要专注于信息通信技术实体研发制造相比，我国其他科技巨头如阿里巴巴、腾讯等更多地专注于消费零售、金融和娱乐领域。相比之下，美国的科技巨头更侧重于数字技术软硬件的研发制造，以及开拓前沿数字领域技术。这一点从最近问世的 ChatGPT-4 便可窥见一斑，其强大的数据库以及数据分析能力的确让人有不寒而栗之感。[②] 虽然我国百度公司推出文心一言想要与其竞争，但效果和反响似乎并不尽如人意。笔者认

---

① 参见丁庭威《平台滥用市场支配地位下的消费者权益保障》，载《法治论坛》2022 年第 2 期。
② 笔者尝试用 ChatGPT 去解决一些非常基础的问题。例如，问它在德国见外导应该说些什么会显得比较妥当，帮忙写一份自我介绍的发言稿以及 PPT，帮忙拟一份发言大纲，等等。它都可以解决，并且结果一般都有中等水平，令人比较满意。笔者尝试用英文和中文两种语言进行提问，相较而言，英文的回答更加丰富，而中文的回答相对较慢并且内容较为单薄。这或许是因为中英文数据积累的程度不同。

为，这和我国的科技巨头长久以来所关注的领域有很大的关系，日积月累，我国的科技巨头习惯性"躺平"，不想向更加艰难但更有意义的研发制造领域进军。另外，无论是从营收规模还是从对经济增长率的贡献来看，美国科技巨头的技术优势仍然十分明显。据余南平、冯峻锋的整理和计算，2020年中国数字科技公司华为的营业额约为 1367 亿美元，阿里巴巴的营业额约为 781 亿美元，腾讯的营业额约为 740 亿美元；而美国亚马逊的营业额约为 3860 亿美元，谷歌的营业额约为 1825 亿美元，微软的营业额约为 1430 亿美元。大公司的营收差距明显。同时，从中美两国数字巨头经济贡献比来看，中国 2019 年为 1.87%，2020 年为 1.85%，美国 2019 年为 3.11%，2020 年为 3.84%，中美大公司的数字经济引领能力的差距依然十分明显。[①]因此可以看出，科技巨头对于关键技术的研发制造与创新突破会为国家经济增长带来巨大贡献，我国在此方面依旧任重道远。

结　语

美国反垄断监管实践对我国产生了重要影响，我国也在自主学习和创新的过程中不断"摸着石头过河"，其间反垄断立法与执法实践取得了长足进步与发展。但仍需我们清醒认识到的是，由于经济发展阶段及政治法律体制的不同，我们所关心的反垄断问题，不太容易从由美国的反垄断实践所抽象出来的相关理论中找到直接参照系。[②]因此，应结合中国实际，理性看待美国反垄断监管实践。与此同时，伴随着科技革命的到来以及中美两国在数字经济领域的较量，科技巨头承担了更为重要的职责与使命。质言之，反垄断监管实践的初衷也是使科技巨头能不断创新发展进而永葆生命力，在良性监管的过程中，持续为我国增强科技实力并获取数字权力添砖加瓦。

---

① 参见余南平、冯峻锋《数字经济时代的新型国际竞争》，载《现代国际关系》2022 年第 1 期。

② 参见 Yannis Katsoulacos，"Chinese Antitrust Exceptionalism：How the Rise of China Challenges Global Regulation"，*China Journal*，Vol. 89，2023，pp. 140-143。

无地自容：数字平台如何抵御仇恨言论

〔以色列〕吉拉德·阿比里 著

黄 岳 陈宝婷 译*

【摘　　要】在线仇恨言论不仅伤害了受害者，也危害了民主。大多数人都认为在线话语需要改善，但对如何改善存在分歧。美国和欧洲的言论自由标准有所不同。美国的标准较为宽容，而欧洲的标准较为严格。例如，德国实施了《网络执行法》（NetzDG），要求平台遵循国内的仇恨言论法规。一些学者担心，这样的法律会压制言论，损害言论自由的价值观。然而，本文认为，这样的法律可能对民主有益，因为它能够让在线公共领域与特定国家的民间社会和公共话语重新建立联系。目前，数字平台在缺乏对不同情境的考量的情况下，对公共领域进行调控，导致公共辩论混乱和分裂。法律言论监管或许能够遏制仇恨言论，稳定公共辩论。因此，我们或许可以从一个受欧洲标准影响的互联网中获益。

【关 键 词】数字平台；仇恨言论；言论自由；德国《网络执行法》

引　言

在特朗普的 Twitter 账号涉嫌煽动国会大厦骚乱之后，Twitter 公司将其从 Twitter 上禁言，这让人们看到了一段时间以来已经很清楚的事实：数字

---

* 〔以色列〕吉拉德·阿比里（Gilad Abiri），耶鲁大学法学博士，北京大学深圳国际法学院副教授，耶鲁信息社会项目研究员。黄岳，耶鲁大学法学博士，广州大学法学院教师，研究领域为行政法、信息法和环境法。陈宝婷，广州大学法学院涉外法律和商业班本科生。

平台对我们的政治和社会交流有很大控制权。① Twitter 领导层允许这位前总统的分裂性言论持续存在多年，② 然后又通过一次点击将其封杀。③ 这一数字平台力量的最新明证再次凸显了一个正处于激烈辩论中的重要问题：应该用哪一套言论自由的价值观来管理互联网并规范在线仇恨言论？

在大多数情形下，数字领域从始至终是根据美国宪法第一修正案的价值观来运作的，其强烈地推定反对任何形式的言论监管。④ 然而在近年来，美国宪法第一修正案的主导地位越来越受到所谓"欧洲言论规范"的挑战。⑤

---

① 参见 Lina M. Khan, *Sources of Tech Platform Power*, 2 GEO. L. TECH. REV. 325（2018）（"少数几家科技平台在我们的商业和通信行业中占据巨大且不断增长的份额。在过去的一年里，公众开始意识到这些公司所掌握的权力可能带来重大的危害。"）；Jack M. Balkin, *Cultural Democracy and the First Amendment*, 110 NW. ULREV. 1053, 1058（2015）（"越来越多的 21 世纪的大众媒体形式与使用数字电信架构和数字平台的活跃的公共话语领域相竞争、被其重塑，甚至依赖于它。"）。

② 参见 Brian L. Ott, *The age of Twitter: Donald J. Trump and the politics of debasement*, 34 CRITICAL STUDIES IN MEDIA COMMUNICATION 59-68（2017）（主张 Twitter 偏爱简单、冲动和不文明的话语，并因此成为唐纳德·特朗普的完美平台）；Ramona Kreis, *The "Tweet Politics" of President Trump*, 16 JOURNAL OF LANGUAGE AND POLITICS 607（Oct. 2017）（探讨 Twitter 如何使右翼民粹主义话语进入主流）。

③ 有关 Twitter 内部辩论的描述，参见 Kate Conger & Mike Isaac, *Inside Twitter's Decision to Cut Off Trump*, THE NEW YORK TIMES, January 16, 2021, https://www.nytimes.com/2021/01/16/technology/twitter-donald-trump-jack dorsey.html（last visited Feb 25, 2021），其中描述了 Twitter 内部在骚乱之后关于是否禁言当时的总统的辩论。

④ Danielle Keats Citron, *Extremist Speech, Compelled Conformity, and Censorship Creep*, 93 NOTRE DAME L. REV. 1035, 1036（2017）（"社交媒体公司在制定言论政策时，经常参考宪法第一修正案的原则。"）；Jack M. Balkin, *Free Speech in the Algorithmic Society: Big Data, Private Governance, and New School Speech Regulation Essays*, 51 U. C. D. L. REV. 1149, 1206（2017-2018）（"目前，互联网主要受到最不严格审查的政权的价值观，即美国的价值观的影响。"）；Kate Klonick, *The new governors: The people, rules, and processes governing online speech*, 131 HARV. L. REV. 1598, 1616-1622（2017）（主张平台的言论自由基准是宪法第一修正案的价值观）。

⑤ Danielle Keats Citron, *Extremist Speech, Compelled Conformity, and Censorship Creep*, 93 NOTRE DAME L. REV. 1040, 1049（2017）（描述了欧盟和欧洲国家对数字平台施加的执行更严格的言论控制的压力）；Jack M. Balkin, *Free Speech in the Algorithmic Society: Big Data, Private Governance, and New School Speech Regulation Essays*, 51 U. C. D. L. REV. 1149, 1206（2017-2018）（描述了新派言论监管的兴起，其主要源于欧洲）。必须承认，"欧洲言论规范"这一术语是一个很粗略的概括。虽然一般来说，欧洲的法律制度在保护言论方面较为宽松，但它们仍然相当多样化。有了这一前提，它似乎仍比"德国-法国-英国-加拿大言论规范"这一说法好。

后者通常乐于对言论进行监管，以避开被认为具有社会危害性的内容，并强制执行文明规范。[①] 欧洲方法的缩影是德国的《网络执行法》（NetzDG），它要求数字平台在该国删除任何根据德国刑法典被认为是非法的内容，其中包括对仇恨言论的强烈禁止。[②]

虽然普遍认为网络言论的现状是难以接受的，但在应该如何改革上却存在争议。许多研究言论自由的学者——主要来自美国——对欧洲的数字领域转型表示担忧，甚至认为这将"破坏基于自由互联网的全球公益"。[③] 这些批评者认为，像 NetzDG 这样的立法可能会引导平台创建一个新的公共领域，而在这个领域中，言论受到阻碍，言论自由的价值无法得到维护。他们建议使用不那么直接的法律工具，如反垄断法，来激励数字平台成为"受专业和公共准则指导的可信和值得信赖的机构"，从而使直接的言论监管成为不必要。[④]

虽然在一定程度上，笔者也认可这些批评，但本文认为，像 NetzDG 这样的法律是对数字平台的兴起所带来的重大挑战之一——游离的守门人问题——所作出的有效的回应方式，而这足以抵消人们对其所提出的批评。

---

① 参见 Robert Post, *Hate Speech, in* EXTREME SPEECH AND DEMOCRACY 123-138（Ivan Hare & James Weinstein eds., 2009），探讨了美国和欧洲在执行文明规范方面的差异。

② Gesetz zur Verbesserung der Rechtsdurchsetzung in sozialen Netzwerken［Netzwerkdurchsetzungsgesetz-NetzDG］［Network Enforcement Act］, Sept. 1, 2017, Bundesgesetzblatt, Teil I［BGB1 I］at 3352（Ger.）, https://www.bmjv.de/SharedDocs/Gesetzgebungsverfahren/Dokumente/NetzDGengl.pdf? blob = publicationFile&v = 2；关于该法的一般描述和分析，参见 Heidi Tworek & Paddy Leerssen, *An analysis of Germany's NetzDG law*, 15 INSTITUTE FOR INFORMATION LAW（IVIR）（2019）。

③ Jack M. Balkin, *Free Speech in the Algorithmic Society: Big Data, Private Governance, and New School Speech Regulation Essays*, 51 U.C.D.L. REV. 1205（2017-2018）；另参见 Danielle Keats Citron, *Extremist Speech, Compelled Conformity, and Censorship Creep*, 93 NOTRE DAME L. REV. 1035, 1036（2017）。

④ 参见 Jack M. Balkin, *How to regulate（and not regulate）social media*, KNIGHT INSTITUTE OCCASIONAL PAPER SERIES（2020）（Balkin 的改革建议概述，包括信息受托人的概念）；Tarleton Gillespie, *Platforms are not intermediaries*, 2 GEORGETOWN LAW TECHNOLOGY REVIEW 198-216（2018）（探讨间接提升数字平台审核透明度和质量的政策建议）；Danielle Keats Citron & Neil M. Richards, *Four Principles for Digital Expression（You Won't Believe# 3）*, 95 WASH. UL REV. 1353（2017）。

媒体的数字化是全球化进程的先锋，它为加强全球团结和社区带来了巨大的机会。在新的数字公共领域中，科学、文化和艺术自由穿梭，不受国界的限制。这种开放性无疑是一个巨大的好处。① 然而，就像更普遍的全球化一样，数字平台的崛起也有可能破坏我们的本地身份和政治的稳定。与我们的文化和科学机构不同，我们的政治仍然植根于个别的民主民族国家，其合法性取决于其公民对共同政治身份和共同命运的现实感受。② 这种共同体意识受到了盛行的仇恨性、分裂性言论的威胁。③ 在数字化之前，传统媒体的守门人是限制仇恨言论的主要社会力量之一。他们有权力选择不发布或播放仇恨内容。④ 数字化侵蚀了这些守门人影响和策划公共话语的能力。⑤ 没有这只指导之手，公共辩论很快就会演变，这一点从网上仇恨言论对民主社会日益造成的分裂性影响中可以看出。⑥ 当久经考验的社会机制——如传统媒体——变得无效时，通过求助于 NetzDG 这样的法律言论监管制度来抵制仇恨言论的影响和稳定公共辩论是有意义的。

我将通过四个连续的主张来确立这一论点。

第一，仇恨言论破坏了繁荣民主所需的信任感和政治共同体。它对社区的存在构成了挑战，因为它一直在违反使公共话语成为可能的文明规则。这个问题有两个原因。首先，仇恨言论不仅仅具有辱骂性或伤害性，更是在政治上具有分裂性。最常见的情况是，它旨在否定某个群体的合法性，

---

① 还有明显的政治好处，例如网络社会运动的兴起挑战了压迫性权力结构，并与之彼此学习和交流。参见 MANUEL CASTELLS, NETWORKS OF OUTRAGE AND HOPE: SOCIAL MOVEMENTS IN THE INTERNET AGE (2015)（详细描述了这种运动在西班牙、中东和美国的兴起）；例如，许多人指出社交媒体在"黑人的命也是命"（Black Lives Matter）运动的兴起中具有重要地位。参见 Nikita Carney, *All Lives Matter, but so Does Race: Black Lives Matter and the Evolving Role of Social Media*, 40 HUMANITY &SOCIETY 180-199 (2016); Marcia Mundt, Karen Ross & Charla M Burnett, *Scaling Social Movements Through Social Media: The Case of Black Lives Matter*, 4 SOCIAL MEDIA+SOCIETY 2056305118807911 (2018)（探讨了社交媒体在扩大"黑人的命也是命"运动中的作用）。

② 见下文第二部分。

③ 见下文第三部分。

④ 见下文第四部分（一）。

⑤ 见下文第四部分（一）。

⑥ 见下文第三部分。

并将其排除在社会的正式成员之外。① 当一群暴徒在夏洛茨维尔游行，高呼"犹太人不会取代我们"时，他们的意思是，美国人必须是白人和基督徒；所有其他人都不是真正的美国人。② 这种排他性的言论如果盛行，必然会使目标群体感到被疏远，并与政治社会脱离。③ 其次，仇恨言论通过辱骂和寻求排斥的方法，破坏了对于公共话语至关重要的共同理性和自由。但它实现这一目的手段不是直接强调分裂和排斥，而是直接挑战"公共话语是值得参与的"这一观念。言论规范对任何社区的形成都很重要，对民主社区来说也许更是如此，因为它是通过不断产生的公共话语和辩论来维持的。④ 要使公民有动力参与公共话语以影响政治，他们必须将其视为一个可以自由交流和说服的领域。⑤ 沟通中普遍存在的非理性和胁迫使公民失去了参与

---

① 参见 JEREMY WALDRON, THE HARM IN HATE SPEECH（2012）（主张公众排斥是仇恨言论的核心属性）。

② 有关夏洛茨维尔游行者意识形态的讨论，参见 Emma Green, *Why the Charlottesville Marchers Were Obsessed With Jews*, THE ATLANTIC（2017），https://www.theatlantic.com/politics/archive/2017/08/nazis-racismcharlottesville/536928/（last visited Feb 25, 2021）。

③ 贬损性言论导致社会更加分裂的主张已经在众多研究中得到证实，参见 Floyd H. Allport, *The structuring of events: outline of a general theory with applications to psychology*, 61 PSYCHOLOGICAL REVIEW 281-303（1954）（该领域的经典作品，论述了偏见表达可能导致对少数群体的回避、歧视和暴力）；Allport 的研究已经多次得到其他研究的验证，例如 Jeff Greenberg & Tom Pyszczynski, *The effect of an overheard ethnic slur on evaluations of the target: How to spread a social disease*, 21 JOURNAL OF EXPERIMENTAL SOCIAL PSYCHOLOGY 61-72（1985）；Shari L. Kirkland, Jeff Greenberg & Tom Pyszczynski, *Further Evidence of the Deleterious Effects of Overheard Derogatory Ethnic Labels: Derogation Beyond the Target*, 13 PERSONALITY AND SOCIAL PSYCHOLOGY BULLETIN 216-227（1987）；Fabio Fasoli, Anne Maass & Andrea Carnaghi, *Labelling and discrimination: Do homophobic epithets undermine fair distribution of resources?*, 54 BRITISH JOURNAL OF SOCIAL PSYCHOLOGY 383-393（2015）（证实了仇恨言论与歧视之间的关系）。

④ 例如，Robert Post, *Hate Speech, in* EXTREME SPEECH AND DEMOCRACY 129（Ivan Hare & James Weinstein eds., 2009）（"但由于规范始终处于历史演进的过程中，定义社区的规范总是受到威胁，不断消失，这就是为什么社会需要学校、法律等来强制执行和稳定规范。对仇恨言论的监管，就像前几个世纪对煽动性诽谤、亵渎神明、蔑视法庭或诬蔑言论的监管一样，体现了法律对于其认为对社区和个人身份尤为重要的规范的执行愿望。"）。

⑤ 这是罗伯特·波斯特（Robert Post）关于宪法第一修正案的经典著作的基石。关于其简明阐述，参见 Robert Post, The Constitutional Status of Commercial Speech, 48 UCLA L. REv. 1, 7（2000）（"基本思想是，民主合法性取决于公民有理由相信他们的政府会对他们的愿望做出回应。公共话语包括各种交流行动，公民必须能不受限制地参加这些行动，才可以维持这种信念。"）。

公共话语的能力，并破坏了民主商议的社区建设方面。由于这些原因，不受约束的网上仇恨言论的增加不仅对其直接受害者有害，而且对民主的合法性也是危险的。

第二，仇恨言论的分裂性政治影响是由国家机构和法律以及民间社会的力量来抵制的，国家和民间社会都是通过国内的过程而不是跨国的过程来实现的。① 国家通过公立教育和文化机构向公民灌输文明规范，有时还通过法律（如诽谤法）直接规范言论。② 民间社会是由介于国家和私人市场之间的机构组成的，③ 如非政府组织、教会、大学和一系列其他协会。民间社会机构减少政治分裂的核心方式之一是建立和执行共同的文明规范。④ 在数字平台出现之前，大众媒体控制着信息传播的关键：如果没有他们的发布，信息几乎不可能向广大受众传播。因此，大众媒体的精英们能够排斥和制裁不文明的言论，如仇恨言论，以维护民主社会的边界。⑤ 国家和民间社会协同工作，维持社会中的文明规范，每一方都能在一定程度上弥补另一方的不足。由于国家法律在宪法上被限制直接执行言论规范，法律制度，如根据宪法第一修正案所产生的制度，将更多地依靠社会中运作的非国家行为者以维持政治共同体。

更具保护性的言论制度在很大程度上依赖民间社会，特别是媒体守门人，以抵制仇恨言论的分裂性影响，这一事实为我讨论欧洲式网络言论监管的优点奠定了基础。

第三，媒体的数字化削弱了民间社会控制信息传播的能力。大众媒体从守门人变成了简单的"观门人"。⑥ 在大众媒体的生态系统中，信息是稀缺的，并向一个方向流动——从拥有控制印刷和广播能力的少数人到消费

---

① 见下文第三部分（二）。
② 见下文第三部分（二）第 1 点。
③ 关于"民间社会"这一术语的演变，参见 JEFFREY C. ALEXANDER, THE CIVIL SPHERE 24-28 (2008)；有关本文中对该术语的更深入讨论，请参见下文第三部分（二）第 2 点。
④ 见下文第三部分（二）第 2 点。
⑤ 见下文第四部分。
⑥ 见下文第四部分（一）。

者，而在数字时代，生产和传播的能力已经民主化了。在数字时代，稀缺的不是言论，而是人们的注意力。① 这实际上使大众媒体的行为者尽管重要，也只是传播领域中的声音之一。② 数字平台是唯一对我们的公共领域的形式和内容有类似影响的行为者。这就提出了一个问题：数字平台能否像以前的守门人一样履行民主职能？我们有理由持怀疑态度。首先，数字平台与任何特定的民间社会都是脱节的。③ 与传统媒体的嵌入式和地方性不同，数字平台是真正的跨国和无国籍的媒体领域，可以毫不费力地穿越大多数国家的边界，甚至语言障碍。Facebook 不是《世界报》《明镜周刊》，也不是你当地的电台。那些在数字平台上做内容决定的人——程序员或版主——不一定（而且几乎不）是任何特定政治文化的社会化成员。仇恨言论和所有文明规范只有在参考了基于社区的社会规范后才有意义，因此，游离的守门人无法像国内守门人那样维护它们。

游离的守门人无法维持任何特定社会的文明规范，因为它们没有被社会化，未融入社会准则和礼仪中。数字平台不能取代大众媒体的第二个原因——至少就目前的情况而言——是它们旨在通过算法把关，为每个用户提供个性化的媒体体验。④ 这使大众媒体的主要授权之一失效：它是一种共同的信息消费体验。如果一个国家有三家或四家主要的报纸，那么其大部分人口都在阅读和接触大体相同的新闻。然而，Twitter 和 Facebook 上供应的信息是专门为我们定制的。

第四，文章认为，欧洲式的直接言论监管是对公共领域数字化造成的危机的合理回应。⑤ 为了证明这一点，文章表明，即使在杰克·巴尔金、丹尼尔·西特伦和塔勒顿·吉莱斯皮等学者提出的所有改革建议都已付诸实

---

① Tim Wu, *Is the First Amendment Obsolete Essay*, 117 MICH. L. REV. 547-582, 548 (2018-2019). "表达环境中最重要的变化可以归结为一个想法：稀缺的不再是言论本身，而是听众的注意力。"

② 见下文第四部分（二）。

③ 见下文第四部分（二）第 1 点。

④ 见下文第四部分（二）第 2 点。

⑤ 见下文第五部分。

施的世界里，"游离的守门人"的挑战仍然存在。① 这些建议包括利用反垄断法拆分巨型数字平台，② 在这些公司和消费者之间建立信义关系，③ 以及调整数字媒体平台享有的中间豁免权制度。④ 所有这些建议都旨在为数字平台创造激励机制，使其成为关注公共领域健康的负责任的代理人。⑤ 然而，它们并没有解决新的数字守门人与社会之间的基础性脱节问题。即使在一个遥远的幻想世界里，数字平台是"负责任和值得信赖的机构，从而促进健康和充满活力的数字公共领域"，⑥ 它们仍然只对跨国公共领域负责和作出反应，而这并不是我们国家的政治共同体存在的地方。国内民主社区得以维持的唯一途径是要求数字平台对支持民主民族国家的社会条件作出回

---

① 见下文第五部分（一）。

② 参见 Jack M. Balkin, *How to regulate(and not regulate)social media*, KNIGHT INSTITUTE OCCASIONAL PAPER SERIES 22–23（2020）（讨论反垄断法在数字平台方面的适当目标）；Dina Srinivasan, *The antitrust case against Facebook: A monopolist's journey towards pervasive surveillance in spite of consumers' preference for privacy*, 16 BERKELEY BUS. LJ 39（2019）（主张 Facebook 收集和提取用户信息的能力属于一种垄断行为）；Lina M. Khan, *The separation of platforms and commerce*, 119 COLUMBIA LAW REVIEW 973–1098（2019）（主张对平台进行结构性分离）。

③ 参见 Jack M. Balkin, *Information fiduciaries and the first amendment*, 49 UCDL REV. 1183（2015）（主张法院和立法者应就收集用户信息的数字平台和消费者的关系制定信息受托人的标准）；Lina M. Khan & David E. Pozen, *A skeptical view of information fiduciaries*, 133 HARV. L. REV. 497（2019）（认为在解决更基础性的问题之前，受托人责任制度很难取得实质性的成果）。

④ 参见 Danielle Keats Citron & Benjamin Wittes, *The internet will not break: Denying bad samaritans sec. 230 immunity*, 86 FORDHAM L. REV. 401（2017）（认为一个新行业在发展初期不受监管，发展到一定程度后需要监管，这是一个自然历史周期）；Tarleton Gillespie, *Platforms are not intermediaries*, 2 GEORGETOWN LAW TECHNOLOGY REVIEW 198–216（2018）（建议利用第 230 条规定的优惠条件，促使平台承诺更加透明并实现正当程序）；Jack M. Balkin, *How to regulate(and not regulate)social media*, KNIGHT INSTITUTE OCCASIONAL PAPER SERIES 25–28（2020）（列举了第 230 条规定修订的可能情况）。

⑤ 参见 Jack M. Balkin, *How to regulate(and not regulate)social media*, KNIGHT INSTITUTE OCCASIONAL PAPER SERIES 1（2020）（"规范社交媒体的目的是激励社交媒体公司成为负责任和值得信赖的机构，从而促进健康和充满活力的数字公共领域。"）；Tarleton Gillespie, *Platforms are not intermediaries*, 2 GEORGETOWN LAW TECHNOLOGY REVIEW 216（2018）（"法律可能需要一种新的方式来思考平台及其责任，认识到它们通过其管理、推荐和策展不断调整公共言论。"）。

⑥ Jack M. Balkin, *How to regulate (and not regulate)social media*, KNIGHT INSTITUTE OCCASIONAL PAPER SERIES 1（2020）。

应。随着国内民间社会能力的下降，实现这一任务的主要工具是像 NetzDG 这样要求数字平台在国家的边界内执行国内文明规范的法律。虽然有缺陷，但欧洲式的仇恨言论监管有可能迫使平台将特定的国家公共领域和文化的需求考虑在内。至少在这个意义上，我们有可能在一个受这些欧洲规范影响的互联网中得到更好的发展。然而，由于像 NetzDG 这样的法律的优势在于，它们是通过一个响应民主社会需求的过程建立起来的，它们决不能试图将其限制强加在其边界之外。这样的强加会复制"游离的守门人"问题，让强大的民族国家取代数字平台的位置。

文章分五部分进行。第一部分描述了欧洲言论规范对数字领域不断上升的影响力以及它所面临的主要批评。第二部分认为，言论自由的主要（但不是唯一）价值在于支持特定国家的民主合法性，而这一目标的实现需要维持一种政治共同体的意识。第三部分讨论了仇恨言论对政治共同体的分裂性影响，并阐述了抵制这些影响的两种社会和政治力量：国家法律和民间社会。第四部分认为，数字平台的兴起削弱了民间社会特别是媒体守门人执行基于社区的文明规范的能力。它还认为，有充分的理由认为，数字平台目前不是——而且在可预见的将来也可能不是——大众媒体民主功能的适当替代者。第五部分认为，关于数字平台监管的大量建议，尽管无疑是积极的，但并不能应对游离的守门人的挑战，而欧洲式的立法有可能做到这一点。

一 言论自由规范的网络影响力不断上升

直到最近，美国的言论自由规范一直主导着数字媒体平台的内容审核政策。[①]

---

① 参见 Danielle Keats Citron, *Extremist Speech, Compelled Conformity, and Censorship Creep*, 93 NOTRE DAME L. REV. 1036, 1037（2017）（"社交媒体公司在制定言论政策时经常参考宪法第一修正案的原则。"）；Kate Klonick, *The new governors: The people, rules, and processes governing online speech*, 131 HARV. L. REV. 1598, 1618–1622（2017）（主张平台的言论自由基准是宪法第一修正案的价值观）。

这不仅仅归因于美国宪法的文化资本，[①] 也是因为这些平台大多在美国建立和发展。[②] 它们的言论规范也是如此。正如凯特·克洛尼克（Kate Klonick）所描述的那样："美国律师接受了美国言论自由规范的培训和文化熏陶，而在宪法第一修正案的监督下，公司制定和发展内容审核政策。尽管它们可能没有直接引进宪法第一修正案的原则，但言论自由的规范背景对它们如何构建自己的政策产生了直接影响。"[③] 这些规范的核心是对审查制度的深恶痛绝，因此它们对攻击性和仇恨性的言论极为保护。[④] 由于宪法第一修正案的价值观在数字平台设计和实施内容审核政策方面的支配地位，它们创建了一个全球数字公共领域，通常遵循"最不严格审查的政权——美国价值观"的原则。[⑤]

然而，从一开始，这些平台在自由表达上的承诺就有重大例外：社区准则和服务条款中禁止儿童色情、欺诈、网络钓鱼、冒充和侵犯版权。[⑥] 在倡导团体多年的商讨和施压下，威胁、网络跟踪、报复性色情和仇恨言论

[①] 参见 GEORGE ATHAN BILLIAS, AMERICAN CONSTITUTIONALISM HEARD ROUND THE WORLD, 1776-1989: A GLOBAL PERSPECTIVE xv (2009)。"过去，美国宪政主义对国外的影响深远，并在人类在法律体系下寻求自由的历程中，依然是一种卓越的贡献。"

[②] 有些人甚至将这种统治称为"平台帝国主义"（Platform Imperialism），参见 Dal Yong Jin, *The Construction of Platform Imperialism in the Globalization Era*, 11 TRIPLEC: COMMUNICA-TION, CAPITALISM & CRITIQUE. OPEN ACCESS JOURNAL FOR A GLOBAL SUSTAINABLE INFORMATION SOCIETY 145-172, 145 (2013)（"由于平台——不仅作为硬件架构，还作为软件框架，允许软件运行——对数字经济和文化，包括知识产权和参与性文化的重要性，一些国家已经开发了自己的 SNS 和智能手机；然而，只有少数西方国家，主要是美国，主导了全球平台市场和社会。"）。

[③] Kate Klonick, *The new governors: The people, rules, and processes governing online speech*, 131 HARV. L. REV. 1621 (2017).

[④] 参见 Robert Post, *Hate Speech*, *in* EXTREME SPEECH AND DEMOCRACY 132 (Ivan Hare & James Weinstein eds., 2009)（"相比之下，美国宪法第一修正案禁止对亵渎神明的言论和仇恨言论进行惩罚。这是因为美国宪法第一修正案倾向于将维护民主合法性所必需的言论——我将其称为'公共话语'——视为一个独特的领域，在这个领域中，国家在宪法上被禁止执行社区规范。"）。

[⑤] Jack M. Balkin, *Free Speech in the Algorithmic Society: Big Data, Private Governance, and New School Speech Regulation Essays*, 51 U. C. D. L. REV. 1149 (2017-2018).

[⑥] Jack M. Balkin, *Free Speech in the Algorithmic Society: Big Data, Private Governance, and New School Speech Regulation Essays*, 51 U. C. D. L. REV. 232 (2017-2018).

被添加到例外列表中。①　即使它们扩大了其所审核的言论形式，许多学者、记者和政府官员仍然对许多数字平台所采用的仇恨言论的狭义定义以及对这些规范的执行不严表示担忧。

由于这些担忧，美国之外的国家积极尝试影响指导数字平台的在线言论规范。②　这就形成了一个过程，通过这个过程，美国的言论自由影响力逐渐被所谓的欧洲言论自由规范所侵蚀，而欧洲规范并不具备强烈的反言论限制的设定。③

这一变化始于欧洲各国政府和欧盟对数字平台施加的巨大压力，它们要求其改变对极端主义和仇恨言论的处理方式。2015 年底，欧洲几个国家的首都发生恐怖袭击后，这些平台因未能在打击恐怖主义信息传播和人员招募方面做足够的努力而受到严厉批评。④　欧洲传递了非常明确的信息："在线平台将面临严厉的民事和刑事处罚，除非它们的政策和程序能够使极端主义言论被快速删除。"⑤　在这种压力下，2016 年，微软、Facebook、Twitter 和 YouTube 与欧盟委员会签署了一项协议，承诺根据其"规则和社区准则以及必要的国家法律"，在 24 小时内审查并在必要时删除"仇恨"

---

① Danielle Keats Citron, *Extremist Speech, Compelled Conformity, and Censorship Creep*, 93 NOTRE DAME L. REV. 1037（2017）（"在与倡导团体进行长时间讨论后，禁止威胁、网络跟踪、未经同意的色情和仇恨言论。"）。

② Danielle Keats Citron, *Extremist Speech, Compelled Conformity, and Censorship Creep*, 93 NOTRE DAME L. REV. 1037（2017）（"最近，社交媒体公司修改了关于极端主义和仇恨言论的言论政策。然而，与以前的变化不同，这些修订不是市场力量的结果。它们不是为了满足广告商和倡导者的愿望而制作的。相反，它们被采用是为了避免欧洲监管的威胁。"）。

③ Jack M. Balkin, *FREE SPEECH IS A TRIANGLE*, 118 COLUMBIA LAW REVIEW 2011-2056, 2028-29（2018）（描述新派言论法规的兴起，其中大部分如被遗忘权和 NetzDG 是欧洲的）。

④ Mark Scott, Europe Presses American Tech Companies to Tackle Hate Speech, N. Y. TIMES（Dec. 6, 2016）, https://www.nytimes.com/2016/12/06/technology/europe-hatespeechfacebook-google-twitter.html; Amar Toor, UK Lawmakers Say Facebook, Google, and Twitter Are "Consciously Failing" to Fight ISIS Online, VERGE（Aug. 26, 2016）, http://www.theverge.com/2016/8/26/12656328/facebook-google-twitter-isispropaganda-uk-report.

⑤ Danielle Keats Citron, *Extremist Speech, Compelled Conformity, and Censorship Creep*, 93 NOTRE DAME L. REV. 1038（2017）.

言论。①

　　然而，这一协议的签署并没有让所有欧洲国家政府满意。② 2017 年，德国通过了一项名为《网络执行法》（NetzDG）的法案，使之成为法律。③ 该法旨在与数字平台合作，删除（或让德国的用户无法接触到）德国刑法典规定的非法内容，包括仇恨言论。尽管许多平台，如 Facebook，已经有仇恨言论政策（受欧洲规范的影响），但该法要求平台更严格地执行相关政策，并在收到通知后 24 小时内删除"明显非法"的言论。任何系统性违反法律的行为都将被处以最高 5000 万欧元的罚款。① 尽管德国法律在该领域仍是唯一的，但这种情况可能不会持续太久。法国议会在 2020 年 5 月通过了一项与 NetzDG 几乎相同的法律。然而，与德国不同的是，法国宪法委员会驳回了该法律，认为它是"对行使言论和交流自由权的一种非必要、非适当、非相称的打压"。② 类似的情况也发生在英国，英国政府最近的一份文件宣布，"在错误的人手中，互联网可以被用来传播恐怖主义和其他非法或有害的内容，破坏公民话语，虐待或欺负其他人"，③ 并建议采取与 NetzDG 类似

---

① E. U. Commission, *Code of conduct on countering illegal hate speech online*, EUROPEAN COMMISSION, BRUXELLES, BELGIUM（2016）.

② Andrew Keane Woods, *Litigating data sovereignty*, 128 YALE LJ 328, 340-41（2018）（描述该协议如何不满足欧洲各国政府的要求）.

③ 一般参见 WILLIAM ECHIKSON & OLIVIA KNODT, *Germany's NetzDG: A Key Test for Combatting Online Hate*（2018），https://papers. ssrn. com/abstract = 3300636（last visited Feb 26, 2021）；WOLFGANG SCHULZ, *Regulating Intermediaries to Protect Privacy Online-The Case of the German NetzDG*（2018），https://papers. ssrn. com/abstract = 3216572（last visited Feb 26, 2021）；Fighting Hate Speech and Fake News. The Network Enforcement Act（NetzDG）in Germany in the context of European legislation , MEDIALAWS-LAW AND POLICY OF THE MEDIA IN A COMPARATIVE PERSPECTIVE-（2018），http://www. medialaws. eu/rivista/fighting-hatespeech-and-fake-news-the-network-enforcement-act-netzdg-in-germany-in-the-contextof-european-legislation/（last visited Feb 26, 2021）.

① 关于对法律的英文有用描述和分析，参见 Heidi Tworek & Paddy Leerssen, *An analysis of Germany's NetzDG law*, 15 INSTITUTE FOR INFORMATION LAW（IVIR）（2019）.

② What's Going on With France's Online Hate Speech Law?, LAWFARE（2020），https://www. lawfareblog. com/whats-going-frances-online-hate-speech-law（last visited Feb 26, 2021）.

③ Online Harms White Paper, GOV. UK, https://www. gov. uk/government/consultations/online-harms-white-paper/online-harmswhite-paper（last visited Feb 26, 2021）.

的解决方案。加拿大下议院一份题为"采取行动结束网上仇恨"的报告建议，"加拿大政府为在线平台和互联网服务提供商制定要求，内容涉及它们如何监测和处理仇恨言论事件，以及及时删除所有会构成网上仇恨的帖子的必要性"。[1]

这类立法的传播可能标志着互联网的一个新时代开始，在这个时代，平台在民族国家的法律压力下，以更加坚定和全面的方式审核和控制言论，对特定民族国家的法律和规范更加敏感。

那么，欧洲在摧毁互联网吗？

美国宪法第一修正案的研究者对欧洲对数字公共领域的侵蚀持高度批评和警惕的态度，这似乎接近于一致意见。巴尔金的观点很有代表性，他认为：

> 目前，互联网主要由最不严格审查的政权——美国——所治理。如果民族国家可以强制进行全球过滤、封锁和删除链接，那么互联网最终将由最严格审查的政权所统治。这将破坏自由互联网这一全球公共利益。[2]

在巴尔金看来，NetzDG 只是他所谓的"新派言论监管"的一个极端版本，这发生在以下情况下：

> 民族国家（或像欧盟这样的超国家实体）试图监管、威胁、胁迫或合作使用互联网基础设施的要素，以便让基础设施对发言者进行监视、监督和控制。从本质上讲，民族国家试图让私人拥有的基础设施

---

① Committee Report No. 29-JUST（42-1）-House of Commons of Canada, https://www.ourcommons. ca/DocumentViewer/en/42-1/JUST/report-29/（last visited Feb 26, 2021）.

② Jack M. Balkin, *Free Speech in the Algorithmic Society: Big Data, Private Governance, and New School Speech Regulation Essays*, 51 U. C. D. L. REV. 1206（2017-2018）.

为其工作。①

NetzDG 类型的立法可能是新派言论监管的缩影。针对这种新的数字言论监管浪潮，人们通常提出三类反对意见。

其一，实质性的反对意见。② 由于许多新派言论法规（但不是全部）是以欧洲言论自由价值观为基础的，它们对言论的保护力度是不够的。这不是对互联网监管的具体批评，而是对规范性基础的批评。这种反对意见认为，德国的仇恨言论理论是没有道理的，或破坏了言论自由价值观。

其二，全球性的管辖权异议。③ 民族国家可以寻求在其边界之外执行这些限制。这种批评有两个方向。由于德国公民可以在任何地方访问网络，德国可能会要求平台在任何地方执行这些规范。即使情况不是这样的，NetzDG 类型的法律也可以使公司更容易、更方便地改变其服务条款，以满足法规的要求。由于服务条款（目前）是全球性的，这些条款将事实上普及 NetzDG 的规范和价值观。该意见是对这类法规的潜在世界性影响的反对。

其三，功能主义的反对意见。④ 新派言论监管，如 NetzDG，是一种附带审查的形式，即国家通过监管平台（私人实体）来控制用户的言论。在 NetzDG 的案例中，法律要求平台审查并删除用户的非法言论。危险的是，这将会导致过度的言论监管。为了减少受到制裁的风险，平台可能会"倾向于过度封锁或过度过滤内容"。⑤ 此外，将言论监管的角色赋予数字平台会导致形式上的数字先行限制，其中算法决定谁能说话；这些限制往往没有适用于正式司法程序的正当程序。因此，当 NetzDG 要求平台做出这些决策时，它利用了平台是私人公司的事实，以在不需要正当程序的情况下限

① Jack M. Balkin, *FREE SPEECH IS A TRIANGLE*, 118 COLUMBIA LAW REVIEW 2015–2016 (2018).

② Jack M. Balkin, *FREE SPEECH IS A TRIANGLE*, 118 COLUMBIA LAW REVIEW 2030–2031 (2018).

③ Jack M. Balkin, *FREE SPEECH IS A TRIANGLE*, 118 COLUMBIA LAW REVIEW 2031 (2018).

④ Jack M. Balkin, *FREE SPEECH IS A TRIANGLE*, 118 COLUMBIA LAW REVIEW 2031 (2018).

⑤ Jack M. Balkin, *FREE SPEECH IS A TRIANGLE*, 118 COLUMBIA LAW REVIEW 2016 (2018).

制言论。

所有这些批评的底线是，像 NetzDG 这样的立法可能导致平台创建一个言论受限、没有遵循言论自由价值观的公共领域。

本文虽然承认这些批评的好的一部分（至少是部分承认），但同时认为，由于其更能够响应国内民间社会和公众舆论，欧洲言论规范兴起的积极效应将超过其潜在缺陷。现在让我转向为什么对国内民主社区来说，在定义其公共领域的文明规范中有参与权和发言权是如此重要。

二　民主合法性 vs 民主文化

为了在辩论中反对或支持欧洲言论价值观和立法对数字公共领域的影响力上升，有必要追问言论自由的目标和价值观是什么。为了判断出哪一套制度和法律改革有可能将互联网引向正确的方向，我们必须确定我们的共同目标。

（一）言论自由的目标

在关于数字言论的未来的辩论中，有两个言论自由目标占据了中心位置。虽然两者无疑都很重要，但我认为其中一个是另一个的先决条件，因此具有更重要的意义。

首先，有人认为，言论自由的目标是保护和支持国家的政治民主。① 民主的合法性需要公民参与公共舆论的形成。为了保护这种脆弱的观念和过程，言论自由保护了公共话语不受国家干预。公共话语是使公民可以自由

---

① 我对这种思考方法的提炼是基于罗伯特·波斯特的观点，即宪法第一修正案保护公共话语，以增强民主合法性。参见 Robert C. Post, *The Constitutional Concept of Public Discourse: Outrageous Opinion, Democratic Deliberation, and Hustler Magazine v. Falwell*, 103 HARVARD LAW REVIEW 601 (1990); Robert Post, *Meiklejohn's Mistake: Individual Autonomy and the Reform of Public Discourse Ira C. Rothgerber Jr. Conference on Constitutional Law-Freedom of Speech in a World of Private Power*, 64 U. COLO. L. REV. 1109–1138 (1993)。

参与并影响其政府和法律的交流过程。① 对过程的保护增强了民主的合法性，因为它"取决于公民有理由相信他们的政府会对他们的愿望做出回应"。② 在健康的民主制度中，政府会回应公众的意见。这意味着，要使民主具有合法性，公民就应相信，如果他们愿意的话，他们可以通过参与交流自由地影响公共舆论的形成。波斯特解释说，这种参与公共舆论形成过程的潜力"使公民能够想象自己被纳入集体自决的过程中"。③ 在这个意义上，言论自由是为了支持特定民主国家的民主合法性和稳定性。

其次，言论自由的第二个目标是支持创造和维护巴尔金所说的"民主文化"。④ 这里的目的是产生一种"个人和群体可以自由地参与文化，以及参与塑造和影响他们的文化权力形式"的现实机制。⑤ 保护个人和群体参与文化的能力是值得的，因为"文化权力甚至比国家权力更普遍，个人需要有一种办法来参与构成其身份并影响其生活的文化的建设和发展"。⑥ 言论自由是为了保护个人影响文化的能力，而文化又构成了他们。这个想法与政治民主没有必然联系，同样适用于生活在非民主环境中的个人。

尽管民主合法性和文化民主的价值观肯定不互相排斥，但在某些情况下，它们可能会此消彼长。这意味着在某些情况下，我们必须在这两种价值观之间进行选择。在对言论的保护会削弱民主合法性但同时会增加文化参与的情况下，应该以哪种价值观为指导？

这些言论自由价值观与特定民主政体的合法性之间的对比关系使它们可能会发生冲突。巴尔金认为，文化民主对言论自由的理解的主要优点之

---

① Robert Post, The Constitutional Status of Commercial Speech，48 UCLA L. REv. 7（2000）（"如果要维持民主合法性，公共话语，包括那些交流过程，必须对公民参与开放。"）。

② Robert Post, The Constitutional Status of Commercial Speech，48 UCLA L. REv. 7（2000）.

③ Robert Post, The Constitutional Status of Commercial Speech，48 UCLA L. REv. 7（2000）.

④ Jack M. Balkin, *Digital speech and democratic culture: A theory of freedom of expression for the information society*，79 NYUL REV. 1（2004）；Jack M. Balkin, *Cultural Democracy and the First Amendment*，110 NW. ULREV. 1053，1058（2015）.

⑤ Jack M. Balkin, *Cultural Democracy and the First Amendment*，110 NW. ULREV. 1054（2015）.

⑥ Jack M. Balkin, *How to regulate（and not regulate）social media*，KNIGHT INSTITUTE OCCASIONAL PAPER SERIES（2020）.

一是："文化民主，就像文化本身，不受政治边界的限制。参与文化的能力是一种超越国家疆界、在世界范围内参与意见、思想和艺术表达的流通的能力"。① 这与民主合法性目标形成对比，后者本质上支持"在民族国家内民主权力的合法性"。② 巴尔金认为，在数字时代，通信和文化不再受国界限制，民主合法性理论"将越来越被证明是地方性的和不足以保护真正的全球通信系统"的。③ 这种不足是因为它不契合"超越民族国家的全球公共话语"的性质，④ 还因为"互联网的全球性质可能会被国家对电信媒体的监管所破坏或威胁"。⑤ 然而，这些并不是证明文化民主是更好的言论自由的理由之论据，而是令人信服地解释了它与民主合法性目标相冲突的原因。文化参与不受国界限制的事实并不影响国内民主合法性是不是言论自由的核心目标的问题。它可能只是意味着，言论自由应该以不同的方式适用于数字公共领域，因为它与民主合法性没有内在联系。这与商业言论因为不支持民主合法性而不应该得到与个人言论相同的保护水平的论点相类似。⑥ 如果我们从巴尔金的论述中去除规范性假设，那么在这种情况下，它可以被解读为对数字时代为何使特定民族国家的民主合法性更难维持的解释。它并没有使民主合法性的理由变得不那么真实，只是在数字世界方面给了它们一个更强的批判性优势。

我们有充分的理由关注当今民主稳定性和合法性。在过去的几十年中，我们看到许多国家的民主逐渐倒退、恶化甚至消失。⑦ 互联网在这些不幸的

---

① Jack M. Balkin, *Cultural Democracy and the First Amendment*, 110 NW. ULREV. 1055 (2015).

② Jack M. Balkin, *Cultural Democracy and the First Amendment*, 110 NW. ULREV. 1053 (2015).

③ Jack M. Balkin, *Cultural Democracy and the First Amendment*, 110 NW. ULREV. 1053 (2015).

④ Jack M. Balkin, *Cultural Democracy and the First Amendment*, 110 NW. ULREV. 1053 (2015).

⑤ Jack M. Balkin, *Cultural Democracy and the First Amendment*, 110 NW. ULREV. 1053 (2015).

⑥ Robert Post, The Constitutional Status of Commercial Speech, 48 UCLA L. REv. 7 (2000)（通过解释商业言论和公共话语的不同宪法功能，解释对它们的不同处理）。

⑦ 参见 Nate Schenkkan & Sarah Repucci, *The freedom house survey for 2018: democracy in retreat*, 30 JOURNAL OF DEMOCRACY 100-114 (2019)（描绘过去十年中自由和民主的减少）；有关更乐观的说法，参见 Valeriya Mechkova, Anna Lührmann & Staffan I. Lindberg, *How Much Democratic Backsliding?*, 28 JOURNAL OF DEMOCRACY 162-169 (2017)（认为没有必要对全球民主进行系统性关注）。

发展中所扮演的角色并不清楚。① 但是，如果民主面临更大的挑战，那么这使得民主合法性目标比以往任何时候都更加相关。还有充分的理由去优先考虑民主合法性而不是（同样值得追求的）文化民主的目标：言论自由保护最有效和最稳定的来源是国内宪法和法院，这些在很大程度上依赖于健康和稳定的民主社会的存在。民主合法性使得可以追求任何言论自由价值观的机构得以存在。因此，在这两种价值观相互竞争的情况下，我们应该优先考虑民主合法性。我认为，网络仇恨言论的监管就是这样一种情况。

（二）政治共同体和民主合法性

这场关于 NetzDG 和欧洲言论规范（或美国规范）影响的争论源于这些法律体系对仇恨言论的看待方式不同。简单地说，在欧洲，法律通常用于执行文明规范（例如当地对什么构成仇恨言论的理解），而在美国，有强烈的宪法假定反对这种执行。② 罗伯特·波斯特认为，这种对比应该被理解为"在两个大陆上维持社区认同的相对必要性。各国将根据在维持社会团结的前提条件下执行共同社区规范的必要性，就民主和社区之间的紧张关系进行协商"。③ 社区是一种社会化的形式，它将规范灌输给其成员。这使得对这些规范的遵守成为他们人格的一部分。相对化和削弱这些规范的过程也

---

① 一般参见 YOCHAI BENKLER, ROB FARIS & HAL ROBERTS, NETWORK PROPAGANDA：MANIPULATION, DISINFORMATION, AND RADICALIZATION IN AMERICAN POLITICS (2018)（讨论是否有证据表明美国政治两极分化是由数字化引起的，并认为这实际上是福克斯新闻和保守派谈话电台兴起的结果）。

② 有关欧洲文明保护的历史处理，请参见 James Q. Whitman, *Enforcing Civility and Respect: Three Societies*, 109 THE YALE LAW JOURNAL 1279 (2000)（认为德国和法国对文明的保护不仅来自二战后对人权的关注，而且来自以前几个世纪以等级为基础的贵族文化）；另参见 Robert Post, *Hate Speech*, in EXTREME SPEECH AND DEMOCRACY 123－138 (Ivan Hare & James Weinstein eds., 2009)（概述欧洲和美国在执行文明规范方面的差异）。

③ Robert Post, *Hate Speech*, in EXTREME SPEECH AND DEMOCRACY 137 (Ivan Hare & James Weinstein eds., 2009).

会模糊社区的边界。当规范消失时，社区也会消失。① 这对于大学社区和国家公民群体来说同样如此。许多国家在其法律中规定了一系列的文明规范。其目的是长期稳定文明规范，从而维持一个相对统一的政治共同体。

在美国，宪法学说被解释为创造一个"社区市场"及思想市场。② 执行特定的文明规范，就有可能将某一特定社区排除在公共话语之外。这种行为的代价是社群成员彼此疏远和民主合法性的减弱。出于这个原因，宪法第一修正案认为，在公共辩论中，"一个人的粗俗是另一个人的抒情"。③ 相反，在欧洲，执行文明规范证明了对政治共同体维护的更深层次关注。换句话说，欧洲和美国的言论自由规范代表了对平衡民主和社区的不同考量。④ 在欧洲，国家的选择是利用法律积极维护社会言论规范，而在美国，选择是依靠民间社会和较不直接的国家影响（例如公立学校）⑤ 来完成同样的任务。

社区/民主权衡的考量变得更加复杂，因为强烈的政治共同体意识是繁荣的民主的前提条件。⑥ 这至少在以下三个方面是真实的。

（1）我们可以从自我统治的民主理想开始。许多人认为，民主政治要想合法，就必须被看作自我统治的实例。这意味着，公民应该能够将国家视为属于他们自己的。这就需要他们采用哈贝马斯所说的"积极自决的我

---

① 波斯特将社区定义为"一种将规范灌输到其成员身份中的社会形态。社区内的人远非被视为自主的，而是被理解为，为了其人格的完整性和尊严，依赖于对这些规范的遵守"。Robert Post, *Hate Speech*, in EXTREME SPEECH AND DEMOCRACY 137 (Ivan Hare & James Weinstein eds., 2009).

② Robert Post, The Constitutional Status of Commercial Speech, 48 UCLA L. REv. 634-35 (2000).

③ *Cohen v. California* 403 US 15, 25 (1971).

④ Robert Post, *Hate Speech*, in EXTREME SPEECH AND DEMOCRACY 132 (Ivan Hare & James Weinstein eds., 2009)（"欧洲法律制度往往很愿意利用法律来执行这种霸权社区规范。相比之下，美国宪法第一修正案禁止对亵渎神明的言论和仇恨言论进行惩罚。这是因为美国宪法第一修正案倾向于将维护民主合法性所必需的言论——我将其称为'公共话语'——视为一个独特的领域，在这个领域中，国家在宪法上被禁止执行社区规范。"）.

⑤ 参见 *Bethel School Dist. No. 403 v. Fraser*, 478 U.S. (1986)，指出学校的职责是"灌输文明的习惯和礼仪，因为它们是导向幸福的价值观，以及在社区和国家中实行自治不可或缺的条件"；Robert C. Post, *Community and the First Amendment*, 29 ARIZ. ST. LJ 473 (1997)，认为为了维护社区和民主合法性，宪法第一修正案并没有将社会化的主要机制，如学校，纳入其保护的"公共话语"。

⑥ Robert C. Post, *Community and the First Amendment*, 29 ARIZ. ST. LJ 473 (1997).

们视角"。① 没有政治共同体，则自我统治的想法在概念上和文化上都是不连贯的。如果"我"的意识不是政治文化的一部分，那么究竟谁是将参与自我统治的主体/自我？这种关系的另一个方面是，用罗伯特·波斯特的话说，"民主所依赖的自治价值本身就是一种特殊社区的产物，这种社区通过社会化过程灌输并维持集体自治的价值"。②

（2）与自我统治相关的理念要求：民主需要（或通过）积极投入的公民（变得更好）。这种投入因政治共同体的存在而被强化。用查尔斯·泰勒的话说："只有当大多数成员相信他们的政治社会是一项相当重要的共同事业，并认为它具有至关重要的意义，以至于他们以他们必须采取的方式参与进来，以保持它作为一个民主国家的运作时，公民民主才能发挥作用。"③这是因为民主、自由的国家对其公民的要求很高，它们依赖于"比对整个人类的团结大得多的对同胞的团结"。④

（3）只有在一个政治共同体内，公共话语才能被看作一个可以进行理性说服的地方。以社区为基础的文明规范正是构成理性意识的因素。⑤ 如果这种文明规范——只有对社区的社会化成员才有意义——被打破，这"几乎无一例外地使言论看起来具有恐吓性或辱骂性"。⑥

如果我们接受民主依赖于政治共同体的存在这一事实，那么我们必须得出结论，宪法第一修正案是建立在一个悖论之上的。⑦ 为了实现其促进民

---

① JÜRGEN HABERMAS, BETWEEN FACTS AND NORMS: CONTRIBUTIONS TO A DISCOURSE THEORY OF LAW AND DEMOCRACY 499 (2015).

② Robert C. Post, *Community and the First Amendment*, 29 ARIZ. ST. LJ 482 (1997).

③ MARTHA CRAVEN NUSSBAUM & JOSHUA COHEN, FOR LOVE OF COUNTRY? (2002).

④ MARTHA CRAVEN NUSSBAUM & JOSHUA COHEN, FOR LOVE OF COUNTRY? 120 (2002).

⑤ Robert C. Post, *Community and the First Amendment*, 29 ARIZ. ST. LJ 482 (1997) ("只有当公共话语被视为理性对话的过程，而社区的文明规则是定义和构成理性对话的基础时，公共话语才能将公民的个人意志与国家的普遍意志联系起来。")。

⑥ Robert C. Post, *Community and the First Amendment*, 29 ARIZ. ST. LJ 482 (1997).

⑦ Robert C. Post, *Community and the First Amendment*, 29 ARIZ. ST. LJ 482 (1997) ("如果健康的民主需要并预先假定一个健康的社区的存在，如果宪法第一修正案的主要目的是提供民主合法性的基础，如果民主合法性本身要求宪法第一修正案暂停在公共话语中执行社区规范，那么宪法第一修正案可以准确地说是建立在悖论之上的。")。

主合法性的目标，宪法第一修正案保护那些破坏和损害民主所依赖的民主政治共同体健康的言论形式。亦即，为了加强民主的框架，宪法第一修正案保护那些破坏其基础的人。虽然这一悖论在美国得到了成功的维持，但它的存在支持了这样一种观点，即欧洲的言论规范也可以被看作实质性的民主。

三　仇恨言论与政治共同体

仇恨言论破坏了民主所依赖的信任感和政治共同体。它挑战了社区的存在，因为它一直都在破坏文明规则——正是这些规则使公共话语得以存在。这些都是真实发生的情况，原因有二。

第一，仇恨言论不仅具有恐吓性或辱骂性，而且通常还具有分裂作用。[①] 它的目的是将一个群体（基于性别、种族或其他属性）排除在社会的正式成员之外。[②] 这种排斥如果有效的话，会对被排斥的群体造成明显的伤害，使他们感到被疏远在公共话语之外。这不是仇恨言论的外围因素，而是其核心目标和效果之一。正如 Jeremy Waldron 所言，仇恨言论的危害是由"可见的、公开的、半永久性的公告所造成的。其大意是在社区的一个群体，往往是大多数人，认为另一个群体的成员不配拥有平等的公民权"。[③] 仇恨言论的分裂效果并不限于目标群体。仇恨言论的盛行不断地破坏着政治共同体的假定。心理学研究表明："经常接触仇恨言论会改变这种言论所针对的外部群体的主导形象。由于系统辩护机制，经常成为口头攻击目标的

---

① 参见 Jacob Rowbottom, *Extreme Speech and the Democratic Functions of the Mass Media*, in EX-TREME SPEECH AND DEMOCRACY 608-630, 172 (Ivan Hare & James Weinstein eds. , 2009) （"仇恨言论不尊重他人的自主权并拒绝与他们商议。在这些方面，它倾向于破坏而不是促进真正共同意愿的形成。"）。

② 这一方面是大多数仇恨言论法规和法律的核心。见下文第三部分（一）。

③ JEREMY WALDRON, THE HARM IN HATE SPEECH 33 (2012).

少数群体成员越来越被视为自己内部群体中的劣等群体。"① 仇恨言论中固有的内部分裂强调不断相对化和质疑统一公民群体的存在。例如，种族主义言论宣称，民主社区根本不是社区，而是由敌对种族组成的，其中一些种族优于其他种族。② 因此，种族主义言论的普遍存在破坏了共同公民身份感。当公民不断被提醒他们的许多同胞将他们视为局外人时，他们如何采取"我们视角"并相信国家以有意义的方式属于他们？

第二，仇恨言论通过辱骂和寻求排斥的方法，破坏了对公共话语至关重要的共同理性和自由。它不是通过强调分裂和排斥，而是通过挑战"参与公共话语本身就是值得的"这一想法来实现这一点。言论规范对于任何社区的形成都至关重要，对于民主社区来说更是如此，因为它是通过不断产生的公共话语和辩论来维持的。因为"民主公民的身份将参考社区规范而形成"，仇恨言论或任何"违反文明规则的言论通常会被视为既不合理又具有强制性"。③ 要使公民团体有动力参与公共话语以影响政治，他们必须将其视为一个可以自由交流和说服的领域。因此，沟通中普遍存在的非理性和胁迫将使得公民参与公共话语的能力丧失，并破坏民主商议的社区建设方面。例如，种族主义言论破坏了公民理性地参与公共话语的能力和意愿。④ 由于种族主义言论打破了社区的文明规范，它被视为恶毒的谩骂，而不是合法意见的表达。如果这种言论盛行，究竟是什么促使公民团体参与公共话语？盛行的种族主义言论将向所有人传达一种观点，即许多公民同胞是不能沟通的，因为他们是暴力的辱骂者，不适合辩论和讨论。

---

① Michał Bilewicz & Wiktor Soral, Hate Speech Epidemic. *The Dynamic Effects of Derogatory Language on Intergroup Relations and Political Radicalization*, 41 POLITICAL PSYCHOLOGY 3–33 (2020).

② Robert C. Post, *Racist speech, democracy, and the First Amendment*, 32 WM. & MARY L. REV. 267 (1990)（"种族主义言论的污名化和致残效果有效地将其受害者排除在公共话语之外。"）。

③ Robert C. Post, *Racist speech, democracy, and the First Amendment*, 32 WM. & MARY L. REV. 287 (1990).

④ Robert C. Post, *Racist speech, democracy, and the First Amendment*, 32 WM. & MARY L. REV. 302 (1990)，认为"种族主义言论是非理性和强制性的，只不过是一种语言虐待（对不情愿的目标的辱骂），因此切中了公共话语的根源"。

现在让我来谈谈各州和数字平台是如何定义和监管仇恨言论的。

（一）仇恨言论的界定和识别

定义是监管的起点。因此，我们发现平台、立法机构、法官和学术界都在积极寻求确定仇恨言论的基本要素。本部分考察了其中一些定义和法规。研究表明，识别仇恨言论的任务不可能从它所处的特定文化背景中分离出来。换句话说，只有通过特定文化的文明规范的社会化，才有可能普遍地识别仇恨言论。

例如，欧盟关于通过刑法打击某些形式和以某种方式表现的种族主义和仇外心理的框架决定，为欧洲理事会与主要数字平台的协议奠定了基础，[1] 它将仇恨言论定义为包括以下三点之一的言论：（1）"公开煽动针对某一群体或该群体成员的基于种族（肤色）、血统、宗教或信仰、民族或族裔或民族血统的暴力或仇恨"；（2）也可以通过"公开传播或分发小册子、图片或其他材料"体现前述内容；（3）"公开纵容、否认或严重轻视种族灭绝罪、危害人类罪和战争罪（欧盟法律中的定义），且这种行为的实施方式可能会煽动对此类群体或此类群体成员的暴力或仇恨"。[2] 德国刑法典与此条特别相关，因为它为 NetzDG 提供了依据，该法将以下行为列为一类："1. 煽动对部分人口的仇恨或呼吁采取暴力或专横措施；2. 通过侮辱、恶意诋毁或诽谤部分人群来侵犯他人的人格尊严。"[3]

对于许多数字平台来说，决定性的诊断要素是对暴力的宣传。在定义 Twitter 社区规范的文件《Twitter 规则》中，有一节题为"滥用行为"的规

---

① Andrew Sellars, *Defining Hate Speech*, SSRN ELECTRONIC JOURNAL, 20（2016），https://www.ssrn.com/abstract=2882244（last visited Feb 27, 2021）.

② Framework Decision 2008/913/JHA（Nov. 28, 2008）EUR-Lex-l33178-EN-EURLex, https://eur-lex.europa.eu/legal-content/%20%20EN/TXT/? uri=LEGISSUM：l33178（last visited Feb 27, 2021）.

③ Section 130, https://sherloc.unodc.org/cld/en/legislation/deu/german_criminal_code/special_part_-_chapter_seven/section_130/section_130.html?（last visited Feb 27, 2021）.

则。① 其中，Twitter 明确禁止"仇恨行为"，它将其定义为"基于种族、民族、国籍、性取向、性别、性别认同、宗教信仰、年龄、残疾或疾病，呼吁对他人实施的暴力或直接攻击或威胁"。它还宣布，它不允许"主要目的是煽动基于这些类别的对他人的伤害"的账户存在。② Facebook 在其社区准则中也有类似的表述，它禁止"基于种族、民族、国籍、宗教信仰、性取向、性别、性别认同或严重残疾或疾病而直接攻击人的内容"。除此之外，Facebook 还禁言"致力于煽动对这些受保护群体的仇恨的组织和人员"。③

所有这些定义，就其本身而言，都面临概念和实践上的艰巨挑战，即它们需要以某种方式区分仇恨言论和合法的分歧或厌恶。虽然处理前者是普遍的共识，但这些手段显然不是为了防止观点分歧的，而观点分歧对政治辩论或任何辩论来说是必不可少的。④ 例如，如何区分对以色列国及其对西岸的占领的合法批评和以这种批评为幌子的反犹太主义的漫骂？同样，对原教旨主义伊斯兰教的可接受的批评与仇视伊斯兰教的界限在哪里？这往往使这些定义的实际执行变成了一个经验性的衡量标准（可能造成的伤害有多大）或对言论的方式或风格的审查（它读起来或听起来或看起来有多么可恨）。⑤

一些研究仇恨言论的学者寻求经验性标准的确定性。卡尔文·梅西的定义就宣称："仇恨言论是任何形式的言论，它产生了主张压制仇恨言论的

---

① The Twitter Rules, https://help. twitter. com/en/rules-and-policies/twitter-rules（last visited Feb 27, 2021）.

② Hateful conduct policy, https://help. twitter. com/en/rules-and-policies/hatefulconduct-policy（last visited Feb 27, 2021）.

③ Community Standards, https://www. facebook. com/communitystandards/hate_ speech（last visited Feb 27, 2021）.

④ Robert Post, *Hate Speech, in* EXTREME SPEECH AND DEMOCRACY 125（Ivan Hare & James Weinstein eds. , 2009）（"他们必须将仇恨与普通的厌恶或分歧区分开来。即使是那些认为仇恨因其'极端'而应该受到惩罚的人，也会很容易承认，分歧，即使是源于不喜欢的分歧，也都应该受到保护，因为它是政治的命脉。"）.

⑤ Robert Post, *Hate Speech, in* EXTREME SPEECH AND DEMOCRACY 127（Ivan Hare & James Weinstein eds. , 2009）.

人所认为的伤害：自尊心的丧失、经济和社会的从属地位、生理和心理上的压力、受害者的沉默，以及实际地被排除在政治舞台之外。"① 如果我们知道我们有兴趣防止什么伤害，并且对什么类型的言论会造成这种伤害有很强的感知，那么这种言论就是仇恨的。然而，对伤害（或伤害的概率）的经验性衡量能否用于对数字言论的审核或监管是相当令人怀疑的。很难看到这样的衡量标准精细到足以区分任何两种言论的情况。

经验性伤害作为一种诊断工具的不足，导致许多其他定义和法规都试图从言论的方式或风格中推断出仇恨性。② 例如，Facebook 的社区标准没有涉及言论的方式或文明程度，而当我们研究 Facebook 如何识别煽动暴力或产生伤害的内容时，我们发现文明规范非常重要。2012 年，Facebook 内容审核团队的内部指南副本被泄露。它定义了"仇恨内容"，包括：（1）任何形式的污蔑或种族评论；（2）基于受保护类别的攻击；（3）仇恨符号，无论是断章取义的还是在仇恨短语或对仇恨团体的支持中；（4）表达对主要以暴力闻名的组织和人的支持；（5）描绘主要以仇恨和暴力闻名的符号，除非评论是明确反对这些的；（6）将两个人（或一个动物和一个类似于该动物的人）并排放在一起的"对比照片"；以及（7）以负面形象展示主体的 PS 照片。在为数不多的进行某种形式的定义平衡的尝试中，版主被告知："幽默凌驾于仇恨言论之上，除非存在污蔑性词语或幽默感不明显。"③很明显，污蔑性言辞、仇恨短语和符号是只有在特定文化背景下才能理解

---

① Calvin R. Massey, *Hate speech, cultural diversity, and the foundational paradigms of free expression*, 40 UCLA L. REV. 103, n. 2 (1992).

② 文化或文明因素也存在于大多数学术界对仇恨言论的定义中。例如，Bhikhu Paresh 认为，仇恨言论有三个基本要素："它针对的是一个特定的或容易被识别的个人或者更常见的是一个基于任意或规范上无关的特征的群体"；该言论"通过隐含或明确地把一些普遍被认为是不良的品质归属于目标群体，从而使其受到污名化"；"由于其负面品质，目标群体被视为一种不受欢迎的存在和合理的敌意对象"。只有在一个特定的社区及其社区规范中，我们才能知道哪些品质是不良的。参见 Bhikhu Parekh, *Is there a case for banning hate speech?*, 40 THE CONTENT AND CONTEXT OF HATE SPEECH: RETHINKING REGULATION AND RESPONSES 22–23 (2012).

③ 参见 oDesk, Abuse Standards 6.2 (2012), https://www.scribd.com/doc/81877124/Abuse-Standards-6-2-Operation-Manual.

的言论方式。大屠杀的笑话在新纳粹的网页上和在犹太喜剧演员的网页上听起来非常不同。

许多（如果不是大多数）识别潜在有害言论的方法是通过解释来实现的，这种解释依赖于执行者的文明规范。这可以从试图建立一个复杂的规则来处理幽默言论中得到证明。事实上，大多数仇恨言论的法规都遵循这一方式。它允许有关种族、国籍、性别和宗教等敏感话题的言论发表，只要这些言论不越过不雅和文明规范的界限。平台、法院和监管机构如何弄清、如何区分文明和不文明的言论？似乎唯一的办法是"参考周围的社会规范，这些规范使我们能够区分令人愤怒的言论和令人尊敬的言论"。[①] 因此，在很大程度上，任何仇恨言论规范的执行都依赖于那些控制执行平台、法院或机构的共同文化理解。

总之，在所有类型的仇恨言论法规中似乎都不可避免地存在两类要素：（1）目的和理由的声明（我们禁止仇恨的、暴力的、有害的言论）；（2）识别规则（我们通过审查言论的方式或评估伤害来识别仇恨言论）。仇恨言论的目的和理由几乎是没有争议的。在自由主义圈子之外，很少有人会反对禁止宣传暴力或伤害或公然漫骂。同时，作为具体执行工具的识别规则，并不享有同样的地位。这类法规的具体实施似乎必然依赖于对基于社区的社会规范的参照。仇恨言论的监管无法摆脱特定社区的文明规范，这对我们如何认识网络言论自由有重大影响。简单地说，这意味着不存在监管仇恨言论的跨国标准。只有在特定社区的背景下，仇恨言论才是可以被识别的。如果数字平台建立全球行为准则和仇恨言论法规，它们必然会将某些国家（主要是美国）的价值观（和政治假设）强加于其他人。

（二）抵制仇恨言论的分裂性影响的社会力量

仇恨言论的影响和对民主社区的破坏是通过两个政治社会机构来抵制

---

① Robert Post, *Hate Speech*, *in* EXTREME SPEECH AND DEMOCRACY 127 (Ivan Hare & James Weinstein eds., 2009).

的：其一是国家机构和法律，其二是民间社会机构和规范。正如我们将看到的那样，这两方面的工作是协同的，通过灌输文明规范和惩罚不文明的言论来维持政治社会。比如美国的法律制度中，因为宪法限制国家法律直接执行言论规范，可能会更多地依靠在民间社会中运作的非国家行为者以维持政治共同体。进一步来说，我认为，从大众媒体到数字平台的逐渐转移，使得民间社会的维持力量变得不那么有效，因此需要将该任务的一部分转移给国家。

1. 国家法律

国家灌输和执行民主社区的文明规范有两种方式。

第一种方式，也许是最有意义的，是在社区中支持社会化的过程，这发生在公立学校、军队（取决于社会）和家庭中。在这些机制中，孩子的身份以明显不民主的方式被塑造和影响。孩子的身份"是通过对事实上被威胁和执行的制裁的内化而产生的"。[1] 在美国和欧洲的法律中，这些机制通常被豁免于言论自由法的要求。[2] 例如，在 Bethel 学区第 403 号诉 Fraser 案中，联邦最高法院维持了对一名发表"不雅"和"攻击性"学生会演讲的高中生的处罚。法院解释说，"公共教育的目标"包括"灌输维持民主政治制度所需的基本价值观"。这些价值观的一个关键部分是"实行自治不可或缺的文明习惯和礼仪"，即社区文明规范。学校作为"国家的工具，可以决定，要想传授公民成熟的行为准则，就不能容忍下流、不雅或冒犯性的言行，比如这个糊涂的男孩所做的那些事"。[3] 由于这些主要的社会化机制不受宪法对公共话语的全部限制，它们能够通过教授和执行文明规范继续维持政治共同体。然而，尽管这些机制使政治共同体得以建立，但它们对

---

① JÜRGEN HABERMAS, BETWEEN FACTS AND NORMS: CONTRIBUTIONS TO A DISCOURSE THEORY OF LAW AND DEMOCRACY 499 (2015).

② Robert C. Post, *Community and the First Amendment*, 29 ARIZ. ST. LJ 482 (1997) （"这一悖论的一个重要后果是，宪法第一修正案不会以阻碍使民主成为可能的健康社区的再生产的方式定义公共话语。初级社会化机制，如公立学校或家庭，将不受宪法对公共话语的限制。"）。

③ BETHEL SCHOOL DIST. NO. 403 V. FRASER.

公共话语中仇恨言论的普遍性没有直接影响。为此，我们必须求助于直接监管言论的法律。

国家武器库中的第二个工具是直接监管言论的法律。在这种类型的立法问题上，欧洲和美国对言论自由的态度有分歧。例如，根据普通的诽谤法（在《纽约时报》诉沙利文案中被限制之前，该法基本上适用于美国），① 一个人有权因虚假和诽谤性的言论获得损害赔偿。为了证明这一点，原告只需证明可能是虚假的言论（1）被公开发表、（2）具有诽谤性、（3）在讨论原告。原告不需要证明对其名誉的实际损害。② 学者们令人信服地主张，这种对损害赔偿的推定是"在社会文明规则中实行社会利益"的一部分。③ 这只是一个例子。事实上，即使在公共话语领域，立法可以禁止粗俗和其他攻击性形式的言论的想法在普通法中由来已久，并在法律概念中得到了表达，如群体诽谤④、挑衅言论⑤、真正的威胁⑥、可能煽动即将发生的违法行为的话语⑦、公共裸体⑧、广播猥亵⑨、淫秽⑩和儿童色情制品。⑪ 然而，宪法第一修正案的原则严重限制了法院执行这些规范的能力。其不允许政府在公共话语领域强制实行哪怕是最起码的文明规范。这使得美国是一个

---

① 例如，New York Times Co. v. Sullivan, 376 U. S.（1964）。

② 一般参见 Philip Hamburger, *The Development of the Law of Seditious Libel and the Control of the Press*, STANFORD LAW REVIEW 661-765（1985）（阐述煽动性诽谤法的历史和发展）。

③ Robert C. Post, *The social foundations of defamation law: Reputation and the Constitution*, 74 CA-LIF. L. REV. 691, 711（1986）.

④ 例如，Beauharnais v. Illinois, 343 U. S. 250（1952）。

⑤ 例如，Chaplinsky v. New Hampshire, 315 U. S. 568（1942）。

⑥ 例如，Virginia v. Black, 538 U. S. 343（2003）。

⑦ 例如，Brandenburg v. Ohio, 395 U. S. 444, 447（1969）（认为鼓吹不法行动的言论受到保护，除非它"旨在煽动或产生即将发生的不法的行动，并可能煽动或产生这种行动"）；参见 Holder v. Humanitarian Law Project, 130 S. Ct. 2705, 2730（2010）（维护禁止向外国恐怖组织提供"物质支持"的联邦法规，即使这种支持包括本身不非法或不旨在非法目的的培训或援助，其中援助是与恐怖组织协调提供的，而不是代表其进行独立宣传）。

⑧ 例如，City of Erie v. Pap's A. M., 529 U. S. 277（2000）；Barnes v. Glen Theatre, Inc., 501 U. S. 560（1991）。

⑨ 例如，FCC v. Pacifica Found., 438 U. S. 726（1978）。

⑩ 例如，Miller v. California, 413 U. S. 15（1973）。

⑪ 例如，New York v. Ferber, 458 U. S. 747（1982）。

异类，因为没有其他"民主国家如此完全暂停执行文明规范"。① 这类法律也是在监管数字仇恨言论方面存在分歧的关键：那些主张宪法第一修正案的规范在数字公共领域占主导地位的人试图使其不受政府执行文明规范的影响，而另一方则试图说服和胁迫数字平台在互联网上执行其本地规范（至少是在其公民访问互联网时）。

2. 民间社会

尽管国家在维护政治共同体方面的作用不应被低估，但它绝不是唯一发挥这一功能的社会机制。民间社会作为国家和公民之间的一个关键层，在维护公共话语中的社区文明规范方面具有重要的功能。

人民聚集在公共领域，表达他们的观点，影响公共舆论，从而影响社会的政治机制。用社会学家克雷格·卡尔霍恩的话说，公共领域的存在"有助于构成 Demos 本身——'人民'——这是一个能够指导其自身未来的集体。公共领域通过交流发挥作用，将文化创造力、对传统的选择性占有和理性辩论结合起来，为其成员提供信息，并有可能影响国家和其他机制"。② 民间社会是公众意见的制度性表达。它包括既不属于国家也不属于市场的机构，这些机构包括非政府组织、宗教和意识形态组织、大学、协会，以及最关键的媒体。这些都是"独立于国家的自治协会"，是"整个社会可以通过这种不受国家约束的协会来构建自己并协调其行动"的场所。③ 民间社会是形成民主共同体的场所。这就是社会学家杰弗里·亚历山大（Jeffery Alexander）所说的"民间社会应该被视为一个团结的领域，在这个领域中，某种普遍化的社区在文化上被定义，并在某种程度上被制度化"。④ 当这样的社区存在时，"它通过公共舆论、深刻的文化准则、独特的组织——法律的、新闻的和协会的——以及诸如文明、批评和相互尊重等历史上特

---

① James Weinstein, *A Brief Introduction to Free Speech Doctrine*, 29 ARIZ. ST. LJ 461 (1997).

② Craig J. Calhoun, *Civil Society and the Public Sphere*, *in* THE OXFORD HANDBOOK OF CIVIL SOCIETY, 321 (1 ed. 2011).

③ Charles Taylor, *Civil society in the western tradition*, THE NOTION OF TOLERANCE AND HUMAN RIGHTS 117-136, 120 (1991).

④ JEFFREY C. ALEXANDER, THE CIVIL SPHERE31 (2008).

定的互动实践来展示和维持"。① 正是通过民间社会的机构，一个特定的政治共同体的规范才得以发展、传播和最终实施。

一个运作良好的民间社会对民主至关重要。如果没有一个民间社会来组织和引导充满了不同想法和利益冲突的混乱的公共话语，国家将没有什么可回应的了。正如信息社会的核心理论家之一曼努埃尔·卡斯特尔斯所说的那样：

> 正是公民、民间社会和国家之间的互动和通过公共领域的沟通，确保了在处理公共事务时保持稳定和社会变革之间的平衡。如果公民、民间社会或国家不能满足这种互动的要求，或者该过程中两个或多个关键组成部分之间的沟通渠道被阻断，整个代表和决策系统就会陷入僵局。②

民间社会之所以有平衡稳定和变化的能力，是由于它不断地生产（和复制）与特定民族国家有关的共同政治认同。这是一种合法化的身份——也就是说，一种使特定政体合理化的身份。在卡斯特尔斯看来，民间社会是"一系列组织和机构，以及一系列有结构、有组织的社会行为者，它们重现（尽管有时是以冲突的方式）使结构性统治的来源合理化的身份"。③ 这种身份认同是建立在叙事的基础上的，它阐述了社区的过去如何使其现在合法化。在这个意义上，每个政治共同体或"国家都有一个起源神话，它将这种话语固定在对其早期形成的历史事件的描述中"。④

在公共领域和民间社会中，叙事的形式和内容可能会有冲突，但即使是这些冲突也都在为合法化身份的演变提供依据。社会变革可以在民间社

---

① JEFFREY C. ALEXANDER, THE CIVIL SPHERE 31 (2008).

② Manuel Castells, *The New Public Sphere: Global Civil Society, Communication Networks, and Global Governance*, 616 THE ANNALS OF THE AMERICAN ACADEMY OF POLITICAL AND SOCIAL SCIENCE 78-93, 79 (2008).

③ MANUEL CASTELLS, THE POWER OF IDENTITY 8 (2011).

④ JEFFREY C. ALEXANDER, THE CIVIL SPHERE 63 (2008).

会内部或外部寻求。前者的典型例子体现在马丁·路德·金的话语中："我有一个梦想，就是有一天这个国家会站起来，实现其信条的真正含义：'我们认为这些真理是不言而喻的，所有人生而平等。'"① 在这里，他要求美国人（公共话语和民间社会的共同身份）满足其自身的历史和建国文件的要求。② 这是一个基于制度和历史叙事的共同意识而提出的行动要求。它希望改革现有的社会，而不是把它烧掉，重新开始。

与此相对照，美国共产党的党章呼吁："为工人阶级的团结而斗争，反对一切形式的民族压迫、民族沙文主义、歧视和种族隔离，反对一切种族主义的意识形态和做法。"③ 因此，它对变革的要求不是基于美国历史和身份，而是基于另一种形式的身份：全球工人阶级及其斗争。这种表述可能会被认为超过了民间社会可接受的言论范围。

民间社会机构产生这种政治共同体的核心方式之一是建立和执行共同的文明规范。这些规范甚至可以帮助分裂严重的社会团结起来。通常，即使在这样的社会中，"公民美德和公民恶习的构建往往被各方广泛接受"。④文明规范决定谁能够参与民间社会的公共话语，谁会被公共话语拒之门外。正如我们所看到的，产生一个合法化的身份（一个民主的政治共同体）需要执行一套共同的文明规范。简而言之，它要求对某些形式的不可接受的言论进行社会或法律制裁。一般来说，民间社会的精英们，尤其是大众传播手段的保管者，既是公共话语的守门人，也是公共话语的策划者。

四　媒体和文明规范

如果我们假设言论自由的主要目标之一——数字或非数字——是支持

---

① "I Have A Dream" Speech, In Its Entirety, NPR. ORG , https://www.npr.org/2010/01/18/122701268/i-have-a-dream-speech-in-its-entirety（last visited Feb 28, 2021）.

② 参见 JEFFREY C. ALEXANDER, THE CIVIL SPHERE63（2008）（"民主法律和程序被视为由开国元勋的自愿斗争赢得的，并得到《权利法案》和《宪法》等历史文件的保障"）。

③ CPUSA Constitution, COMMUNIST PARTY USA（2001）, https://www.cpusa.org/party_info/cpusa-constitution/（last visited Feb 28, 2021）.

④ JEFFREY C. ALEXANDER, THE CIVIL SPHERE 63（2008）.

民主的合法性，如果我们接受在线仇恨言论有可能破坏民主社区的观点，那么我们必须问哪种社会力量（立法或民间社会规范）在数字时代仍然有效。

就在线仇恨言论而言，民间社会中最重要的机构是为公共领域提供基础设施的媒体。媒体学者 Stig Hjarvard 认为，媒体通过创造许多公民能看到和听到的文本、视频和声音，构成了"一个共享经验的领域"。[1] 在亚历山大看来，媒体是"在文化层面创造社会无形组织的符号模式"的生产中心。[2] 事实上，媒体是生产政治共同体的核心社会机构。正是这种共同的日常经验（和规范）为公共话语提供了依据，而公共话语是以社会作为一个共同体为导向的，并且只限于作为共同体成员的公民和机构。[3]

杰弗里·亚历山大明确地描述了媒体的这种作用，其描述值得详细引用：

> 媒体不仅关注向大众传播信息，而且——这对媒体活动来说尤其如此——关注民间社会的戏剧化方面和为建立共同的身份而进行的共同的文化框架创造。通过对民间社会最引人注目的叙事加以阐释，媒体活动为依附于民间社会的社会想象力提供了文化基础，并为更新民间社会和国家的持续公共叙事提供了情节点。[4]

这些共同的身份，其中最主要的是民主政治共同体的身份，依靠的是公共话语中关于谁值得加入和谁不值得加入的不断讨论。要成为成员，就必须采用民间社会的话语，其中既包括一套共同的符号，其为公共行为者

---

① Stig Hjarvard, *The mediatization of society: A theory of the media as agents of social and cultural change*, 29 NORDICOM REVIEW 102-131, 126（2008）.

② Jeffrey C. Alexander, *The mass news media in systemic, historical and comparative perspective*, JC ALEX ANDER & P. COLOMY（EDS.），DIFFERENTIATION THEORY AND SOCIAL CHANGE. COMPARATIVE AND HISTORICAL PERSPECTIVES 323, 18（1990）.

③ 例如，JEFFREY C. ALEXANDER, THE CIVIL SPHERE72（2008）（"面向的是作为集体的社会，面向的是公民受众，面向的只是作为社会成员的机构行动者。"）.

④ Jeffrey C. Alexander & Ronald N. Jacobs, *Mass communication, ritual and civil society*, MEDIA, RITUAL AND IDENTITY 23-41, 28-29（1998）.

提供说话的工具，为读者/听众提供解释的工具；也包括一套共同的叙事框架，其将目前的状况与过去和未来联系起来。① 在社会中灌输这种共同文化和一套美德的一个主要途径是在社会上颁布文明规范。要参与民间社会，人们必须接受其特定的文明意识。

通信技术的变化对民间社会的发展和功能有着深刻的影响。② 印刷媒体和视听媒体的发明都是这种情况。③ 尽管通信技术的类型并不必然导致社会机构的任何特定配置，但它确实通过构建在时间和空间上的通信能力来限制其潜在的发展。④ 正如我在下面讨论的那样，数字通信的兴起意味着信息获取和信息生产手段的民主化。媒体技术的这种变化对民间社会和公共领域的运作方式有着深远的影响。⑤ 我认为，这种变化之一就是这些新技术影响了民间社会，特别是媒体维持民主社会的能力。

在本部分的其余部分，我阐述了"旧媒体"和"新媒体"与国家约束的政治共同体之间的一些基础性差异。我认为，数字平台的兴起以各种方式削弱了媒体守门人维护界定和维持政治共同体的言论规范的能力（和意愿）。具体来说，我认为，随着我们的媒体生态系统变得越来越基于互联网，会发生两种转变。第一种转变是传统媒体组织和精英控制信息发布的能力越来越弱——其从守门人变成了"观门人"。第二种转变是媒体生态系

---

① Jeffrey C. Alexander & Ronald N. Jacobs, *Mass communication, ritual and civil society*, MEDIA, RITUAL AND IDENTITY 31 (1998).

② 参见 HAROLD ADAMS INNIS, THE BIAS OF COMMUNICATION (2008)（探讨媒体技术的发展与民间社会之间的关系）。

③ Bernard Enjolras & Kari Steen-Johnsen, *The digital transformation of the political public sphere: a sociological perspective*, INSTITUTIONAL CHANGE IN THE PUBLIC SPHERE：VIEWS ON THE NORDIC MODEL, 102 (2017)（"这在过去的印刷媒体和视听媒体的发明中都是如此。"）。

④ Bernard Enjolras & Kari Steen-Johnsen, *The digital transformation of the political public sphere: a sociological perspective*, INSTITUTIONAL CHANGE IN THE PUBLIC SPHERE：VIEWS ON THE NORDIC MODEL, 102 (2017)（"通信技术通过构建时间和空间来影响社会制度和价值观。以数字通信形式出现的偏向空间的媒体要求信息获取和信息生产手段的民主化，破坏了以往通信技术［印刷和电子大众媒体］占主导地位的知识和信息的文化垄断。"）。

⑤ Bernard Enjolras & Kari Steen-Johnsen, *The digital transformation of the political public sphere: a sociological perspective*, INSTITUTIONAL CHANGE IN THE PUBLIC SPHERE：VIEWS ON THE NORDIC MODEL, 102 (2017)（"通信技术基础设施的这种转变在公共领域的体制结构和功能方面并非没有深远的影响。"）。

统的大部分从国内民间社会转移到跨国企业空间。新的守门人——主要是大型数字平台——对不同政治共同体的言论文化没有反应。

（一）从守门人到观门人：为什么"旧"媒体不能再履行其民间社会职能

媒体精英和机构作为传播的守门人发挥作用。Pamela Shoemaker 等将"守门"定义为"世界上数十亿条信息被削减并转化为特定时间到达特定人手中的数百条信息的过程"。① 在不同的媒体生态系统中，守门的类型和方式有很大的不同。

大众媒体社会中的信息流是"不对称和单向的"。② 印刷或广播的能力掌握在少数人手中，而印刷或广播的内容都是以成品形式发到消费者手中的，他们对其几乎没有影响。这反映了一个技术现实：印刷和广播需要大量的物质资本投资和集中的信息生产。这种信息生产模式需要高度的资本集中（新闻网、好莱坞工作室、NPR）。③ 大众媒体创造了一个"技术瓶颈，而控制大众媒体的人是控制其使用的守门人"。④ 在数字媒体兴起之前，这一瓶颈使大众媒体成为"规范和促成社会内部表达的主要制度工具"。⑤ 由于传播渠道有限，大众媒体精英作为公共话语的审核性守门人的能力是非常重要的。这种守门，最基本的是一种有效控制印刷和广播媒体在生产过程中可以出现什么内容的制度。那些守门人（记者、编辑、所有者）决定

---

① PAMELA J. SHOEMAKER & TIMOTHY VOS, GATEKEEPING THEORY 1 (2009).

② Jack M. Balkin, *Digital speech and democratic culture: A theory of freedom of expression for the information society*, 79 NYUL REV. 10 (2004).

③ Bernard Enjolras & Kari Steen-Johnsen, *The digital transformation of the political public sphere: a sociological perspective*, INSTITUTIONAL CHANGE IN THE PUBLIC SPHERE：VIEWS ON THE NORDIC MODEL, 102 (2017) （"大众媒体传播需要集中的信息生产手段和对物质资本的大量投资。"）。

④ Jack M. Balkin, *Digital speech and democratic culture: A theory of freedom of expression for the information society*, 79 NYUL REV. 10 (2004).

⑤ Bernard Enjolras & Kari Steen-Johnsen, *The digital transformation of the political public sphere: a sociological perspective*, INSTITUTIONAL CHANGE IN THE PUBLIC SPHERE：VIEWS ON THE NORDIC MODEL, 104-105 (2017).

哪些内容可以到达他们的受众手中。①

经过编辑的新闻媒体在现代民主国家的言论监管中起着核心作用。大众媒体的记者、编辑和所有者既控制了从无尽的事件和思想潮流中生产和策划"新闻"的过程，又控制了其发布和向公众传播。在这样一个媒体生态系统中，传统的大众媒体是民间社会"加强"社区文明规范的主要工具，直到最近这仍是所有民主社会的现实。如果一个人或团体想接触到广泛的受众，他们必须通过守门人来获得一个有效的平台。由此可见，如果媒体精英们对什么是不文明的言论有广泛的理解（如果不是必要的话，也可能是一种现实），那么他们就会倾向于将其排除在公共话语之外，而不需要国家干预。

随着数字化的发展，传统媒体在社会中的作用也逐渐转变。这种转变被描述为"从'守门'到'观门'的演变"。② 大众媒体是集中化和受控制的，而基于互联网的媒体是分散化的，包括明显更广泛的信息生产和传播手段。这种转变可以归结为一个理念："稀缺的不再是言论本身，而是听众的注意力。"③ 在一个以言论数量有限为特征的生态系统中，大众媒体可以有效地守住大门。在数字生态系统中，言论并不是稀缺的，④ 它们的角色也随之转变。根据巴尔金的说法，数字化在应对大众媒体上提供了两种新的选择。第一种是"绕道"，从字面看，就是不通过守门人直接接触受众。⑤

---

① 26 AXEL BRUNS, GATEWATCHING: COLLABORATIVE ONLINE NEWS PRODUCTION 11 (2005). "在印刷和广播媒体的制作过程中，对哪些内容可以出现有一个控制机制；换句话说，这些媒体的控制者（记者、编辑、所有者）控制着向他们的受众发布内容的大门。"

② Bernard Enjolras & Kari Steen-Johnsen, *The digital transformation of the political public sphere: a sociological perspective*, INSTITUTIONAL CHANGE IN THE PUBLIC SPHERE: VIEWS ON THE NORDIC MODEL, 106-107 (2017)；另可参见 26 AXEL BRUNS, GATEWATCHING: COLLABORATIVE ONLINE NEWS PRODUCTION 11 (2005)（描述观门的新现象）。

③ Tim Wu, *Is the First Amendment Obsolete Essay*, 117 MICH. L. REV. 547-582, 548 (2018-2019).

④ Tim Wu, *Is the First Amendment Obsolete Essay*, 117 MICH. L. REV. 549 (2018-2019)（"发言者更像飞蛾：他们的供应显然是无穷无尽的，他们倾向于聚集在公众争议的热点问题上。"）。

⑤ 参见 Jack M. Balkin, *Digital speech and democratic culture: A theory of freedom of expression for the information society*, 79 NYUL REV. 9 (2004). "互联网为应对大众媒体提供了两种不同的策略：绕道和占为己有。绕道意味着直接接触受众，而不需要通过观门人或中介。例如，您可以在自己的网站上发布内容或在互联网上分发乐队音乐的副本。"

例如，你可以建立自己的网站或博客。第二种选择是"占为己有"，即从大众媒体那里获取内容，"评论它们，批评它们，最重要的是，用它们生产和构建东西：把它们用作创新和评论的构件或原料"。① 例如，Twitter 上的帖子中的很大一部分是对大众媒体网站文章的评论。通过这个过程，大众媒体的角色逐渐由守门人被降格为观门人。观门就是不控制大门，而是更多地依靠公众作为"内容的选择者和过滤器"。② 大众媒体仅仅成为接触公众的一种声音（尽管是极其重要的一种）。

这些发展在两个方面破坏了大众媒体的守门功能。首先，更常见的是，读者和观众向数字平台的转移挑战了报纸和电视频道的财务模式。其次，更重要的是，媒体精英制定议程和将某些形式的言论排除在公共话语之外的能力被大大削弱了。

我们注意到，宪法第一修正案的理论是在大众媒体生态系统的假设下发展起来的，这对我们的讨论很重要。宪法学者 Tim Wu 认为，宪法第一修正案是在三个假设的基础上运作的。首先，信息是稀缺的。③ 也就是说，思想市场中的发言者数量有限。其次，受众有足够的时间和注意力来受到发言者提出的这些观点的影响。④ 最后，政府的强制工具（刑法、侵权行为、审查制度）被视为"思想市场"⑤ 的主要危险。这三个假设在大众媒体世界中都有一定的意义，但在数字媒体生态系统中却意义不大。还有一种可能

---

① Jack M. Balkin, *Digital speech and democratic culture: A theory of freedom of expression for the information society*, 79 NYUL REV. 10 (2004). "作为一种策略"，占为己有 "意味着从大众媒体那里获取内容，评论它们，批评它们，最重要的是，用它们生产和构建东西：将它们用作创新和评论的构件或原料"。

② Bernard Enjolras & Kari Steen-Johnsen, *The digital transformation of the political public sphere: a sociological perspective*, INSTITUTIONAL CHANGE IN THE PUBLIC SPHERE: VIEWS ON THE NORDIC MODEL, 105 (2017).

③ Tim Wu, *Is the First Amendment Obsolete Essay*, 117 MICH. L. REV. 533 (2018-2019). "考虑一下宪法第一修正案法律发展起来的三个主要假设。第一个是信息稀缺性的基本前提。"

④ Tim Wu, *Is the First Amendment Obsolete Essay*, 117 MICH. L. REV. 533 (2018-2019). "假定受众有足够的时间和兴趣受到公开表达的观点的影响。"

⑤ Tim Wu, *Is the First Amendment Obsolete Essay*, 117 MICH. L. REV. 533 (2018-2019). "政府被认为是对'思想市场'的主要威胁，因为它使用刑法或其他强制性手段来惩罚或禁止发言者（而不是听众）公开发言。"

是，像宪法第一修正案中囊括的那种言论制度，只有在存在民间社会的情况下才能发挥作用，这种民间社会以独立于正式政府权力的方式执行文明规范，帮助维持民主社区。

如果数字化使旧的守门人无法履行其言论监管职能，那么是什么阻止了新的媒体监管者——数字平台——履行同样的职能？

（二）无处审核：为什么数字平台不能接管大众媒体的政治功能

在这一部分，我将论证，有两个理由可以表明数字平台无法（也没有兴趣）取代大众媒体的民主社区建设方面。第一，它们的跨国性质造成了数字平台与任何特定国家的民间社会之间的脱节。第二，它们的商业模式和技术设计促使它们根据每个用户的特殊偏好来定制媒体接触内容。这意味着没有共同的媒体经验来维持民主社区。

1. 游离的守门人

数字平台不太可能履行大众媒体那样的守门功能，第一个原因是它们与任何特定的民间社会（可能除了美国）脱节。在数字公共领域兴起之前，报社和广播公司往往嵌入特定的政体和文化中。即使它们为跨国公司（例如鲁珀特·默多克的新闻集团）所拥有，这些实体也往往通过当地团队的编辑和策划而运作，发挥着国内的守门人的功能。这意味着当地媒体精英几乎都是国内政治共同体的完全社会化成员，这使他们能够非正式地执行维护社区边界的文明规范。国内的守门人对当地的政治和文化环境也很敏感。大众媒体之所以可以履行这一职能，是因为信息守门人完全融入了国内的民间社会和文化。

与传统媒体的嵌入性质相比，数字平台作为真正的跨国和无国籍媒体领域发挥作用，毫不费力地跨越大多数国家的边界，甚至语言障碍。如果说目前占主导地位的数字平台存在于哪个地方，那一定是在美国。大多数主要的数字平台（除 TikTok 外）都是在美国成立的，总部也设在美国。数字平台制定的宏观和微观审核政策都反映了这一现实，正如我们上面所讨论的，这些政策中有许多反映了美国的言论自由观念。①

　　数字公共领域的守门人的游离性也反映在他们如何理解自己的责任上。正如马克·扎克伯格在他的《Facebook 宣言》中所宣称的，其责任是发展"社会基础设施，让人们有能力建立一个为我们所有人服务的全球社区"。这个社区是必要的，因为人类"最大的机会现在是全球性的，如传播繁荣和自由，促进和平和理解，使人们摆脱贫困，并加速科学发展。我们最大的挑战也需要全球应对，如结束恐怖主义、应对气候变化和预防流行病。现在的进步需要人类不仅作为城市或国家走到一起，而且作为一个全球社区走到一起"。② 在《Facebook 宣言》中，扎克伯格没有一处提到需要支持民主国家的合法性，也没有承认建立全球社区的颠覆性潜力。这种全球意识形态反映在 Facebook 试图在全球范围内执行其仇恨言论规则，而很少关注当地情况和文化上。③

　　这种脱节造成了这样一种局面：数字平台的守门人往往完全脱离其做出的决定所影响的民间社会，甚至往往对其影响不感兴趣。也许最极端的例子是将 Facebook 引入缅甸的故事。④ 在缅甸逐渐向世界开放后，智能手机开始盛行。这些手机大多已经安装了 Facebook，Facebook 很快成为"缅甸大多数人的互联网"。⑤ 同样快的是，当地的极端民族主义分子开始利用这个平台绕过当地媒体，传播反穆斯林的恶意言论。在没有任何制裁或抵制的

---

①　参见 Dal Yong Jin, *The Construction of Platform Imperialism in the Globalization Era*, 11 TRIPLEC：COMMUNICATION, CAPITALISM & CRITIQUE. OPEN ACCESS JOURNAL FOR A GLOBAL SUSTAINABLE INFORMATION SOCIETY 145-172, 145 (2013)。

②　Facebook's Mark Zuckerberg Wrote a Manifesto：Read It Here │ Fortune, https://fortune.com/2017/02/17/mark-zuckerberg-manifesto-text/（last visited Feb 28, 2021）.

③　Julia Angwin & Hannes Grassegger, Facebook's Secret Censorship Rules Protect White Men from Hate Speech but Not Black Children, ProPublica（June 28, 2017）, https://www.propublica.org/article/facebook-hate-speech-censorship-internaldocuments-algorithms（描述 Facebook 试图在全球范围内执行其仇恨言论规则及其具有任意性的分类标准）。

④　参见 Christina Fink, *Dangerous speech, anti-muslim violence, and facebook in Myanmar*, 71 JOURNAL OF INTERNATIONAL AFFAIRS 43-52 (2018)（讲述了 Facebook 引入缅甸及其后果的故事）。

⑤　Christina Fink, *Dangerous speech, anti-muslim violence, and facebook in Myanmar*, 71 JOURNAL OF INTERNATIONAL AFFAIRS 44 (2018).

情况下传播这种仇恨言论的能力，显然促成了针对穆斯林罗兴亚族的暴力环境。Facebook 允许这种动态发展多年，几乎没有干预，对当地的干预呼吁和缅甸当地极其脆弱的条件完全没有反应。①

虽然这样的故事不太可能在欧洲和其他地区更成熟、更有影响力的民主国家中重演，但游离的守门人问题也影响到它们。其原因是，正如我在上面讨论的那样，任何对仇恨言论的监管都需要不断参考文明规范，而这些规范只有从社区的内部角度出发才能识别。大众媒体的守门人和其他国内民间社会行为者可以接触到"周围的社会规范，这些规范使我们能够区分令人愤怒的言论和令人尊敬的言论"。② 数字平台由于与任何特定的民间社会脱节，无法获得共同的文化理解，从而无法执行界定任何特定国内政治共同体的文明规范。

2. 同样的报纸，不同的新闻推送

即使数字平台克服了与国内政治共同体的基础性脱节问题，即使它们的审核算法能够让它们对国内政治共同体更加敏感，③ 它们目前的商业模式也很难取代并发挥传统媒体所发挥的民间社会作用。

正如我们在上面所讨论的，我们所见证的表达环境的变化是从由报纸和广播主导的环境（其中技术的限制造成了信息的稀缺），变成了由数字平台主导的环境（其中稀缺的是读者/观察者的注意力）。至少部分是由于这种技术变革，我们发现传统媒体组织在选择发布什么信息时比较注重社会意义。④ 因

---

① Christina Fink, *Dangerous speech, anti-muslim violence, and facebook in Myanmar*, 71 JOURNAL OF INTERNATIONAL AFFAIRS 48（2018）（"Facebook 对其平台被用来传播危险言论的回应是什么？简而言之，太少太迟。"）。

② Robert Post, *Hate Speech*, in EXTREME SPEECH AND DEMOCRACY 123–138（Ivan Hare & James Weinstein eds., 2009）.

③ 这与目前的情况相差甚远。参见 TARLETON GILLESPIE, CUSTODIANS OF THE INTERNET: PLATFORMS, CONTENT MODERATION, AND THE HIDDEN DECISIONS THAT SHAPE SOCIAL MEDIA 76–77, 107–08（2018）（解释了算法工具作为解决大规模内容审核固有困难的办法的缺陷）。

④ 参见 PAMELA J. SHOEMAKER & AKIBA A. COHEN, NEWS AROUND THE WORLD: CONTENT, PRACTITIONERS, AND THE PUBLIC（2012）（认为大众媒体新闻是关于社会偏差或社会意义的）。

为它们能提供给消费者的信息量和对个别消费者的了解都是有限的，所以变得太小众对传统媒体来说是有风险的。把自己引向一个广泛的共同点，是符合它们的利益的。而且，正如我们刚才所讨论的，这些组织往往嵌入特定的政体中，它们通常选择发布所有公民都感兴趣的信息，即对社会有普遍影响的信息。

　　相比之下，数字平台的技术能力使它们能够使用算法来个性化到达用户的媒体包。[①] 这有赖于它们收集终端用户信息的能力，并利用算法将这些信息分解成新闻提要，从而比像报纸这样的一般媒体更能吸引用户的注意力。与传统媒体将社会影响作为选择标准的做法不同，数字平台的标准"可以简化为个人意义，例如对自我、兴趣和朋友的影响"。[②] 这就是当前算法守门的基本逻辑：不断变化的计算工具过滤、压制、突出、策划或编辑流经数字平台的信息的过程。[③]

　　向算法守门的转变带来两个潜在问题：媒体的个性化和媒体的碎片化。[④]

---

① Michael A. DeVito, *From editors to algorithms: A values-based approach to understanding story selection in the Facebook news feed*, 5 DIGITAL JOURNALISM 753-773, 767 (2017). "所有九种已识别的算法价值都可以简化为个人意义，例如，对自我、兴趣和朋友的影响。这与传统新闻价值观大相径庭，也将长期以来人们对个性化在新闻内容选择中的作用的担忧推到了风口浪尖。"

② Michael A. DeVito, *From editors to algorithms: A values-based approach to understanding story selection in the Facebook news feed*, 5 DIGITAL JOURNALISM 767 (2017).

③ Zeynep Tufekci, *Algorithmic harms beyond Facebook and Google: Emergent challenges of computational agency*, 13 COLO. TECH. LJ 203, 207-208 (2015) "算法守门是这种不透明的算法计算工具通过动态过滤、突出显示、抑制或以其他方式在确定以下方面时全部或部分发挥编辑作用的过程：通过在线平台和类似媒体的信息流；人力资源流程（例如雇用和解雇员工）；标记潜在的恐怖分子；等等。"

④ 参见 Efrat Nechushtai & Seth C. Lewis, *What kind of news gatekeepers do we want machines to be? Filter bubbles, fragmentation, and the normative dimensions of algorithmic recommendations*, 90 COMPUTERS IN HUMAN BEHAVIOR 298-307 (2019)。文献涉及了个性化的不同位置。参见 Aniko Hannak et al., *Measuring personalization of web search*, in PROCEEDINGS OF THE 22ND INTERNATIONAL CONFERENCE ON WORLD WIDE WEB 527-538 (2013)（搜索结果）；Eytan Bakshy, Solomon Messing & Lada A. Adamic, *Exposure to ideologically diverse news and opinion on Facebook*, 348 SCIENCE 1130-1132 (2015)（社交媒体信息流）；Dimitar Nikolov et al., *Measuring online social bubbles*, 1 PEERJ COMPUTER SCIENCEe38 (2015)（社交媒体信息流）；Latanya Sweeney, *Discrimination in online ad delivery*, 56 COMMUN. ACM 44-54 (2013)（广告）；Yannis Bakos, *The emerging role of electronic marketplaces on the Internet*, 41 COMMUNICATIONS OF THE ACM 35-42 (1998)（定价）。

首先，人们担心算法会利用其能力来定制旨在吸引用户注意力的信息接触，并构建"回声室"① 或"过滤泡"②。满足特定偏好和观点的需要可能导致算法不呈现挑战或扩大人们观点和视野的意见。随着越来越多的守门功能向数字平台转移，个性化将有可能创造一个社会，在这个社会中，多个群体（和个人）以完全不同（如果不是对立）的方式看待现实。个性化显然也会挑战传统守门的民间社会功能。如果新闻推送对我来说完全是特异性的，那么它就不再给我提供和我的政治共同体中的其他人共同的经验和参考框架。

其次，第二个潜在问题是媒体的碎片化。这个问题是由于数字平台大大降低了进入媒体市场的门槛，同时也消除了新闻传播的地理和技术限制。③ 这可能导致媒体环境中出现更多的信息，以满足不断缩小的小众兴趣。对于 2016 年和 2020 年的选举，人们经常表达这种担忧。④ 虽然这不仅仅是由算法守门所促成的，但作为个性化的结果，用户可能会被引向某些新闻来源——那些符合他们个人偏好的新闻来源。新闻来源的迅速多样化会加剧个性化的影响，并进一步破坏传统媒体的社区建设方面。

因此，我们发现，数字平台的出现既削弱了国内民间社会维护文明规范的能力，也可能使平台本身无法履行同样的功能。如果是这样的话，那么减少仇恨言论的影响（和传播）的核心方法之一就没有意义了。这给我们留下了利用法律手段支持民主合法性的选择。问题是，这些手段应该是什么？

---

① 参见 CASS R. SUNSTEIN, # REPUBLIC: DIVIDED DEMOCRACY IN THE AGE OF SOCIAL MEDIA (2018)。

② 参见 ELI PARISER, THE FILTER BUBBLE: HOW THE NEW PERSONALIZED WEB IS CHANGING WHAT WE READ AND HOW WE THINK (2012)。

③ 参见 Matt Carlson & Nikki Usher, *News Startups as Agents of Innovation: For-profit digital news startup manifestos as metajournalistic discourse*, 4 DIGITAL JOURNALISM563-581 (2016) （解释新闻初创企业的崛起和进入门槛的降低）。

④ 参见 Benkler, Y, Faris, R, Roberts, H. Study: Breitbart-led right-wing media ecosystem altered broader media agenda, COLUMBIA JOURNALISM REVIEW, https://www.cjr.org/analysis/breitbart-media-trump-harvard-study.php （last visited Feb 28, 2021）; David M. J. Lazer et al., *The science of fake news*, 359 SCIENCE 1094-1096 (2018)。

五　欧洲言论规范是否应该接管互联网

到目前为止，我已经阐述了我认为信息领域数字化的主要挑战之一：它破坏了民间社会的自我调节能力，从而削弱了其减轻仇恨言论的分裂性影响的能力。因此，摆在我们面前的问题是，我们如何在数字时代抵制仇恨言论的影响？文章的这一部分将介绍数字平台监管的两个可能方向，并讨论它们是否能解决游离的守门人的问题。

（一）欧洲方法的替代方案能提供什么

我研究的第一个方向是那些旨在激励数字平台成为数字公共领域可信赖和值得信任的守门人的建议。这些建议经常被那些关注直接言论监管的学者作为 NetzDG 等立法的可行替代方案而提出。

虽然没有认识到游离的守门人所带来的问题，但大多数网络言论学者都认为，目前有关网络言论的状况是不可接受的。许多学者试图设计激励措施，引导"社交媒体公司成为负责任和值得信赖的机构，从而促进健康和充满活力的数字公共领域"。[①] 这是一个挑战，因为在新的数字公共领域，我们缺乏"在职业规范方面受公众指导的可信赖的数字机构。更糟糕的是，目前存在的数字公司已经促成了其他可信赖的知识创造和传播的机构和职业的衰落"。[②] 这些学者的建议如何能完成这一壮举？由于他们都对在平台上删除和审核内容强加外部标准的做法感到厌恶，他们把重点放在利用法律来创造激励机制，并为审核的方式提供参数上。

许多建议的重点是改革现在臭名昭著的《美国法典》第 47 章第 230 条。这项立法有两个部分。第一部分免除了提供互联网接入的中介机构对

---

① Jack M. Balkin, *How to regulate (and not regulate) social media*, KNIGHT INSTITUTE OCCASIONAL PAPER SERIES (2020).

② Jack M. Balkin, *How to regulate (and not regulate) social media*, KNIGHT INSTITUTE OCCASIONAL PAPER SERIES (2020).

其用户言论的责任。① 它们不被视为内容的"发布者"。第二部分补充说，即使中介机构对用户内容进行修改或编辑，责任保护仍然有效。修改内容并不能使数字平台成为法律意义上的出版商。② 例如，吉莱斯皮建议，我们将第230 条视为一份"给年轻的互联网行业的巨大礼物"。③ 与其他媒体礼物类似，如广播许可证或电话垄断权，两者都有固有的面向公众的义务，因此，第 230 条也应如此。换句话说，第 230 条（和类似的立法）应被用作杠杆，使社交媒体公司接受一系列针对其用户的规范和义务，同时避免欧洲式的直接言论监管。④ 这些规范和义务应该包括什么？许多人建议承担正当程序和透明度义务。应该要求平台向公众（或机构）⑤ 提供有关其审核过程或决定的信息；它们还应该允许那些被审核的用户有一定的追索权，比如现在Facebook 监督委员会制定的上诉程序。⑥

改革的另一个途径是利用反垄断法和竞争法来拆分主要的数字平台。这里的相关目标是确保有许多社交媒体和数字媒体组织，"以防止少数强大的营利性公司主导舆论的组织和管理方式"。⑦ 这里的一个担忧是，像 Facebook 这样的巨头公司可以决定在全球范围内强制执行一些特定的文明规范。

---

① Tarleton Gillespie, *Platforms are not intermediaries*, 2 GEORGETOWN LAW TECHNOLOGY RE-VIEW 204-205 (2018)（描述第 230 条的两个部分）。

② Tarleton Gillespie, *Platforms are not intermediaries*, 2 GEORGETOWN LAW TECHNOLOGY RE-VIEW 204-205 (2018).

③ Tarleton Gillespie, *Platforms are not intermediaries*, 2 GEORGETOWN LAW TECHNOLOGY RE-VIEW 230 (2018).

④ 这种普遍观点也得到了巴尔金、吉莱斯皮和西特伦等人的认同。参见 Jack M. Balkin, *How to regulate(and not regulate)social media*, KNIGHT INSTITUTE OCCASIONAL PAPER SERIES (2020); Tarleton Gillespie, *Platforms are not intermediaries*, 2 GEORGETOWN LAW TECH-NOLOGY REVIEW (2018); Danielle Keats Citron & Benjamin Wittes, *The internet will not break: Denying bad samaritans sec. 230 immunity*, 86 FORDHAM L. REV. (2017).

⑤ Tarleton Gillespie, *Platforms are not intermediaries*, 2 GEORGETOWN LAW TECHNOLOGY RE-VIEW 213 (2018)（"平台可以被要求向公众或监管机构报告有关内容审查的过程的数据。"）。

⑥ Kate Klonick, *The Facebook Oversight Board: Creating an Independent Institution to Adjudicate On-line Free Expression*, 129 YALE LJ 2418, 2470-2473 (2019)（描述了监督委员会章程中规定的上诉程序）。

⑦ Jack M. Balkin, *FREE SPEECH IS A TRIANGLE*, 118 COLUMBIA LAW REVIEW 2038 (2018).

拥有各种不同的言论选择和场所，可以防止这种危险。

巴尔金提出的另一个重要观点是，在法律上建立数字平台与用户之间的信息信托关系。① 这种关系将包括三种责任，即"谨慎的责任、保密的责任和忠诚的责任"。② 这一法律制度旨在改变数字平台对其终端用户的义务的理解方式。目前，它们将用户视为"卖给广告商的商品"。③ 通过履行这些义务，公司将不得不改变它们的商业模式，将它们对用户的影响考虑在内。

重要的是要看到，这些重要的建议（只是冰山一角）往往被作为实施欧洲式直接言论监管的有效替代方案。这表明，它们旨在解决重叠的问题。然而，这批学者提出的无数解决方案并没有解决游离的守门人的挑战。让我们想象一下这样一个世界：有 20 个主要的数字平台，它们的审核过程和决定都是完全透明的，而且它们的政策是按照信息受托人的法律标准设计的。简而言之，在这样一个世界里，数字平台是数字公共领域值得信任和信赖的守门人。尽管这将是一个非常积极的、几乎难以想象的发展，但它仍然无法改变这样一个事实：这些数字平台——因为它们的跨国的、全球化的思维——仍然无法履行与大众媒体守门人相同的功能。这意味着，即使在一个理想化的世界里，当然也是在我们的现实中，新守门人的全球化性质构成了一个严重的政治问题。

（二）欧洲言论规范和游离的监护人

正如我在上文所论述的，媒体的数字化削弱了民间社会参与社会文明规范灌输的能力。民间社会和国家法律是抵制仇恨言论的分裂性影响的两种社会和政治力量，因此利用国家法律来弥补对大众媒体守门人的遏制是有意义的。由于失灵的守门人的挑战来自数字公共领域的跨国性质，它不

---

① 参见 Jack M. Balkin, *Information fiduciaries and the first amendment*, 49 UCDL REV. 1183 (2015)。

② Jack M. Balkin, *How to regulate (and not regulate) social media*, KNIGHT INSTITUTE OCCA-SIONAL PAPER SERIES (2020).

③ Jack M. Balkin, *How to regulate (and not regulate) social media*, KNIGHT INSTITUTE OCCA-SIONAL PAPER SERIES (2020).

能通过让数字平台成为更负责任的行为者来解决。

相比之下，像 NetzDG 这样的法律有可能（至少在某种程度上）抵消新守门人的游离性。这种类型的立法试图向数字平台施压，使其执行各自政治共同体的言论规范，其效果至少在原则上仅限于其国内。正如我们在上文所讨论的，这种方法有严重的缺陷，其中最重要的是它可能会导致言论规范的"逐底竞争"。不过，它至少可以减轻失灵的守门人的影响。它通过要求平台执行当地的言论规范来解决新的监管者和特定民间社会之间的脱节问题。它有可能允许特定的以国家为基础的民间社会继续存在，这反过来又使民主得以实现。这意味着，民主的好处并不明显地体现在言论监管的法律方法中的某一种中。

像 NetzDG 这样的国内立法的规范优势在于，它通过了相关民族国家内部的民主审议过程。公民团体和民间社会都可以试图影响这种立法的内容，反对党可以集会反对，并将这种反对作为其竞选纲领的一部分，而当地的学者和知识分子可以撰写文章来表达对这些立法的支持或反对。所有这些过程都发生在政治共同体内，当地行为者大多有着相同的文化理解，这使他们能够区分文明和不文明言论。例如，德国刑法典包括禁止否认纳粹所犯罪行的规定。NetzDG 实际上是要求数字平台在德国境内执行这一禁令的。很可能德国公众对否认大屠杀的文化和政治含义的理解与加州门洛帕克的居民有很大的不同。因此，如果我们对德国民主社会的健康发展感兴趣，让他们对在其境内构成仇恨言论的内容有发言权是有意义的。立法过程在一定程度上弥补了民间社会无力调控当地公共领域的缺陷。民族国家（当然是像德国、加拿大和英国这样正在考虑这种立法的国家）持续的财政和法律力量使它们能够迫使数字平台遵守这种立法。然而，由于像 NetzDG 这样的法律的优势在于，它们是通过一个响应民主社会需求的过程建立起来的，它们决不能试图将其限制强加于本国境外。这样的强行规定只会复制失灵的守门人问题，让强大的民族国家来代替数字平台的位置。

结　论

与全球化一样，媒体的数字化也为加强全球团结和社区带来了巨大的机会。和全球化一样，它也有可能破坏国内身份和政治的稳定。幸运的是，这个过程并非全有或全无，我们可以做出明智的尝试，在拥抱新的可能性的同时减轻其不利影响。本文试图在在线仇恨言论及其对民主社会的分裂性影响方面采取这样的策略。

它通过指出数字平台——现在控制着我们的公共领域——与民主合法性的来源之间的基础性脱节所带来的政治挑战来做到这一点。民主的民族国家要求其公民有共同的认同感。建立这种民主共同体的核心方式之一是灌输言论文明规范。游离的守门人问题使这种灌输大大增加了难度。大多数为了改善数字公共领域的健康状况，特别是在线仇恨言论的状况制定的法律策略，对本文所描述的挑战没有任何牵引力。

一种现有的方法，即类似于 NetzDG 的立法，确实有可能在游离的守门人的世界里减轻仇恨言论的分裂性影响。它通过迫使数字平台考虑国内的文明规范来做到这一点。只有当我们处于数字公共领域的成长阵痛期时，这种法律才可能是必要的。今天需要立法和以国家为基础的权威来解决的问题也许明天就可以通过其他更灵活的手段来解决。

Abstracts

The Jurisprudence of Data Governance

Song Yaoxi, Zhu Xiaoying / 1

Abstract: In the era built on technologies such as "Big Data, Artificial Intelligence, Mobile Internet, Internet of Things, Blockchain", data has become an important basic resource for social development, and data governance capabilities have become an significant driving force for national development, which should be regulated by law. The general theoretical research and practical exploration of data governance in academic circles at home and abroad have achieved many results, but the jurisprudence analysis of data governance is still lacking. Therefore, it is necessary to combine relevant literature, precedent and legislative materials to conduct in-depth analysis of the existing problems in data governance at this stage, and explore the jurisprudence of data governance in the tension between data sovereignty and data sharing, data circulation and data security, data dividend and data protection, data power and civil rights, data utilization and human dignity, etc, so as to provide basic theoretical support for China's data governance.

Keywords: Data; Data Governance; Jurisprudence; Human Dignity

The Pursuit of Public Interest and Its Limits in Public Regulation of the Digital Economy

Zhou Kunlin / 25

Abstract: Public interest is the legitimacy basis and inherent morality of public regulation. In the public regulation of the digital economy, the public interest is an important consideration in the regulation, data classification and even the reconfiguration of interests in the process of data factor market construction. However, in the endless debates on digital economy research, the misunderstood and familiar concept of public interest has become difficult to define, as if public interest has become an elusive but overwhelming force, resulting in the gradual collapse of the rationale for public regulation and a crisis of trust in public interest. In view of this, we should abandon the practice of regulating in the public interest by paying lip service to it, avoid the arbitrariness of the law, define the pursuit of public interest and its limits, establish trustworthy expectations, and justify the development of public regulation toward universality, predictability, and clarity in the unexplored and unknown digital rule of law space.

Keywords: Digital Economy; Public Regulation; Public Interest Pursuit; Public Interest Restriction

Research on the Collaborative System of Taxation in China's Digital Economy

Yan Qing, Liao Xiaobin / 49

Abstract: As one of the products of the digital economy era, the digital economy tax coordination system can effectively solve the tax problems faced by the digital economy and provide more powerful assistance for the development of the digital economy. However, there are also many problems. The current digital economy tax coordination system in China mainly faces problems such as an incomplete legal system, an imperfect distribution system, obstacles to tax collection and management coordination, and an uncoordinated judicial mechanism. The reasons for this lie in the legislative lag, low main volume polarity, and weak coordination foundation of the digital economy tax coordination system in China. Therefore, China should improve the legal system of the digital economy tax coordination system, improve the benefit distribution system, strengthen tax collection and management coordination, enhance the degree of digital economy tax judicial coordination, and then resolve the problems of China's digital economy tax coordination system, promoting the healthy development of the digital economy.

Keywords: Digital Economy; Tax Synergy; Benefit Distribution

The Path for Copyright Regimes to Deal with Disruptive Innovation

Fan Bing, Lan Chunjie / 70

Abstract: Disruptive innovation poses a greater challenge to established legal systems than incremental innovation. The copyright system has been challenged by disruptive innovation since its inception, and it is possible to summarise its experience in response to this from a historical perspective, and to consider the current response. Disruptive innovation as a product will interact with the law in a variety of areas, and the technological environment in which it occurs is likely to have a continuing dynamic impact on the legal system and highlight the urgency of its reform. Historically, when faced with disruptive innovations such as classical printing, radio and computers, the copyright system has chosen to intervene during periods of technological maturity, disruption and early development, with different institutional impacts. Learning from history, it is important to enhance awareness of the maturity of technology, to identify the gatekeepers of legal regulation in a prudent manner, and to carefully assess the subsequent impact of legislation. At present, the copyright system should actively improve the rules relating to gatekeepers in the process of responding to AI as a disruptive innovation, with both current and subsequent legislation, and actively play a unique role in judicial response in order to achieve relative stability of the system.

Keywords: Copyright Law; Disruptive Innovation; Artificial Intelligence

On the Essential Facility Properties of Large-scale Instant Messaging Platforms

Wu Fan / 88

Abstract: The rapid development of the platform economy has impacted the traditional anti-monopoly system, especially the large-scale instant messaging platform. The organizational characteristics of large-scale instant messaging platforms bring competitive attributes and competitive hazards that are different from other types of platforms, and it is difficult to solve the relevant market definition problems by continuing to uphold the prudent and inclusive regulatory concept and adopt the regulatory method determined after the fact, and it is impossible to change the excessive market concentration, so it is necessary to find another regulatory path. Because the Essential Facility Doctrine is compatible with the regulation of large-scale instant messaging platforms in terms of applicable issues, industry attributes and regulatory objects, and large-scale instant messaging platforms have infrastructure attributes and meet the requirements of Essential Facility Doctrine, it is regarded as a feasible regulatory path. However, the Essential Facility Doctrine, which originated in the era of industrial economy, has traditionally been a regulatory theory of refusal to trade, and it still belongs to the category of ex post facto regulation. In order to respond to the needs of the times, Essential Facility Doctrine should be reconstructed, and the pre-application should be carried out, and the "Essential Facility Standard" as a means of prior supervision should replace the dominant market position as the front-end requirement for measuring market power, and at the same time, the opening and neutrality obligations of the Essential Facility should be defined and reasonably set up with the characteristics of competition damage as the starting point, and strive to truly realize the effective regulation of large-scale instant messaging platforms.

Keywords: Platform Economy; Essential Facility Doctrine; "Essential Facility Standard"; "Gatekeeper" System; Antitrust Regulation

Delineating and Adjudicating Personal Information and Privacy: An Examination of Used Car History Inquiry Services

Lin Beizheng / 114

Abstract: The swift rise of digitalization is generating a myriad of digital industries and scenarios, which in turn is reshaping the perception and harmonization of privacy rights and personal information entitlements, thus posing new challenges to judicial practices. In developed economies such as the United States, Japan, and the European Union, the practice of publicizing vehicle maintenance information is common as a regulatory standard for vehicle quality and circulation, a stance also encouraged by domestic policies in China. However, the service derived from this practice, specifically the querying of used car history, is the subject of considerable controversy. In resolving related disputes, it is paramount not only to adhere to the literal interpretation of legal norms but also to account for the inherent uncertainty and instability of personal information. Therefore, in specific scenarios, personal information should be judiciously determined with a forward-looking perspective, ensuring comprehensive protection of personal information while facilitating orderly data flow, thereby fostering the innovative development of the data-driven market.

Keywords: Personal Information; Privacy; Used Car Transactions; Vehicle History; Data Utilization

Research on Public Interest Litigation of Personal Information Protection under the Digital Reform

Han Zhenwen, Sun Zejian / 133

Abstract: In the digital era, network information technology develops rapidly and is widely used in judicial practice. *The Personal Information Protection Law of the People's Republic of China*, which came into effect on November 1, 2021, has established that procuratorial organs may file lawsuits in people's courts in accordance with relevant provisions. Besides personality attribute and property attribute, personal information also has new connotation of social public attribute, whose new connotation conforms to the purpose of public interest litigation of procuratorial organs. The responsibility of personal information protection belongs to the supervision scope of procuratorial organs with special requirements. At present, procuratorial organs are faced with a single case source in the aspect of personal information protection, which is difficult to repair the damage of personal information, leading unreasonable substantive and procedural provisions of the conditions; unclear position of administrative authority and formalized effect of procuratorial suggestions. As a legal supervision organ, procuratorial organs should clarify the source of cases and apply punitive damages liability in the field of public interest litigation, standardize the conditions for filing public interest lawsuits, clarify the functions and powers of administrative organs and make targeted procuratorial suggestions, so as to improve the relevant legal system, provide personal information protection of the procuratorial force and facilitate the smooth progress of digital reform.

Keywords: Procuratorial Organ; Public Interest Litigation; Personal Information Protection; Digital Reform; Social Public Attribute

Discussion on the Inheritance of Social Accounts

Zhang Rong / 155

Abstract: With the rapid development of Internet technology, the number of users of social accounts continues to increase, so the inheritance of social accounts is inevitable. Our country's legislation does not clearly stipulate the inheritance of social accounts currently. Therefore, the doctrine of acknowledging the inheritance of social accounts and the doctrine of denying the inheritance of social accounts has become an important reference theory for the settlement of social account inheritance disputes. However, due to the different focus of interest protection, both theories have inherent obstacles, which seriously affect the smooth implementation of the two theories in practice. Through analysis, it is found that the main reason for the existence of obstacles is that both theories treat the interests of social accounts as a whole. Therefore, only by separating social accounts can eradicate the obstacles in the two theories. Below this, the social accounts should be inheritable, and the content of social accounts should not be inherited.

Keywords: Social Account; Inheritance; Privacy Interest; Property Interest

The Conviction Rules of the Virtual Property in Criminal Law

Jin Tao, Yao Jingjing / 175

Abstract: Virtual property has the dual attributes of data and property, and virtual property should be classified. Account-type virtual property and item-type virtual property without property value should not be included in the category of "virtual property" and can be protected as data. The monetary virtual property and the item-type virtual property with property value can be protected as property. Virtual property has the possibility of management, the possibility of transfer and property value, which conforms to the characteristics of property and can be the object of the property crime. The behavior type of illegal obtaining virtual property is usually manifested in the behavior form of property crime, which should be punished as theft, fraud and other property crimes according to the means of the perpetrator. Illegal acquisition of account-type virtual property and item-type virtual property without property value shall be punished as the crime of illegally obtaining the computer information system data, and illegal acquisition monetary virtual property and item-type virtual property with property value shall be punished as the property crime. The determination of the crime amount of illegally obtaining virtual property shall be based on the value of the virtual property, taking the property loss of the victim as the principle, and combining with the amount of profit obtained by the perpetrator from illegally obtaining the virtual property.

Keywords: Virtual Property; Property Crime; The Crime of Illegally Obtaining the Computer Information System Data; Crime Amount

Multiple Solutions to the Legitimacy Issues of AI-assisted Judgments

Duan Luping / 197

Abstract: Although the Supreme Court has defined the application of artificial intelligence in the field of judicial trial as an auxiliary role, it is still necessary to pay attention to the legitimacy issues that may arise from the use of AI in supporting judges, such as potential injustice, program insufficiency, lack of ethical considerations, and difficulty in accountability for wrong judgments. With regard to the problem of potential injustice, it can be alleviated through analysis and explanation based on biases or unavoidable misunderstanding. As for the lack of ethical considerations, in the medium and short term, it is recommended to focus on evaluating the effectiveness of AI-assisted judgments in standardized and simple cases before moving cautiously forward. However, to address the issue of program insufficiency in the long run, it requires shaping the theory of digital due process and restructuring the institutional norms based on it. In the short term, it can be addressed by refining the procedural rights of parties involved in AI-assisted judgments and improving the relief channels. As for the accountability problem, it can be solved by coordinating the mechanisms of programmatic responsibility dispersion and substantive responsibility sharing. In order for AI-assisted judgments to be accepted by society, continuous research, and upgrading of intelligent judicial technology are required. At the same time, specialized ethical standards that are adapted to judicial AI should also be established.

Keywords: Artificial Intelligence; Judicial Trial; Judicial Legitimacy; Due Process; Ethical Regulation

Research on the Accountability Mechanism of Misjudged Cases in Artificial Intelligence-Assisted Trial

Duan Ming, Jiang Yajing / 219

Abstract: As the core of the application of artificial intelligence in the judicial field, AI-assisted trial technology is developing rapidly. However, due to the transformation of the trial model and the inherent drawbacks of intelligent algorithms, the application of this technology, while simplifying judges' business and improving trial efficiency, also poses challenges to the accountability of misjudged cases. Faced with the double dilemma that the qualification of the legal subject of AI is still controversial and there are practical difficulties in accountability, the traditional accountability of judges cannot be a solution, so it has become a realistic need to build a accountability mechanism of misjudged cases in AI-assisted trial. Combining domestic specific technical application scenarios to define the standard of misjudged cases and typically analyze the causes, clarifying the principle concept of accountability of misjudged cases, and carrying out the arguments about legal application and specific assumption of tort liability and judicial responsibility, are the specific method and path to build a accountability mechanism of misjudged cases.

Keywords: Artificial Intelligence; Auxiliary Trials; Liability for Misjudged Cases; Accountability Mechanism

Operation Logic and Optimization Path of Digital Supervision Platform for Juvenile Prosecution

—An Empirical Study on Digital Procuratorial Platform Construction in J City

Lu Yi / 241

Abstract: The construction of digital platform has become a new trend of digital procuratorial development, and increasingly constitutes an important source of legal supervision clues of procuratorial organs. Facing the hysteresis, strangeness and running-in of the construction of digital procuratorial supervision platform, and grasping the coincidence of juvenile procuratorial supervision and digital development trend, is the opportunity and feasibility basis for the construction of juvenile procuratorial digital supervision platform. Based on the current construction status of the digital field of juvenile procuratorial work, and starting from the necessity of digitalization, optimization of governance ideas and challenges of collaborative governance, this paper presents the action path of the interactive platform for juvenile protection in J City, providing cutting-edge samples and models for the construction of the digital platform for juvenile procuratorial work. From the three aspects of digital supervision environment reshaping, cultural bridging and technical expression, the development of virtual digital survival field to construct contemporary procuratorial environment, pay attention to the diversification of digital procuratorial forms to cross the gap between generations, deepen the logic of digital technology to extend the thinking of the Internet era. By optimizing the integration of digital living environment and juvenile procuratorial work, shaping the procuratorial digital culture and juvenile procuratorial thinking, focusing on the ethics of digital technology means and legal supervision of minors, constructing the digital field of juvenile procuratorial work, so as to promote the research on its application.

Keywords: Juvenile Prosecution; Digital Supervision; Platform Operation

The Limited Expansion of Technical Investigation of Cyber Crime and Its Program Control

Xie Shu, Guo Kezhi / 267

Abstract: With the rapid development of network technology, many traditional crimes show the characteristics of networking and informatization, which poses a serious challenge to criminal investigation work. Due to its highly specialized, gang-oriented, stakeholder participation and transnational characteristics, the crime clues and materials generated by the traditional means of investigation are often difficult to find, so technical investigation measures have begun to be more applicable to cybercrime. However, due to the relevant legislation and judicial interpretation of the types of technical investigation and its scope of application, resulting in the application of technical investigation measures have a tendency of alienation, the investigative authorities in order to find the truth of the case, the irregular application of technical investigation measures and then "evidence transformation" phenomenon is not uncommon. In the face of the increasing number of cybercrime, we need to expand the types and scope of application of technical investigation and strengthen the procedural control on the basis of screening technical investigation and investigative techniques.

Keywords: Cybercrime; Technical Investigation; Investigative Techniques; Procedural Control

New Trends in U. S. Antitrust Regulation of Technology Giants and China's Response

Ding Tingwei / 284

Abstract：As United States is one of the three major antitrust jurisdictions in the world, the new trend of antitrust regulation of technology giants in the United States has posed new challenges to China and provided experience and lessons for further development of antitrust affairs of technology platforms in China. Since the Biden administration took office, the legislation and enforcement of anti-monopoly laws have been directed at technology giants, regulating their discriminatory self-preferential behavior, guaranteeing fair competition in the digital market, and protecting small and medium-sized enterprises, many of which are worthy of our reference. However, the U. S. has always been characterized by the donkey and elephant dispute, judicial obstruction of administration, lobbying and revolving door of tech giants, strategic consideration of maintaining national security, and geopolitical jockeying against regulation, all of which bring challenges to its further in-depth implementation of antitrust regulation against tech giants, and these aspects deserve our warning. To this end, China should increase the depth of argumentation and reduce the loss of interests; strengthen international exchanges and make early legislative planning; block long-arm jurisdiction and fight for digital power; balance the interests of all parties and prevent capital lobbying; break through R&D and manufacturing and expand the growth areas. In the long run, a benign anti-monopoly regulatory system for China's technology giants will be continuously formed, which will in turn provide the system to follow for the development of China's technology platform and digital economy.

Keywords：USA; Technology Giants; Antitrust Regulation; Antitrust Law Case; Antitrust Enforcement; Chinese Solution

Moderating From Nowhere

Gilad Abiri

Translated by Huang Yue, Chen Baoting / 302

Abstract: Online hate speech harms democracy and needs to be regulated, but there is a conflict between American and European norms on free speech. American norms are more tolerant, while European norms are more restrictive. For example, Germany's NetzDG law forces platforms to follow domestic hate speech laws. Some scholars worry that this will stifle speech and undermine free speech values. However, this article argues that such laws may help democracy by reconnecting the online public sphere to the civil society and public discourse of specific states. Digital platforms are currently moderating the public sphere without regard for different contexts, which leads to chaos and division. Legal speech regulation may counter hate speech and stabilize public debate. Therefore, we may benefit from an internet influenced by European norms.

Keywords: Digital Platform; Hate Speech; Freedom of Speech; NetzDG

《数字法学》稿约与投稿要求

《数字法学》是由广州大学法学院主办的数字法学专业领域的集刊,本集刊阵地开放,公开接受国内外法学理论研究人员关于数字法学的学术论文投稿。

本集刊拟设以下基本栏目:【数字法学基础理论】【数字治理法治化】【数字权利法律保护】【数字技术法律规制】【数字法案例研究】【域外数字法学】【粤港澳大湾区数字法治】。

为明确集刊编辑者、出版者、作者之间的权利、义务,特就投稿作如下约定:

一 投稿约定

(一)本集刊原则上录用首次发表的中文原创论文和获得版权授权的外文翻译论文,投稿不得侵犯他人著作权。

(二)本刊稿件采取专家匿名评审与三审定稿相结合的审稿制度。稿件由本刊编辑负责初审,初审通过的稿件送外审专家匿名评审,匿名评审通过的稿件由本刊主编决定稿件是否采用。

(三)本刊所发文章的作者,以投稿时正式署名为准;任何文章的负责人,在接到本刊的"稿件录用通知"后,不可要求"更换"、"增加"或"减少"作者。

(四)本刊不收取审稿费、版面费等任何费用。对于录用的稿件,本刊从优支付相应稿酬,并赠送作者样刊 2 册。

(五)本刊提倡一稿专投、反对一稿多发,投稿本刊的文稿一旦获得其他刊物录用，作者有义务正式通知本刊。

（六）本刊对所发表的文章享有两年专有使用权，从稿件正式发表之日起算。支付的稿酬包含了在集刊主办方网页、微信公众号、论文集等关联平台或出版物中使用的费用。

（七）编辑部在不改变稿件基本观点和实质性内容的前提下，有权对稿件进行加工修改。

（八）本刊对于全部投稿，均在收到稿件后的 45 天内将是否录用的结果通知作者。

（九）投稿请勿交由个人转交，用 word 文档以附件方式发送至本刊专用投稿邮箱：szfxyj@ 163. com。

二　稿件编排体例

（一）文稿由题目、摘要、关键词、正文和注释构成。请同时提供题目、摘要和关键词的英文文本。中文摘要在 300 字左右，关键词 3~5 个。稿件篇幅控制在 1.5 万到 3.5 万字为宜，尤其欢迎 2 万字以上长文。

（二）正文采用宋体、五号字、首行缩进两个字符、1.5 倍行距。

（三）得到基金项目的资助成果，请在首页下脚注释中标明资助背景，包括基金项目的类别、名称、批准号。

（四）文稿应在文章首页下脚注释按如下顺序标明作者信息：姓名、性别、单位、职称（职务）、学历、研究方向等。作者通常仅标明所在单位及技术职务，同一作者原则上只标明一个工作单位，最多不超过两个。

（五）为方便联系作者，请在文末单独附页，写明作者的联系地址、邮编、联系电话、电子信箱等内容放。

（六）文稿标题应层次分明，标题序号按不同级别依次使用：一、（一）、1.、（1）、①、A.、a.；不同级别的标题采用不同的字体、字号加以区分，同一级别的标题字体、字号应保持统一。

三 稿件注释体例

（一）作者简介以注释方式标识在文章首页，用"＊"号标注。

（二）本刊提倡引用正式出版物，出版时间应精确到月；根据被引资料性质，可在作者姓名后加"主编""编译""编著""编选"等字样。

（三）文中注释一律采用脚注，全文连续注码，注码样式为：①②③等。

（四）非直接引用原文时，注释前加"参见"；非引用原始资料时，应注明"转引自"。

（五）数个注释引自同一资料时，注释体例为：前引①，哈耶克书，第 48 页。

（六）引文出自同一资料相邻数页时，注明起止页码，注释体例为：……，第 67~70 页。

（七）引用自己的作品时，请直接标明作者姓名，不要使用"拙文""拙著"等自谦辞。

（八）注释分类示例：

1. 著作类

①胡长清：《中国民法总论》，中国政法大学出版社 1997 年 12 月版，第 20 页。

2. 论文类

①苏永钦：《私法自治中的国家强制》，载《中外法学》2001 年第 1 期。

3. 文集类

①〔美〕J. 萨利斯：《想象的真理》，载〔英〕安东尼·弗卢等《西方哲学演讲录》，李超杰译，商务印书馆 2000 年 6 月版，第 112 页。

4. 译作类

①〔法〕卢梭：《社会契约论》，何兆武译，商务印书馆 1980 年 2 月版，第 55 页。

5. 报纸类

①刘均庸：《论反腐倡廉的二元机制》，载《法制日报》2004 年 1 月

3 日。

6. 古籍类

①《史记·秦始皇本纪》。

7. 辞书类

①《新英汉法律词典》，法律出版社 1998 年 1 月版，第 24 页。

8. 外文类

依该文种注释习惯。

《数字法学》编辑部

图书在版编目（CIP）数据

数字法学. 第 2 辑 / 周少华主编；黄卫执行主编
. -- 北京：社会科学文献出版社，2023.12
ISBN 978-7-5228-2690-5

Ⅰ.①数… Ⅱ.①周… ②黄… Ⅲ.①科技法学-研
究 Ⅳ.①D912.17

中国国家版本馆 CIP 数据核字（2023）第 206673 号

数字法学（第 2 辑）

主　　编／周少华
执行主编／黄　卫

出 版 人／冀祥德
组稿编辑／刘骁军
责任编辑／易　卉
文稿编辑／王楠楠　齐栾玉 等
责任印制／王京美

出　　版／社会科学文献出版社·集刊分社（010）59367161
　　　　　　地址：北京市北三环中路甲 29 号院华龙大厦　邮编：100029
　　　　　　网址：www.ssap.com.cn
发　　行／社会科学文献出版社（010）59367028
印　　装／三河市龙林印务有限公司

规　　格／开本：787mm×1092mm　1/16
　　　　　　印 张：23.25　字 数：347 千字
版　　次／2023 年 12 月第 1 版　2023 年 12 月第 1 次印刷
书　　号／ISBN 978-7-5228-2690-5
定　　价／128.00 元

读者服务电话：4008918866